新编21世纪公共管理系列教材

应急管理理论与实践

唐 钧 编著

Emergency Management Theory and Practice

中国人民大学出版社
·北京·

内容简介

中国人民大学唐钧教授的《应急管理理论与实践》是一部系统阐述应急管理基本概念、原理、方法与实践的教材。全书对应急管理的理论与实务进行了全面梳理和系统总结，试图构建出符合党的创新理论精神、契合新时代中国特色应急管理之路、满足大安全大应急建设现实需要的中国应急管理知识体系。

本书有三个方面的鲜明特色：一是聚焦新时代中国应急管理实践，从实践需要出发构建全书框架体系，系统总结了国内外应急管理的大量实操经验，并收录了诸多实操案例，对操作工具和实践方法进行了广泛归纳，对典型案例和实践示范进行了全面总结，便于读者在真实情境中学习和掌握应急管理的相关理论、方法和技术；二是突出体现新媒体环境和风险社会时代背景下应急管理的要求和做法，尽可能融入相关领域的新知识、新趋势和新方法；三是强调要在大安全大应急框架下开展应急管理工作，加快建设与中国式现代化相适应的应急管理体系和能力。

本书适合作为高校应急管理及相关课程教材，也可作为政府应急、政法、公安、卫健、宣传、网信等部门工作人员系统学习应急管理知识的理想参考书。

作者简介

唐　钧　中国人民大学公共管理学院教授、博士生导师，中国人民大学公共治理研究院副院长；兼任全国风险管理标准化技术委员会副主任委员、国务院安全生产委员会办公室城市安全专家组专家成员、中国应急管理学会校园安全专业委员会副主任委员、中国行政管理学会理事、中国机构编制管理研究会理事、国家消防救援局特约研究员、《中国机构编制》编委、《中国消防》编辑委员会顾问等。主要研究领域为风险管理、应急管理、机构改革、舆情应对、社会治理等。出版《新媒体时代的应急管理与危机公关》《公共危机管理》《公共安全风险治理》《应急管理与风险治理》《社会稳定风险评估与管理》《政府公共关系》《政府风险管理》等专著和教材10余部；发表学术论文百余篇，其中《新华文摘》全文转载8篇；主持各级各类科研课题40余项。

出版说明

现代意义上的公共行政与公共管理研究和教育始于 20 世纪初。时至今日，随着公共管理职业化的发展，公共行政与公共管理的研究和教育事业在许多国家方兴未艾。自 20 世纪 80 年代起，为了适应政府改革与公共管理人才培养的需要，我国的公共行政与公共管理研究和教育在经历了发展的挫折之后，开始了恢复和重建的工作。经过多年的发展，特别是公共管理一级学科的设置和我国公共管理硕士（MPA）教育的启动以及高校公共管理类本科专业的大量开设，公共管理已成为当代中国社会科学和管理科学领域的一个充满生机活力、具有远大发展前景的学科。

为了满足广大高校公共管理类专业的教学需要，在历届教育部高等学校公共管理类学科专业教学指导委员会的指导和支持下，中国人民大学出版社自 1999 年起，陆续出版了“21 世纪公共行政系列教材”“21 世纪公共管理系列教材”“21 世纪公共事业管理系列教材”“公共管理系列教材”“公共管理核心课程系列教材”等多个系列教材。这些教材被国内高校公共管理类专业广泛选用，并得到了公共管理学界的支持和认可，数十种教材被评为“十五”“十一五”“十二五”国家级规划教材、普通高等教育精品教材，以及各省市精品教材、规划教材，为我国公共管理学科发展和人才培养做出了积极的贡献。

我国高等教育改革的进一步深化，以及新技术和新媒体的不断发展，对高校教材提出了更高的要求。为了回应这种要求，我们在广泛调研的基础上，对上述系列教材进行整合和提升，推出“新编 21 世纪公共管理系列教材”，以满足国内高校公共管理一级学科下设的行政管理、公共事业管理、劳动与社会保障、土地资源管理、城市管理、海关管理、交通管理、海事管理、公共关系学、健康服务与管理等专业的教学需要。

“新编 21 世纪公共管理系列教材”将秉承中国人民大学出版社“出教材学术精品，育人文社科英才”的宗旨，从公共管理教育的特点出发，为广大高校公共管理类专业师生提供一套高质量的教材。在教材编写和内容安排上，“新编 21 世纪公共管理系列教材”强调基础知识、基本理论和基本技能，同时，也尽可能地体现创新性和前沿性，反映相关领域理论与实践的最新发展情况。

“新编 21 世纪公共管理系列教材”由中国人民大学、中山大学、北京大学、清华大学、复旦大学、厦门大学、武汉大学、浙江大学、吉林大学、东北大学、北京师范大学、山东大学、四川大学、暨南大学、西北大学等著名高校的知名学者领衔著述。我们期望通过这种强强联合、优势互补、资源共享的方式，为公共管理学界奉上一套体现系统性、权威性、通用性，并兼具创新性、前沿性、启发性的精品教材。

公共管理的实践是不断发展和变化的。随着公共管理实践的不断发展，公共管理学科研究的范围、主题和内容也在不断地发展和变化。我们将紧跟公共管理学科的发展，与所有作者一起，不断对本套教材进行修订和完善。望广大读者给我们反馈信息，对本套教材提出批评和建议，以使我们能够在所有读者和作者的帮助下，与中国公共管理学科共同成长。

中国人民大学出版社

前言

党的二十大报告提出，“推进国家安全体系和能力现代化，坚决维护国家安全和社会稳定”，“提高公共安全治理水平。坚持安全第一、预防为主，建立大安全大应急框架，完善公共安全体系，推动公共安全治理模式向事前预防转型”。在新的历史条件下，应急管理工作的中心任务是，全面贯彻党的二十大精神，坚定走好新时代中国特色应急管理之路，建设适应中国式现代化要求的应急管理体系和能力，提高公共安全治理水平，防范化解灾害事故风险，保障人民群众生命财产安全和社会稳定，维护和塑造国家安全，以高水平安全服务高质量发展，以新安全格局保障新发展格局。

以习近平新时代中国特色社会主义思想为指导，深入贯彻落实党的二十大精神，坚定走好新时代中国特色应急管理之路，要牢牢把握五项重要原则①：一是必须以习近平新时代中国特色社会主义思想为根本遵循。二是必须以坚持和加强党的全面领导为根本保证。三是必须以保护人民生命财产安全为根本任务。四是必须以安全第一、预防为主为根本方针。五是必须以系统观念、守正创新为根本方法。基于此，在本书的框架体系内，应急管理覆盖了防灾减灾和应急治理、风险评估与风险管理、体制机制和法律规范、安全监管和责任管理、应急预案和应急准备、信息系统和监测预警、应急响应和现场指挥、应急联动和协调处置、危机决策和灾害救援、群众安置和灾后重建、事故调查和危机学习、隐患整治和制度整改、突发事件新闻发布和危机公关、舆情应对和社会评价优化、安全文化和安全社区、公共安全体系和安全发展等内容。本书对新时代的应急管理理论和实务进行了全面梳理和系统总结，试图构建出符合党的二十大精神、契合新时代中国特色应急管理之路、满足大安全大应急建设现实需要的应急管理体系。

本书围绕当前我国应急管理的理论成果和实践经验，借鉴国际理论研究和经验做法，对基本原理和基础知识进行了全面梳理，对理论模型和研究范式进行了系统建构，对操

---

① 如何坚定走好新时代中国特色应急管理之路？应急管理部：牢牢把握五项重要原则．（2023－01－05）．https：//www.mem.gov.cn/zl/202301/t20230105_440114.shtml.

作工具和实践方法进行了广泛归纳，对典型案例和实践示范进行了及时总结，并结合作者在应急管理领域的多维度研究成果和多年心得体会，突出展现了新媒体环境和风险社会的时代背景下应急管理的要求和做法，尽可能融汇国际国内的新知识、新趋势、新成果，主要特色包括：第一，本书汇总了应急管理的国际理论研究成果，当前侧重于指导思路的全面革新、职能运作的优化调整、科学管理的充分应用、社会治理的战略运用、科技支撑的系统保障等领域。第二，本书总结了应急管理的全球实践操作经验，尤其是法律规范和体制机制建设、事前防灾减灾备灾应急、危机管理民主和科学决策、应急能力建设和综合评估、智能危机预警与应急响应、绩效评估和责任管理、联动合作和全民动员等领域的实操经验。第三，本书收录了美国、德国、澳大利亚、日本等多国应急管理的实际运作和案例操作，以及联合国、世界卫生组织、国际标准化组织等对应急管理的研究和实践。第四，本书提炼了国内相关政府部门、社会组织、研究机构、学者专家的理论研究模型和实践操作成果。第五，本书汇总了近年来我国应急管理的法律法规和政策要求，收录了我国重特大突发事件的经验总结和问题反思。

本书共分为 9 章、27 节，每章开篇设置了重点问题，结尾设置了本章小结、关键术语、复习思考题、阅读材料。本书知识框架如图 0－1 所示。

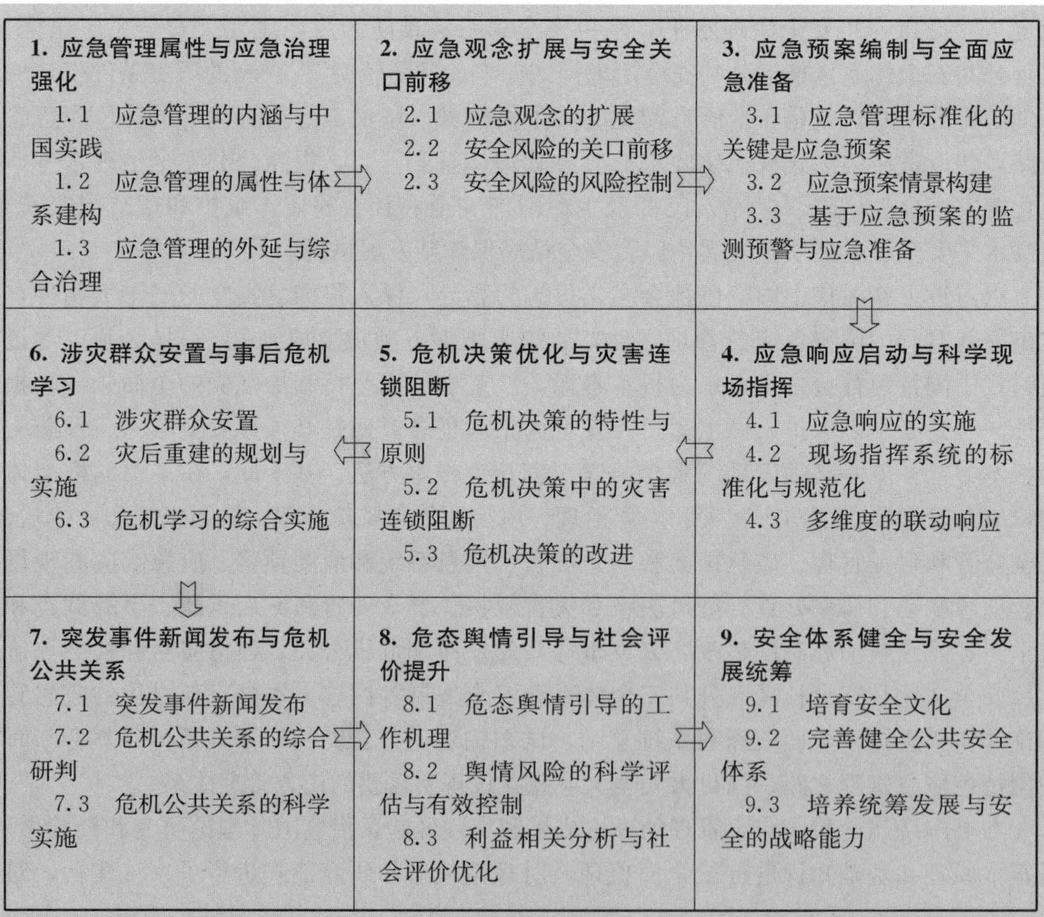

图 0－1 《应急管理理论与实践》知识框架图

本书写作分工如下：唐钧教授从体系设计、理论创新、模型建构、知识谱图等方面总体负责和分工统筹；龚琬岚承担应急治理、新闻发布、舆情引导等部分的工作并做了全书的统稿；黄伟俊、宋炜、田雯等参与了本书的科学研究、案例编写。

感谢中国人民大学出版社朱海燕等编辑为本书所做的努力。

本书适用面广、实用性强，适用于应急管理、危机管理、公共关系、舆情管理、风险管理、社会治理、公共服务、公共安全、形象研究等领域的本科生、硕博研究生、政府职能部门管理人员和专家学者，也适用于医院、企业、学校等窗口行业或执法部门的从业人员和管理咨询人士等。

唐　钧

目录

第 8 章 危态舆情引导与社会评价提升

第 9 章 安全体系健全与安全发展统筹

第1章

应急管理属性与应急治理强化

应急是处置突发事件，应急管理是对应急的科学管理，是围绕突发公共事件的处置开展的预防、监测预警、紧急处置、灾后重建等一系列工作。根据《中华人民共和国突发事件应对法》的规定，应急管理的基本流程由预防与应急准备、监测与预警、应急处置与救援、事后恢复与重建四个环节构成。理解应急管理的第一步，需要从其含义、特征、原则入手，立足中国实践，参考全球经验，深入属性、价值、情境等维度，以求基本把握其内涵和外延。

重点问题

- 应急管理的含义、特征、原则
- 我国应急管理的基本主体及其法定职责
- 我国应急管理体制机制的发展演变和架构现状
- 应急管理的三种属性及其适用的主要情境
- 应急管理属性融合的三种综合模式
- 应急管理的外延及科学模型或模式

1.1 应急管理的内涵与中国实践

1.1.1 应急管理的含义

基于《中华人民共和国突发事件应对法》（以下简称《突发事件应对法》）等国家法

律法规规定，结合我国应急管理的现状，应急管理是指：在党委领导、政府负责、社会协同、公众参与、法治保障的框架内，以政府为管理主体，全社会共同参与，通过预防与应急准备、监测与预警、应急处置与救援、事后恢复与重建等一系列工作，防范化解重大安全风险，及时应对处置各类灾害事故，保护人民群众生命财产安全和维护社会稳定，全面保障总体国家安全。

1.1.2 应急管理的特征

1.1.2.1 公共性

应急管理具有公共性，其主体、对象和过程都应在公共治理的框架内开展。

第一，应急管理的主体是政府和社会，应急管理工作不仅要依靠党和政府单方面的努力，更要在多元社会主体的广泛参与和共治共建的基础上，才能实现应急管理的最优化。

第二，应急管理的对象是突发事件。突发事件影响着每一个社会成员，威胁到所有社会成员的生命和财产安全。

第三，政府在应急管理的过程中，需要运用公共权力、公共政策与公共资源，来预防和应对突发事件，实现科学高效的应急管理。

1.1.2.2 系统性

应急管理具有系统性，应急管理的目标、对象、流程均是由多个要素汇聚融合、相互作用而形成的体系。

第一，应急管理的目标具有系统性。在总体国家安全观的指导下，应急管理的目标是保障政治安全、国土安全、军事安全、经济安全、文化安全、社会安全、科技安全、信息安全、生态安全、资源安全、核安全等方面的国家安全，确保外部安全和内部安全、国土安全和国民安全、传统安全和非传统安全、自身安全和共同安全的多方面安全。

第二，应急管理的对象具有系统性。针对“全灾种、大应急”，以自然灾害、事故灾难、公共卫生事件和社会安全事件的法定四类突发事件为主要对象，切实加强应急管理的系统建设和能力提升；同时，针对新技术、新产业、新业态带来的新风险，按照“谁主管谁牵头、谁为主谁牵头、谁靠近谁牵头”的原则及时明确监管责任，有效弥补漏洞。

第三，应急管理的流程具有系统性。根据《突发事件应对法》的相关规定，应急管理应包括预防与应急准备、监测与预警、应急处置与救援、事后恢复与重建等全流程的应对活动。全流程的应急管理，旨在从系统层面预防和减少突发事件的发生，控制、减轻和消除突发事件引起的社会危害。

1.1.2.3 前瞻性

应急管理具有前瞻性，政府能够掌握和运用突发事件的规律性，开展预防预警工作，提前阻止突发事件的发生或减轻其危害。

应急管理的前瞻性要求：坚持以防为主、防抗救结合，坚持常态减灾和非常态救灾相统一，努力实现从注重灾后救助向注重灾前预防转变，从应对单一灾种向综合减灾转变，从减少灾害损失向减轻灾害风险转变，提高国家应急管理水平，增强防灾减灾救灾能力；重视加强风险管理，增强驾驭风险本领，健全各方面风险防控机制，着力防范化解重大风险；加强应急预案演练，增强全民防灾减灾意识，提升公众知识普及和自救互救技能；树立安全发展理念，坚持生命至上、安全第一，完善安全生产责任制，坚决遏制重特大安全事故。

1.1.2.4 专业性

应急管理的专业性，主要指通过专业的人员、设备、知识、技能，来应对不同领域或类型的突发事件。

应急管理的专业性，包括对于应急管理部门干部队伍、应急管理专业人才、应急救援设施物资和装备设备、国家综合性消防救援队伍、行业救援力量建设、企业履行安全生产主体责任、第三方应急技术服务等提出专业化要求，也包括构建完善应急管理相关专业标准化技术，还包括发挥好应急管理部门的综合优势和各相关部门的专业优势的协调联动。

1.1.2.5 常态性

应急管理具备常态性，是指应急管理不仅包括应急状态下或事后的应急处突工作，也涵盖了非应急状态下或事前的防灾、减灾、备灾等工作，并逐步将工作重心从事后的应急处置转移到事前的预防和准备中。

应急管理常态性的基础是常态化的应急管理机构设置。依据法律法规、政策文件等的相关要求，通过内设机构、职能配置、人员编制的“三定方案”，建立政府在常态下应急管理的组织机构与行政职能，并为政府在非常态下的应急处突工作提供依托和载体。

1.1.3 应急管理的原则

1.1.3.1 以人为本、减少伤亡

应急管理坚持以人为本、减少伤亡的原则，把保障人民生命安全放在首位，保障受灾群众基本生活，加强应急预案演练，增强全民防灾减灾意识，提升公众知识普及和自救互救技能，最大限度地减少突发事件造成的人员伤亡和财产损失。

1.1.3.2 依法依规、规范管理

标准和法律犹如车之两轮，共同保障应急管理工作有序发展。应急管理坚持依法依规、规范管理的原则，依据有关国家法律、行政法规、标准规范，实现标准化应急管理，使突发事件应对工作得以标准化、规范化、制度化，使政府、单位、群众等各相关主体

明确应急管理的权利和义务，使政府依法得到应对突发紧急状态的高度授权以维护国家利益和公共利益，使人民群众的基本权益得到最大限度的保护。

1.1.3.3 以防为主、防抗救相结合

应急管理坚持以防为主、防抗救相结合的原则，坚持常态减灾和非常态救灾相统一，努力实现从注重灾后救助向注重灾前预防转变，从应对单一灾种向综合减灾转变，从减少灾害损失向减轻灾害风险转变，提高防灾减灾救灾能力，防范化解重特大安全风险。

1.1.3.4 分类管理、分级负责

基于突发事件的分类分级，应急管理遵循分类管理、分级负责的原则，既要根据不同类型突发事件的特征与规律，在集中统一的指挥体制下，对突发事件实行分类管理，采取不同的策略、措施、方法；也要根据不同级别的突发公共安全事件的严重程度和影响范围，选择相应等级的负责主体、相应规模的处置措施、应对规模、方式方法和事后追责问责。

1.1.3.5 统筹协调、有效联动

应急管理坚持统筹协调、有效联动的原则，在分类管理、分级负责的基础上，明确统一指挥和属地管理为主的基本原则，强化多层次的有效联动。统一指挥是指有关各方在应急指挥机构的领导下，依照法律、行政法规和有关规范性文件的规定，成立应急指挥机构，统一指挥，以便更好展开各项应对处置工作。属地管理为主是指地方政府是发现事件苗头、预防发生、先行应对、防止扩散（引发、衍生新的突发事件）的第一责任人，地方政府具备统一实施应急处置的权力；在此基础上，加强部门联动、区域协同联动、军地联动。

1.1.3.6 科技支撑、强化素质

应急管理坚持科技支撑、强化素质的原则，应急管理需充分应用科学技术和强化人员素质，全面增强与更好发挥人防物防技防的力量。加强公共安全科学研究和技术开发，采用先进的监测、预测、预警、预防和应急处置技术及设施；充分发挥专家队伍和专业人员的作用，提高应对突发事件的科技水平和指挥能力，避免发生次生、衍生事件；加强宣传和培训教育工作，提高公众自救、互救和应对突发事件的综合素质。

1.1.3.7 社会协同、共建共治

应急管理坚持社会协同、共建共治的原则，充分发挥人民参与应急管理的积极性，建立联动协调制度，动员乡镇、社区、企事业单位、社会团体和志愿者队伍，依靠人民力量，坚持和完善共建共治共享的社会治理制度，建设人人有责、人人尽责、人人享有的社会治理共同体，保持社会稳定、维护国家安全。

1.1.4　应急管理的中国实践

我国的应急管理，要以习近平新时代中国特色社会主义思想为指导，全面贯彻党的二十大精神，认真贯彻党中央、国务院决策部署，坚持人民至上、生命至上，坚持安全第一、预防为主，建立大安全大应急框架，统筹发展和安全，突出防范化解重大安全风险，深入推进应急管理体系和能力现代化，为全面建设社会主义现代化国家开局起步创造良好安全环境。

1.1.4.1　应急管理的基本主体与法定职责

1. 应急处置的相关主体及其责任义务

根据《突发事件应对法》的规定，突发事件应急处置的主体包括突发事件发生地相应等级的人民政府、上级人民政府主管部门、国务院有关部门等，也包括公民、法人、企事业单位、社会组织等。国务院和县级以上地方各级人民政府是突发事件应对工作的行政领导机关，公民、基层单位和社会组织有义务参与突发事件应对工作。

（1）各级政府是应急处置的责任主体。

我国突发事件应急处置的责任主体是履行统一领导职责或者组织处置突发事件的各级政府，这是由政府的本质、政府的职能和政府的能力所决定的。政府的本质特征表明维护公共安全、保护人民群众生命财产、保障社会秩序正常运转是政府的首要责任；政府的职能要求表明应急管理是政府的重要职能；政府的能力体现表明只有掌握了绝大部分社会资源的政府具备在应对突发事件中承担领导责任和主要责任的能力。由于突发事件发生后，往往造成人民生命财产和国家财产的巨大损失，正常的社会功能受到破坏，人们的心理也受到损伤，所以在这种情况下，事发地有关政府有必要实施应急处置措施，以使各种抢险救援工作得到有力的组织和有序的开展。法律赋予政府采取应急处置措施的权力，目的在于突发事件发生后，政府可以在第一时间组织各方面力量，依法及时采取有力措施控制事态发展，开展应急救援工作，组织营救和救治受伤人员，防止事态扩大和次生、衍生事件的发生，努力减少和消除突发事件对人民生命财产造成的损害。

尽管应急处置的责任主体是各级政府，但政府不是开展应急管理的唯一主体，应急处置需要全社会的共同参与和积极协作，更需要形成政府与全社会协调互动的良性关系，因此，基层单位、社会组织和公民在应急处置中都应承担并履行相关义务。

（2）基层单位与社会组织在应急处置中应履行相关义务。

基层单位主要包括企事业单位、居（村）民委员会等，是城市居民和乡村村民在生产生活中开展自我管理、自我教育、自我服务的基层群众性自治组织，其他社会组织包括工会、共青团、妇联等群众团体，是聚居在一定地域范围内的公众所组成的社会生活共同体，担负着传达落实上级领导机关政策措施、促进和谐社区和乡村建设、为群众服务的重要任务。基层单位和社会组织是社会的基础细胞单元，也是突发事件威胁的主要利益相关者，在应急处置中，应当承担起在第一时间处置突发事件的责任，最大限度地减少人员伤亡和财产损失。

利益相关的企事业单位的应急处置责任和义务主要包括：受到自然灾害危害或者发生事故灾难、公共卫生事件的企事业单位应根据具体情况，立即组织本单位应急救援队伍和工作人员营救受害人员，疏散、撤离、安置受到威胁的人员，排除险情；对于仍对人民生命财产安全造成威胁的危险源、危险场所，应采取必要措施予以控制或封锁，并采取措施防止危害扩大；立即将应急处置情况向所在地县级政府报告。对因本单位的问题引发的或者主体是本单位人员的社会安全事件，有关单位应当按照规定上报情况，并迅速派出负责人赶赴现场开展劝解、疏导工作，积极配合处置；事发地其他单位在突发事件发生后，应服从相关政府发布的决定、命令，配合政府采取的各项应急处置措施；按照政府要求，积极组织人员参加所在地的应急救援工作；本单位受到突发事件影响的，应做好本单位的应急救援工作。

居（村）民委员会和其他社会组织的应急处置义务主要包括：按照当地政府的决定、命令，进行宣传动员，组织群众开展自救和互救，协助维护社会秩序。在应对突发事件时，充分发挥居（村）民委员会和其他社会组织的作用，可以更好地把公众组织起来，有效地进行自救和互救，最大限度地减少损失。各种社会组织在应急处置中发挥作用，在我国应急处置救援的例子中屡见不鲜。如汶川地震、玉树地震发生后，除应急处置专业机构外，来自国内外的应急救援志愿者组织参加了应急救援行动；2004 年印度洋海啸，受灾人数达数十万，专业救援队伍人员相对严重不足，有大量的民间组织和志愿者组织参与了救援工作；有些国际化的民间组织如红十字会等，已成为各种突发事件的重要救援力量。

（3）公民在突发事件应急处置中应履行相关义务。

公民既是突发事件的直接受众，又是重要的应对主体。参与、配合、支持突发事件应急处置成为每位公民义不容辞的职责和义务。公民应当服从所在地政府、居（村）民委员会或者所属单位的指挥和安排，配合政府采取的应急处置措施，积极参加应急救援工作，协助维护社会秩序。为了防止、减轻突发事件引起的危害，政府需要采取必要的应急处置措施，如疏散、撤离人员，限制使用有关场所等。这些措施在一定程度上对公民权利有所限制，但其目的是避免突发事件所引起的对公民生命财产的危害。公民应服从政府的决定、命令，以及关于疏散、撤离的安排，同时还应在政府的领导下，积极参加应急救援工作，协助维护社会秩序。

2. 中央层面的应急管理责任主体和法定职责

具备应急管理职能的有关部门及其机构主要包括：（1）15 个国务院组成部门。包括应急管理部、国家卫生健康委、交通运输部、水利部、生态环境部、农业农村部、工业和信息化部、公安部、自然资源部、住房城乡建设部、国家发展改革委、民政部、教育部、国家民委和中国人民银行。（2）8 个国务院直属事业单位和国务院部委管理的国家局。包括国家消防救援局、国家林草局、国家疾控局、国家粮食和储备局、国家铁路局、国家矿山安监局、国家药监局和中国气象局。（3）3 个国务院直属机构。包括市场监管总局、海关总署和广电总局。（4）国务院台办。除此之外，还包括中国人民武装警察部队。具备应急管理职能的主要部门及其机构的具体职能见表 1－1。

表1-1 具备应急管理职能的主要部门及其机构的具体职能

部门	机构	机构的具体职能
国务院		在国务院总理领导下研究、决定和部署特别重大突发事件的应对工作；根据实际需要，设立国家突发事件应急指挥机构，负责突发事件应对工作；必要时，国务院可以派出工作组指导有关工作。主要职能包括：参加突发事件的应急救援和处置工作；制定国家突发事件总体应急预案；组织制定国家突发事件专项应急预案；规定应急预案的制定、修订程序；采取财政措施保障突发事件应对工作所需经费；建立全国统一的突发事件信息系统；建立健全突发事件预警制度；根据受突发事件影响地区遭受损失的情况，制定扶持该地区有关行业发展的优惠政策。
应急管理部	应急指挥中心	负责拟订事故灾难和自然灾害分级应对制度，发布预警和灾情信息，衔接解放军和武警部队参与应急救援工作。
	队伍建设局	负责指导应急救援队伍教育训练，负责所属院校、培训基地建设和管理工作，组织指导应急管理社会动员工作。
	规划财务司	负责编制国家应急体系建设、安全生产和综合防灾减灾规划并组织实施，研究提出相关经济政策建议，推动应急重点工程和避难设施建设。
	新闻宣传司	负责应急管理和安全生产新闻宣传、舆情应对、文化建设等工作，开展公众知识普及工作。
	科技和信息化司	负责应急管理、安全生产的科技和信息化建设工作，规划信息传输渠道，健全自然灾害信息资源获取和共享机制。
	国际合作司	负责开展应急管理方面的国际合作与交流，履行相关国际条约和合作协议，组织参与国际应急救援。
	国家消防救援局	“三定方案”规定正在修订。
	国家矿山安监局	负责拟订矿山安全生产（含地质勘探）方面的政策、规划、标准，起草相关法律法规草案、部门规章草案并监督实施。负责国家矿山安全监察工作。组织实施矿山安全生产抽查检查，督促开展重大隐患整改和复查。指导矿山安全监管工作。制定矿山安全准入、监管执法、风险分级管控和事故隐患排查治理等政策措施并监督实施。参与编制矿山安全生产应急预案，指导和组织协调煤矿事故应急救援工作，参与非煤矿山事故应急救援工作。负责统计分析和发布矿山安全生产信息和事故情况。
	国家安全生产应急救援中心	“三定方案”规定正在修订。
	中国地震局	拟订国家防震减灾工作的发展战略、方针政策、法律法规和地震行业标准并组织实施。组织编制国家防震减灾规划；拟订国家破坏性地震应急预案；建立破坏性地震应急预案备案制度；指导全国地震灾害预测和预防。管理重大建设工程和可能发生严重次生灾害的建设工程的地震安全性评价工作，审定地震安全性评价结果，确定抗震设防要求。依照《中华人民共和国防震减灾法》的规定，监督检查防震减灾的有关工作。管理全国地震监测预报工作。承担国务院抗震救灾指挥机构的办事机构职责；对地震震情和灾情进行速报；组织地震灾害调查与损失评估。
	风险监测和火灾综合防治司	组织拟订消防法规和技术标准并监督实施，指导城镇、农村、森林、草原消防工作规划编制并推进落实，指导消防监督、火灾预防、火灾扑救工作，拟订国家综合性应急救援队伍管理保障办法并组织实施。

续表

部门	机构	机构的具体职能
应急管理部	防汛抗旱司	组织协调水旱灾害应急救援工作，协调指导重要江河湖泊和重要水工程实施防御洪水、抗御旱灾调度和应急水量调度工作，组织协调台风防御工作。
	地震和地质灾害救援司	负责组织协调地震应急救援工作，指导协调地质灾害防治相关工作，组织重大地质灾害应急救援。
	危险化学品安全监督管理一司、危险化学品安全监督管理二司	承担化工、医药、危险化学品经营安全监督管理工作，以及烟花爆竹生产经营、石油开采安全生产监督管理工作；承担危险化学品安全监督管理综合工作，组织指导危险化学品目录编制和国内危险化学品登记；承担海洋石油安全生产综合监督管理工作；指导非药品类易制毒化学品生产经营监督管理工作。
	安全生产执法和工贸安全监督管理局	承担冶金、有色、建材、机械、轻工、纺织、烟草、商贸等工贸行业安全生产基础和执法工作；拟订相关行业安全生产规程、标准，指导和监督相关行业生产经营单位安全生产标准化、安全预防控制体系建设等工作。
	安全生产综合协调司	依法依规指导协调和监督有专门安全生产主管部门的行业和领域安全生产监督管理工作。
	风险监测和综合减灾司	负责建立重大安全生产风险监测预警和评估论证机制，承担自然灾害综合监测预警工作。
	救援协调和预案管理局	统筹应急预案体系建设，组织编制国家总体应急预案和安全生产类、自然灾害类专项预案并负责各类应急预案衔接协调，承担国家应对特别重大灾害指挥部的现场协调保障工作，指导地方及社会应急救援力量建设。
	救灾和物资保障司	负责灾情核查、损失评估、救灾捐赠等灾害救助工作，拟订应急物资储备规划和需求计划，组织建立应急物资共用共享和协调机制，组织协调重要应急物资的储备、调拨和紧急配送，承担中央救灾款物的管理、分配和监督使用工作，会同有关方面组织协调紧急转移安置受灾群众、因灾毁损房屋恢复重建补助和受灾群众生活救助。
	调查评估和统计司	负责生产安全事故调查处理工作，监督事故查处和责任追究情况，组织开展自然灾害类突发事件的调查评估工作，负责应急管理统计分析工作。
国家卫生健康委	国家疾控局	拟订重大疾病防治规划、国家免疫规划、严重危害人民健康公共卫生问题的干预措施并组织实施，完善疾病预防控制体系，承担传染病疫情信息发布工作。
	食品安全标准与监测评估司	组织拟订食品安全国家标准，开展食品安全风险监测、评估和交流，承担新食品原料、食品添加剂新品种、食品相关产品新品种的安全性审查。
	医疗应急司	组织协调传染病疫情应对工作，承担医疗卫生应急体系建设，组织指导各类突发公共事件的医疗救治和紧急医学救援工作。
	职业健康司	开展重点职业病监测、专项调查、职业健康风险评估和职业人群健康管理工作。协调开展职业病防治工作。

续表

部门	机构	机构的具体职能
交通运输部	国家铁路局	负责铁路安全生产监督管理工作，制定铁路运输安全、工程质量安全和设备质量安全监督管理办法并组织实施。
	公路局	负责国家公路网运行监测和应急处置协调工作。
	水运局	负责起草港口安全生产政策和应急预案，组织实施应急处置工作。
	运输服务司	负责起草有关道路运输安全生产政策和应急预案，组织实施应急处置工作。
	安全与质量监督管理司	负责组织拟订公路、水路安全生产和工程建设质量监督管理政策、应急预案并监督实施。
	中国海上搜救中心	负责组织、协调、指挥重大海上搜救和重大海上溢油应急处置工作和重要通航水域清障工作；指导、监督地方人民政府和相关企业海上搜救和溢油应急处置工作。
水利部	南水北调工程管理司	监督指导南水北调工程安全运行管理，组织开展监督检查。
	三峡工程管理司	组织指导三峡工程运行调度规程规范编制并监督实施；指导监督三峡工程运行安全和三峡水库蓄退水安全工作。
	水利工程建设司	指导大江大河干堤、重要病险水库、重要水闸的除险加固；组织指导水利工程蓄水安全鉴定和验收工作，负责水利部主持验收项目的验收组织工作。
	监督司	指导水利行业安全生产工作，组织或参与重大水利质量、安全事故的调查处理；指导水库、水电站大坝安全监管。
	运行管理司	指导水库大坝、水闸工程安全鉴定和堤防工程安全评价工作，参与组织编制病险水库、水闸等工程的除险加固规划或实施方案；组织指导水利工程安全监测以及运行管理考核工作。
	水文司	组织指导国家防汛抗旱防台风的水文及相关信息收集分析和全国江河湖泊及重要水库的雨情、水情、汛情以及重点区域的旱情预测预报。
	水旱灾害防御司	组织编制干旱防治规划及重要江河湖泊和重要水工程应急水量调度方案并组织实施，指导编制抗御旱灾预案；组织协调指导水情旱情信息报送和预警工作；指导重要江河湖泊和重要水工程水旱灾害防御调度演练。
生态环境部	固体废物与化学品司	组织实施危险废物经营许可及出口核准、固体废物进口许可、有毒化学品进出口登记、新化学物质环境管理登记等环境管理制度。
	生态环境监测司	组织开展生态环境监测、温室气体减排监测、应急监测。
	核设施安全监管司	负责核与辐射安全法律法规草案的起草，负责核安全工作协调机制、涉核项目环境社会风险防范化解有关日常管理工作，承担核与辐射事故应急准备和响应，参与核与辐射恐怖事件的防范和处置。

续表

部门	机构	机构的具体职能
生态环境部	核电安全监管司	负责核设施的核安全、辐射安全、环境保护的行政许可和监督检查，以及相关建造事件、运行事件的独立调查、技术评价和经验反馈等工作。
	辐射源安全监管司	负责核燃料循环设施、放射性废物处理、贮存和处置设施、核设施退役项目、核技术利用项目、放射性物质运输的核安全、辐射安全和环境保护的行政许可和监督检查。
农业农村部	种植业管理司（农药管理司）	承担发展节水农业和抗灾救灾相关工作；承担肥料有关监督管理以及农药生产、经营和质量监督管理，指导农药科学合理使用。
	农产品质量安全监管司	组织实施农产品质量安全监督管理有关工作。
	渔业渔政管理局	指导渔业安全生产；组织水生动植物病害防控。
工业和信息化部	运行监测协调局	监测分析工业、通信业日常运行，分析国内外工业、通信业形势，统计并发布相关信息，进行预测预警和信息引导；承担应急管理、产业安全和国防动员相关工作。
	安全生产司	指导工业、信息通信业加强安全生产管理；依法开展民爆物品生产销售安全的监管；指导重点行业排查治理隐患，参与重特大生产安全事故的调查处理；统筹协调安全应急产业发展，承担应急产业发展协调机制有关工作。
	网络安全管理局	组织拟订电信网、互联网及其相关网络与信息安全规划、政策和标准并组织实施；承担电信网、互联网网络与信息安全技术平台的建设和使用管理；承担电信和互联网行业网络安全审查相关工作；承担电信网、互联网网络与信息安全监测预警、威胁治理、信息通报和应急管理与处置；承担电信网、互联网网络数据和用户信息安全保护管理工作。
公安部		掌握影响稳定、危害国内安全和社会治安的情况；指导、监督地方公安机关依法查处危害社会治安秩序行为，依法管理户口、居民身份证、枪支弹药、危险物品和特种行业等工作；组织指导侦查工作，协调处置重大案件、治安事故和骚乱，指挥防范、打击恐怖活动；依法管理国籍、口岸边防检查工作；指导、监督消防工作、道路交通安全、交通秩序以及机动车辆、驾驶员管理等工作；指导、监督地方公安机关对国家机关、社会团体、企事业单位和重点建设工程的治安保卫工作，以及群众性治安保卫组织的治安防范工作和公共信息网络的安全监察工作。
自然资源部	国家林草局	负责落实综合防灾减灾规划相关要求，组织编制森林和草原火灾防治规划和防护标准并指导实施，指导开展防火巡护、火源管理、防火设施建设等工作；组织指导国有林场林区和草原开展宣传教育、监测预警、督促检查等防火工作；指导林区社会治安治理工作。
	中国地质调查局	组织实施水文地质、工程地质和环境地质调查评价工作，开展地质环境监测和地质灾害调查、预报预警与专项防治。
	地质勘查管理司	承担地质灾害的预防和治理工作，监督管理地下水过量开采及引发的地面沉降等地质问题。
	海洋预警监测司	拟订海洋观测预报和海洋科学调查政策和制度并监督实施。开展海洋生态预警监测、灾害预防、风险评估和隐患排查治理，发布警报和公报；参与重大海洋灾害应急处置。

续表

部门	机构	机构的具体职能
住房城乡建设部	工程质量安全监管司	拟订建筑工程质量、建筑安全生产和建筑工程竣工验收备案的政策、规章制度并监督执行；组织或参与工程重大质量、安全事故的调查处理；组织编制城乡建设防灾减灾规划并监督实施；拟订各类房屋建筑及其附属设施和城市市政设施的建设工程抗震设计规范。
国家发展改革委	国家粮食和储备局	据国家储备总体发展规划和品种目录，组织实施国家战略和应急储备物资的收储、轮换和日常管理，落实有关动用计划和指令。
	经济运行调节局	监测研判经济运行态势并提出相关运行调节政策建议，协调解决经济运行中的重大问题；编制应急体系建设规划，承担重要应急物资储备建设。
民政部	社会事务司	拟订残疾人权益保护、生活无着流浪乞讨人员救助管理政策，参与拟订残疾人集中就业扶持政策，指导残疾人社会福利、殡葬服务、生活无着流浪乞讨人员救助管理机构相关工作。
	社会救助司	拟订急难型救助对象临时救助的政策和标准，健全城乡社会救助体系。
教育部	思想政治工作司	承担高等学校学生与教师的思想政治工作，负责高等学校稳定工作和政治保卫工作，及时反映和处理高等学校有关重大问题。
	综合改革司	承担国家教育体制改革领导小组办公室的日常工作；承担统筹推进贯彻落实教育规划纲要有关工作；研究提出落实教育体制改革的重要方针、政策、措施的建议；承担组织推进重大教育改革的有关工作；监督检查教育体制改革试点进展情况；承担教育体制改革宣传工作。
国家民委	舆情中心	协调处理民族关系中的重大事项，参与民族领域重大风险隐患防范化解工作，维护国家统一、民族团结、社会稳定。
中国人民银行	货币金银局（保卫局）	承担人民币管理和反假货币工作；制定现钞、辅币和贵金属纪念币的生产计划；管理现金投放、回笼工作和库款安全；管理国家黄金储备。
	金融稳定局	综合分析和评估系统性金融风险，提出防范和化解系统性金融风险的政策建议；评估重大金融并购活动对国家金融安全的影响并提出政策建议。
	反洗钱局	组织协调反洗钱和反恐怖融资工作；牵头拟订反洗钱和反恐怖融资政策规章；监督检查金融机构及非金融高风险行业履行反洗钱和反恐怖融资义务情况；承担反洗钱和反恐怖融资国际合作工作。
市场监管总局	国家药监局	负责药品、医疗器械和化妆品安全监督管理；负责药品、医疗器械和化妆品上市后风险管理；依法承担药品、医疗器械和化妆品安全应急管理工作。
	反垄断执法司	指导地方查处垄断协议、滥用市场支配地位案件，组织协调跨省（自治区、直辖市）垄断协议、滥用市场支配地位案件查处；负责依法对经营者集中行为进行反垄断审查；开展数字经济领域经营者集中反垄断审查。监督执行经营者集中附加限制性条件。
	特种设备安全监察局	拟订特种设备目录和安全技术规范；监督检查特种设备的生产、经营、使用、检验检测和进出口；按规定权限组织调查处理特种设备事故并进行统计分析。

续表

部门	机构	机构的具体职能
海关总署	风险管理司	拟订海关风险管理制度并组织实施，承担组织海关风险监测工作，建立风险评估指标体系、风险监测预警和跟踪制度、风险管理防控机制。
	卫生检疫司	拟订出入境卫生检疫监管的工作制度及口岸突发公共卫生事件处置预案，承担出入境卫生检疫、传染病及境外疫情监测、卫生监督、卫生处理以及口岸突发公共卫生事件应对工作。
	动植物检疫司	承担出入境动植物及其产品的检验检疫、监督管理工作，按分工组织实施风险分析和紧急预防措施，承担出入境转基因生物及其产品、生物物种资源的检验检疫工作。
	进出口食品安全局	拟订进出口食品、化妆品安全和检验检疫的工作制度，按分工组织实施风险分析和紧急预防措施工作。
	商品检验司	拟订进出口商品法定检验和监督管理的工作制度，承担进口商品安全风险评估、风险预警和快速反应工作。
	口岸监管司	承担海关管理环节的反恐、维稳、防扩散、出口管制等工作，承担进口固体废物、进出口易制毒化学品等口岸管理工作。
	缉私局（全国打击走私综合治理办公室）	拟订反走私社会综合治理政策措施并组织实施，查处走私、违规案件，侦办走私罪案件，开展缉私情报工作。
广电总局	宣传司	指导、协调广播电视全国性重大宣传活动及重大突发事件报道和应急播报。
	安全传输保障司	负责广播电视安全播出的监督管理和技术保障工作，指导、推进国家应急广播体系建设，拟订广播电视有关安全制度和处置重大突发事件预案并组织实施。
国务院台办		处理涉台的重大事件。
中国气象局	应急减灾与公共服务司	参与政府气象防灾减灾决策，组织指导气象防灾减灾工作；组织编制国家气象灾害应急预案。组织气象灾害防御应急管理工作；组织气象灾害监测预警及信息发布系统建设，负责气象灾害监测预警和信息发布；承担国家重大突发公共事件预警信息发布工作；负责重大活动、突发公共事件气象保障工作。
中国人民武装警察部队		《中华人民共和国人民武装警察法》规定，人民武装警察部队主要担负以下任务：参与处置动乱、暴乱、骚乱、非法聚集事件、群体性事件等突发事件；参与防范和处置恐怖活动；参与自然灾害、事故灾难、公共卫生事件等突发事件的抢险救援；警卫对象、重要警卫目标的武装警卫；重大活动的安全保卫；重要的公共设施、核设施、企业、仓库、水源地、水利工程、电力设施、通信枢纽等目标的核心要害部位的武装守卫；重要的桥梁和隧道的武装守护；监狱、看守所等场所的外围武装警戒；直辖市，省、自治区人民政府所在地的市和其他重要城市（镇）的重点区域、特殊时期以及特定内陆边界的武装巡逻；协助公安机关、国家安全机关依法执行逮捕、追捕任务，协助监狱、看守所等执勤目标单位执行押解、追捕任务，协助中国人民银行、国防军工单位等执勤目标单位执行押运任务。

资料来源：本表内容根据中国政府网、国务院各个政府部门网站中的相关信息和相关法律法规整理而成。

1.1.4.2　应急管理的体制机制与常态运行

体制机制是应急管理常态运行的基础，其核心是机构设置和职能设定。“三定方案”——定机构、定职能、定编制（人员），是以定机构为依托，以定职能为核心，以定编制（人员）为保障，是指政府为完成法定的应对突发事件的任务而建立起来的、具有确定功能的应急管理组织结构和行政职能。[①] 通过特定的组织机构、明确的职能分工、充足的人员编制、制度化的组织管理，既将临时性的应急管理机构转变为常态化的应急管理机制，也为常态下的应急管理工作开展提供支撑。

1. 应急管理体制机制的基本原则

《突发事件应对法》明确“国家建立统一指挥、专常兼备、反应灵敏、上下联动的应急管理体制和综合协调、分类管理、分级负责、属地管理为主的工作体系”，基于此，应急管理的体制机制建设遵循统一指挥、综合协调、分类管理、分级负责、属地管理为主的基本原则。

第一，统一指挥。党委、政府统筹之下的统一领导和指挥，主要解决的是党政军关系以及政府和部门之间的关系问题。突发事件应对工作坚持中国共产党的领导，坚持以习近平新时代中国特色社会主义思想为指导，建立健全集中统一、高效权威的中国特色突发事件应对工作领导体制；县级以上人民政府是突发事件应对管理工作的行政领导机关，设立由本级人民政府主要负责人、相关部门负责人、国家综合性消防救援队伍和驻当地中国人民解放军、中国人民武装警察部队有关负责人等组成的突发事件应急指挥机构，统一领导、协调本级人民政府各有关部门和下级人民政府开展突发事件应对工作。

第二，综合协调。政府对所属有关部门，上级政府对下级各有关政府，以及政府对社会各有关组织、团体的协调。我国现阶段实行科层制的应急管理体制，应急的信息、力量、资源分布在不同层级、不同地区、不同部门，一些突发事件呈现跨区域、跨部门、复合型的特征，这就需要政府出面综合协调，按照国家有关规定，建立信息共享、协调配合、协同应对机制，以实现资源交互、信息沟通和统一行动。

第三，分类管理。基于突发事件的发生过程、性质和机理的差异，我国法定突发事件分为自然灾害、事故灾难、公共卫生事件和社会安全事件四大类。基于此，既要区别四类突发事件的不同特性，有针对性地开展风险分析，建立完善监测预警系统，启动不同类型的应急预案，及时、有效地进行处置，控制事态发展；也要按照职责分工，不同类型的突发事件由相应的牵头部门归口管理，制定和实施具有针对性的应急管理策略、措施、方法，提高应急处置的效率。

第四，分级负责。在综合考虑突发事件危害程度及政府的应急能力的基础上，通过对各类突发事件进行准确识别，将其划分为不同等级，确定不同层级的政府分级进行处置。突发事件实现分级负责的前提是确定管理规则、明确相应的分级标准。一般而言，突发事件危害程度越大，需要投入的应急资源越多，负责应急响应的政府层级就越高。随着突发事件升级，需要动态调整响应的政府级别。按照各类突发事件的性质、严重程

---

① 高小平，刘一弘．我国应急管理研究述评：上．中国行政管理，2009（8）．

度、可控性和影响范围等因素，我国将突发事件分为四级，即特别重大、重大、较大和一般。相应地，不同级别的突发事件分别由国家、省、市、县级政府负责响应。

第五，属地管理为主。属地管理，即就地管理、当地管理，以当地之力应对当地之事。属地管理为主的核心是建立和落实突发事件发生地政府负责制，以利于发挥当地政府的积极性，强化属地政府应急管理职责，同时提高应急处置效率。突发事件具有事发突然、决策时间短的典型特征，事发地政府具有信息、资源等诸多天然优势，能统筹各方力量第一时间进行应急响应。现实操作中，坚持属地管理为主而非“全靠属地管理”，并不排斥上级政府及其有关部门对其应对工作的指导，也不能免除发生地其他部门和单位的协同义务。

2. 我国应急管理体制机制的发展演变

从中华人民共和国成立至今，我国应急管理体制机制经历了分灾种管理、综合化管理、综合应急管理三个阶段的发展和演变。

（1）分灾种管理阶段。

第一代应急管理体系的主要特征是分灾种管理，自 1949 年至 2003 年“非典”之前，分灾种管理突出表现为不完整单部门负责制、临时性指挥部机制、外生性减灾机制和重大自然灾害的中央“兜底”机制。

实际上，这一阶段官方文献、理论研究和媒体报道都极少使用“应急管理”的概念表述。对这一时期的相关实践更准确的表述应该是“灾害管理”。从体制机制来看，分灾种管理主要有四个特征。

第一，不完整单部门负责制。例如，水利部门主要负责洪涝灾害的防范和应对，气象部门主要负责气象灾害的预报和监测，地震部门主要负责地震灾害的预报和监测，民政部门主要负责灾后的生活救助，安监部门主要负责安全生产事故的预防、救援和调查。这里所说的“不完整”，主要是指灾害管理在制度上缺乏整体设计，仅对洪水和地震的管理相对成熟。

第二，临时性指挥部机制。在国家层面，主要有三大临时性指挥部：国家防汛抗旱总指挥部、国务院抗震救灾指挥部和国家森林防火指挥部。这些指挥部的设立可以在一定程度上弥补单部门负责制的缺陷，提升在防汛抗旱、抗震救灾和森林灭火中对多部门进行协调的能力。

第三，外生性减灾机制。在联合国“国际减灾十年”活动的倡导下，中国成立了国际减灾十年委员会，并在“国际减灾十年”活动结束之后更名为中国国际减灾委员会，2005 年更名为国家减灾委员会（简称“国家减灾委”）。可见，在 2003 年“非典”之前，中央政府已开始重视防灾减灾，然而由于地方政府缺乏内生动力，防灾减灾的效果并不理想。

第四，重大自然灾害的中央“兜底”机制。地方政府在自然灾害管理中责任模糊，相应的机构设置也不健全。一旦发生重大自然灾害，救灾主要依靠中央“兜底”，地方政府缺乏开展防灾减灾的动力。

从总体上评判，分灾种管理主要是一种事后“修补”模式，既有显著不足，也有贡献，尤其在应对 1976 年“唐山大地震”、1998 年“长江特大洪水”等重大自然灾害中发挥了作用。

(2) 综合化管理阶段。

第二代应急管理体系的主要特征是综合化管理，2003 年“非典”之后，中国开始建设以“一案三制”（应急预案、应急体制、应急机制和应急法制）为核心的应急管理体系，这一阶段的“综合化管理”突出表现为相对完整的事前单部门负责制、高度统一的事后政府负责制、附属式综合协调机制、属地化的“责任下沉”机制，整体性设计，覆盖面广，虽然仍存在许多不足，但对成功应对国家重大自然灾害功不可没。

在这一时期，“突发事件”“应急管理”等概念开始频繁见诸官方文献、理论研究和媒体报道。以“一案三制”为核心的应急管理体系是对第一代应急管理体系的发展，既大部分保留了分灾种管理的体制机制，又进行了适度的扩展和创新。对照来看，综合化管理的体制机制主要有四个特征。

第一，相对完整的事前单部门负责制。在第一代应急管理体系的基础上，单部门负责制的适用范围扩大。除水利、气象、地震、民政、安监等部门外，卫生、公安、外交乃至人民银行等部门都被赋予突发事件应急管理的职责，从而形成了相对完整的分类管理体系。这里所说的“事前”，主要是指在突发事件发生之前。分类管理部门需要在突发事件发生之前做好预防和准备工作。

第二，高度统一的事后政府负责制。根据 2007 年《突发事件应对法》的规定，突发事件发生之后，在中央由国务院，在地方由各级人民政府统一负责各类突发事件的应对。2008 年“5・12”汶川地震之后，主要在市、县两级，由各级党委直接统一负责各类突发事件的应急响应。因此，这里所说的“政府”是指广义的“政府”，并不仅仅指《突发事件应对法》作为行政法适用的各级行政部门。

第三，附属式综合协调机制。为加强突发事件应急响应中对不同职能部门的协调，通常由各级人民政府在其办公厅内设应急管理办公室（简称“应急办”）。这里所说的“附属式”，主要是指应急办在行政层级上低于相关职能部门，只能依托各级人民政府办公厅的行政权威才能有效开展协调工作。因此，在实践中，应急办的主要职能是应急值守，综合协调职能发挥得并不充分。

第四，属地化的“责任下沉”机制。突发事件按照一些主客观指标被划分为四个等级，响应主体分别为国务院，省、市、县各级人民政府，国务院只需要对特别重大或需要其协调的重大突发事件作出应急响应，其他级别的突发事件则由地方政府按照“属地管理为主”的原则来进行应对。

从总体上看，以“一案三制”为核心的应急管理体系有整体性设计，覆盖面广，虽然仍存在许多不足，但对成功应对 2008 年“5・12”汶川地震、2010 年“4・14”玉树地震、“8・7”舟曲特大泥石流、2013 年“4・20”芦山地震和 2014 年“8・3”鲁甸地震等重大自然灾害功不可没。

(3) 综合应急管理阶段。

第三代应急管理体系的主要特征是“综合应急管理”，自 2018 年应急管理部成立之后，从强调全灾害管理走向重视全过程管理，在综合性和专业性之间进行取舍和权衡，通过机构改革促进应急管理的有机融合，与此同时，基于“总体国家安全观”的综合安全管理、“防范化解重大风险”的综合风险管控、“建设更高水平的平安中国”的社会治理创新实践，从体制机制上逐步实现应急管理的流程重塑和能力重建。

第一，通过机构改革促进应急管理的有机融合。依据党的十九届三中全会审议通过的《关于深化党和国家机构改革的决定》和《深化党和国家机构改革方案》，国务院组建应急管理部，应急管理部先后整合了 11 个部门的 13 项职责，新组建了国家综合性消防救援队伍，并促进各种职能和力量的“板块整合”，逐步走向了“有机融合”，目前已初步实现了应急工作的全过程管理、应急力量资源的优化管理、向多元灾害事故救援的转变。机构改革增强了应急管理工作的系统性、整体性、协同性，推进了国家治理体系和治理能力现代化，灾害防治和安全生产监管的整体能力显著增强，自然灾害损失、安全生产事故均有所下降。

第二，基于“总体国家安全观”的综合安全管理。党的十八大以来，以习近平同志为核心的党中央顺应时代发展大势，从新时代坚持和发展中国特色社会主义的战略高度，把马克思主义国家安全理论和当代中国安全实践、中华优秀传统战略文化结合起来，创造性地提出了总体国家安全观。总体国家安全观的关键是“总体”，强调大安全理念，涵盖政治、军事、国土、经济、金融、文化、社会、科技、网络、粮食、生态、资源、核、海外利益、太空、深海、极地、生物、人工智能、数据等诸多领域，而且总体国家安全观将随着社会发展不断动态调整；总体国家安全观的核心要义，集中体现为“十个坚持”：坚持党对国家安全工作的绝对领导，坚持中国特色国家安全道路，坚持以人民安全为宗旨，坚持统筹发展和安全，坚持把政治安全放在首要位置，坚持统筹推进各领域安全，坚持把防范化解国家安全风险摆在突出位置，坚持推进国际共同安全，坚持推进国家安全体系和能力现代化，坚持加强国家安全干部队伍建设。对此，在应急管理的实践中，应深入学习贯彻总体国家安全观，坚定不移走中国特色国家安全道路，以新安全格局保障新发展格局，以高水平安全保障高质量发展，有力维护国家主权、安全、发展利益。

第三，基于“防范化解重大风险”的综合风险防控。防范化解重大安全风险是各级党委和政府必须扛起的重大政治责任，是必须履行好的核心职责。各级党委、党政领导切实细化具体相应的责任，地方层层制定党政领导干部以安全生产风险防范化解为核心的“职责清单”和年度“工作清单”，应急管理部门大力推广“小灶式”监管、“清单式”监管，深入推进重点行业领域的专项整治行动，把防范化解重大安全风险的要求贯穿经济社会发展全过程各方面，把本地区、本领域最大风险排出来，把防范控制底线划出来，把有力管用措施拎出来，做到哪里有风险，防范化解措施就落实到哪里。

第四，基于“建设更高水平的平安中国”的社会治理创新实践。以人民安全为宗旨，把保护人民生命安全摆在首位，通过健全体制机制以全面提高公共安全保障能力，努力为人民群众创造安业、安居、安康、安心的良好环境。当前，各地各有关部门深入学习贯彻习近平总书记重要指示精神，发挥党的领导优势和我国社会主义制度的政治优势，普遍建立平安建设领导（协调）小组和各专项组，有效统筹整合各方资源力量，创新纵横联动机制，加强地方、部门联动融合，构建纵横交织的网状治理结构；创新政社互动机制，在党的领导下实现政府和社会优势互补、良性互动；创新专群齐动机制，优化专群结合、组织发动群众的思路和方式，充分发挥群防群治威力，提升共治共建共享水平，推动各项工作有效深入开展。

3. 我国应急管理体制机制的架构现状

当前，我国正在努力创建一套全新的应急管理制度，构建适应国家治理体系和治理能力现代化的应急管理体系，统一指挥、专常兼备、反应灵敏、上下联动、平战结合的中国特色应急管理体制正加快形成。

第一，党中央、国务院是应急管理最高领导机构，负责制定和发布关于应急管理工作的方针政策和决策部署，并指定相关同志负责组织特别重大等级灾害的应急处置工作。

第二，各级应急管理部门统筹管理应急管理事务。应急管理部是国务院组成部门，为正部级单位，统筹领导全国范围的应急管理事务，省、市、县设置相应等级的应急管理部门；应急管理部贯彻落实党中央关于应急工作的方针政策和决策部署，在履行职责过程中坚持和加强党对应急工作的集中统一领导，主管应急管理、防灾减灾救灾和安全生产监管，承担国家应对特别重大灾害指挥部工作。

第三，统一指挥和调动地方积极性相结合。建立了特别重大灾害由应急管理部牵头处置，一般性灾害由地方各级政府负责、应急管理部统一响应支援的应急处置机制；按照分级负责的原则，严格落实属地责任，一般性灾害由地方各级政府负责，应急管理部代表中央统一响应支援；发生特别重大灾害时，应急管理部作为指挥部，协助中央指定的负责同志组织应急处置工作，保证政令畅通、指挥有效。

第四，应急管理部对内加强职能的融合和重塑，优化组织结构和运行机制，把分散体系变成集中体系，把低效资源变成高效资源，建立了特别重大灾害由应急管理部牵头处置和一般性灾害由地方各级政府负责、应急管理部统一响应支援的应急处置机制，全面落实 24 小时在岗应急值守工作制度，初步建立安全生产常抓严管长效机制，推动落实安全生产责任制和自然灾害防治责任，探索建立应急响应专题会商机制，形成救援扁平化组织指挥模式、防范救援救灾一体化运作模式等，并形成了应对特别重大灾害“1 个响应总册＋15 个分灾种手册＋7 个保障机制”的应急工作体系。

第五，应急管理部对外处理好“统”与“分”的关系，界定好“防”与“救”的职责。应急管理部作为综合部门，承担安委会、减灾委和抗震救灾、防汛抗旱、森林草原防火等指挥协调机构的办事机构职责，承担统筹自然灾害防治的主要责任；“防”是各部门工作责任，涉灾部门在本行业领域负责预防工作，应急管理部做好统筹协调和综合防范工作，“救”是应急管理部的主要职责，涉灾部门要防止事态扩大，做到灭早灭小。

第六，健全社会力量参与机制，发挥应急救援的整体合力。各级党委政府和应急管理部坚持鼓励支持、引导规范、效率优先、自愿自助的原则，搭建社会组织、志愿者等社会力量全方位参与防灾减灾救灾工作的协调服务平台，按照分类分级的原则建立应急管理专家库、人才库、社会组织库等，为应急管理提供决策建议，协同开展减灾救灾、应急救援、灾后重建等工作。发挥国家综合性消防救援队伍这一应急救援的“尖刀”和骨干力量作用，注重发挥安全生产应急救援队伍等应急救援专业骨干力量作用，通过一系列举措鼓励、支持、引导社会救援力量有序参与应急救援行动。逐步形成以综合性消防救援队伍为主体，以安全生产应急救援队伍等为专业骨干、社会救援力量为重要支撑和补充的救援力量体系。

1.1.4.3 应急管理的法律规范与长效建设

1. 应急管理法律规范的意义与价值

法律是治国之重器，良法是善治之前提。标准和法律犹如车之两轮，共同保障应急管理事业的健康有序发展。应急管理的实质是对安全风险的依法治理和规范管理，用法治思维和规范方式防范化解重大安全风险可以从根本上提高安全风险防控工作的制度化、规范化、法治化水平。

应急管理的法律标准与体制机制之间有着紧密的联系（见图 1-1）。一方面，应急管理体制机制为法律标准的研制提出具体的、适应当前形势需求的要求；另一方面，法律标准作为法律法规、政策文件的技术支撑，共同为应急管理体制机制的有效运转提供保障。

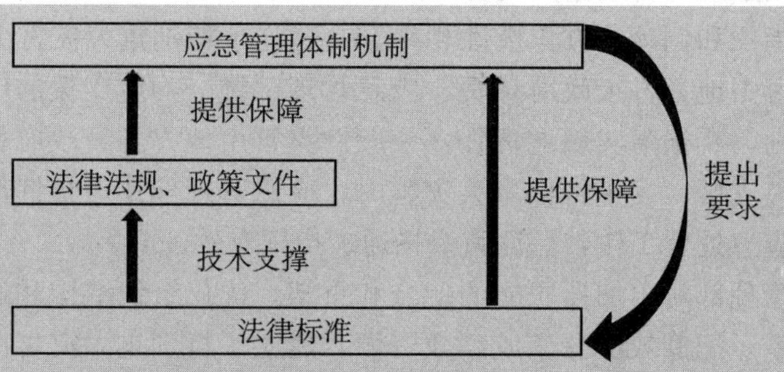

图 1-1 应急管理的法律标准与体制机制的关系

2. 我国应急管理法律体系的历史与现状

习近平总书记在主持中央政治局第十九次集体学习时提出，要坚持依法管理，运用法治思维和法治方式提高应急管理的法治化、规范化水平，系统梳理和修订应急管理相关法律法规。党的二十大报告强调，“完善国家安全法治体系、战略体系、政策体系、风险监测预警体系、国家应急管理体系”。应急管理法律体系是国家安全法治体系的有机组成，是国家应急管理体系的重要支柱，与人民群众生命财产安全、国家安全和社会稳定息息相关。

我国应急管理法律体系建设工作有两个重要的历史节点。第一个重要节点是 2003 年抗击“非典”，2003 年 5 月正式颁布的《突发公共卫生事件应急条例》标志着我国公共卫生应急处理工作进入法制化轨道，此后我国应急管理体系逐步和现代法治、现代管理理念接轨，逐步建立应急管理的法律体系框架，该框架的建成以我国第一部应对各类突发事件的综合性法律《突发事件应对法》的出台为标志，确立了突发事件应对的基本法律制度。第二个重要节点是 2008 年抗击中国雪灾、应对“5·12”汶川地震，自此我国更加重视应急管理法制体系的构建，四类突发事件应急管理相关法律法规和应急预案，各地区应急管理地方性法规、地方规章和法规性文件，以及有关国际公约和协定逐步建立健全。

党的十八大以来，我国应急管理的法律法规不断完善，逐步建立以《宪法》为依据，以《突发事件应对法》为核心，以相关单项法律法规为配套的应急管理法律体系，应急管理工作基本走上法制化轨道。基于法定的四类突发事件，我国应急管理法律体系的基本情况如下：

一是自然灾害类：主要包括《水法》《防汛条例》《蓄滞洪区运用补偿暂行办法》《防沙治沙法》《人工影响天气管理条例》《军队参加抢险救灾条例》《防震减灾法》《破坏性地震应急条例》《森林法》《森林防火条例》《森林病虫害防治条例》《森林法实施条例》《草原防火条例》《自然保护区条例》《地质灾害防治条例》《海洋石油勘探开发环境保护管理条例》《气象法》等。

二是事故灾难类：主要包括《生产安全事故报告和调查处理条例》《放射性同位素与射线装置安全和防护条例》《安全生产法》《消防法》《建筑法》《矿山安全法实施条例》《国务院关于预防煤矿生产安全事故的特别规定》《煤矿安全监察条例》《国务院关于特大安全事故行政责任追究的规定》《建设工程质量管理条例》《工伤保险条例》《劳动保障监察条例》《建设工程安全生产管理条例》《道路运输条例》《内河交通安全管理条例》《渔业船舶检验条例》《河道管理条例》《海上交通安全法》《海上交通事故调查处理条例》《电力监管条例》《电信条例》《计算机信息系统安全保护条例》《特种设备安全监察条例》《防治海岸工程建设项目污染损害海洋环境管理条例》《大气污染防治法》《水污染防治法》等。

三是公共卫生事件类：主要包括《重大动物疫情应急条例》《传染病防治法》《传染病防治法实施办法》《突发公共卫生事件应急条例》《进出境动植物检疫法》《动物防疫法》《国境卫生检疫法》《进出境动植物检疫法》《植物检疫条例》《国境卫生检疫法实施细则》等。

四是社会安全事件类：主要包括《刑法》《治安管理处罚法》《人民警察法》《民族区域自治法》《戒严法》《监狱法》《行政区域边界争议处理条例》《殡葬管理条例》《营业性演出管理条例》《中国人民银行法》《商业银行法》《保险法》《证券法》《银行业监督管理法》《领海及毗连区法》《专属经济区和大陆架法》《国防交通条例》《民兵工作条例》《民用运力国防动员条例》《军人抚恤优待条例》《价格法》《农业法》《粮食流通管理条例》《中央储备粮管理条例》等。

3. 我国应急管理法律“1+4”体系建设规划

依法治国、依法执政、依法行政共同推进，法治国家、法治政府、法治社会一体建设，其中一个重要的前提就是必须做到有法可依，立法工作在其中处于先导性、前置性的重要地位。2019 年，习近平总书记在中央政治局第十九次集体学习时强调，充分发挥我国应急管理体系特色和优势，积极推进我国应急管理体系和能力现代化。习近平指出，“要坚持依法管理，运用法治思维和法治方式提高应急管理的法治化、规范化水平，系统梳理和修订应急管理相关法律法规，抓紧研究制定应急管理、自然灾害防治、应急救援组织、国家消防救援人员、危险化学品安全等方面的法律法规，加强安全生产监管执法工作”。

在当前机构改革全面深化的大背景下，应急管理法律标准建设面临新的形势和挑战，也存在一些问题和不足。涉及应急管理、安全生产、防灾减灾救灾的相关法律法规、规章、规范性文件众多，但缺少统一的全灾种防治“龙头法”来指导、协调各类灾害防治工作；防汛抗旱类、地震地质类立法存在配套不全的问题，缺乏具体的配套制度、实施细则和办法；许多立法在内容上较为抽象，也存在职责边界不清晰、不配套的问题；部分法律法规的操作性不强，针对单一类型突发事件的单行法不够全面，救助和补偿等有关领域缺乏专门立法；非政府力量参与应急救援尚未纳入我国应急管理法律体系；现有的应急管理法律法规需要清理，关键法律法规亟须修订等。

为有效防范化解重大安全风险，以应急管理部为核心的相关部门加强顶层设计，大力推进应急管理政策法规标准体系建设，推进《应急管理立法体系框架方案》落实，结合职能定位，坚持立改废释并举，加快构建“1＋4”（应急管理法＋安全生产法、自然灾害防治法、消防法、应急救援组织法）法律体系骨干框架，通过立法程序把习近平总书记关于应急管理、安全生产、防灾减灾救灾的重要论述精神转化为系统完备、科学规范、运行有效的应急管理法律制度体系，推动形成与中国特色应急管理体系相适应的大国应急管理法律体系所推出的重要举措。其中，安全生产法将逐步形成包括相关行业领域安全生产单行法律行政法规的安全生产小法典，自然灾害防治法将逐步形成包括单灾种法律行政法规的自然灾害小法典。

1.2 应急管理的属性与体系建构

应急是处置突发事件，应急管理是对应急的科学管理，应急管理体系是应急管理在特定环境中的全要素和全流程的系统建构。因此，应急管理内生而成的属性在很大程度上决定着其外在的体系优化和健全。

1.2.1 应急管理的三种属性与体系“僵局”的剖析

应急管理具有三种属性：应急属性、管理属性、公共属性；在其所处的社会环境中，这三种属性也会形成相应的业务模式，由内而外地牵引着应急管理体系的健全。

1.2.1.1 应急管理的应急属性

应急是政府的重要职能，从最基本的“守夜人”角色开始，政府就承担起应急管理的职责。因此，应急管理的应急属性是最早被强调的特征。国际经验表明，各国的应急管理的要务都是高度注重处置突发事件，要求更加快速地处理完毕并恢复到灾前状态。这就产生了以响应速度、快速可逆等为指标的应急管理。

应急属性的外在目标是快速，内在要求是专业导向，各国在实践中确立起来“监测-响应”业务模式。在监测保障下，按预设的应急流程分级响应，有序调配相应的应急力量和物资，从而缩短应急时间、提高应急效率；通过预案管理，固化成型，建构起成熟的业务架构和可持续（continuity）的应急管理。

1.2.1.2　应急管理的管理属性

政府管理的科学化从根本上激发了应急管理的管理属性，同时为了应对逐渐趋于复杂的风险环境和动态新生的突发事件，应急管理的管理属性受到了越来越多的重视。国际经验表明：应急注重速度的同时，必须注重减少人员死伤和财产损失、减轻身体和精神损害、维护社会治安和市场秩序、防止发生次生灾害和衍生事件、保护生态环境和减轻污染等诸多方面的成效，并追求人民群众的安全感和满意度。

管理属性的外在目标是成效，内在要求是结果导向，各国在实践中不断建立健全“决策-协调”业务模式。在决策机制的运行下，管理属性必然要求应用体制机制做好高效协调，包括且不限于：分类管理、分级负责，专业处置、属地兜底，专常兼备、平战结合，上下联动、反应灵敏。统一领导、综合协调，运转高效、配合协调，口径一致、保障有力，进而形成兼顾多方利益群体成效诉求的格局，并且持续改革完善，形成稳健型（robustness）的应急管理。

1.2.1.3　应急管理的公共属性

随着国家的发展和社会的进步，社会各界对于突发事件的认识日益深刻，共担风险所有权的意识也逐步深入人心，应急管理的公共属性趋于共识。国际经验表明：风险社会的推广使得应急管理越来越多地进入公共领域，民众不仅是灾后的受保护对象，也是危机的预防主体和灾时的“第一响应人”，融媒体技术也使得社会监督和问责追责成为应急管理的重要环节。

公共属性的外在目标是公允，内在要求是过程导向，各国在实践中根据国情开创了“责任-能力”业务模式。明确社会各主体在应急管理全流程中的责任和分工，通过法律法规的硬性约束，匹配相应的资质和技能，形成责任全覆盖、能力能支撑的应急格局，并通过持续的完善法制，建设以公民为中心（citizen-centered）的应急管理。

1.2.1.4　应急管理体系的“僵局”剖析与优化诉求

应急管理的属性在应急改革方面起着内在推动作用。实践表明，三种属性分别提出了改革诉求（见表 1-2），在特定的环境中若应用得当也确实提升了应急成效。

表 1-2　应急管理的三种属性及其改革诉求

属性	目标	导向	业务模式
应急属性	快速	专业导向	“监测-响应”
管理属性	成效	结果导向	“决策-协调”
公共属性	公允	过程导向	“责任-能力”

随着风险社会的演进，应急管理体系在实践中面临巨灾的损失严重、非传统灾害难

以防范、治理结构转型未定、能力体系亟待增强升级等一系列问题，由此表现出的响应机制触发迟滞、危机决策屡现失误、运转不灵、保障短缺等体系的“僵局”屡有发生。主要表现为三种形态：一是“粗放”：未根据属性作精细切割，三种属性在需要区别对待时，未能精准施策。二是“错配”：未针对属性作科学匹配，在特定情境下匹配了错误的属性。三是“无序”：在应急管理属性交织叠加时，未结合多种属性有序组织，未能形成有效组合。以公共卫生事件中的新生传染病为例，初发阶段是应急属性，要快速上报和专业研判。若发生“错配”则可能导致决策失误、贻误战机。爆发阶段是管理属性，要协同处置和全面保障。若陷入“粗放”则可能联而不动、低效无效。流行阶段是公共属性，要危机沟通和全员参与。若出现“无序”则可能运转低效、协调失灵、秩序失控、局面混乱。

从本质上分析，应急管理体系的“僵局”是功能紊乱和价值贬缩的双重失误，不仅在应急功能方面未达成速度最快、损失最低、责任最小的应急预期，而且在应急价值方面也未实现风险防控、总体安全、本质安全的社会格局。

因此，结合国际实践经验，应急管理体系在当前的社会风险环境下，面临着同时在功能体系和价值体系方面推进体系健全的要务：一是应急管理在属性能够或应该区分的单属性层面趋于细分，通过属性甄选和适配情境，健全应急管理功能体系。二是应急管理在属性无法切割或应该组合的多属性层面趋于融合，通过属性交互和模式综合，健全应急管理价值体系（见图 1-2）。

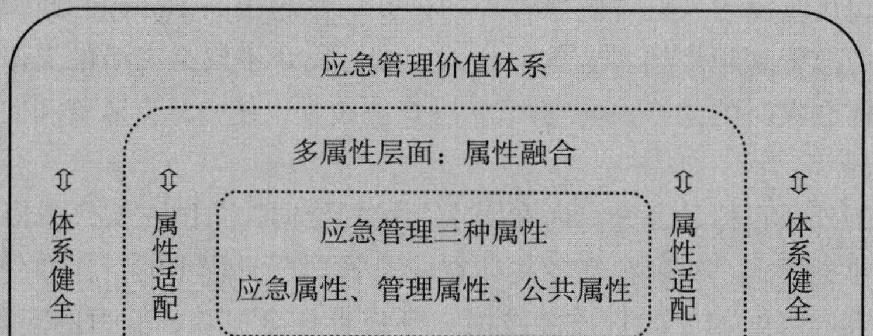

图 1-2 健全应急管理体系示意图

1.2.2 应急管理的属性细分与功能体系的健全

在风险社会的环境中，应急管理体系的功能发挥必须要以进一步厘清应急管理属性为根本，以打破体系“僵局”为标的，在单属性层面趋于细分，通过属性甄选实施精细化的匹配（见表 1-3）。

表1-3 应急管理的属性细分

属性	适用应急情境	适用应急阶段	匹配应急力量
应急属性	定性简便情境 常见灾种 典型示例：常见传染病等	事发：触发响应 事中：专业处突	专业力量 有资质的社会力量
管理属性	决策复杂情境 跨部门跨地区 典型示例：新发传染病、重大疫情等	事发：专业决策 事中：联防联控、群防群治 事后：善后重建	有决策权的力量 有管理权的力量 专业力量
公共属性	风险防控情境 未知灾种 典型示例：罕见怪病、疫情蔓延等	事前：全民预警 事中：秩序重建 事后：协同参与	全民“第一响应人” 全员“安全责任人”

1.2.2.1 应急属性与定性简便情境

应急属性主导的应急管理，在实践中固化形成“监测-响应”模式，适用于定性简便的情境。对应四类突发公共事件为：自然灾害中的气象灾害预报，地震预警等；事故灾难中的火灾等；公共卫生事件中的常规传染病等；社会公共事件中的“两抢一盗”等。基于应急属性的快速目标和专业导向，“监测-响应”模式旨在定性简便的情境中快速响应、专业执行，从而快速地处理完毕并恢复到灾前状态。

以消防为例，按照国际规则遵循的是基于监测，实施“灭早、灭小、灭初期”，为了完成“3分钟到场”扑救初起火灾的目标，我国多地尝试建设“13510梯次灭火救援体系”：1分钟时发现火灾或接收火警后，单位消防员到场；3分钟时社区志愿消防队或社区微型消防站人员到场；5分钟时属地街道或乡镇专职消防队到场；10分钟时辖区消防救援队到场。实现实时监测火情，第一时间调集装备力量处置火情。

定性简便情境中，“监测-响应”模式遵循比例原则，应急人员配备、操作方案设置、资源保障的类型和等级应与突发公共危机事件的类型和等级相一致，既能有效处置危机，又不造成浪费。对此，应急响应按照“分类管理、分级响应”的要求，根据公共危机事件的类型、等级，由相对应类型的具体部门和对应等级的政府层级采取应急响应措施，并配置相应的应急资源和保障。

1.2.2.2 管理属性与决策复杂情境

管理属性主导的应急管理，在实践中固化形成“决策-协调”模式，适用于决策复杂的情境。对应四类突发公共事件为：自然灾害中的城市内涝综合灾害等；事故灾难中的高危化学品燃爆等；公共卫生事件中的新发传染病等；社会公共事件中的恐怖袭击事件等。基于管理属性的成效目标和结果导向，“决策-协调”模式旨在决策复杂的情境中科学制定应对方法，依靠体制机制综合协调，从而稳妥和全面地处置突发事件。

以突发事件现场指挥系统为例，为了切实提高应急的成效，现场指挥系统通常制定组织结构、部门分工、执行程序、实际操作等规程，设计总指挥官、三类指挥幕僚（新闻官、安全官和联络官)、四类一般幕僚(行动组、计划组、后勤组、财务与行政组)等管理岗位，规定应急的角色、组织结构、职责、程序、术语和实际操作表格等内容，确保一线的应急指挥过程明确、有序、高效、安全，并不断提高协调资源使用的有效性和人员配置的灵活性。若突发事件的应急处置超出特定属地范围、需要跨区县、市、省的跨区域联动，则通常由各相关区域政府及有关单位建立长效合作机制或签订合法化协议，开展信息互通与资源共享，形成平台共建的组织形式和工作机制，构建常态的日常联席会议模式和危态的临时会商机制，形成互联互通、协同处置的应急格局。

1.2.2.3 公共属性与风险防控情境

公共属性主导的应急管理，在实践中固化形成"责任-能力"模式，适用于风险防控的情境。对应四类突发公共事件为：自然灾害中的罕见龙卷风灾害等；事故灾难中的意外致死等；公共卫生事件中的重大疫情等；社会公共事件中的"孤狼式恐袭"等。基于公共属性的公允目标和过程导向，"责任-能力"模式旨在风险防控的情境中全员参与协同，在法制建设的基础上明确各主体责任，并配置所需能力，实现风险防控的目标。

基于公共属性的公允目标和过程导向，"责任-能力"模式的实质是根据风险防控的具体情境，针对不同阶段、不同环境、不同条件下的风险承受力状况，有针对性地选择合适的风险控制策略，从而更好地满足政府和群众的安全诉求。根据国际经验，风险社会中的政府、企业、公民等均应纳入风险防控的框架，根据不同类别、不同层级、不同性质的主体责任状况，明确风险所有权的归属，承担相应的责任、履行应尽的义务，从而确保风险防控的有效执行。以安全社区为例，我国创新的网格化管理，就是在特定网格中明确安全责任和任务，配备人员和技能，进而形成覆盖全域的安全格局。

1.2.2.4 健全应急管理功能体系

应急管理的属性是体系建构的基石，应急管理体系应基于三种属性，按照情境、结构、功能的要素搭配，突出应急功能，健全应急管理的功能体系(见表1-4)。

表1-4 应急管理功能体系的健全

属性与情境	结构一：职能设定、机构设置、队伍建设	结构二：决策方式和响应机理	结构三：绩效考核和追责问责	应急功能
应急属性与定性简便情境	专业机构和垂直指挥；职业化和随时待命	常见灾种备灾；直接定性；专业部门快速响应	专业应对，条线主导；责权清晰，求快而适度容错	速逆
管理属性与决策复杂情境	大部制(联席会议)、重心下沉、打破职责同构；专常兼备、联动调配	高危频发灾种备灾减灾；会商研判决策；相关部门联合响应	联防联控、条块结合；兜底负责，责任倒查	低损
公共属性与风险防控情境	全民参与，接受监督；专岗专人，各司其职	全面备灾减灾防灾；全程危机沟通；"第一响应人"，群防群治	全员风险防治，各负其责，依法追究责任；安全感评估	无责

应急管理体系"速逆、低损、无责"三重功能，实质是在甄选属性和适配情境的基

础上实现或强化三重功能：一是速逆功能，在定性简便情境下，通过配备专业人员、针对常见灾种、明确责权归属、编制演练预案等，实现最快速度的逆转，回到灾前正常状态。二是低损功能，在决策复杂情境下，通过大部制等机构改革、研判复杂灾情、联防联控、责任管理、完善体制机制，实现灾害导致的人财损失最小化。三是无责功能，在风险防控情境下，通过全民参与和群防群治设计、全面防范传统和非传统灾害、依法追责、评价和提升安全感等，争取应急管理的全程无过无责。

1.2.3　应急管理的属性融合与价值体系的健全

各国的实践表明，应急管理在属性无法切割或应该组合的多属性层面应该趋于交互，通过属性融合和模式综合，健全应急管理的价值体系。通过应急管理的应急属性、管理属性、公共属性的有机交互，一方面形成了“智慧型”“常备型”“治理型”应急管理综合模式（见图 1－3 和表 1－5），另一方面也回应社会各界对于应急管理的以民为本、公开透明等综合诉求，凸显应急管理的社会价值，固化形成应急管理价值体系。

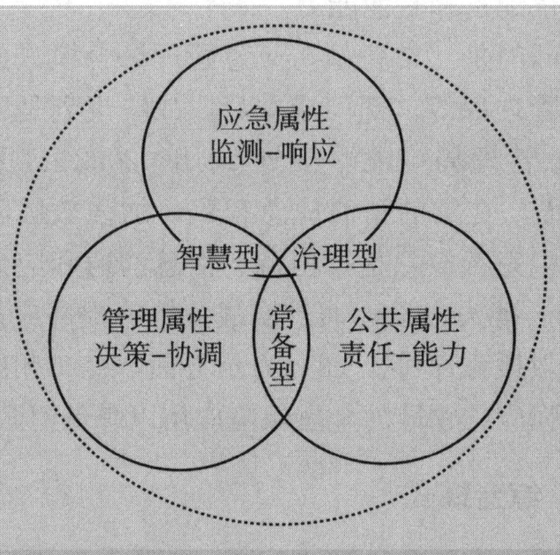

图 1－3　应急管理多属性层面的融合示意图

表 1－5　应急管理综合模式

综合模式	内在要素	运行机理	系统支撑
智慧型	监测、决策、响应、协调	信息—AI—风控	信息系统、决策系统、响应系统等
常备型	决策、责任、协调、能力	绩效—防治—联动	绩效系统、指挥系统、保障系统等
治理型	责任、监测、能力、响应	责任—共担—技能	责任系统、群防系统、培训系统等

1.2.3.1　“智慧型”综合模式

应急属性“监测-响应”模式融合管理属性“决策-协调”模式，构成了以“监测、决策、响应、协调”的有机整合为内在要素、“信息—AI—风控”为运行机理的“智慧型”应急管理综合模式。其实质是通过实时监测的信息系统，形成 AI 等科技支撑的决策系统，触发响应系统并协调处突，兼顾专业快速和应急成效。

"智慧安全城市体系"是"智慧型"应急管理综合模式的典型代表。一是通过大数据、物联网、北斗卫星、光纤感应、人脸识别等技术支撑下的实时监测、研判预警、科学决策和智能响应，来提升突发事件处置效率。二是通过智慧城市、智慧建筑、智能穿戴、智能体测等 AI 的架构设计和装备配备，提升对民众安全状况的感知能力，或在特定时期监测排查存在异常状况或传染病风险的特定人群，以提升应急响应的反应率。三是通过实时传导、过程留痕、现场直播、全网联动、全媒体传播等信息技术在应急处置过程中的应用实现全程留痕，提高对应急结果的满意度。

1.2.3.2 "常备型"综合模式

管理属性"决策-协调"模式融合公共属性"责任-能力"模式，构成了以"决策、责任、协调、能力"的有机整合为内在要素、"绩效—防治—联动"为运行机理的"常备型"应急管理综合模式。其实质是设计完善的应急管理"三定方案"，不断改进应急的行政管理系统，优化绩效考核系统和决策系统，在明确应急责任的基础上构建联动系统，并持续提升灾害防治的力量配备和专业能力。

创立应急管理的专设部门是"常备型"应急管理综合模式的典型方式，例如美国的国土安全部、我国的应急管理部等。部门成立后，战略规划是支撑"常备型"综合模式的关键，以美国联邦应急管理局《战略规划 2018—2022》(The 2018—2022 Strategic Plan）为例：(1）职能方面，在灾前精简应急程序、加强救援队伍培训与演练、扩大灾害预防宣传和培训，在灾中完善应急指挥协调、信息沟通和应急保障调配，在灾后简化救灾资金申请流程等。(2）能力方面，通过实战演练等提高应急实战性，提升应急救援领导力和知识技能，优化救援程序等。(3）力量方面，完善州际、社会各组织间的合作机制以壮大有生力量，加强应急领域的金融保险应用以降低财政支出。

1.2.3.3 "治理型"综合模式

公共属性"责任-能力"模式融合应急属性"监测-响应"模式，构成了以"责任、监测、能力、响应"的有机整合为内在要素、"责任—共担—技能"为运行机理的"治理型"应急管理综合模式。其实质是构建全域全员的责任系统，通过群防群治系统各自做好监督和备灾，持续优化各方面应对灾害技能，通过共担风险来实现全主体响应、全社会应对的"应急管理共同体"。

安全社区建设是"治理型"应急管理综合模式的典型代表，一是培育民众在防灾应灾中的自主参与意愿、有效自治规则、社会互助组织，例如欧美"邻里守望"(neighborhood watch）将社区的居民联合起来，共同预防犯罪，改进当地治安状况。二是构建以个体、家庭与社区为基础的防灾体系，例如美国"全社会参与"(whole of community）的理念和实践，日本"公助-共助-自助"机制等。

1.2.3.4 健全应急管理价值体系

应急管理体系在单属性层面细分突出应急功能的基础上，还要在多属性层面交互融合，在应急工具、应急制度、应急价值三个方面，凸显应急管理价值，健全应急管理价值体系，详见表1-6。

表1-6 应急管理价值体系的健全

综合模式	应急工具	应急制度	应急价值
智慧型	信息系统、决策系统、响应系统等	风险评估前置化、隐患根治制度化、触发响应实时化等	超前
常备型	绩效系统、指挥系统、保障系统等	健全应急体制、优化应急机制、完善应急法制等	常态
治理型	责任系统、群防系统、培训系统等	本质安全制度化、社区安全标准化、安全技能全员化等	自觉

应急管理体系“超前、常态、自觉”三维价值，实质是在属性融合和综合模式的基础上，实现社会各界对于应急管理的价值预期。

一是超前应急的社会价值，通过智慧型综合模式，应用信息系统、决策系统、响应系统等应急工具，建立健全风险评估前置化、隐患根治制度化、触发响应实时化等应急制度，从而优化风险评估、隐患根治、触发响应等制度，采取智能预警、智慧处突，提前化解、实时响应等应急措施，来实现超前准备和风险防控的社会价值。

二是常态应急的社会价值，通过常备型综合模式，应用绩效系统、指挥系统、保障系统等应急工具，优化“三定方案”，建立健全应急体制、优化应急机制、完善应急法制等应急制度，从而强化统一指挥、科学决策、上下联动、反应灵敏等应急实践，来实现常态防灾减灾的社会价值。

三是自觉应急的社会价值，通过治理型综合模式，应用责任系统、群防系统、培训系统等应急工具，完善本质安全制度化、社区安全标准化、安全技能全员化等应急制度，从而构建全员负责、社会协同、公众参与的局面，来实现自觉抵御风险的社会价值。

1.3 应急管理的外延与综合治理

1.3.1 防灾减灾的“致灾因子-承灾体-孕灾环境”模型

防灾减灾视角下，重点关注自然灾害等传统灾害。按照自然灾害系统理论，致灾因子、承灾体、孕灾环境共同构成了灾害系统，三者相互作用而产生灾情，结合GB/T32572-2016《自然灾害承灾体分类与代码》、GB/T24438.1-2009《自然灾害灾情统计 第1部分：基本指标》等国家标准，其中：（1）致灾因子属性包含灾害事件的发生时间、结束时间、发生地点，灾害类别、灾害频率、灾害强度，人口伤亡、房屋损毁、农作物受损等。（2）承灾体属性包含种类、暴露度、数量等。（3）孕灾环境属性包含地形地貌、气象、水文等。

1.3.1.1 致灾因子的识别

致灾因子是自然或人为环境中，突发事件或安全事故，对人类生命、财产或各种活动产生危害、带来损失、引发不利影响的因素，实际工作中一般也称为“危险源”“安全隐患”等。

致灾因子除自然致灾因子以外，还包括技术致灾因子和人为致灾因子。技术致灾因子是指因技术或工业环境的致灾因子，生产上的安全事故就是比较典型的技术致灾因子，技术致灾因子也可能是自然致灾因子直接作用的结果。人为致灾因子包括动乱、暴乱和战争等，往往会造成严重的社会灾害。致灾因子基本的决定因素包括位置、时间、强度和频率。例如用震源、震中和震源深度等描绘地震发生的位置，用震级和烈度表示地震的强度。对于台风来说，其致灾因子往往包括大风、降雨、巨浪及风暴潮等，一般采用大风强度作为台风致灾因子强度的衡量标准。此外，一些自然致灾因子（如台风）在时间上具有周期性的特点，并且可以预测其位置和影响范围。

1.3.1.2 承灾体的调查

承灾体是指直接受到灾害影响和损害的人类社会主体，包括人类本身和社会发展的各个方面，如工业、农业、能源、建筑业、交通、通信、教育、文化、娱乐、各种减灾工程设施及生产、生活服务设施，以及人们所积累起来的各类财富等。

各类承灾体的分布（空间位置及数量）是灾害损失评估的重要输入信息，特别是人口、建筑物、交通、通信等重要承灾体的信息。因此，建立完备详细的承灾体数据库具有重要作用。根据GB/T 32572－2016《自然灾害承灾体分类与代码》，针对自然灾害的承灾体，一般划分为人、财产、资源与环境三大门类。人可依据性别、年龄属性划分具体类别。财产可根据其形态和所有权属性划分为固定资产、流动资产、家庭财产、公共财产等类别。资源与环境可分为土地资源、矿产资源、水资源、生物资源、生态环境等类别（见图1－4）。

承灾体的调查，应统筹利用各类承灾体已有的基础数据，开展承灾体单体信息和区域性特征调查，重点对人口与经济、房屋建筑、基础设施（交通运输设施、通信设施、能源设施、市政设施、水利设施等）、公共服务系统、三次产业、资源和环境等重要承灾体的空间位置信息和灾害属性信息进行调查。

第一，人口与经济调查。充分利用最新人口普查、农业普查、经济普查等各类资料，以乡镇为单元获取人口统计数据，结合房屋建筑调查开展人口空间分布信息调查。以乡镇为单元获取区域经济社会统计数据，主要包括三次产业地区生产总值、固定资产投资、农作物种植业面积和产量等。

第二，房屋建筑调查。提取城镇和农村住宅、非住宅房屋建筑单栋轮廓，掌握房屋建筑的地理位置、占地面积信息。在房屋建筑单栋轮廓底图基础上，外业实地调查并使用App终端录入单栋房屋建筑的建筑面积、结构、建筑年代、用途、层数、使用状况、设防水平等信息。

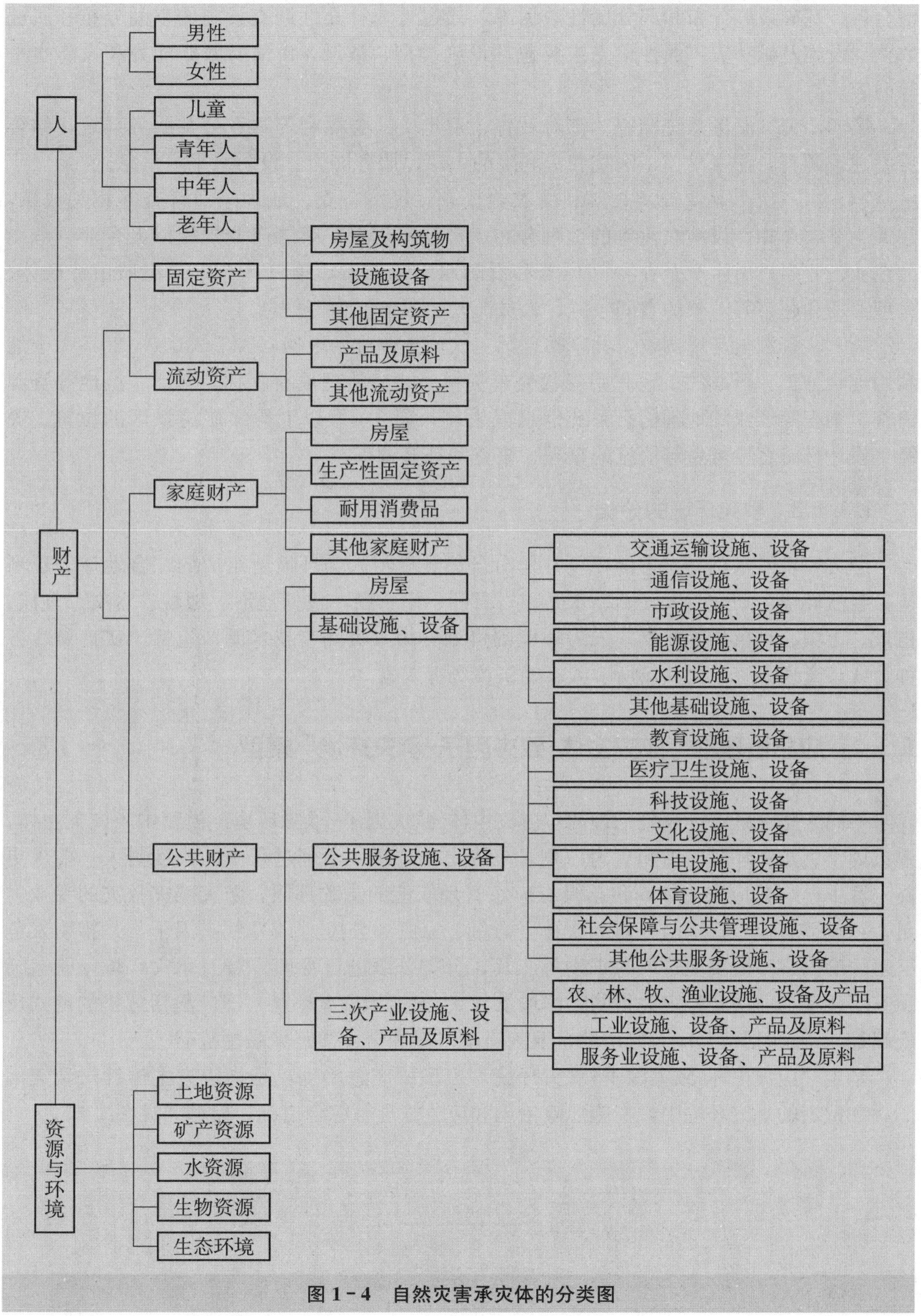

图 1-4　自然灾害承灾体的分类图

第三，基础设施调查。针对交通、能源、通信、市政、水利等重要基础设施，共享整合各类基础设施分布和部分属性数据库，通过外业补充性调查设施的空间分布和属性数据。设施基础和灾害属性信息主要包括设施类型、数量、价值、服务能力和设防水平等内容。

第四，公共服务系统调查。针对教育、卫生、社会福利等重点公共服务系统，结合房屋建筑调查，详查学校、医院和福利院的人口、服务能力、设防水平等信息。

第五，三次产业调查。共享利用农业普查、经济普查、地理国情普查等相关成果，掌握主要农作物、设施农业等的地理分布、产量等信息，第二产业规模以上企业、危化品企业、非煤矿山生产企业空间位置和设防水平等信息，第三产业中大型城市综合体、大型商场和超市等对象的空间位置、人员流动、服务能力等信息。

第六，资源与环境调查。共享整理第三次国土调查，根据 GB/T 21010－2017《土地利用现状分类》形成的土地利用现状分布资料。共享整理最新森林、草地、湿地等资源清查、调查等形成的地理信息系统信息成果。开展 3A 级以上等级旅游景区的位置、等级、设计日游客接待量等信息的整理、核查和补充调查。

1.3.1.3 孕灾环境的分类

孕灾环境是指孕育灾害的环境，是由自然环境与人为环境所组成的综合地球表层环境。自然环境可划分为大气圈、水圈、岩石圈、生物圈，包括地形、地貌、水文、气候、植被、土壤、动植物等要素；人为环境则可划分为人类圈与技术圈，包括工矿商贸、各种管线、交通系统、公共场所、人、经济市场等要素。

1.3.2 应急治理的“应灾主体-致灾因子-承灾环境”模型

不同于防灾减灾，应急治理的“应灾主体-致灾因子-承灾环境”模型中，应灾主体、致灾因子、承灾环境的内涵更为深刻，范围更为广泛，治理过程中的难度更大、要求更高。其中：(1) 应灾主体，包括具有应急管理职能的党政部门、防灾减灾救灾的专业力量，还包括行业主管部门、属地、社会力量、家庭和公民。(2) 致灾因子，是指引发危机事件的因素，需要通过风险识别等工具，分类分级进行管理。(3) 承灾环境，既包括承灾小环境（即处置特定危机的具体场景），也包括承灾大环境（即应囊括危机的链式反应路径），还包括覆盖应对危机的全要素流动范围和全主体跨域联动范畴。

基于“应灾主体-致灾因子-承灾环境”模型的应急治理，是指应灾主体针对致灾因子，在特定的承灾环境中，实施风险治理和应急管理等综合措施，模型详见图 1－5。

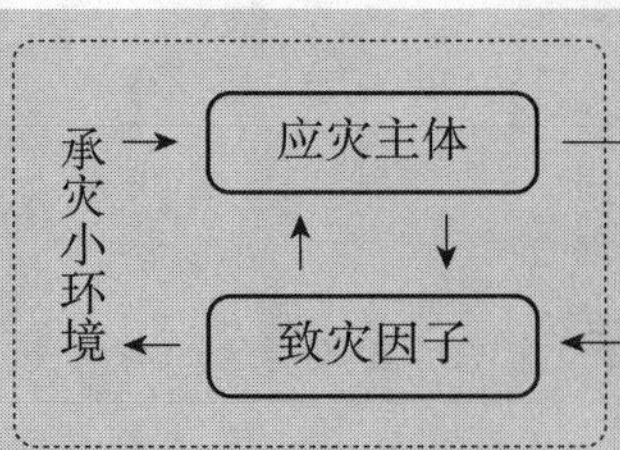

图 1－5 应急治理的“应灾主体-致灾因子-承灾环境”模型

党的二十大报告明确提出“推动公共安全治理模式向事前预防转型”。特大暴雨作为巨灾，是全球直面的应急管理难题。以 2021 年“7·20”河南特大暴雨为例，经调查认定，此次特大暴雨是一场因极端暴雨导致严重城市内涝、河流洪水、山洪滑坡等多灾并发，造成重大人员伤亡和财产损失的特别重大自然灾害。[①] 特大暴雨的应急管理需从应灾主体、致灾因子、承灾环境三方面展开分析（见图 1-6）。致灾因子具有危险性，能够直接或间接地造成人员伤亡和财产损失；应灾主体具有脆弱性，可能存在技能缺憾和管理瑕疵；承灾环境具有敏感性，可能存在薄弱环节和连锁反应。

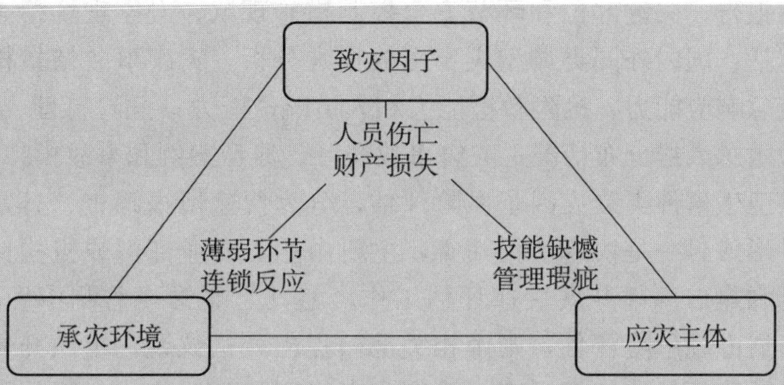

图 1-6　特大暴雨综合风险评估模型

1.3.2.1　致灾因子的分类评估与关联因素分析

根据不同的致灾因子类型，其评估的重点和标准不一。针对自然灾害、事故灾难、公共卫生事件、社会安全事件的法定四类突发事件的致灾因子，其风险评估的侧重点不同。

第一，自然灾害类致灾因子风险评估，一般应针对地震灾害、地质灾害、洪水灾害、森林火灾等常见灾种的致灾孕灾重点隐患排查；开展自然灾害次生危化事故重点隐患排查、自然灾害次生非煤矿山安全生产事故重点隐患排查、集中式饮用水水源地及自然保护区重点隐患排查，形成隐患清单。例如，（1）地震灾害，重点排查可能引发重大人员伤亡、严重次生灾害或阻碍社会运行的承灾体，按照可能造成的影响（损失）水平建立地震灾害隐患分级标准，确定主要承灾体的隐患等级。（2）地质灾害，基于致灾孕灾普查成果，分析地质灾害点的类型、规模和影响范围，确定承灾体隐患等级，重点开展河边、水库边、沟边、溪边、山边的村屯及高切坡建房等地质灾害隐患排查。（3）洪水灾害，重点排查主要河流堤防、重点中小型水库工程、重点蓄滞洪区的现状防洪能力、防洪工程达标情况、安全运行状态，排查中小流域山丘区重点村屯山洪灾害重点隐患。（4）森林火灾，围绕林区范围内的居民地、风景名胜区、工矿企业、垃圾堆放点、重要设施周边、公墓、坟场、烟花燃放点、在工程施工现场等重点部位，针对森林杂乱物、按规定未及时清除的林下可燃物、违规用火、违规建设、重要火源点离林区的距离等情

① 河南郑州“7·20”特大暴雨灾害调查报告．(2022-01-21). https://www.mem.gov.cn/gk/sgcc/tbzdsgdcbg/202201/P020220121639049697767.pdf.

况开展隐患排查。(5) 次生隐患排查，自然灾害次生危化事故，围绕地震、雷电、洪水、泥石流等灾害，排查“自然灾害—生产事故”灾害链隐患对象和影响范围。

第二，事故灾难类致灾因子风险评估，重点包括可能性评估和后果评估。可能性评估的相关要素包括：国内外同类灾害事故案例和统计资料；行业领域相关安全法规、标准的完善程度；行业领域安全监管力量、监测预警水平和工程技术条件；安全管理现状，包括安全相关资质证照、安全管理机构设置、安全生产标准化达标创建、对执法监察响应态度、近年来灾害事故和执法处罚情况等；重要设备设施检测报告；安全评价报告和重大危险源评估报告；关键部位和环节安全控制措施现状；专家现场检查意见。后果评估的相关要素包括：国内外同类典型灾害事故损失分析；灾害事故情景构建、模拟分析和实验验证；应急响应能力、抢险救援能力和人员疏散能力；危险特性、种类和数量等；接触人数和周边敏感人群分布情况；灾害事故统计、典型案例和事故模拟分析数据。

第三，公共卫生事件类致灾因子风险评估，分为快速情报筛查、日常风险评估、专题风险评估三种形式。一是快速情报筛查，主要由相关专业部门或机构针对日常监测工作中发现的问题和热点事件开展快速评估工作，尤其是非常规监测中发现的异常信息，如需要进一步开展专题风险评估，则由相关部门提出评估议题，组织开展专题风险评估工作。二是日常风险评估，包括月度、季度、半年度风险评估，主要是根据常规监测收集的信息、部门通报的信息、国际组织及有关国家（地区）通报的信息等，对疾控中心职责范围内的突发公共卫生事件风险或其他突发事件的公共卫生风险开展初步快速评估；相关专业机构一般会根据上月及既往监测情况确定本月需要分析的病种或事件，主要考虑升幅较大、可能引起突发公共卫生事件的病种或媒体热点事件。三是专题风险评估，根据事件特点、信息获取情况及实际需要，可在事件发生和发展的不同阶段开展，主要针对国内外重大突发公共卫生事件、自然灾害、大型活动等开展全面、深入的专项公共卫生风险评估。具体的情形包括：国内外发生的可能对本辖区造成公共卫生危害的突发公共卫生事件；重大自然灾害及事故灾难发生后可能引发的原生、次生和衍生的公共卫生危害；大型活动卫生应急保障中存在的公共卫生风险；常规、应急和非常规监测中发现的可能导致公共卫生风险的事件或异常。

第四，社会安全事件类致灾因子风险评估，侧重于社会面的风险要素评估。以社会稳定风险评估为例，主要从合法性、合理性、可行性和安全性等方面进行评估：(1) 合法性：是否符合现行相关法律、法规、规章以及党和国家有关政策，决策程序是否符合有关法律、法规、规章和国家有关规定。(2) 合理性：是否符合以人为本的科学发展观要求，是否符合经济社会发展规律，是否符合社会公共利益和广大人民群众的根本利益，是否兼顾了不同利益群体的诉求；是否符合本地区发展规划，是否保持了政策的连续性、相对稳定性以及相关政策的协调性，是否可能引发地区、行业、群体之间的相互攀比；依法应给予当事人的补偿和其他救济是否充分、合理、公平、公正；拟采取的措施和手段是否必要、适当，可以达到管理目的的措施和手段对当事人权益的损害是否最小。(3) 可行性：组织实施的时机和条件是否基本成熟，项目管理体制改革的力度、投资建设的速度和社会可承受程度是否有机统一，项目实施是否符合本地区经济社会发展总体水平，是否超越大多数群众的承受能力，是否能得到大多数群众的支持和认可。（4）安全性：实施是否可能引发较大规模群体性事件、较大规模上访、重大社会治安问题、网络负面舆论过激过热，以及其他影响社会稳定的因素；可能引发的社会稳定风险是否可控，能否得到有效防范和化解，是否制定了相应的预警措施和应急处置预案等。

此外，突发事件发生后，在应急处突的过程中，还需要对致灾因子的关联风险因素进行分析。以特大暴雨为例，特大暴雨及其关联风险因素直接或间接地造成人员伤亡和财产损失。一方面，特大暴雨引发洪涝灾害，会造成直接影响的风险因素，即由于降雨量达到历史极值，超出城市防洪排涝控制能力，造成大面积积水和内涝洪流，造成地铁进水、路段塌方、泄洪、隧道进水等，影响人民群众生命财产安全。另一方面，洪涝产生间接影响的风险因素，包括山体滑坡、泥石流等次生灾害，造成房屋倒塌等，进而导致不同程度的人员伤亡和财产损失。

1.3.2.2 应灾主体的“脆弱性-韧性”评估与综合研判

1. 脆弱性的界定和内涵

脆弱性（vulnerability）问题最初来源于流行病学领域，描述的是哪些地区更容易发生流行病或易被流行病所感染。脆弱性是指系统受到伤害和破坏的易感状态以及承受不利影响的能力，是个人、团体、财产、生态环境等易于受到某种特定致灾因子影响的性质。脆弱性关注的是研究对象内在的风险因素，强调灾害中的人类因素，反映个人和由物质、经济、社会和环境等构成的集合体易受到影响或破坏的状态。随着研究的进展，脆弱性的内涵开始突破“内部的风险”束缚，逐渐向自然、社会、经济和生态等外延因素拓展，使之从单因素向多因素、一元结构向多元结构演变。

影响脆弱性的因素是多方面的，经济、社会、文化、环境、政治以及人的行为态度等均可能对脆弱性产生影响。总体而言，影响脆弱性的因素可划分为物理因素、社会因素、环境因素，这三类因素之间相互影响、相互作用。

第一，物理脆弱性。物理因素是影响脆弱性的物质因素，主要是指由工程结构所构成的人类建筑环境，如房屋、厂房、设备、大坝、公路、桥梁和水、电、气等资本资产和基础设施。物理脆弱性可以用建筑本身的设计、建筑材料是否符合建筑规范等来描述，也可以用不合适的地理位置或错误的时间、错误的位置等来描述。通常用暴露元素概念来描述物理脆弱性大小，联合国国际减灾战略报告指出，“暴露是指位于危险地区易于受到损害的人员、财产、系统或其他成分，可以用某个地区有多少人或多少类资产来衡量暴露元素”。暴露元素可以通过建立资产清单的方式来描述，财产清单包括财产的类型、数量、价值、用途和空间分布等项目。

第二，社会脆弱性。社会脆弱性与个人、团体或社会的经济状况和福利水平相联系。影响脆弱性的社会因素有很多，包括经济发展、经济结构、财政资源、教育水平、社会治安、管理体系、社会公平、传统、宗教信仰、意识形态和公共卫生及基础设施等多方面。经济因素对社会脆弱性存在重要影响，例如，若某一社区所在地区的经济发展水平较高、财政资源丰富，则可运用资源做好灾前的准备工作，具备较强的应对灾害的能力，并且有可能较快地从灾害的影响中恢复过来。同时，具备较高的经济发展水平往往具备建设高质量交通、通信、供水、供电和医疗等基础设施的能力，具有较为先进的早期预警系统，从而具有较强的抵御灾害的能力。从微观层面看，脆弱性水平依赖于个人或团体的经济地位，穷人尤其是其中的妇女和老人，往往比富人具有更高的脆弱性。

第三，环境脆弱性。环境脆弱性侧重于自然环境，影响环境脆弱性的主要因素包括资源损耗、环境退化、环境污染等。例如，乱垦滥伐、乱牧滥采等行为，造成土壤侵蚀、土地沙化、森林枯竭、草原退化，从而加剧了洪水、风沙、干旱、滑坡、山崩、泥石流等灾害的发生频度和强度。

2. 韧性的定义及韧性与脆弱性的关联

"韧性"（resilience）一词最早来源于拉丁语"resilio"，其本意是"恢复到原始状态"。"韧性"一词于1858年首次在力学中正式使用，20世纪50年代出现在心理学中，70年代开始在灾害研究中使用，90年代从自然生态学进一步扩展到人类生态学。

韧性通常被视为抵抗、吸收、适应、恢复的能力或过程。其中，资源是不可或缺的，韧性既取决于资源本身，也取决于这些资源的动态性质。韧性存在鲁棒性、冗余性、快速性、智慧性四个动态特性（4R）。[①] 鲁棒性（robustness）是一种承受压力而不受其影响的能力；冗余性（redundancy）是指在资源中断或退化的情况下元素可替换的程度；快速性（rapidity）是及时实现目标、控制损失和避免干扰的能力；智慧性（resourcefulness）是当条件威胁到系统时，识别问题和调动资源的能力。

社区是应灾主体的基础单元。社区韧性评估是分析韧性的关键，社区韧性指标体系的构建可以采用描述性的或定量的方法，基于访谈、专家意见、工程分析或预先存在的数据集，用囊括各方面的总分表示，也可以从物理、经济、社会、环境多个维度各自平行打分。常见的社区韧性评估方法见表1－7。

表1－7 常见的社区韧性评估方法

名称	提出时间	维度	适用范围
TOSE框架	2003年	技术、组织、社会、经济	地震灾害
气候灾害韧性指数（CDRI）	2011年	物理、社会、经济、制度和自然	气候灾害
行动导向的韧性评估（AoRA）	2012年	物理、社会、经济、制度和自然	气候灾害
气候相关灾害社区韧性框架（CDCRF）	2012年	物理、社会、经济	气候灾害
社区韧性提升工具包（CART）	2013年	联系与关怀、社区资源、变革潜力、灾害管理	各种灾害
联合社区韧性评估方法（CCRAM）	2013年	领导能力、集体效能、准备能力、地方依恋、社会信任	应急管理
社区韧性基线指标（BRIC）	2014年	社会、经济、住房和基础设施、制度、社区资本、环境	各种灾害
社区韧性分析工具包（ABC-D）	2020年	教育、经济、环境、政策和治理、卫生、基础设施、社会和文化、灾害风险管理	各种灾害

① BRUNEAU M，CHANG S E，EGUCHI R T，et al. A framework to quantitatively assess and enhance the seismic resilience of communities. Earthquake Spectra，2003 (4).

3. 事前对应灾主体的目标设定

在应急管理的事前环节，即预防和准备阶段，需要对应灾主体的意识培育、力量建设、能力培养、组织建设、资源配置等方面设定相关的目标，以综合提升应灾主体的能力和水平。

例如，在2023年1月5日召开的全国应急管理工作会议上，应急部门作为应灾主体的重点主体，以“救”为主责主业，对其提出相应的目标，要求围绕拉得出、冲得上、打得赢的目标，把功夫下在平常、工作抓在日常，随时做好打大仗、打硬仗的准备，全面提高救援处置和保障能力。① 具体而言：一是加强国家综合性消防救援队伍和区域应急力量。扎实推进消防救援队伍整合改革，加快人员整合、业务融合。优化机动救援队伍力量布局，积极推动水域、高层建筑、地震、油气储备库等特种灾害救援队伍达标评级，打造应急救援尖刀和拳头力量。加快组建航空救援队伍，支持各地航空力量和航站建设，力争形成“半小时航空救援圈”。二是支持专业救援队伍和社会应急力量建设。加强国家矿山、危化、隧道救援攻坚力量，大力提升正规化、专业化、规范化水平。加强应急医学救援能力建设。积极开展社会应急力量能力分级分类测评试点。各类救援力量要强化资源共享、信息互通、共训共练，形成协同救援合力。三是立足实战强化装备保障。坚持满足当前、适度超前原则，加强先进适用装备配备。加强防汛巡测查险和应急抢险先进适用装备研发配备。有针对性地加强特种装备配备，解决狭小空间支撑、大范围生命搜救等难题。健全应急管理科技创新体系，加大关键核心技术攻关力度，提高科技自立自强水平。积极参与国际大科学装置、科研基地建设，推动“一带一路”自然灾害防治和应急管理国际合作机制建设走深走实。四是全力开展抢险救援救灾。各级应急管理部门要加强值班值守，一旦发生灾害事故和重大险情，迅速启动应急响应，第一时间报告信息并开展应急处置。各级消防救援队伍和安全生产等专业救援队伍要争分夺秒抢救被困人员，同时确保自身安全。要提高灾情统计报送与核查评估效能，用好各级应急资源管理和应急救援救助平台，与群众需求精准对接，强化救灾物资快速投送能力，千方百计保障受灾群众基本生活。健全新闻报道和发布工作机制，用好各类媒体及时准确发布信息。

4. 事后对应灾主体的综合研判

在突发事件应急处置结束后的总结复盘和危机学习中，针对应灾主体需改进可能导致救援失误的技能缺憾和管理瑕疵，需要做综合研判。以“7·20”河南特大暴雨为例，此次特大暴雨中，多元应灾主体参与应急救援，取得一定成效，但仍存在一些问题，需在特大暴雨的应急管理中进行改进。

（1）应灾主体的监测和响应状况。

特大暴雨灾害中的预警触发响应，若反应欠灵敏易贻误应急处置时机，进而引发社会负面影响。实现特大暴雨灾害预警触发响应的灵敏高效是全世界防灾减灾工作中共同

---

① 应急管理部：围绕拉得出、冲得上、打得赢 全面提高救援处置和保障能力．（2023－01－05）．https：//www.mem.gov.cn/zl/202301/t20230105_440110.shtml.

的重点和难点。此次暴雨中，郑州市气象部门于2021年7月18日晚至20日先后发布暴雨黄色、橙色预警并连续5次发布暴雨红色预警，履行了相关预警职责，但涉灾地区居民反映其收到的手机短信中缺少具体的防灾御灾行动指令。[①] 暴雨红色预警信息发布后，相关部门采取相应措施的响应行动相对滞后，停课、停业等防御措施未能及时得到落实，导致群死群伤。此次特大暴雨中，应灾主体的监测和响应状况暴露出监测预警与信息发布的及时性和有效性不足等问题。从本次特大暴雨灾害来看，现阶段部分城市防灾应急工作中的预警触发响应机制仍存在反应欠灵敏、部门间“左右联而不动”的问题。针对问题进行改进：一是“预警”，构建分类分级分区精细化预警机制，同步构建“第一响应人”机制，开展有效“现场预警”。二是“有效”，完善高危预警的联合发布和快速响应机制，属地要做出及时响应和联动管理。三是“前置”，建立健全高危预警推动重建阶段的安全风险根源处置机制。

（2）应灾主体的决策和处置状况。

特大暴雨灾害中的决策与协调，若存在底数不清、情况不明且缺乏调整，易造成决策失误、协调不畅。在此次特大暴雨中，郑州地铁存在“短板”，一是挡水墙承受力不足被冲垮，且未安排专人值守，底数不清、情况不明。由于五龙口停车场挡水墙承受力不足，且被冲垮后未能及时发现并采取应急措施，导致洪水涌入地铁站内部造成列车及乘客被困。二是泄洪的协调，河南暴雨期间65座水库超汛限水位，河南防汛压力大。[②] 三是紧急决策与处置，此次特大暴雨灾害中的地铁停运问题，不仅需要考虑满足群众出行需求，而且需要考虑极端情况下公共交通安全保障。此次特大暴雨中，应灾主体的决策和处置状况暴露出紧急处置机制不健全与危机决策能力不足、危险区域管理不到位且设防标准不足、灾害信息发布不及时且舆论管控能力不足等问题。针对问题进行改进：一是知己知彼，做好风险评估，从事前预防的角度做好城市洪涝灾害的风险分析和危险区划，进而开展分类分级管理，在了解灾害和安全风险的基础上，还要做好资源评估和预案，实现基于自己的实际承受力做出科学应急决策。二是动态调整，做出基于开展区域联动、切断连锁反应的科学应急决策，基于大数据技术等，做好灾害的动态分析和研判，及时调整应对方案和处置策略。三是综合决策，在应急决策过程中善用“规避-应对”策略，即开展城市泄洪渠规划的“规避”策略，开展城市防洪涝系统工程建设的“应对”策略；采用“单干-共担”策略，即属地政府兜底、全面负责属地救援工作，同时在灾害升级的情况下实施跨区域、全民开展救援的“共担”策略。

（3）应灾主体的协调和联动状况。

应急救援力量作为应对灾害的“中流砥柱”，包括军队、武警、民兵等，应该快速作战、参与救援，发挥军队第一时间抢险救援、完成危难险重任务的重要作用。河南

---

① 暴雨大暴雨特大暴雨！郑州再发红色预警！.（2021－07－20）. https：//view. inews. qq. com/a/20210720A05ZJP00？startextras＝0_d5ab50ca7b638&from＝ampzkqw.

② 65座大中型水库超汛限水位 河南防汛压力大.（2021－07－23）. https：//baijiahao. baidu. com/s？id＝1706071961140458584&wfr＝spider&for＝pc.

暴雨灾情发生后，2021 年 7 月 20 日，经请示中部战区批准，调派解放军指战员 730 人，武警官兵 1 159 人、车辆 60 余辆，消防救援队伍指战员 6 760 人次、1 383 车次，民兵 690 人，冲锋舟 35 艘，其他各类抢险装备 25 784 套参与抢险救援。[①] 2021 年 7 月 21 日，国家防总将防汛Ⅲ级应急响应提升为Ⅱ级应急响应，应急管理部消防救援局前方工作组及首批 7 个增援总队赶赴河南，并成立“一部六组”指挥机构。此外，河南暴雨期间全国多地蓝天救援队及其他第三方救援力量前往河南多个重灾区开展救援工作，成为防汛救灾的一支重要民间力量。此次特大暴雨中，多元应灾主体参与应急救援，取得一定成效，但应灾主体的协调和联动状况暴露出政府与社会救援力量衔接和有效联动不足、多方协调与应急响应能力不足等问题。针对问题进行改进：一是依靠专业力量，加强专业力量建设，要建立完善并常态化运行专业救援力量的应急指挥协同机制，在应急救援方面形成合力。二是联合社会力量，推进应急救援志愿服务队伍建设，完善统筹协调应急救援力量共同应对灾害的合作机制，健全完善社会力量参与应急管理的机制和政策，畅通社会力量参与渠道，同步提升社会人群自救互救安全素养，进一步缩短“救援空白期”。三是形成优势互补，加强联战联训，定期组织召开综合演练，建立各类应急救援队伍共训共练、合作救援机制，提升各类应急救援力量实战能力。

1.3.2.3 承灾环境的薄弱环节与连锁反应评估

承灾环境需关注薄弱环节和连锁反应。薄弱环节的安全“短板”决定最终安全结果，而连锁反应扩大了安全损害（见表 1 - 8 和图 1 - 7）。以“7・20”河南特大暴雨为例，此次特大暴雨中，承灾环境暴露三方面问题：一是排水系统仍然有待进一步改进，应急处置仍然有缺憾，特大暴雨作为极端气象灾害易引发地质灾害等，由于排水设施的局限，可能造成交通停滞，隧道、地铁积水等，再叠加应急处置方案和设备的不足，容易导致人员伤亡。二是设防标准与安全保障之间存在差距，可能出现房屋坍塌、道路塌方、工地塌方，导致不同程度的积水，可能造成人员伤亡。三是危险区域待严管，由于特大暴雨存在灾害连锁反应，会引发滑坡、泥石流等次生灾害，尤其是高危区域仍然存在违法违规生产或生活活动，可能导致人员伤亡或财产损失。

表 1 - 8 承灾环境的薄弱环节与连锁反应分析——以“7・20”河南特大暴雨为例

薄弱环节	连锁反应
风险评估不到位，危险区域待严管	暴雨→滑坡泥石流→危险区规划与设防有差距→房屋坍塌→救援有缺憾→人员伤亡
风险评估不到位，设防标准有差距	暴雨→崩塌→工程设防有差距/道路连锁反应→工地/道路塌方→不同程度积水→人员伤亡

① 紧急！合肥驰援河南！.（2021 - 07 - 21）. https://baijiahao.baidu.com/s?id=1705856648546029365&wfr=spider&for=pc.

续表

薄弱环节	连锁反应
城市排水设施待改进，应急处置与决策不及时	暴雨→交通停摆→排水系统/危机决策与应急处置不足→隧道地铁有积水→逃生设施设备/救援/自救互救能力等有差距→虚假消息等→情绪影响/人员伤亡
水利设施待提升，救援效率待提升	暴雨→水利设施→泄洪→决堤→交通受阻/救灾以及加固河堤→救灾物资到位→救援人员安全措施与知识等问题→人员伤亡

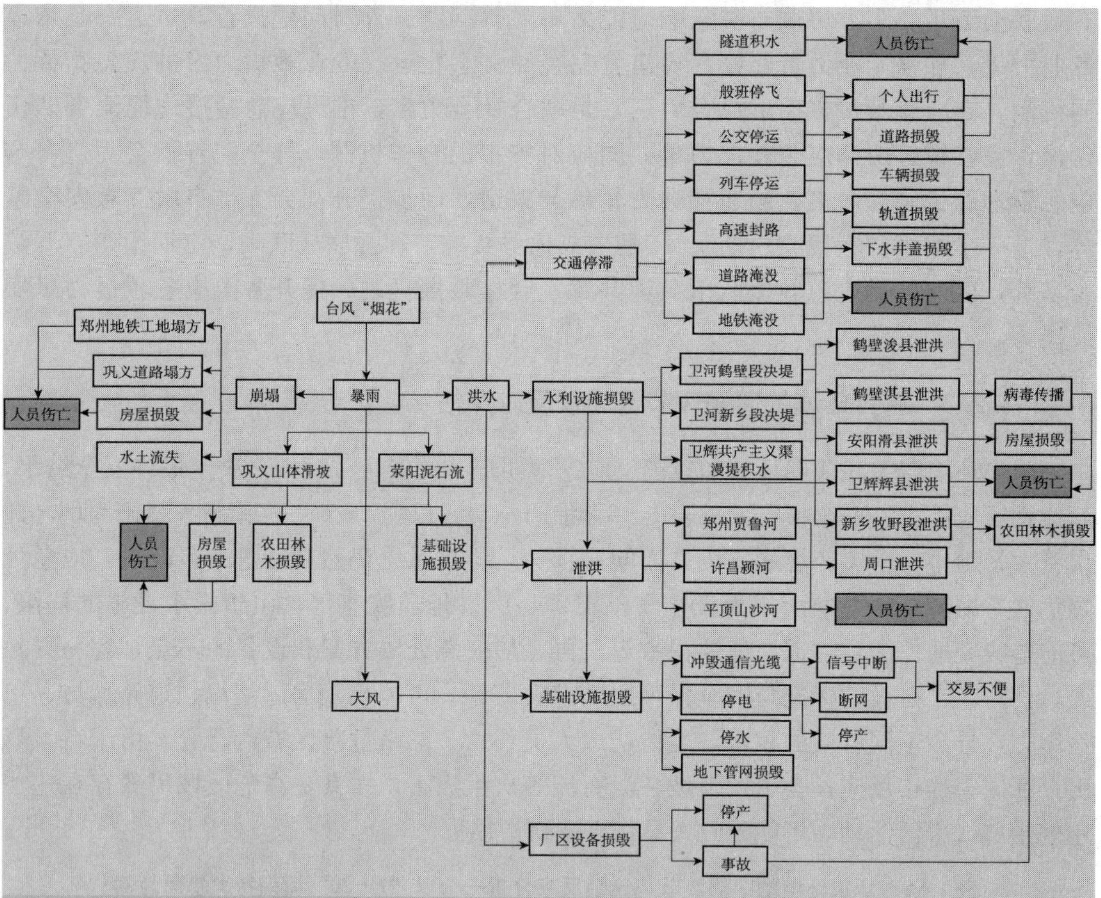

图 1－7 “7·20”河南特大暴雨灾害风险连锁反应图

1.3.3 灾害治理的“公助-共助-自助”模式

日本是一个自然灾害频发的国家。在应对灾害的过程中，日本逐渐形成了多方联动、多层推进、协同配合、全民行动的立体式、常态化灾害管理体系，演化出一个包含政府、社会和个人在内的多元参与格局，逐渐形成一个以“公助-共助-自助”为核心内容的灾害管理模式。[①]

1.3.3.1　“公助-共助-自助”模式的产生背景与法律基础

日本是一个地震、火山、海啸等自然灾害频发的国家。自20世纪以来，日本累计发生重大自然灾害61起，其中死亡和失踪人数超过千人的自然灾害19起。除重大灾害之外，每年日本均遭受各类型自然灾害。根据2021年的日本统计年鉴，2009—2018年日本年均受灾户数持续保持在千户以上，受灾人数持续保持在万人以上，死亡和失踪人数持续在百人以上。在防灾减灾救灾中，自助和共助愈来愈重要。根据资料显示，1995年1月，阪神大地震获救的灾民中34.9%是依靠自身力量脱险、31.9%由家庭成员救出、28.1%依靠友人邻居协助救出，而依靠消防、警察和自卫队救出的生还者仅占1.7%。阪神大地震和东日本大地震等大规模灾害应急过程表明，公助不是万能的，或者说公助有一定的界限，自助、共助产生的“软实力”变得越来越重要。日本民众普遍认为救灾重点并非只强调“公助”，而应该保持自助、共助、公助的平衡。日本的“公助-共助-自助”模式是随着时间的推移不断演化发展并最终以立法的形式得以正式确立的。

日本的《灾害对策基本法》对“公助-共助-自助”模式做出了具体规定。作为日本灾害管理的根本大法，《灾害对策基本法》自1961年开始制定并不断修正，对政府、公共机关以及民众的防灾计划进行责任与义务的指导，突显了自助、共助、公助的角色和分工。它对防灾计划体系的建立具有全面的引导支撑作用，包含了防灾基本计划的制订、各级行政机关在防灾计划制订过程中的任务与责任，以及对每一个层级的防灾计划的差异性与承接性的解释说明。其中，根据该法第二条第二款的规定，日本灾害管理的基本理念之一就是，在确保国家、地方公共团体及其他公共机关的适当分工及相互合作的同时，每个居民自己、志愿防灾组织等利益相关者等进行自发的防灾活动。该法第三条规定了国家的责任，主要强调基于保护国土及国民的生命及财产免于受灾的使命，有责任采取全面的防灾措施；该法第四条、第五条第一款分别规定了都道府县、市町村的责任；第五条第二、三款分别要求地方公共团队相互合作、国家和地方公共团队与志愿者合作；第七条则对民众的责任做出明确的规定，居民应遵循防灾的基本理念，采取食品、饮用水及其他生活必需品的储备及其他自备防灾的方法，并参加防灾训练及其他自发的防灾活动，必须努力吸取过去灾害中得到的教训，为防灾做出贡献。

各类民间救援组织、市民的自我组织主动参与了1995年阪神大地震持续75天的救援与重建，因此，1995年也成为日本民间救援力量组织的元年。1998年颁布的日本《特定非营利活动促进法》完善了民间救援机构的管理，规范了灾害管理中的“共助”行为，从法律上推进和规范了民间救援力量的发展，配套管理制度不断完善。通过政府和民间组织的合作推动，日本民众的防灾教育不断得到加强。

1.3.3.2　“公助-共助-自助”模式的基本框架与关键活动

“公助-共助-自助”模式贯穿日本的灾害应对全过程。针对灾害发生的过程，日本把

① 林亦府，孟佳辉，汪明琦．自助、共助与公助：日本的灾害应急管理模式．中国行政管理，2022（5）．

灾害应对分为灾害预防、灾害应急和灾后重建三个部分；日本的基本防灾计划将灾害管理划分为平时、灾时和灾后三个阶段。“公助-共助-自助”模式在灾害的发生与应对流程中具有时序特征，灾害预防、灾害应急、灾后重建与三个阶段是一一对应的。这种对应关系体现在自助、共助、公助中防灾活动的特征差异上，同时三个阶段的关键活动之间还具有承接性。“平时”对应灾害预防阶段，执行和完善灾害预防对策：灾害发生前推进灾害预防计划、准备和演练，同时对可预警灾害进行前期警戒与防灾预备。“灾时”对应灾害应急阶段：在灾害的初发期、应急期针对灾情采取防灾措施，进行防灾对策的实践。“灾后”对应灾后重建阶段，执行和完善灾后重建对策：在应急重建期和复兴期调用各类资源对基本设施进行恢复与复兴，推动受灾地区的社会秩序重建与公民生活恢复。复杂社会系统的研究需要对其进行结构化，以便于进一步对关键内容进行梳理与互动关系的分析。

因此，在时序视角下“自助、共助、公助”和“平时、灾时、灾后”能够构成一个3×3的“公助-共助-自助”模式的构成框架（见图1-8）。

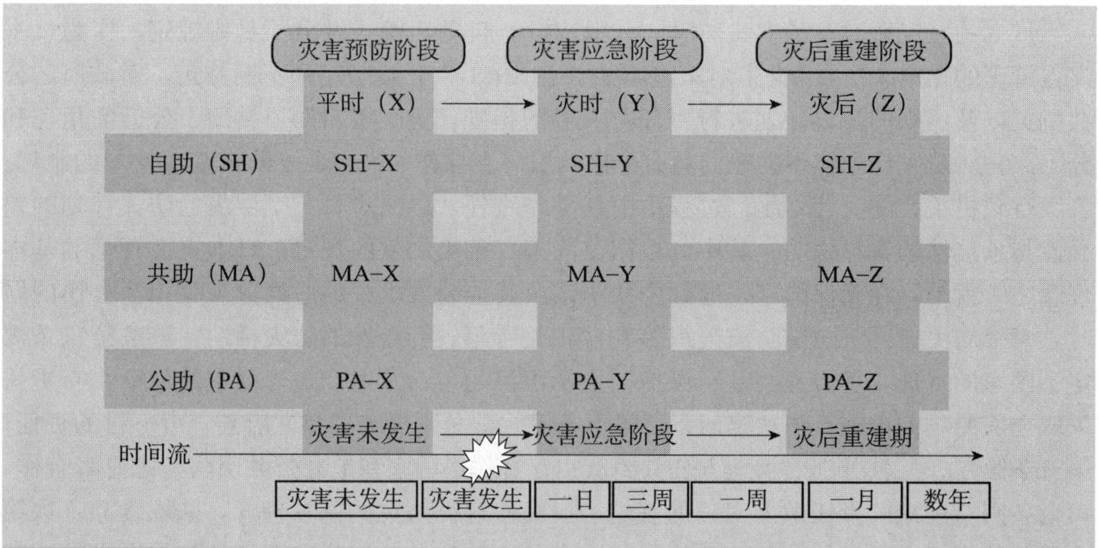

图1-8 “公助-共助-自助”模式的构成框架

1. 自助的关键防灾活动和时序承接路径

自助（self-help，SH）指的是一切为保障灾害突发后自我生命安全和生活质量的个人行为，包含自我避险、遇险后脱险、个人物资储备保障以及灾后恢复等方面。从执行主体来看，自助的主体是个人，主要包含受灾者本人或家人、亲戚和友人。从应急时效来看，自助在缺少外部救援时具有应急救助的及时性，能够降低灾害发生时的遇险概率。从灾害时序来看，自助可以划分为平时的自助（SH-X）、灾时的自助（SH-Y）和灾后的自助（SH-Z）。其中，平时以防灾准备为主，灾时以防灾自救为主，灾后以灾后复原为主。自助防灾的关键活动如表1-9所示。

表1-9　自助防灾的关键活动

平时		灾时		灾后	
SH-X-1	确保建筑物的防灾强度	SH-Y-1	确认人身安全	SH-Z-1	住宅的维修、重建
SH-X-2	加入自然灾害的保险				
SH-X-3	固定室内物品防止倾倒				
SH-X-4	确认家庭人员的联络方式	SH-Y-2	确认家人的安全（利用联络方式）	SH-Z-2	联系家人与团聚
SH-X-5	确认危险场所和避难所	SH-Y-3	灾害相关的情报收集	SH-Z-3	灾后复原的情报收集
SH-X-6	积极参加防灾演练	SH-Y-4	自然灾害的躲避	SH-Z-4	疏散安置或居家避难
SH-X-7	基本的防灾知识的学习	SH-Y-5	居民自行进行初期的防灾处理		
SH-X-8	储备粮食、饮用水等物资	SH-Y-6	避难所集中避难或居家避难		
SH-X-9	为无家可归做事前准备	SH-Y-7	救助处等待，前往临时居住地		

自助防灾的关键活动在平时、灾时、灾后的时序上具有承接特征（见图1-9）。

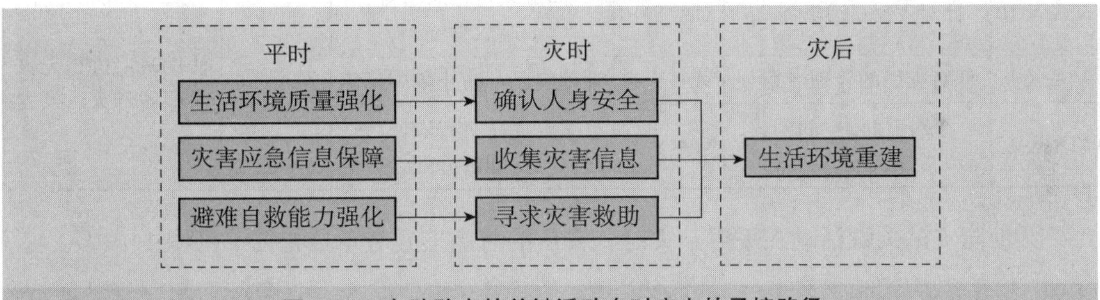

图1-9　自助防灾的关键活动在时序上的承接路径

2. 共助的关键防灾活动和时序承接路径

共助（mutual-aid，MA）指的是一切以帮助其他受灾个人脱离灾害影响的，具有自组织性和非营利性的集体性行为，包含救助能力的培养、邻近应急物资的准备与调配、救援力量的即时分配以及临时避难场所的分享与管理等方面。从执行主体来看，共助的参与主体是地方公共团体，包括社区、企业、社团组织、志愿者团体等。从应急时效来看，在应急灾害发生过程中的社区效能通过利用社区组织以及人际交互能够强化灾害救助效果，因此共助具有应急救助的快速响应能力，能够有效降低局部区域的灾害损失。从灾害时序来看，共助可以划分为平时的共助（MA-X）、灾时的共助（MA-Y）和灾后的共助（MA-Z）。其中，平时以防灾准备为主，灾时以辅助防灾为主，灾后以辅助灾后复原为主。共助防灾的关键活动如表1-10所示。

表 1 - 10　共助防灾的关键活动

<table>
<tr><th colspan="2">平时</th><th colspan="2">灾时</th><th colspan="2">灾后</th></tr>
<tr><td>MA-X-1</td><td>防灾训练的实施</td><td>MA-Y-1</td><td>自发防灾组织的初期救援</td><td>MA-Z-1</td><td>对在家受灾者的救援活动</td></tr>
<tr><td rowspan="2">MA-X-2</td><td rowspan="2">确保邻近居民是否安全的核定方法</td><td>MA-Y-2</td><td>附近居民救出伤者</td><td rowspan="2">MA-Z-2</td><td rowspan="2">确认并统计附近居民的安全状况</td></tr>
<tr><td>MA-Y-3</td><td>确认附近居民的安全状况</td></tr>
<tr><td>MA-X-3</td><td>向当地居民进行灾害预报</td><td>MA-Y-4</td><td>收集与灾害相关的信息</td><td>MA-Z-3</td><td>收集与分享灾后救助信息</td></tr>
<tr><td>MA-X-4</td><td>危险场所、避难所的确认</td><td rowspan="2">MA-Y-5</td><td rowspan="2">该地域居民对避难所的灾时运营</td><td rowspan="3">MA-Z-4</td><td rowspan="3">该地域居民对避难所的运营管理</td></tr>
<tr><td>MA-X-5</td><td>临时避难场所的选定</td></tr>
<tr><td>MA-X-6</td><td>向居民普及避难场所的信息和避难引导知识</td><td>MA-Y-6</td><td>避难引导</td></tr>
<tr><td>MA-X-7</td><td>共助机构与镇防灾组织、该地区防灾据点运营委员会达成合作救援协议</td><td>MA-Y-7</td><td>配合镇防灾组织、该地区防灾据点运营委员会的救援工作</td><td rowspan="3">MA-Z-5</td><td rowspan="3">配合政府完善社区重建</td></tr>
<tr><td>MA-X-8</td><td>灾害时救援人员的培养</td><td>MA-Y-8</td><td>协助志愿者活动</td></tr>
<tr><td>MA-X-9</td><td>粮食、物质的商定（事务所和地域间）</td><td>MA-Y-9</td><td>根据商定进行粮食、物质的分配供给</td></tr>
<tr><td>MA-X-10</td><td>针对灾民的食物准备</td><td>MA-Y-10</td><td>向无家可归者分配应急食物</td><td rowspan="3">MA-Z-6</td><td rowspan="3">协助政府进行无家可归者的灾后安置</td></tr>
<tr><td>MA-X-11</td><td>针对灾民的管理者培训</td><td>MA-Y-11</td><td>管理灾民，防止集中回家</td></tr>
<tr><td>MA-X-12</td><td>灾民滞留空间的准备计划</td><td>MA-Y-12</td><td>对灾民进行滞留空间的分配</td></tr>
</table>

共助防灾的关键活动在平时、灾时、灾后的时序上具有承接特征（见图 1 - 10）。

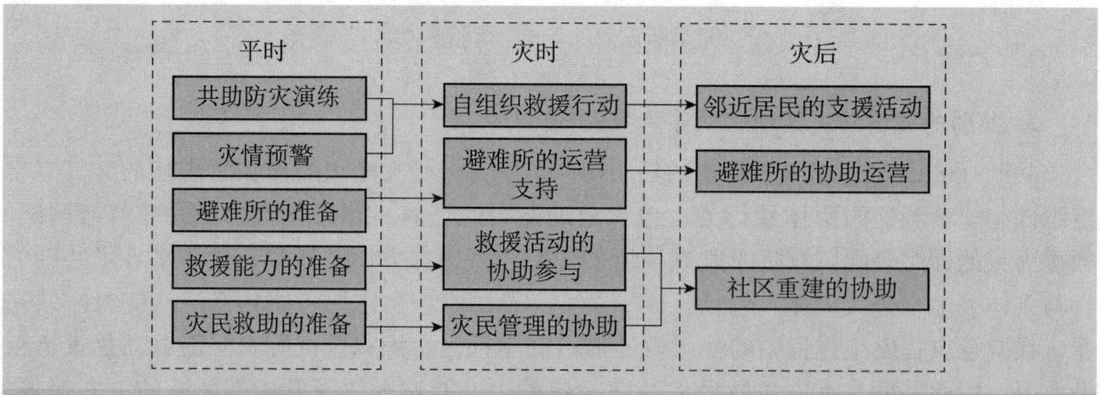

图 1 - 10　共助防灾的关键活动在时序上的承接路径

3. 公助的关键防灾活动和时序承接路径

公助（public-aid，PA）指的是灾害发生后的政府救援力量以及非受灾地区的救援力量，通过行政命令对受灾民众进行援助，动员消防、警察、自卫队等投入救援活动。公助包含应急物资供给、大型避难场所和医疗救助场所的搭建、受灾地区的管理秩序恢复等。这需要中央政府和地方政府具备完善的灾害响应渠道，地方政府具有灾害物资的储备以及调运方式，实现长期计划与短期响应的良性过渡。从执行主体来看，公助的参与主体是政府。从应急时效来看，灾害发生后国家/国际援助不能即时到达，存在一定政府救援空窗期。从灾害时序来看，公助可以划分为平时的公助（PA-X）、灾时的公助（PA-Y）和灾后的公助（PA-Z）。其中，平时以防灾准备为主，灾时以主导防灾为主，灾后以主导灾后复原为主。公助防灾的关键活动如表1-11所示。

表1-11 公助防灾的关键活动

平时		灾时		灾后	
PA-X-1	防灾计划的制订和完善	PA-Y-1	设置市、区的灾害对策本部	PA-Z-1	制订灾后复兴的基本计划
PA-X-2	完善灾害应急政策法规	PA-Y-2	向行政机关请求救援	PA-Z-2	制定灾后重建的指南
PA-X-3	灾害应急能力的评估	PA-Y-3	成立灾时应急指挥中心	PA-Z-3	设置灾后重建指挥中心
PA-X-4	地区整备计划的制订	PA-Y-4	配合公共机构的应急支援	PA-Z-4	组织灾后重建
PA-X-5	应急运输路线的规划	PA-Y-5	应急运输路线的疏通与确认	PA-Z-5	交通设施的功能恢复与重建
PA-X-6	推进交通设施防灾建设				
PA-X-7	完善地质灾害治理对策				
PA-X-8	强化消防救援能力	PA-Y-6	应急救援队的急救活动	PA-Z-6	救援队的灾后重建活动
PA-X-9	确保生命线（电、气、水和通信）抗震对策	PA-Y-7	生命线（电、气、水和通信）的应急疏通	PA-Z-7	针对生命线路（电、气、水、通信）的重建恢复
PA-X-10	强化民间建筑物耐震度	PA-Y-8	汇总受灾信息，进行应急危险程度的判定	PA-Z-8	受灾者的住宅保障与应急维修
PA-X-11	强化公共建筑物耐震度				
PA-X-12	储备物资的确认与储备	PA-Y-9	生活必需品的供应	PA-Z-9	灾民生活物资的基本保障
PA-X-13	与公共机构达成物资保障合作协议	PA-Y-10	调配公共机构的救援力量	PA-Z-10	支援各地区的经济恢复
PA-X-14	地区防灾据点的建设	PA-Y-11	应援物资的分配	PA-Z-11	重建物资的分配
PA-X-15	学校学生儿童的留置计划	PA-Y-12	学校学生儿童的留置	PA-Z-12	临时停课措施与恢复上课的计划
		PA-Y-13	暂时停课		
PA-X-16	向公民传达避难的信息	PA-Y-14	灾害相关信息的宣传	PA-Z-13	灾害重建政策的宣传
PA-X-17	避难场所的确保与指定	PA-Y-15	避难所的管理与应急支持	PA-Z-14	避难所的灾后管理
PA-X-18	灾民回家支援设施准备	PA-Y-16	引导灾民滞留在避难所	PA-Z-15	灾民疏散与住房安置
PA-X-19	完善防止公共区域发生混乱事件的对策	PA-Y-17	灾民聚集区的秩序管理	PA-Z-16	灾民的灾后就业保障
				PA-Z-17	支付各类救助款、慰问款
PA-X-20	事务所对灾害发生时回家制约的实施	PA-Y-18	防止集中回家	PA-Z-18	受灾认定、出具受灾证明
				PA-Z-19	公共费用和贷款的减免
PA-X-21	医疗救援的应急演练	PA-Y-19	灾区据点医院接收伤员	PA-Z-20	灾区据点医院接收伤员

续表

平时		灾时		灾后	
PA-X-22	完善医疗应急救援对策	PA-Y-20	医疗救护队进行巡回诊疗	PA-Z-21	灾后残障人员的医疗保障
PA-X-23	防灾知识的宣传与教育	PA-Y-21	防灾技能的应急指导	PA-Z-22	救灾经验总结
PA-X-24	培养防灾对策执行人才				
PA-X-25	指导防灾组织的建设	PA-Y-22	防灾技能的应急宣传	PA-Z-23	灾害案例的研究
PA-X-26	按计划进行防灾训练				

公助防灾的关键活动在平时、灾时、灾后的时序上具有承接特征（见图1-11）。

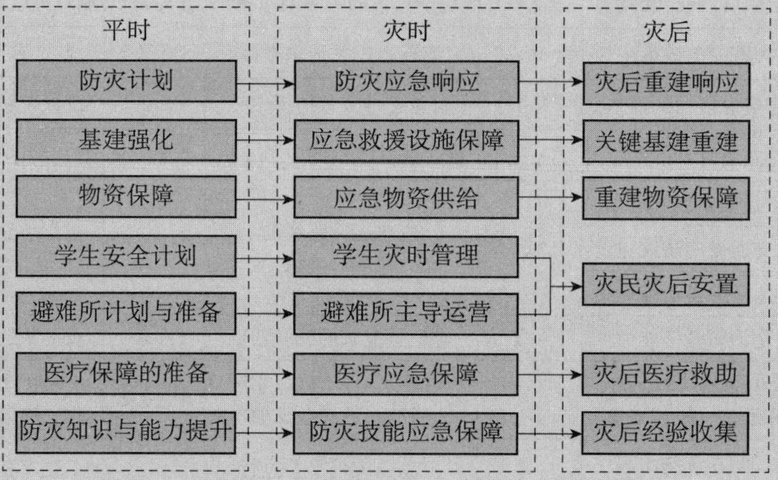

图1-11 公助防灾的关键活动在时序上的承接路径

1.3.3.3 “公助-共助-自助”模式的联动路径与内在逻辑

“公助-共助-自助”模式的最终行动目标是避免或减少灾害发生，降低灾害造成的影响和损失，最大限度保障公民的生命和财产安全。为了实现共同目标，达到更好的防灾救灾效果，公助、共助、自助往往是以协同互补的方式展开防灾行动，体现在灾害应对的三阶段：在平时阶段，需要在灾害计划和准备上实现联动，联动路径如图1-12所示；在灾时阶段，需要在救灾行动和应急保障上实现联动，联动路径如图1-13所示；在灾后阶段，需要在灾民安置和重建计划上实现联动，联动路径如图1-14所示。

通过进一步概括灾害时序上的公助、共助、自助的联动路径，“公助-共助-自助”联动路径的内在逻辑如图1-15所示。政府、公共团体和个人分别采用公助、共助与自助行为进行防灾，最终作用对象是个人。其中，公助通过直接作用、辅助自助和辅助共助三种方式来发挥助力效用；共助通过直接作用、辅助自助和辅助公助三种方式来发挥效用；自助通过直接作用个人本身发挥效用。

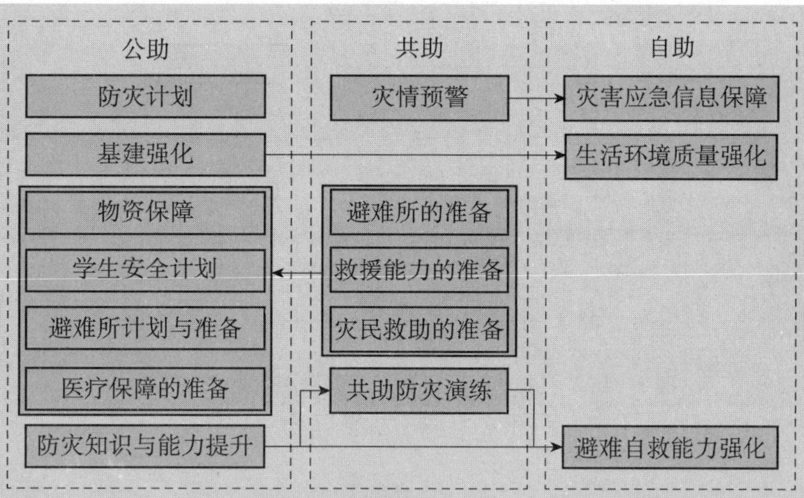

图 1－12　平时阶段“公助-共助-自助”模式的联动路径

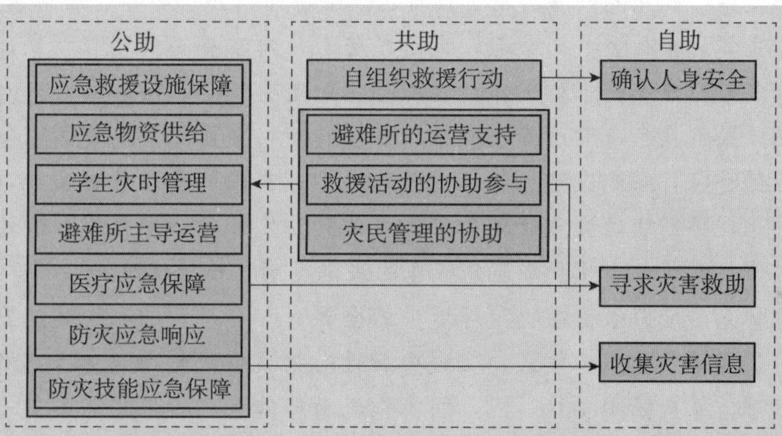

图 1－13　灾时阶段“公助-共助-自助”模式的联动路径

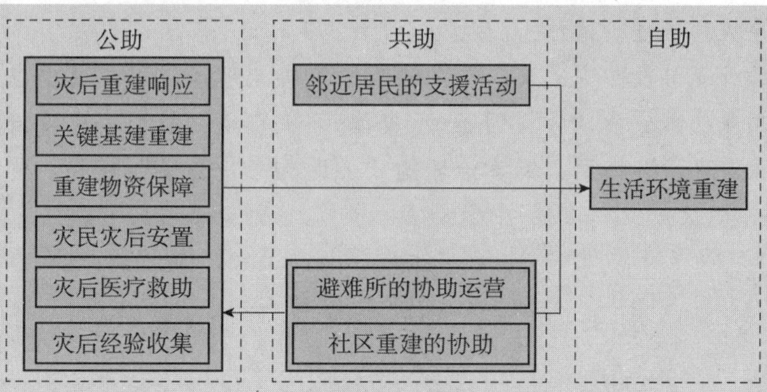

图 1－14　灾后阶段“公助-共助-自助”模式的联动路径

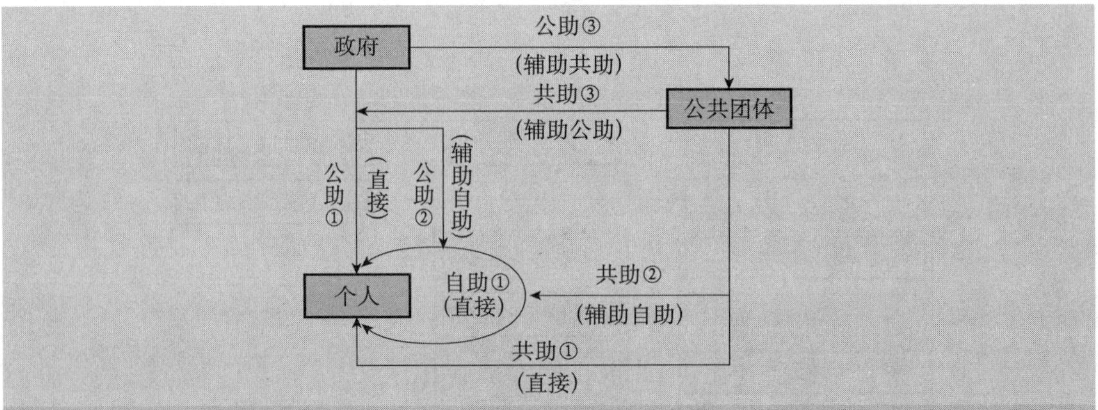

图 1-15 “公助-共助-自助”联动路径的内在逻辑

本章小结

应急管理是指，在党委领导、政府负责、社会协同、公众参与、法治保障的框架内，以政府为管理主体，全社会共同参与，通过预防与应急准备、监测与预警、应急处置与救援、事后恢复与重建等一系列工作，以防范化解重大安全风险，及时应对处置各类灾害事故，保护人民群众生命财产安全和维护社会稳定，全面保障总体国家安全。应急管理具有多方面的特征，对此应遵循相应的基本原则。我国的应急管理实践，在总体国家安全观的指导下，不断明确应急管理的基本主体和法定职责，建立健全应急管理的体制机制并保障其常态运行，重视加强应急管理的法律规范和长效建设。

应急管理体系是应急管理在特定环境中的全要素和全流程的系统建构。应急管理的三种属性相应促成了三种业务模式，实践中属性若错误搭配易导致体系建构的“僵局”。因此，应急管理体系应紧扣属性适配，同步推进功能体系和价值体系的健全：在属性能够或应该区分的单属性层面，实施细分策略，通过属性甄选和适配情境，健全应急管理功能体系；在属性无法切割或应该组合的多属性层面，实施融合策略，通过属性交互和模式综合，健全应急管理价值体系。

应急管理的外延涉及防灾减灾、应急治理、灾害治理等维度，根据应用场景和实际工作，综合应用防灾减灾的“致灾因子-承灾体-孕灾环境”模型、应急治理的“应灾主体-致灾因子-承灾环境”模型、灾害治理的“公助-共助-自助”模式，科学开展更广义上的应急管理工作。

关键术语

应急管理　应急属性　管理属性　公共属性　应灾主体　致灾因子　承灾环境

复习思考题

1. 简述应急管理的含义、特征、原则。
2. 分类总结我国应急管理的基本主体及其法定职责。
3. 概括我国应急管理体制机制的发展演变和架构现状。
4. 简述应急管理的三种属性。
5. 简述应急管理属性所存在的主要僵局。
6. 简述应急管理三种属性各自适用的主要情境。
7. 简述应急管理属性融合的三种综合模式。
8. 简述防灾减灾的“致灾因子-承灾体-孕灾环境”模型的定义和应用场景。
9. 简述应急治理的“应灾主体-致灾因子-承灾环境”模型的定义和应用场景。
10. 简述灾害治理的“公助-共助-自助”模式的定义和应用场景。

阅读材料

四川省安全社区“7＋N”建设模式

社区，是城市发展的基本单元，承载着人民对美好生活的向往。从小区到学校，从休闲广场到商业楼宇，安全、健康、和谐已成为社区百姓切实的生活体验。在国际安全社区、国家“综合减灾示范社区”、“安全生产示范乡镇”、“平安社区”的基础上，以四川省为代表的地方，从 2009 年开始试点探索，逐步形成本土化的安全社区特色创建模式和要求。

2009 年四川省成都市锦江区三圣街道率先在全省启动“全国安全社区”建设工作；2011 年诞生第一个“全国安全社区”锦江区三圣街道安全社区；2012 年四川省安全社区建设推进办公室成立，颁布《四川省安全社区创建评定办法（暂行）》和《四川省省级安全社区评定标准（试行）》；2013 年编印《安全社区现场评定手册》《安全社区综合评定手册》《安全社区建设教材》；2014 年发布地方标准 DB51/T 1795－2014《安全社区建设与管理基本规范》，并开展“四川省安全社区建设规范年”建设；2015 年以“质量提升年”为主题，抓好“三个提升”和“五个规范”；2016 年继续以“深化合作年”为主题，全面推行安全社区“7＋N”建设模式；2017 年以“巩固提升年”为主题，持续改进和稳步发展“两手抓”；2018 年以“能力建设年”为主题，出台《四川省安全社区建设持续改进管理办法》。

四川省安全社区建设已历经 10 年多的探索实践，并已初步形成独具特色的安全社区“7＋N”建设模式，即每个建设安全社区的街道、乡镇必须具备“7 个 1”（一套安全管理制度、一个安全文化阵地、一条安全社区示范街、一个安全示范校园、一批安全标准化企业、一份隐患排查表、一支应急救援队伍），并在此基础上因地制宜开展“N”个安全促进项目。每年，四川省安办依据 DB51/T 1795－2014《安全社区建设与管理基本规范》和《四川省安全社区建设持续改进管理办法》，对于按照四川省安全社区“7＋N”

建设模式的具体操作方案和实施标准建立健全相关制度和持续推进相关项目的街道和乡镇，进行多轮次考核和评估，授予“安全社区”的称号，激励称号获得单位持续发挥示范引领作用、再创佳绩，其他乡镇、街道要以称号获得单位为榜样，积极开展安全社区建设工作，进一步找到差距、健全机制、完善制度、提升管理，为全省社区安全和谐提供良好条件。

一、“一套安全管理制度”

按照DB51/T 1795－2014《安全社区建设与管理基本规范》的要求，建立安全社区建设的职责制度、会议制度、学习培训制度、绩效考核制度、奖惩制度、经费保障制度、信息交流制度、志愿者队伍建设管理制度、事故与伤害风险辨识及其评价制度、目标计划管理制度、安全促进项目管理制度、项目组工作制度、宣传教育制度、应急预案管理制度（总体预案—分项预案—处置方案）、伤害监测管理制度、安全检查制度、事故与伤害记录管理制度、安全社区建设档案管理制度、隐患整改制度、评审与持续改进制度等制度。

重点包括：(1) 组织机构建设、安全社区建设促进委员会（简称促进委员会）人员构成情况，是否实现了跨界合作，上级有关部门人员是否进入了促进委员会。(2) 促进委员会、工作组、村、社区、重点生产经营单位制度建设情况和机制运行情况（促进委员会是否按制度要求召开会议研究解决安全社区建设问题，工作组、村、社区、重点生产经营单位是否按要求开展安全社区建设）。(3) 各伤害监测点是否每季度汇总、分析、报送相关监测数据。(4) 促进委员会是否每季度组织开展一次全面性的安全隐患排查整治，各工作组是否每半年开展一次效果评估。

二、“一个安全文化阵地”

整合资源多渠道开展安全社区建设知识和日常安全常识的宣传。是否有固定的安全社区宣传阵地并至少每个季度更换内容；安全社区建设的相关规章制度完善或者上墙；各安全促进项目通过宣传橱窗、数字媒体、地方刊物、纸质资料等载体予以公示；落实“条件好的可以建设安全文化广场，条件差一些的可以建设固定的安全文化长廊”的要求。

重点包括：(1) 有条件的乡镇政府、街道办事处、园区开发区管委会、重点生产经营单位的办公场所是否有安全文化阵地。(2) 每个居委会、村委会、中小学、重点生产经营单位是否建设一个有利于增强安全意识、增加安全知识、提升安全技能、普及安全文化的永久性安全文化阵地。(3) 是否建设了安全文化广场或者安全文化长廊。

三、“一条安全示范街”

综合打造一条安全示范街，并在街道的醒目位置设置永久标牌。结合当地实际体现工作场所（九小场所）安全、交通安全、消防安全、社会治安、食品药品安全、公共场所安全、居家安全、残疾人安全等元素。

重点包括：(1) 安全示范街的安全文化氛围，应该有永久性的安全提示或者安全知识的宣传标识标牌。(2) 交通、消防等相关领域的安全设施、安全管理是否到位；车辆停放是否规范，人行道、窨井盖等是否安全，盲道等无障碍设施是否通畅，消防设施是否按照要求设置。(3) 社会治安方面，是否设置监控设施、增加治安巡逻频次或者增加治安岗亭、报警措施。(4) 安全示范街内居住的居民对安全社区建设和安全知识的知晓程度。(5) 安全示范街内的小作坊、学校、幼儿园、网吧、商务酒店、KTV、饭店等公共场所、"九小场所"的作业安全、用电用气安全、消防安全、社会治安、食品药品安全、电力线路、通信线路等是否符合有关要求。(6) 在安全示范街的起点和终点应该分别有醒目的"安全示范街"标识标牌。(7) "安全示范街"应该由安全社区建设促进委员会邀请上级应急、城市管理、公安、交警、消防、食品药品监管等部门认定。

四、"一个安全示范校园"

在辖区内的中小学或幼儿园选点建设一所"安全示范校园"，由当地促进委员会和上级教育主管部门认定并加挂牌匾；示范校园安全管理体制机制、安全设施、安全环境和安全文化在安全社区建设中得到巩固提升，在片区内具有示范引领作用。

重点包括：(1) 校园安全管理体制机制建设、安全设施、安全环境、安全文化建设情况，在安全社区建设中有了哪些进步或者提高。(2) 校园消防安全、学生活动安全、食品安全、社会治安、应急演练、师生心理健康、上下学交通安全（包括校车安全、学校师生上学放学时乘坐交通工具的交通安全要求落实）等管理情况。(3) 学生家长和志愿者与安全示范校园建设情况（是否建立学校安全志愿者队伍以及志愿者队伍活动情况）。

五、"一批安全标准化企业"

辖区内安全生产标准化企业达标比例符合当地政府及有关部门要求。已经取得了标准化称号或者达标的企业保持安全标准化的条件，具有示范引领作用，现场抽查未发现重大隐患。当地政府及上级有关部门没有下达安全生产标准化企业建设指标的建设单位，应该依据有关法律、法规、政策、标准在生产加工制造类、批发和零售类、住宿和餐饮类、居民服务和其他服务类、文化体育及娱乐类、建筑类、交通运输类、储存类生产经营单位中建设一批安全管理规范化的企业（场所）。

重点包括：(1) 加油（气）站、烟花爆竹销售点等危险物品生产经营场所，煤矿、非煤矿山、建筑企业等安全生产标准化企业是否保持标准化状态。(2) 安全管理规范化的企业（场所）是否做到安全管理机构或者人员落实、制度职责的规范、现场管理的规范、从业人员安全教育和培训的规范、从业人员的行为规范、有关档案或者台账管理的规范。

六、"一份隐患排查表"

每季度至少组织一次辖区内隐患排查与整治行动，建立隐患排查台账制度和挂牌督办制度，做到隐患整改措施、责任、资金、时限、预案"五落实"；根据当地实际情况，搜集或编制一套合适的安全检查表；各类记录规范，隐患追踪到底，实现闭环管理；各类隐患排查结果及时向安全社区建设机构反馈，信息同步、口径统一；村（社区）、辖区企事业单位和机构的隐患排查治理台账管理规范、结构清晰、痕迹连贯、记录完整。

重点包括：(1) 是否按计划每季度组织一次全员综合性的检查。(2) 生产安全隐患排查表、交通安全隐患排查表、消防安全隐患排查表、食品药品隐患排查表、社会治安隐患排查表、学校安全隐患排查表、卫生院伤害记录、防灾减灾和环境安全排查表、公共场所安全隐患排查表、居家安全隐患排查表、涉水安全隐患排查表等是否记录规范，是否形成了闭环管理。(3) 各类隐患排查结果是否定期向促进委员会和相关工作机构反馈。

七、“一支应急救援队伍”

按照相关部门要求，规范建立镇（街道）、村（社区）各级应急队伍，应急救援队伍中具有符合比例的相关知识和技能的人员、志愿者，发挥了其作用；有效执行了《关于加强应急救护共建安全社区的通知》文件。

重点包括：(1) 建设情况：是否建立了具有综合性（涵盖生产安全、交通安全、消防安全、社会治安、防灾减灾和环境安全、涉水安全、公共场所安全等领域）或按专业设置的应急救援队伍，应急救援队伍中有没有具有相关知识和技能的人员和志愿者。(2) 管理情况：是否完善了应急救援队伍管理、技能培训、应急演练（急救、处置）、应急装备和物资储备等方面的制度并认真执行，应急预案是否具有可操作性；村和社区、重点生产经营单位是否储备了必要的应急救援物资。(3) 发挥作用情况：是否有应急演练、应急处置的情况记录。(4) 是否落实了“参加应急救护知识技能普及培训的人数达到辖区户籍人口10%以上，救护培训师资不少于2人，户籍人口1万人以下的建设单位红十字急救员不少于50人、1万～3万人的不少于120人，3万人以上的不少于180人”的要求。

八、建设“N”个安全促进项目

依据安全促进目标计划，策划安全促进项目，至少涉及交通、消防、社会治安、工作场所和居家安全5个领域；辖区有学校的，必须涉及校园安全；安全促进项目覆盖了辖区主要的、突出的、长期客观存在的生产生活安全隐患，达到了目标及计划的预期效果。

重点包括：(1) 安全促进项目的针对性、覆盖面、持续性。(2) 各类项目负责人、参与人员和参与机构明确，责任清晰，有考核约束措施。(3) 能够体现社会组织、志愿者和社区单位的参与情况，证明已多渠道整合了各类资源。(4) 安全促进项目有实效，能够起到预防和减少事故与伤害的作用。(5) 安全促进项目有痕迹，能够验证、查看。

第2章

应急观念扩展与安全关口前移

应急管理和风险管理正在走向融合。危机与风险是一体的“火山”，危机是“火山”喷发的显性表现，风险是“火山”在山体内的隐性“岩浆”，风险突破界限将转化为危机，危机也有可能“沉淀”为风险。新时代的应急管理界定逐渐从事发的响应处置转向事前、事发、事后的全程管理，而事前管理是风险管理的范畴。风险管理贯彻突发事件的全生命周期，突发事件本身需要事前的风险评估、预防、干预，突发事件应急处置工作也需要同步的风险监测、控制、应对。基于此，应急观念需拓展延伸，安全管控需关口前移。

重点问题

- 危机的科学界定与分类分级
- 风险关口前移的标准流程
- 风险关口前移的策略
- 风险控制的科学模型
- 安全生产监管和责任体系的科学建构

2.1 应急观念的扩展

2.1.1 危机的基础界定

应急管理的对象是危机，一般也称为“公共危机”、“突发事件”或“突发公共事件”。根据《突发事件应对法》，突发事件是指突然发生，造成或者可能造成严重社会危害，需要采取应急处置措施予以应对的自然灾害、事故灾难、公共卫生事件和社会安全事件。

危机的国际通用概念主要有七种：crisis，damage，disaster，emergency，hazard，accident，incident。这七种概念在特定词组或情境中描述为“公共危机”，存有内涵的差异。我国学者对于危机的界定可归纳为三种：危机是“紧急事件”或“紧急状态”；危机是“受到威胁或挑战的不利情境”；危机是“非正常状态”。根据危机界定的理论研究和实践做法，本书对危机的定义如下：危机是指突然发生的，可能造成或已造成人员伤亡、财产损失、环境破坏、群体恐慌、社会负面影响等社会危害中的一种或多种，危及公共安全乃至国家安全，亟待采取应急处置措施以防范或应对的紧急事件。

2.1.2 危机的分类与分级

2.1.2.1 我国的四类危机

危机的数量繁多、类型多样，通过危机分类以实现精细化的应急管理，提升应急管理实际操作的可行性和科学性。根据不同的标准，对危机进行不同的分类。我国《突发事件应对法》《国家突发公共事件总体应急预案》等相关法律法规和政策文件，按照危机发生过程、性质和机理，分为自然灾害、事故灾难、公共卫生事件、社会安全事件四类，详见表 2-1。

表 2-1 我国对危机的法定分类标准

危机分类	相关界定	细分类别
自然灾害	由于自然异常变化造成的人员死伤、财产损失、社会失序、资源被破坏等一系列后果的突发事件	水旱灾害、气象灾害、地震灾害、地质灾害、海洋灾害、生物灾害和森林草原火灾等
事故灾难	在人类生产生活过程中发生的，直接由人类活动引发，并且造成人员伤亡、经济损失或环境污染的突发事件	危化品安全生产事故、工矿商贸安全生产事故、火灾事故、交通运输事故、公共设施和设备事故、环境污染和生态破坏事件等
公共卫生事件	突然发生、造成或者可能造成社会公众身心健康严重损害的突发事件	传染病疫情、群体性不明原因疾病、食品安全和职业危害、动物疫情以及其他严重影响公众健康和生命安全的事件等
社会安全事件	因人为因素引起，由极端敌对分子制造或人民群众参与，有一定组织性和目的性，对社会公共秩序、群众人财安全、政府公共管理造成负面影响的突发性公共事件	社会治安事件、社会矛盾纠纷、极端个体事件、恐怖袭击事件、民族宗教事件、经济安全事件、涉外突发事件、群体性事件、社会恐慌致秩序失控、社会负面影响极其恶劣事件等

2.1.2.2 我国的四级危机

危机分级能够有效地分配人力、财力、物力等资源，有利于高效的应急管理。我国

《突发事件应对法》等相关法律法规对危机进行分级，按照其性质、严重程度、可控性和影响范围等因素，将危机分为特别重大、重大、较大、一般四级。(1) 第Ⅰ级为特别重大 (especially serious)，一般由国务院负责组织处置，如“5·12”汶川地震 (2008 年)、天津港“8·12”瑞海公司危险品仓库特别重大火灾爆炸事故 (2015 年) 等。(2) 第Ⅱ级为重大 (serious)，一般由省（自治区、直辖市）级政府负责组织处置，如“12·31”上海外滩踩踏事件 (2014 年)、“11·18”北京大兴西红门镇火灾事故 (2017 年) 等。(3) 第Ⅲ级为较大 (relatively serious)，一般由市级政府负责组织处置。(4) 第Ⅳ级为一般 (common)，一般由县级政府负责组织处置。

四类危机的具体分级标准由国务院或者国务院确定的部门制定，旨在落实应急管理的责任和提高应急处置的效能。例如，《生产安全事故报告和调查处理条例》根据生产安全事故造成的人员伤亡和财产损失将事故分为四级，详见表 2-2。

表 2-2　基于人员死伤和财产损失的危机分级界定（以生产安全事故为例）

事故分级	人员死伤的事故界定	财产损失的事故界定
特别重大事故	造成 30 人以上死亡，或者 100 人以上重伤（包括急性工业中毒）	1 亿元以上直接经济损失
重大事故	造成 10 人以上 30 人以下死亡，或者 50 人以上 100 人以下重伤（包括急性工业中毒）	5 000 万元以上 1 亿元以下直接经济损失
较大事故	造成 3 人以上 10 人以下死亡，或者 10 人以上 50 人以下重伤（包括急性工业中毒）	1 000 万元以上 5 000 万元以下直接经济损失
一般事故	造成 3 人以下死亡，或者 10 人以下重伤（包括急性工业中毒）	1 000 万元以下直接经济损失

2.1.3　应急管理的“三重危机”模型

传统公共危机的范畴限于人员死伤，随着经济社会发展，公共危机的范畴拓展为人财损失。随着社会秩序、负面影响、公信力等逐步被列入公共危机的范畴，应急管理不仅要关注人身安全、衡量财产损失，还应充分考量群众身心健康、社会公共安全、社会秩序、社会负面影响、公信力情况等多方面因素。

总之，新时代的应急管理，需直面人财损失、社会恐慌、恶劣影响的“三重危机”，分别对应公共安全风险、安全服务风险、社会负面影响风险。

2.1.3.1　第一重危机：人财损失

根据“三重危机”模型，需直面生理层面人员伤亡和财产损失的危机，简称为人财损失，对应公共安全风险。

人财损失是当前危机分级的基本标准。实践中通常按照危机导致的人财损失程度进行分级，损害程度越大则危机级别越高。例如美国国家航空航天局 (National Aeronautics and Space Administration) 根据人员伤亡和财产损失情况，将航空事故分为五级；

国际海事组织（International Maritime Organization）根据事故导致的财产损失、伤亡和职业病的严重程度，将海事事故划分为三级；英国安全卫生执行局（Health and Safety Executive）根据事故对人造成的影响，将公共安全事故分为三级。

2.1.3.2 第二重危机：社会恐慌

根据“三重危机”模型，除了生理层面的人财损失，还应重视心理层面精神损害和群体恐慌的危机，简称为社会恐慌，对应安全服务风险。

社会恐慌是群众面对危机时的担忧恐慌等情绪及其他更严重的不良心理反应，来源于灾难恶劣影响、灾后救灾物资缺乏、灾后连锁反应、群众个体问题等多方面因素。[①] 具体包括：一是危机带来的人员死伤和财产损失造成群众心理阴影，二是社会信息渠道不畅引起群众焦虑和怀疑，三是群众的生存需求得不到满足引发群众担忧，四是应急方面的知识和技能储备不足导致群众害怕，五是灾后的社会和市场秩序不稳定造成群众慌乱。因此，危机的界定中应纳入对精神损害和群体恐慌的风险识别，在应急管理尤其是在事中应急救援和事后灾区重建中，应充分考虑直接受害者和所有相关群体的心理状态，尽可能规避个体心理问题、群体恐慌及其可能引发的集体失范。

2.1.3.3 第三重危机：恶劣影响

危机界定和风险评估中，除了考虑生理层面和心理层面的危机，还应将社会层面的恶劣影响及其对应的社会负面影响风险纳入危机的范畴。

社会负面影响风险是指，由于危机直接导致或危机应对不力间接导致的造谣传谣、舆论质疑、社会抗议、形象受损、公信受损等一系列社会问题。在党纪条例和法律法规等规范性文件中，负面影响问题通常被称为“社会影响恶劣”或“恶劣影响”，主要涉及“社会影响恶劣”的重点领域、事故处理、法律责任等内容，强调造成“社会影响恶劣”的事件（或事故）要依法追究主要负责人的法律责任、依法从严惩处，详见表 2-3。

表 2-3 党纪条例和法律法规对造成社会影响恶劣事件的相关规定

党纪条例和法律法规	相关规定
《重大行政决策程序暂行条例》	根据第三十八条的规定，决策机关违反本条例规定造成决策严重失误，或者依法应当及时作出决策而久拖不决，造成重大损失、恶劣影响的，应当倒查责任，实行终身责任追究，对决策机关行政首长、负有责任的其他领导人员和直接责任人员依法追究责任。
《中国共产党问责条例》	根据第七条的规定，党组织、党的领导干部违反党章和其他党内法规，不履行或者不正确履行职责，有下列情形之一，应当予以问责：党的领导弱化，党的政治建设抓得不实，党的思想建设缺失，党的组织建设薄弱，党的作风建设松懈，党的纪律建设抓得不严，推进党风廉政建设和反腐败斗争不坚决、不扎实，全面从严治党主体责任、监督责任落实不到位，履行管理、监督职责不力，在教育医疗、生态环境保护、食品药品安全、扶贫脱贫、社会保障等涉及人民群众最关心最直接最现实的利益问题上不作为、乱作为、慢作为、假作为等。

① 唐钧，黄永华，郑雯，等．灾后恐慌症及其应对．中国减灾，2011（7）．

续表

党纪条例和法律法规	相关规定
《中国共产党纪律处分条例》	根据第五十八条的规定，对党不忠诚不老实，表里不一，阳奉阴违，欺上瞒下，搞两面派，做两面人，在政治上造成不良影响的，给予警告或者严厉警告处分。根据第七十四条的规定，不履行全面从严治党主体责任、监督责任或者履行全面从严治党主体责任、监督责任不力，给党组织造成严重损害或者严重不良影响的，对直接责任者和领导责任者，给予处分。根据第一百二十六条的规定，对涉及群众生产、生活等切身利益的问题依照政策或者有关规定能解决而不及时解决，庸懒无为、效率低下，对待群众态度恶劣、简单粗暴，造成不良影响的，对直接责任者和领导责任者，给予处分。
《关于实行党政领导干部问责的暂行规定》	根据第五条的规定，有下列情形之一的，对党政领导干部实行问责：决策严重失误，造成重大损失或者恶劣影响的；因工作失职，致使本地区、本部门、本系统或者本单位发生特别重大事故、事件、案件，或者在较短时间内连续发生重大事故、事件、案件，造成重大损失或者恶劣影响的；政府职能部门管理、监督不力，在其职责范围内发生特别重大事故、事件、案件，或者在较短时间内连续发生重大事故、事件、案件，造成重大损失或者恶劣影响的；在行政活动中滥用职权，强令、授意实施违法行政行为，或者不作为，引发群体性事件或者其他重大事件的；对群体性、突发性事件处置失当，导致事态恶化，造成恶劣影响的；违反干部选拔任用工作有关规定，导致用人失察、失误，造成恶劣影响的；其他给国家利益、人民生命财产、公共财产造成重大损失或者恶劣影响等失职行为的。
《关于特大安全事故行政责任追究的规定》	根据第十五条的规定，发生特大安全事故，社会影响特别恶劣或者性质特别严重的，由国务院对负有领导责任的省长、自治区主席、直辖市市长和国务院有关部门正职负责人给予行政处分。
《生产安全事故报告和调查处理条例》	根据第四十四条的规定，没有造成人员伤亡，但是社会影响恶劣的事故，国务院或者有关地方人民政府认为需要调查处理的，依照本条例的有关规定执行。

2.1.4　应急管理的“发生概率-发生后果”模型和“社会责任-负面影响”模型

2.1.4.1　应急管理的“发生概率-发生后果”模型

“发生概率-发生后果”模型（PR 模型），对风险爆发为危机的发生概率和发生后果严重程度进行评估。

第一，对发生概率（P）进行评估，通常主要依据风险识别中获取的全要素数据或既往文献资料，分析并推测事件发生的可能性，不同类别风险的概率评估具有其研判标准。

第二，对发生后果严重程度（R）进行评估，通常对突发事件可能会产生一系列直接影响和间接后果进行定量或定性的分析。直接影响通常包括人员死伤、安置人数、经济损失、基础设施影响、生态环境影响等，间接后果包括应对成本和赔偿损失等。

第三，在确定发生概率和发生后果的基础上，可形成危机定级的“PR 模型”（见图 2-1），确定危机的高危、中危、低危三个等级。

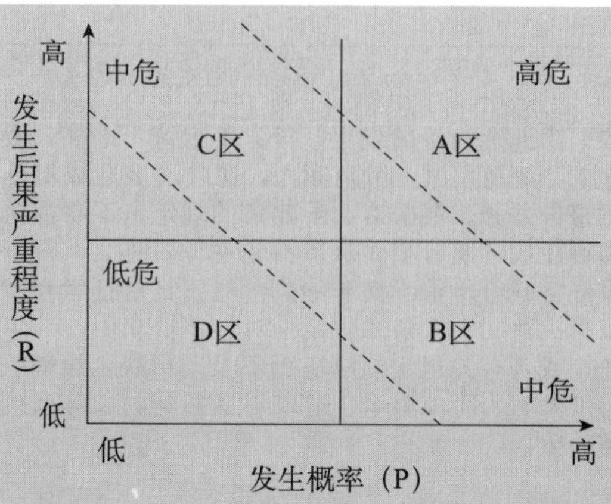

图 2-1　应急管理的 PR 模型示意图

2.1.4.2　应急管理的“社会责任-负面影响”模型

“社会责任-负面影响”模型（RI 模型），对风险爆发为危机后相关主体应负的社会责任和危机导致的负面影响进行评估。

第一，社会责任（R）评估应综合考虑多重责任，包括应急管理主体在保障利益相关群体合法合理权益、维护自然生态、改善居民生产生活水平等方面应尽的社会责任。

第二，负面影响（I）评估已涵盖“发生概率-发生后果”的科学评估，并对其进行深化和延伸，统筹考虑公共危机可能导致人员死伤、财产损失、社会恐慌、造谣传谣、公信受损、利益相关群体利益受损、自然生态环境受影响、社会经济状况受影响、民众生产生活受影响等一系列后果及其产生的负面影响。

第三，在确定社会责任（R）和负面影响（I）的基础上，可形成危机定级的“RI 模型”（见图 2-2），确定危机的高危、中危、低危三个等级。

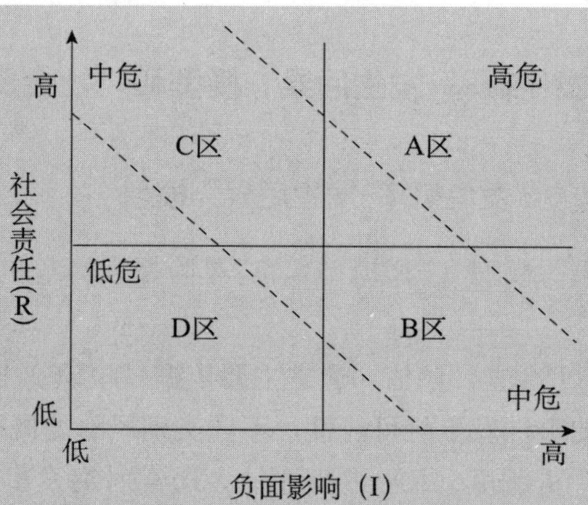

图 2-2　应急管理的 RI 模型示意图

总之，在遵循危机的法定分类和分级基础上，参照应急管理的“三重危机”模型，综合应用应急管理的 PR 模型和 RI 模型，有助于全面、科学、专业、系统地对危机——

应急管理的对象进行把握。

2.2　安全风险的关口前移

危机/突发事件是应急处置的对象，而风险是风险管理的对象。根据国际标准化组织制定的国际标准 ISO 31000：2018《风险管理指南》，风险是指不确定性对组织及其活动目标的实现可能产生的影响。风险管理通过考虑不确定性及其对目标的影响，采取相应的措施，为组织的运营和决策及有效应对各类突发事件提供支持。应急管理是突发事件处置和安全风险管理的统一，根据国家应急能力建设和应急体系建构的要求，应做好事前防灾减灾备灾、事中应急处突救援、事后恢复重建整改，做好上游的规划与决策、中游的执行与监督、下游的应急和救援。应急处置与风险管理，是应急管理的一体两面，呈现出相互融合的关系。

基于此，应急管理的关键在于安全风险的关口前移，通过安全风险管理，用好灾前的充足时间和有利空间，避免灾害发生或降低不可抗危机的损失。因此，风险管理是应急管理的“未来式”，也是新时代应急管理的“进行式”。

2.2.1　风险关口前移的标准流程与规范实施

国际标准和实务操作中，风险关口前移的标准流程与规范实施是指风险管理。根据国际标准化组织发布的 ISO 31000：2018《风险管理指南》和我国国家标准 GB/T 24353 - 2009《风险管理 原则与实施指南》、GB/T 23694 - 2013《风险管理 术语》、GB/T 33455 - 2016《公共事务活动风险管理指南》，风险管理过程由明确环境信息、全面风险评估、开展风险应对、监督和检查、沟通和记录组成（见图 2 - 3）。

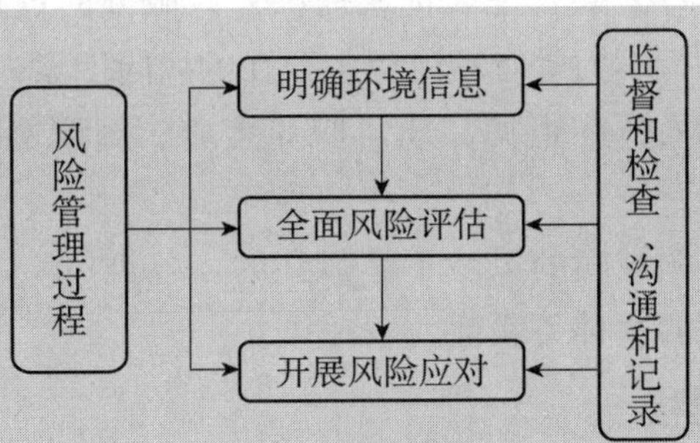

图 2 - 3　风险管理的科学流程图

第一，明确环境信息。基于应急管理信息系统，应用适当的方法，对内部和外部环境中与风险相关的信息进行收集、分析、整理、归纳，从而确定风险准则，为风险评估和风险应对提供充分的信息保障。风险准则（risk criteria）是衡量风险重要程度所依据的标准，需体现风险管理主体对风险管理的目标、价值观、资源、偏好和承受度。

第二，全面风险评估。根据风险环境的信息，开展全面风险评估。要点有三：一是风险识别（risk identification），识别可能影响风险源、影响范围、事件的原因和潜在的后果等。二是风险分析（risk analysis），综合分析风险发生原因、可能性、后果，不同风险及其风险源的相互关系、现有的管理措施及其效果和效率以及风险的其他特性。三是风险评价（risk evaluation），将风险分析的结果与风险准则相比较，确定风险等级，以帮助做出风险应对的决策。

第三，开展风险应对，在风险评估的基础上，制定并实施风险应对方案。要点有三：一是选择风险应对策略。二是评估风险应对现状。三是明确风险应对措施。四是制订和实施风险应对计划。

第四，监督和检查、沟通和记录，开展对实施过程的监督和检查，同步与内外部相关主体进行沟通和记录，实时跟踪内外部风险环境的变化，确保风险应对有效执行，并对风险应对工作进行持续改进。

2.2.1.1 风险识别的框架和方法

风险识别是指采用适当的方法和工具，通过识别可能影响的风险源、影响范围、事件的原因和潜在的后果等，最终生成风险清单，全面、系统和准确地描述风险状况。进行风险识别时需要掌握相关和最新的信息，特别是法律法规的变化情况、近期发生的风险事件案例、利益相关者的信息，选择适合于目标、能力及所处环境的风险识别工具和技术。

1. 风险识别的基本范围

风险识别应明确其基本范围，需考虑但不限于以下方面：

（1）管理对象。管理对象状况或行为的不确定性，会对管理组织的目标产生影响，可能引发安全风险。

（2）管理流程。在履行公共管理职责或提供公共服务的过程中，法定依据不足、制度缺陷、程序不合理、执行不力等管理流程中存在的风险因素，可能引发安全风险。

（3）管理人员。管理人员在道德品质、职业素养、履职能力等方面存在风险因素，可能引发安全风险。

需要注意的是，不同领域间的风险不是孤立的，各类风险之间通常相互联系、相互影响，需要关注风险之间的这种关联性。

2. 风险识别的框架建构

为保证风险识别的全面性、准确性和系统性，可建构符合自身需求的风险识别框架。风险识别框架的建构应充分考虑以下因素：

（1）根据法律法规识别，通过对相关的法律法规、部门规章等约束机制的梳理，发现可能存在的风险；提出重大事项必须严格依法，审查事项是否符合法律法规和政策要求，是否履行了相关的法定程序等，是否遵循了公开、公平、公正的原则。

（2）根据管理目标识别，通过对管理目标进行分析，发现可能影响目标实现的风险因素。

（3）根据以往发生的案例识别，对历史上国内外发生的同类案例进行梳理。

（4）根据利益相关者识别，通过对利益相关者（如政府、社区、行业、企业、公众、新闻媒体等）的梳理，考察利益相关者的目标、利益诉求与监督实施机制，例如考虑是否兼顾现实利益和长远利益，是否被绝大多数利益相关者接受和支持。

（5）根据外界关注热点识别，对近期相关舆论报道和利益相关者的态度意向进行风险识别，例如是否会引发影响安全或社会稳定的事件等。

（6）根据组织机构设置识别，对管理组织各职能部门/岗位的业务管理范围和工作职责的梳理，发现可能产生风险的组织层级及岗位。

（7）根据工作流程识别，对全工作流程中的各环节、各要素进行风险识别。

（8）根据环境识别，对相关的政治、经济、文化、社会等环境及其变化情况进行风险识别，例如是否符合经济社会发展的总体水平，是否符合生态环境可持续发展的要求等。

根据现实需要，选择以上不同的角度或不同角度的组合，构建风险识别框架。

3. 风险识别的主要方法

根据构建的风险识别框架，可参考 GB/T 27921－2023《风险管理 风险评估技术》中的相关方法，查找和识别风险，包括但不限于：

（1）安全检查表法：将可能面临的潜在风险列于一个表上，供风险识别人员进行检查核对，用来判别目前是否存在表中所列或类似的风险。

（2）案例分析法：对给定的案例材料进行分析，掌握风险事件发展规律和关键控制点，并应用于本部门、本事务的风险识别。

（3）问卷调查法：在安全检查表的基础上，确定初步的风险因素，按照类别形成表格，向内外部相关人员发放，获得有关风险的重要信息。

（4）头脑风暴法：邀请利益相关者和专家代表，营造自由的讨论环境，使与会者畅所欲言，充分交流对相关风险的看法，作为进一步分析的基础。

（5）德尔菲法：根据调查得到的情况，凭借专家的知识和经验，经过简单的推算，对相关问题进行综合分析研究，寻求其特性和发展规律，并进行预测。

（6）标杆分析法：关注并跟踪外部环境，将相关的各项活动与具有良好绩效的其他组织、活动或相关法律法规及监管制度等进行对比、分析，识别出潜在风险。

（7）情景分析法：对相关的环境及未来可能出现的情景及其风险状况进行推断、预测，识别出潜在风险。

（8）故障树法：从要分析的特定风险事件或问题开始层层分析其发生原因，将风险事件形象、直观地反映出来。

4. 风险识别的体系建构

以大型体育赛事风险识别为例，为了做好大型体育赛事的风险防控，必须精细化建构风险识别指标体系，包括且不限于组织因素、参赛者因素、自然环境因素、场地设施因素、安全保障因素等一级指标（见表2－4）。

表 2-4　大型体育赛事风险识别指标体系

一级指标	二级指标
A1 组织因素（6 类）	B1：是否科学应用“社会稳定风险评估”中的风险评估指标体系，制定合法、合理、可行、可控的风险评估报告，风险评估指标体系的精细化程度如何。 B2：是否建立赛事组委会等赛事组织机制，各方安全管理责任的落实是否到位。 B3：运营方是否具备赛事运营的专业资质、同等级赛事的运营经验、良好的信用情况等，运营方的配套设施是否完备、资金投入是否能够到位。 B4：审查裁判员等级是否与赛事等级相匹配、是否具备同等级赛事的工作经验。 B5：是否通过培训让裁判员、志愿者掌握与赛事安全管理相匹配的技能。 B6：根据赛事实际情况，审查志愿者实际招募人数是否满足客观需求等。
A2 参赛者因素（4 类）	B7：是否严格审查参赛者的体质报告并排除特异体质或者不适宜此次比赛的参赛者。 B8：是否按照赛事实际需求制定强制装备目录，并严格审查参赛者强制装备携带情况，排除未带齐强制装备的参赛者。 B9：赛前是否明确告知参赛者赛事存在的风险点并要求参赛者签署风险告知、法律责任等参赛声明。 B10：是否为参赛者购买人身意外险等。
A3 自然环境因素（2 类）	B11：是否在赛事举办期间进行气象监测与预报，气象监测范围和监测数据的精细化程度如何。 B12：排查历史同期是否发生过极端天气情况，对可能发生的极端天气状况，是否制定相应的预防措施和应急处置方案等。
A4 场地设施因素（3 类）	B13：赛道宽度是否与踩踏事故有关联风险、是否设置符合标准的备用赛道、在赛道终点等易拥堵路段是否安排工作人员维持秩序。 B14：是否根据赛道实际情况合理分布与摆放赛道标识，满足参赛者和裁判员观看和识别的实际需求。 B15：补给站的分布以及补给品的数量与种类是否按照赛事规模、地形地势状况、天气状况等因素合理安排。
A5 安全保障因素（3 类）	B16：是否根据实际情况安排足够的医疗救护车、移动医疗救护设备（包括 AED、担架）、医疗站和医护人员。 B17：是否配有备用电源车并有专人值守。 B18：是否在无线通信信号覆盖不全的赛事区域内配备应急通信车等。

资料来源：唐钧，安东元会，王勇．大型体育赛事风险控制：促精细化、增集成度、提承受力．中国减灾，2021(15).

2.2.1.2　风险分析的要素和模型

风险分析是指对识别出的风险，考虑导致风险事件发生的原因和来源、风险事件的后果及其发生的可能性、影响后果及其可能性的因素、不同风险及风险源的相互关系、现有的管理措施及其效果和效率以及风险的其他特性，对其进行定性和定量分析。

风险分析应以风险要素为抓手，以分析模型为关键，充分考虑组织的风险承受度，适时与决策者和其他利益相关者有效地沟通，并综合考虑可能存在的专家观点中的分歧及数据和模型的局限性。根据风险分析的目的、获得的信息数据和资源，一般采用定性分析方法，初步了解风险等级和揭示主要风险，适当时可以进行更具体的风险定量分析。

1. 风险“可能性-后果”分析

可能性和后果是风险分析的基本要素，以此为基础得出风险分析的基本结论。

第一，对风险发生可能性进行分析，通常主要依据风险识别中获取的全要素数据或既往文献资料，分析并推测事件发生的可能性，不同类别风险的概率评估具有其研判标准。对风险变为危机或突发事件的可能性进行定性分析时，可以考虑但不限于以下因素：（1）相关制度的完善程度与执行力度，包括与公共安全相关的法律法规、政策制度的完善程度，以及相关管理组织内部用以控制风险的策略、规章、制度的完善程度及执行力度等。（2）利益相关者的综合状况，包括利益相关者的利益诉求、过往记录、风险偏好等。（3）人员素质，包括相关制度执行和工作人员对法律法规、政策、规章制度、业务技术以及风险控制技巧的了解、掌握程度等。（4）所涉及工作的频次，指相关工作在一定周期内发生的次数。（5）外部环境的影响程度和稳定性，包括自然、经济、社会、政治、法律、舆论等环境。（6）过去发生的同类型事件的情况及发生频率。（7）所处具体公共安全领域的特殊性和规律性。

第二，对风险发生后果进行分析，通常对风险可能会产生一系列直接影响和间接后果进行定量或定性的分析。直接影响通常包括人员死伤、安置人数、经济损失、基础设施影响、生态环境影响等；间接后果包括应对成本和赔偿损失等。对风险变为危机或突发事件的后果进行定性分析时，可以考虑但不限于以下因素：（1）后果的类型，包括财产类的损失和非财产类的损失等。对于公共事务活动而言，非财产类的损失，例如人民生命和健康的损失、政府公信力的下降、社会稳定问题的负面影响、社会秩序的破坏、市场环境的恶化等，通常更值得关注。（2）后果的严重程度，包括财产损失金额的大小、非财产损失的影响范围、利益相关者的反应等。在某些情况下，可能需要多个指标来确切描述不同时间、地点、类别或情形的后果。

2. 社会公众态度调查

社会公众态度调查，是根据所需调查的项目情况，设计社会调查内容，围绕相关风险因素对相关利益者（相关部门、群众）展开调查。社会调查的方式包括：走访、问卷调查、当面听取意见等。开展调查时要向调研对象说明项目背景、方案、可能产生的影响等情况，使其表达真实意见，以便其了解真实情况。同时注意调查对象的广泛性、针对性和代表性，注重调查的方式和方法，确保收集意见的真实性和全面性。

社会公众态度调查分析的方法应根据实际情况尽可能多样化，主要包括问卷法、访谈法、实地观察法、文献法等。实际工作中可采取公告公示、实地踏勘、走访群众、召开座谈会等方法，以达到广泛调查、充分收集各方意见和诉求的目的。

第一，问卷法，也称问卷调查法，是应用统一设计的问卷向被选取的调查对象了解情况或征询意见的调查方法。问卷调查的实施步骤包括设计问卷、选择调查对象、分发问卷、回收问卷等过程。设计问卷应注意：必须围绕调查主题设计；语句中所运用的概念要明确、具体；杜绝造成调查者与被调查对象之间产生歧义的概念；问卷语句要防止诱导性，对于敏感性问题要讲究处理的技巧。

第二，访谈法，是由访谈者根据调查研究所确定的要求与目的，按照访谈提纲或问卷，通过个别访问或集体交谈的方式，系统而有计划地收集资料的一种调查方法。个别访谈是指对访谈对象进行单独访谈，其实施一般包括访谈准备、接触访谈对象、正式访谈、结束访谈等环节。集体访谈也叫会议调查法，调查者邀请若干被调查者，通过集体座谈方式或集体回答问题方式搜集资料的调查方法。

第三，实地观察法，是在自然条件下，观察者带有明确的目的、有计划地运用自己的感觉器官和借助观察工具，直接地、有针对性地收集资料的调查研究方法。观察分准备、实施、整理三个阶段。准备阶段，需要确定观察的对象、具体手段、时间、地点和范围，以及制定观察提纲。实施阶段，需要进入观察现场、与观察对象建立友好关系、进行观察和收集资料、退出观察现场。整理阶段，需要整理、分析观察资料和撰写观察报告。

第四，文献法，是搜集和分析研究各种现存的有关文献资料，从中选取信息，以达到某种调查研究目的的方法。文献法的基本步骤包括文献搜集、摘录信息、文献分析。文献搜集的基本要求包括：来源可靠、信息准确、内容全面、形式多样、系统连贯、注重时效。

3. 风险所有权分析

风险所有权通常指风险责任主体对于归属于责任范围的对象进行风险管理，并负有相应的责任。风险所有权具有层级性、分割性、变动性、关联性等特征，这导致了风险治理的复杂和艰难。基于此，开展风险所有权分析，应细分风险责任主体及其责任范围，进行风险管理与责任追究。

风险所有权是风险管理的基础，通过明确风险所有权明确责任归属，可以有效落实风险管理的具体工作。风险所有权的归属划分，应坚持风险与职能相匹配的原则，根据外部的风险特征与内部的部门职能来分配风险所有权的归属。风险所有权的划分同时也决定了部门机构的设置，在不同的政府管理领域中，根据不同的风险权限与责任归属，设置相应的部门机构。全球实践中，风险所有权分析应重点分析以下两点：

第一，风险责任集中化，如首长负责制。风险所有权归个人所有时，风险责任呈现集中化的特征。在首长负责制中，通常由最高领导如总统、部长、州长等进行决策，风险责任也随之集中化。首长负责制的典型案例是总统制，在总统制下，总统既是国家元首也是政府首脑，统揽行政权力，除个别重要任命需通过议会外，政府官员由总统任命，向总统负责。总统独立于议会之外，定期由公民直接或间接选举产生，总统向选民负责。首长负责制有利于提高政府风险管理的行政效率，同时在责任连带管理制度的约束下，实现整体责任统筹，但风险也随之产生。若决策或管理失误，将产生重大的社会负面后果。

第二，风险责任分散化，如集体负责制。风险所有权归集体所有时，风险责任呈现分散化的特征。设置集体负责制，由集体进行决策，可分散风险责任。集体负责制的实例是委员会制。在委员会制的运作下，行政组织的决策权及管理权并不是由单一的领袖拥有，而是由一定数目委员所组成的委员会行使，委员会的决策通常按协商一致原则进行。委员会制的优点是能集思广益，对问题有比较周全的考虑，各方面的利益和需求均可在委员会内反映出来。更重要的是，权力在委员会内受到制约而达到平衡，能够防止个人专政等现象出现。委员会制若缺乏具有号召力的团队领袖，则易导致委员之间权责不清，甚至可能出现委员们互相推卸责任的现象，导致委员会的决策及行动缓慢，行政效率低下。

以大型体育赛事这类大型群众性活动为例，其顺利开展要求相关职能部门明确职责分工，实现联动配合。在“5·22”白银越野赛事件中，暴露出体育部门、气象部门、应急部门、公安部门、政法部门、工信部门、卫健部门以及文旅部门至少八个职能部门存在职责界定不清晰、未履行既定职责的风险管控问题，详见表2-5。

表2-5　大型体育赛事风险所有权分配及其导致的现实问题

责任主体	风险所有权：应承担职责	现实问题
属地安委会	加强组织领导和统筹谋划 制定针对性赛事实施方案	组织协调、督促检查不到位 相关部门职责分工不明确
公安部门	落实安全许可制度 现场治安管理巡查	前期应急救援未做准备
应急部门	大型体育赛事预案管理 应急救援力量统筹协调	预案管理职责缺失 应急物资未准备 应急协调不到位
文旅部门	基础设施情况清、底数明 “体育＋旅游”模式有效管理	安全管理责任缺位 风险隐患信息未共享
体育部门	赛事组织统筹运营 实施方案职责分工明确	安全管理分工不明确 应急预案不全、缺乏针对性
政法部门	落实社会稳定风险评估 应急救援协调统筹	稳评报告未与安委会、公安等部门信息共享
卫健部门	统筹医疗资源配置 组织应急卫生力量	应急医疗资源配置未满足现实需求
气象部门	跨部门跨地区气象联防 气象监测及预报警报	应急信息发布协调动员能力不足
工信部门	通信设施建设、运行和维护 通信指挥系统基础设施建设	大型体育赛事活动通信基础设施保障不力

资料来源：唐钧，安东元会，王勇．大型体育赛事风险控制：促精细化、增集成度、提承受力．中国减灾，2021(15).

2.2.1.3　风险定级的依据和指标

风险定级也称为风险评价，是将风险分析的结果与风险准则进行比较，或者在各种风险的分析结果之间进行比较，确定风险等级，以便做出风险应对的决策。

在可能和适当的情况下，可采取以下步骤进行风险定级：一是在风险分析的基础上，对风险进行不同维度的排序，包括风险事件发生可能性的高低、后果严重程度的大小以及社会敏感度的高低，以明确风险对利益相关者的影响程度。二是在风险水平排序的基础上，对照风险准则，可以对风险进行分级，具体等级划分的层次可以根据实际情况设定。三是在风险排序和分级的基础上，根据管理需要，可以进一步确定需要重点关注和优先应对的风险。

应急管理工作中的风险定级标准除了考虑安全、经济、管理等方面的因素，还需考虑合法性、合理性、科学性、可行性甚至习俗、责任、道德等一系列的社会指标，更为复杂和多元化。

在确定发生可能性和发生后果严重程度的基础上，可形成“风险矩阵”（见图2-4），进而研判出风险所处的区域范围，或者结合风险等级的计算方法得出风险指数，为最终综合确定风险等级做好相应的基础分析工作。

		后果严重程度				
		很小1	小2	一般3	大4	很大5
可能性	基本不可能1	低	低	低	一般	一般
	较不可能2	低	低	一般	一般	较大
	可能3	低	一般	一般	较大	重大
	较可能4	一般	一般	较大	较大	重大
	很可能5	一般	较大	较大	重大	重大

图2-4 “风险矩阵”的定级示意图

风险矩阵的定级模型，具体实施中可参考：

$$L=f(P, R)$$

式中：L——风险等级的指数；

f——风险的计算函数；

P——事件发生的概率或可能性；

R——事件发生的后果及其损失、严重性。

总体而言，风险可能性和后果的定级方法，详见图2-5。数据充足时，事件发生的可能性及后果应根据相关数据，采用概率法、指数法、模糊综合评价法、计算机模拟分析法等定量方法进行确定。根据计算出的事件发生的可能性以及后果严重程度，直接计算风险水平。数据不足时，事件发生的可能性及后果宜采用头脑风暴法、类比法等定性或半定量的方法进行确定。

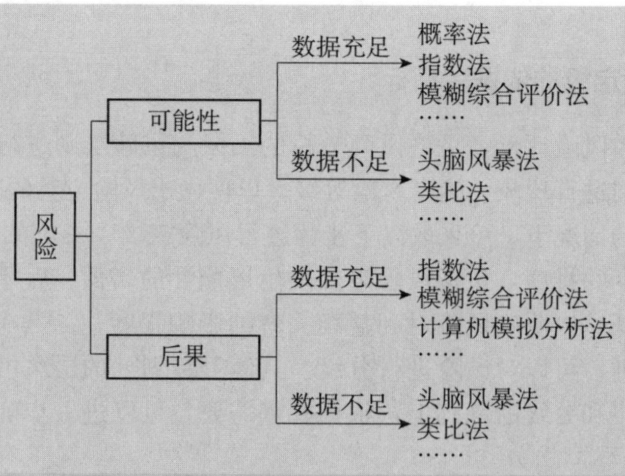

图2-5 “风险矩阵”中可能性和后果的定级方法

对风险发生可能性（概率）的量化标准或定量方法，还可对照发生概率度量表所列出的相关参数，通过综合分析，得出每个参数对应风险等级值，进而按照计算公式得出最终概率值。对风险变为危机或突发事件的可能性进行量化计算时，可参考表 2-6 列出的量化指标。

表 2-6　风险发生可能性（概率）的研判指标表

指标	释义	概率分级标准	描述	等级
历史发生概率（Q1）	从该风险过去 *N* 年发生此类风险的次数（频率）得出等级值。	过去 2 年发生 1 次以上	很可能	5
		过去 5 年发生 1 次	较可能	4
		过去 10 年发生 1 次	可能	3
		过去 10 年以上发生 1 次	较不可能	2
		过去从未发生	基本不可能	1
现场管理水平（Q2）	从安全生产标准化评审分值得出等级值。 安全生产标准化评审分值采用现场实际得分折算进行。安全生产标准化评审分值＝现场实际得分/（600－现场部分实际不涉及项分值）×1 000。	低于 700 分	很可能	5
		700～799 分	较可能	4
		800～899 分	可能	3
		900～950 分	较不可能	2
		950 分以上	基本不可能	1
风险承受能力（Q3）	从评估对象自身的风险承受能力（稳定性）来判断发生此类突发事件的可能性。	承受力很弱	很可能	5
		承受力弱	较可能	4
		承受力一般	可能	3
		承受力强	较不可能	2
		承受力很强	基本不可能	1

对风险发生后果的量化计算或定量分析，还可预测后果损失规模、确定参数等级、计算发生损失后果，预测后果损失规模是按照后果严重程度度量表中列出的损失参数，预测每个参数可能产生的损失规模；确定参数等级是根据预测的损失规模，对照后果严重程度临界值标准表，确定每个损失参数的损失等级；根据每个参数损失等级值，计算发生损失后果。具体可参考表 2-7 中列出的量化指标。

表 2-7　风险发生后果的研判指标表

领域	具体指标	释义	后果分级标准	描述	等级
人	死亡人数	死亡人数是指因安全风险引发的事故或突发事件而遇难（包括经法定程序宣布死亡）的人数。	≥10 人	很大	5
			6～9 人	大	4
			3～5 人	一般	3
			1～2 人	小	2
			0	很小	1
	受伤人数	受伤人数是指因安全风险引发的事故或突发事件而受伤，须接受医生或医疗机构治疗的人数。	≥50 人	很大	5
			16～49 人	大	4
			5～15 人	一般	3
			3～4 人	小	2
			≤2 人	很小	1

续表

领域	具体指标	释义	后果分级标准	描述	等级
经济	经济损失	经济损失是指因安全风险引发的事故或突发事件造成的人身伤亡及善后处理支出的费用和毁坏财产的价值。	≥1 亿元	很大	5
			5 000 万～9 999 万元	大	4
			1 000 万～4 999 万元	一般	3
			200 万～999 万元	小	2
			≤199 万元	很小	1
社会	周边敏感目标人群	周边敏感目标人群包括党政机关、军事管理区、文物保护单位、学校、医院、人员密集场所、居民居住区、大型公交枢纽等场所或区域的人群。	≥10 000 人	很大	5
			5 000～9 999 人	大	4
			1 000～4 999 人	一般	3
			100～999 人	小	2
			＜100 人	很小	1
	社会关注度	社会关注度是指社会对因安全风险引发的事故或突发事件关注的程度，主要体现在突发事件发生后，公众通过互联网、手机、电视、电台、报刊、交谈交流等渠道对该事件关注的范围和时间的长短，从持续时间与关注范围两个方面进行衡量。	国内或国际 30 天以上	很大	5
			国际 1～7 天，国内 7～30 天，本市 30 天以上	大	4
			国际 1 天内，国内 1～7 天，本市 7～30 天，本区 30 天以上	一般	3
			国内 1 天内，本市 1～7 天，本区 7～30 天	小	2
			本区或本市 1 天内	很小	1

2.2.1.4 风险应对的实施和保障

风险应对是指根据风险评估的结论，选择并执行一种或多种风险应对策略及其具体的计划措施，将风险控制在可承受范围的过程。风险应对，即在风险变为危机之前，预先防范化解风险的过程，目的在于尽可能增大风险的正面影响（收益），尽可能减少风险的负面影响（损失）。

风险应对应当考虑各种环境信息，包括：相关的法律法规和政策要求；责任部门的法定职责、战略目标、价值观和社会责任等；风险应对的目标、资源、偏好和承受度等；风险应对策略的实施成本与预期收益；内外部利益相关者的利益诉求和价值观、对风险的认知和承受度等。

1. 风险应对的风险准则

风险准则，即风险方针，是决定风险应对方向的“指挥棒”。风险准则的确定需要综合考虑目标、价值观、风险偏好，需要结合应急管理主体对危机的容忍度、承受力来决定，是在有限时间和条件内作出最符合当下应急需要的选择与判断。风险准则的本质是选择和取舍，这决定了决策时应放在最优先考虑的问题和保护的利益。

具体而言，确定风险准则时要考虑以下因素：风险可能发生的后果的性质、类型以及后果的度量；可能性的度量；可能性和后果的时限；风险的度量方法；风险等级的确定；利益相关者可接受的风险或可容许的风险等级；多种风险组合的影响。

风险准则因人而异、因时而异、因事而异，对于不同国家、不同部门、不同危机事件，准则可能不一，一般而言包括四对关系的选择：（1）生命第一还是财产第一；（2）公共利益（普通公众利益）还是个体利益（局部精英）；（3）短期止损（损失最小化）还是长期受益（效益最大化）；（4）经济利益为先还是社会效益为先。

《突发事件应对法》提出我国的风险准则为："保护人民生命财产安全，维护国家安全、公共安全、生态环境安全和社会秩序"，"有关人民政府和部门应当及时向社会公布突发事件相关信息和有关突发事件应对的决定、命令、措施等信息"。

2. 风险应对的基本原则

总体而言，风险应对应遵循以下基本原则：

第一，针对性。应结合具体的行业领域、项目特点，针对主要的或关键的风险因素提出相应的措施，包括工程性防范及化解措施（即减轻项目的不利影响）和社会性防范及化解措施（即提高社会对项目的接受度）两方面，防范化解可能出现的风险。

第二，可行性。风险应对措施研究应立足于现实条件，提出的具体措施应在技术、财力、人力和物力上可行，明确承担人和协助人以及可达到的直接效果和最终效果。

第三，经济性。应将防范及化解风险的措施所需要的成本、付出的代价与该风险可能造成的危害进行权衡，旨在寻求以最少的费用获取最大的风险效益。

第四，全流程。针对特定项目的风险应对，应在识别风险因素的基础上，针对风险程度，优先从规范审批流程、方案设计、施工组织上采取防范及化解风险的措施，同时从保障相关者利益、化解群众矛盾、组织保障措施和预案等角度提出风险防范及化解措施。

第五，全员化。与风险相关的全员均应参与到风险应对工作中，针对特定项目的风险应对，项目发起人和投资者应积极参与和协助进行风险防范及化解措施研究，并真正重视风险应对措施研究的结果。风险应对措施应当确定负责单位或者牵头单位，以利于任务分解。

3. 风险应对的规范流程

根据 GB/T 33455－2016《公共事务活动风险管理指南》等相关标准，风险应对的规范流程包括选择风险应对策略、评估风险应对现状、明确风险应对措施、制订和实施风险应对计划等环节。

第一，选择风险应对策略。风险应对策略包括风险规避、风险消除、风险干预等，可将其单独或组合使用。风险应对策略的选择应综合考虑内外部利益相关者的利益诉求、风险承受度、绩效目标，以及法律、法规和其他方面的要求等环境信息和相关要素。具体包括：（1）风险管理部门的法定职责、战略目标、价值观和社会责任等。（2）风险管理的目标、资源、偏好和承受度等。（3）风险应对策略的实施成本与预期收益。（4）利益相关者的诉求和价值观、对风险的认知和承受度等。

第二，评估风险应对现状。选择风险应对策略后，还要对这些风险的应对现状予以进一步的评估，以了解目前的风险应对存在哪些不足和缺陷，为制订风险应对计划提供支撑。评估风险应对现状应综合考虑以下因素：（1）职责权限，即是否明确与风险应对相关的职责和权限。（2）资源配置，即风险管理组织内部的相关机构设置、人员配备、设备条件和经费预算能否满足公共事务风险应对需要。（3）过程监控，即是否要求对风险进行定期或不定期的监督和控制、证据资料保留、信息沟通和预警。（4）奖惩机制，即对相关人员在风险应对工作中的绩效是否设立了奖惩机制。（5）执行者能力要求，即对与风险应对相关的执行者是否有明确的资质、能力要求。（6）管理审查或纪检监察，即是否定期或不定期开展对风险管理活动的相关检查。（7）风险意识，即相关人员对风险的存在、可能造成的后果，以及如何开展风险应对等方面是否有必要的认识和理解。

第三，明确风险应对措施。根据风险应对策略，选择相应的风险应对措施，通常包括资源配置类、法律法规类、标准规范类、预案类、信息类、活动类、培训类七种类型。（1）资源配置类，指设立或调整与风险应对相关的机构、岗位和人员，补充工作经费等。（2）法律法规类，指制定或完善与风险应对相关的法律、法规、制度与流程。（3）标准规范类，指针对特定风险，编写标准、规范、作业指导书等文件，供相关人员使用。（4）预案类，指事先制定突发事件应对的计划方案，预案需明确应急处理的相关组织机构、处理流程、沟通机制、应急措施和资源的配置保障，确保对突发事件的及时反应，有效控制突发事件对利益相关者各方造成的影响。（5）信息类，指针对某些风险事件进行舆论宣传、新闻公关或发布预警信息。（6）活动类，指开展某些专项活动或成立工作组，研究应对特定风险。（7）培训类，指对某些关键岗位人员进行相关培训，提高其风险管理技能。

第四，制订和实施风险应对计划。风险应对措施确定之后，需进一步制订应对措施的实施计划。实施计划一般由以下要素组成：（1）实施风险应对措施的岗位、人员安排，明确责任分配和奖惩机制。（2）资源需求和配置方案。（3）应对措施涉及的具体业务及管理活动。（4）实施风险应对措施的优先次序和条件。（5）报告和监督、检查的要求。（6）实施时间表。在制订风险应对计划后应评估剩余风险是否可以承受。如果不可承受，应调整或制定新的风险应对措施，并评估新措施的效果，直到剩余风险可以承受。执行风险应对措施会引起风险情况的改变，需要跟踪、监督有关风险应对的效果和内外环境信息，并对变化的风险进行评估，必要时重新制定风险应对措施。

4. 风险应对的实施保障

根据 GB/T 33455－2016《公共事务活动风险管理指南》等相关标准，为保证风险应对过程的有效实施，需要针对风险管理的全过程，建立组织职能、制度流程、资源配置、信息沟通机制以及相关的技术手段和基础设施，注重培育风险文化，将其贯穿到风险管理组织的各个层次和各种活动之中，在实践中持续改进和提高。

第一，制度流程。风险管理组织应当根据风险管理和风险应对的目标，建立专家论证、全员培训、档案管理、检查考核等配套制度和行为规范，确定风险管理的工作程序，特别是整个组织层面的风险管理计划，以保证风险管理嵌入日常工作和常态活动的所有具体活动和过程之中，确保风险管理工作切实融入日常管理工作中。

第二，资源配置。风险管理组织需根据风险应对计划，制定可行的方法，为风险应对分配适当的资源。资源配置应考虑的因素主要包括：（1）风险管理相关人员的技术、经验和能力要求。（2）风险管理的每一阶段所需要的资金、人员、设备、物资及其他资源。（3）风险管理目标、成本和效益的关系。可根据内部条件和管理需求，构建风险管理数据库或信息系统，支持风险管理的高效、动态开展。

第三，信息沟通。在内部和外部分别建议相应的信息沟通机制。一方面，建立内部各相关责任主体的信息沟通机制，以保证风险管理的关键信息及其调整得到有效的沟通，在组织内部充分报告风险应对计划实施的效果和效率，在适当的层次和时间提供风险管理的相关信息，建立与内部利益相关者协商的程序，建立内部渠道的风险信息的整合机制。另一方面，建立与外部利益相关者沟通的机制，以确保符合法律法规要求，与外部利益相关者保持及时有效的信息沟通，在外部利益相关者中建立对风险管理组织的信心，在发生突发事件或紧急状况时与外部利益相关者沟通，提供给外部利益相关者的报告和反馈。

第四，风险文化。风险管理组织应注重风险意识和风险文化的培养，从而促进风险管理在组织内的贯彻实施，保障风险管理目标的实现。具体应考虑：（1）树立风险管理是组织全体人员共同责任的理念，需在不同层次上履行风险管理的职责。（2）重视领导层对风险管理工作的态度、管理理念以及管理承诺。（3）承诺接受利益相关者和社会公众的监督。（4）鼓励积极与外部利益相关者进行各种层次、类型的沟通。（5）提高重要流程及核心岗位员工风险管理的意识和能力。（6）制订系统化的风险管理培训计划，采用多种途径加强风险管理理念、知识、方法和流程的培训。（7）加强对内部违法违规行为的惩治力度，形成良好的风险文化。

2.2.2 风险关口前移的主要策略及其应用

风险关口前移的主要策略包括风险规避、风险消除、风险干预等。

2.2.2.1 风险规避策略及其应用

风险规避是指决定不陷入风险，或者从风险状态中撤离的行为[①]，也可理解为直接避免某项风险发生的一种风险处理方法[②]。

单纯从处置特定风险的角度看，风险规避是最彻底的方法，但其适用性有很大的限制，且往往是因噎废食而具有很大的消极后果。因此，在实务工作中，应当具体问题具体分析来决定是否采用风险规避方法。是否采用风险规避方法以及如何风险规避，应当

---

① 全国质量管理与质量保证标准化技术委员会．风险管理 术语．北京：中国标准出版社，2009.

② 全国保险业标准化技术委员会制定．保险术语．北京：中国财政经济出版社，2009.

以相应的制度为依据，并借助外部专业力量，防止随意决策和非专业性操作。

风险规避策略的应用，通常有两种方式：一是不实施可能产生某种特定风险的活动或行为。例如，建筑或房屋的选址应避免存在地质灾害、自然灾害、环境污染等高危风险的地区；为防止公众受伤而采取禁燃烟花爆竹等措施，终止某些传统项目或禁止某些日常行为。二是中途放弃可能产生某种特定风险的活动，如政府为保障安全、规避风险而取消、暂停、禁止某些公众聚集或公共活动。例如，新冠疫情期间，为持续有效做好新冠疫情防控工作，规避新冠疫情及其他传染病风险扩散和升级，保障社区人民群众身体健康和生命安全，全国多地就取消和限制聚集性活动采取一系列措施，包括提倡原地居家过节，取消不必要的出行，减少探亲访友；暂停体育赛事、文娱演出等室内外活动；公共活动场所严禁人员聚集。

2.2.2.2 风险消除策略及其应用

风险消除是指对风险源采取可行且可控的消除方法，以彻底消灭危险源和安全隐患，实现根源治理。

对于难承受、可消除的风险，可采取风险消除策略，即对于特定情境中可消除的风险，消除风险源，实现根源治理。风险源的消除，以不超出承受力范围为底线，具体应用中应统筹考虑，规避因消除风险源而可能产生的其他风险。

风险消除策略的应用，通常有两种方式：一是技术整治，针对某些设施设备、技术工艺、场所环境等层面的安全风险，通过技术类的整改、更新、替换，彻底消除风险隐患。二是制度整改，针对某些由于管理问题引发的安全风险，形成深入制度层面的整改，通过修正原制度或出台新政策，争取在源头上处置问题。例如，黑龙江省开展非煤矿山企业安全生产“机械化换人、自动化减人、信息化管控”试点工作，逐步实现以机械化生产替换人工作业，以自动化控制减少人为操作，以信息化管控提高安全管理效能，形成可复制、可推广的典型经验做法，全面提升全省非煤矿山企业机械化、自动化、信息化建设水平，提高企业科技兴安和本质安全能力，从根本上有效防范和遏制事故发生。

2.2.2.3 风险干预策略及其应用

风险干预是指对风险采取降低发生可能性、减轻造成的损失、降级风险等级、做好风险备灾等方法，控制风险事件发生的动因、环境、条件等，来达到减轻风险事件发生时的损失、降低风险事件发生的概率、阻止风险兑现和危机爆发、减轻风险兑现为危机后的损害后果等目标。

风险干预策略的应用中，应科学研判风险或危机的等级，及时识别出风险升级、危机爆发或危机升级、连锁反应的“临界点”，在临界点采取相应的措施，提前干预危机。风险干预的措施一般涉及具体细节，具有一定的专业性和技术性，应当建立健全相应的制度，配置相应的设施设备和人员，开展相应的培训和操作演练等，要使相关人员了解、遵守有关制度，掌握有关设施设备和技术的使用方法等。风险干预应借助外部专业力量，提升风险应对的专业性、科学性、系统性、有效性、经济性等。

风险干预策略的应用，一般主要通过干预风险事件发生的概率（可能性）和发生后的后果（损失）。基于此，风险干预可分为风险应对和风险抑制两种类型。在损失发生前尽可能降低损失发生概率的行为称为风险应对，在损失发生时和发生后尽可能减轻损失程度的行为称为风险抑制。

风险干预策略的应用，通常有两种方式：一种是在风险兑现和风险事件发生之前，通过降低其发生概率或可能性来干预风险，包括风险降级、风险监测、风险预警等措施，例如在校园教学和生活场所安装应急灯以防止停电时发生师生伤亡事故，在食堂、宿舍、厕所等场所地面铺防滑垫以防止人员滑倒，在教育教学中禁止使用不合格产品和设施设备。另一种是在公共安全事件发生后，通过采取快速应急响应、科学自救互救、专业处置救援、阻止次生灾害等措施来降低或减少危害和损失，例如发生火灾后紧急快速疏散人员以尽可能避免和减少人员死伤，居民在保障自身安全的情况下将易携带的贵重物品带出以减轻财产损失。

现实操作中，坚持预防为主，推动事后处置向事前预防转变，通过采取一系列事前风险应对的措施，将风险损害降到最低。例如在安全生产领域，构建风险分级管控和隐患排查治理双重预防工作机制；遵循《关于实施遏制重特大事故工作指南构建双重预防机制的意见》和各地方具体政策、各行业具体标准，围绕“着力构建企业双重预防机制”和“健全完善双重预防机制的政府监管体系”的核心内容，强化政策引导和技术支撑，推进事故预防工作科学化、信息化、标准化，把风险控制在隐患形成之前、把隐患消灭在事故之前。

2.2.3　风险关口前移的管理工具

风险关口前移的管理工具主要包括风险清单、风险数据库、风险分布图、网格化管理等，展现灾害风险的现状规模、分布形势、发展态势，明确应急管理的重点难点，指导应急管理工作的科学开展。

2.2.3.1　风险清单

风险评估与管理清单，简称风险清单，是指采用适当的方法和工具，通过识别、分析、评估可能导致公共危机和突发事件的风险及其发生阶段、所属领域或类型、发生概率、发生时间、潜在后果、有关部门/岗位、责任人员、利益相关者、适用管理依据等因素，最终生成反应风险评估结果、指导风险管理的风险清单，全面、系统、准确地描述风险状况。

风险评估与管理清单的制作过程，应对查找出的风险进行归类和适当描述，必要时对每个风险设置相应的编号和名称。然后，将这些风险统一列表，列示每一风险的相关信息（见表2-8）。此外，考虑到内外环境的不断变化，有必要对风险评估与管理清单进行定期更新和持续升级。

表 2-8 风险评估与管理清单（示例）

编号	风险名称	风险发生阶段	所属风险领域/类型	可能发生的概率	可能发生的时间	可能造成的损失/后果	有关部门/岗位	利益相关者	适用管理依据	其他
1										
2										
3										
⋮										

资料来源：根据 GB/T 33455-2016《公共事务活动风险管理指南》整理。

2.2.3.2 风险数据库

风险数据库以风险清单为基础，是对风险相关的信息和数据进行统一收集、归总、分析的电子数据库。《关于实施遏制重特大事故工作指南构建双重预防机制的意见》提出建设“企业安全风险数据库”和“区域安全风险数据库”，企业要依据安全风险类别和等级建立企业安全风险数据库，各地区要组织对公共区域内的安全风险进行全面辨识和评估，确定区域安全风险等级，并结合企业报告的重大安全风险情况，汇总建立区域安全风险数据库。

在具体实施中，风险数据库应符合以下要求：（1）数据库的数据项应至少包含风险清单的各项内容，以及事故发生的可能性等级、事故后果严重程度等级、风险位置坐标、风险平面图、风险现场情况照片/图片、风险管控措施等内容。（2）分行业建立风险概况表，表内至少包含风险对象类别（物质、设备设施、场所等）、风险对象具体描述等内容。（3）数据库中风险分类、风险源、风险等级等有明确等级或编号的各数据项，应在数据库中统一以对应等级或编号存储，并建立相应的索引表。（4）风险企业所在行业/领域主管部门统一要求设置视频监控的，应建立风险企业视频监控点清单和对应链接。（5）以风险数据库为基础，建立风险管控信息化基础数据库，督促和指导相关部门、企业做好相关信息的录入、维护，为实现某一区域风险数据库在线管理、风险动态管控等提供数据基础。

2.2.3.3 风险分布图

风险分布图是风险清单、风险数据库等相关信息通过图形、地图的可视化、电子化呈现。《关于推进安全生产领域改革发展的意见》《关于推进城市安全发展的意见》提出，对城市安全风险进行全面辨识评估，建立城市安全风险信息管理平台，绘制“红、橙、黄、蓝”四色等级安全风险空间分布图。

在具体实施中，风险分布图包括企业安全风险四色分布图、作业（行业）安全风险比较图、区域整体安全风险地图等，利用信息化手段形成电子图。

1. 企业安全风险四色分布图

企业要全面开展安全风险辨识，科学评定安全风险等级，从高到低划分为重大风险、较大风险、一般风险和低风险，分别用红、橙、黄、蓝四种颜色标示，将生产设施、作业场所等区域存在的不同等级风险使用四种颜色标示在总平面布置图或地理坐标图中，从而绘制企业“红、橙、黄、蓝”四色等级安全风险空间分布图。

2. 作业（行业）安全风险比较图

企业中的部分作业活动、生产工序和关键任务以及各地的不同行业（领域），由于其风险等级难以在平面布置图中标示，所以要利用统计分析的方法，采用定性、定量评估方法得出各行业的整体风险值，计算各行业重大风险的比例，结合行业特点及事故发生的规律和影响特点，对行业风险进行合理排序，绘制各行业风险比较图。可以采用柱状图、曲线图或饼状图等，将不同行业的风险按照从高到低的顺序标示出来，突出工作重心。

3. 区域整体安全风险地图

对于一个地区、一个城市来说，组织要对公共区域内的安全风险进行全面辨识和评估，根据风险分布情况和可能造成的危害程度，确定区域安全风险等级，并结合企业报告的重大安全风险情况，绘制区域“红、橙、黄、蓝”四色等级安全风险空间分布图；应能显示各地区、各行业分别存在的重大风险区域及相应的重大风险，以及企业存在的重大风险点及相应的风险情况、风险具体位置、风险影响范围、所对应的应急预案和周边情况。

2.2.3.4　网格化管理

网格化管理是根据属地管理、地理布局、现状管理等原则，将管辖地域划分成若干网格状的单元，并对每一网格实施动态化、全方位的管理模式。《关于全面深化改革若干重大问题的决定》中正式提出网格化管理，明确要“改进社会治理方式”，“以网格化管理、社会化服务为方向，健全基层综合服务管理平台”。近年来，网格化进一步得到中央重视，并在政府管理和社会治理的多个行业领域予以应用。《中共中央关于制定国民经济和社会发展第十四个五年规划和二〇三五年远景目标的建议》提出，“构建网格化管理、精细化服务、信息化支撑、开放共享的基层管理服务平台”。《关于加强基层治理体系和治理能力现代化建设的意见》明确提出，改进网格化管理服务，依托村（社区）统一划分综合网格，明确网格管理服务事项。党的二十大报告进一步明确，“完善网格化管理、精细化服务、信息化支撑的基层治理平台”。

2019 年 1 月 29 日，习近平总书记在中央政治局第十九次集体学习时强调，充分发挥我国应急管理体系特色和优势，积极推进我国应急管理体系和能力现代化，明确提出积极推进安全风险网格化管理，筑牢防灾减灾救灾的人民防线。2021 年 12 月《关于印发“十四五”国家应急体系规划的通知》要求，以网格化管理为切入点，完善基层应急管理组织体系。目前，网格化管理在应急管理领域也有多次的政策部署、多方面的制度要求和多维度的领域应用。

第一，消防安全网格化管理机制。消防安全网格化管理，坚持专群结合、群防群治、属地管理的原则，依托政府网格化管理资源，依靠基层政府和社会组织力量，在城市街道办事处以社区为单元，在乡镇人民政府以村屯为单元，划分若干消防安全管理网格，构建“全覆盖、无盲区”的消防安全管理网络，对网格内的单位、场所、居（村）民楼院的消防安全情况实施动态管理。2012 年，公安部等部门联合出台《关于街道乡镇推行消防安全网格化管理的指导意见》。《关于印发“十四五”国家消防工作规划的通知》中对“网格化管理”提出要求：建立完善消防安全网格化管理机制；实行网格员包干到户，强化群防群治；将消防工作融入网格管理、联防联控等机制。

第二，基层应急救援网格体系。以网格化管理为基础，结合本地基层灾害事故特点和救援需要，充分整合各类资源，以消防救援站（点）、应急救援站（点）、应急服务站（点）、专职消防队、应急救援队等形式组建应急管理队伍，以切实提升乡镇（街道）一级基层单位“救早、救小、救初期”的应急救援处置能力。根据《“十四五”应急救援力量建设规划》，全国乡镇街道建有基层综合应急救援队伍 3.6 万余支、105.1 万余人，基层应急能力标准化建设稳步推进，社会参与程度不断提高，探索出行之有效的基层应急救援力量建设“济宁模式”，逐步构建基层应急救援网格体系，较好发挥了响应快速、救早救小的作用，成为日常风险防范和第一时间先期处置的重要力量。

第三，安全生产网格化管理。《关于加强基层安全生产网格化监管工作的指导意见》明确基层安全生产网格化监管的功能定位、划分原则和职责任务，并要求各地区要多措并举，确保基层安全生产网格化监管高效运行。基层安全生产网格化监管是指将乡镇街道及以下的安全生产监管区域划分成若干网格单元，既厘清单元内负有安全生产监督管理职责的部门，又明确单元内每个监督管理对象对应的安全生产网格管理员，通过加强信息化管理，实现负有安全生产监督管理职责的部门与网格员的互联互通、互为补充、有机结合，充分发挥网格员的“信息员”“宣传员”等作用，有利于协助负有安全生产监督管理职责的部门实现对基层安全生产工作的动态监管、源头治理和前端处理。《“十四五”国家安全生产规划》进一步提出“积极推进安全风险网格化管理”“实施基层安全生产网格化监管”。

第四，地质灾害防治网格化管理机制。网格化管理是地质灾害群测群防体系建设的重要内容，可实现地质灾害隐患点群测群防全覆盖。地质灾害防治网格化管理，是通过划定网格、落实人员、明确职责和任务，实施分片包干、重心下沉的扁平化管理方式。地质灾害防治网格划分坚持“属地负责、数量适度、方便管理、界定清晰”的原则，以乡（镇、街道）为区域，以行政村（居委会）为网格，全面查清网格内地质灾害隐患点，实行各隐患点数据、标准、动态化管理，做到早发现、早预警、早处置、早报告；以乡（镇、街道）为区域，制定行政区域网格图，网格的范围明晰，确保全面覆盖、界线明确、不留空白、不交叉重叠，并明确网格内各职责人员责任；以网格内受地质灾害威胁群众为对象，因地制宜、扎实开展地质灾害防治宣传、应急演练，提高群众识灾、防灾、避灾能力。《全国地质灾害防治“十四五”规划》指出，健全完善县、乡、村、组四级群测群防体系。全国现有29.1万名群测群防员，基本实现对直接威胁人员安全的重大地质灾害隐患的全面监控。

2.3 安全风险的风险控制

2.3.1 风险应对失灵与全面风险管理体系架构

2.3.1.1 风险应对失灵的典型问题

实践中，风险应对易出现失灵的情况，集中表现为风险评估形同虚设、"下游"灭火屡被追责、绩效考评的负向激励三类典型问题。

第一，风险评估形同虚设，主要表现为："虚假评估"，实际上未作风险评估，却开具了评估合格的报告或证明；篡改结论，将高危风险擅自改为低危风险，便于通过评估；评估方式方法有误，未能全面和客观评估真实风险，导致结论出现严重偏差。

第二，"下游"灭火屡被追责，主要表现为："上游点火"，政策等问题源头部门未做出科学的风险评估；"中游煽风"，部分监管部门的失职导致事态扩大甚至"质变"；"下游问责"，应急处突部门屡被责任倒查，追责问责。

第三，绩效考评的负向激励，主要表现为：绩效考评忽略或轻视风险防范，甚至不计入考核范围；绩效考评鼓励"灾后表现"，不看事前防范是否失责，只要是救灾现场英勇表现者就大获嘉奖；舆论宣传一味强调抢险救灾，却只字不提提前防范，变相激励事后应急。

"12·31"上海外滩踩踏事故集中反映出风险应对失灵的多方面问题，其事故调查报告指出，对事发当晚外滩风景区特别是陈毅广场人员聚集的情况，黄浦区政府和相关部门领导思想麻痹，严重缺乏公共安全风险防范意识，对重点公共场所可能存在的大量人员聚集风险未作评估，预防和应对准备严重缺失，事发当晚预警不力、应对措施不当等是这起踩踏事故发生的主要原因。其中风险应对失灵具体表现为：（1）对新年倒计时活动变更风险未作评估，未对可能的人员聚集安全风险予以高度重视，没有进行评估，缺乏应有认知，导致判断失误。（2）新年倒计时活动变更信息宣传严重不到位，对"外滩"与"外滩源"的区别没有特别提醒和广泛宣传，信息公告不及时、不到位、不充分。（3）预防准备严重缺失，未对外滩风景区安全风险进行专门评估，安保人员配置严重不足。（4）对监测人员流量变化情况未及时研判、预警，未发布提示信息。（5）应对处置不当，针对事发当晚持续增加的人员流量，在现有警力配备明显不足的情况下，属地部门只对警力部署作了部分调整，没有采取其他有效措施，未向上级报告或提出增援需求，也未落实上级相关指令，上级部门指导监督不到位等。①

① 外滩拥挤踩踏事件调查报告全文．（2015－01－21）．http：//cpc.people.com.cn/n/2015/0121/c64387－26424620.html.

2.3.1.2 预防为主的风险控制目标设定

党的二十大报告提出，“坚持安全第一、预防为主，建立大安全大应急框架，完善公共安全体系，推动公共安全治理模式向事前预防转型”。对此，应急管理应大力推动安全关口前移，在工作重心上更加注重防的工作，通过制度化源头管控、常态化风险管控、信息化监测预警、长效化工程治理的“四化”建设①，善于把安全贯穿经济社会发展全过程各方面，主动塑造有利于发展的安全环境。

第一，制度化源头管控。充分利用第一次全国自然灾害综合风险普查成果，科学划定灾害设防标准，探索建立自然灾害红线约束机制。坚持从源头上把好安全准入关，进一步健全重大工程和项目安全风险评估与论证制度、部门联审联查机制。严防化工产业转移安全风险，持续开展重点县和重点园区专家指导服务。

第二，常态化风险管控。发挥各议事协调机构职能作用，进一步健全安全形势分析研判和风险联合会商机制，结合经济社会发展态势、季节变化、重大节日和活动特点，推动有针对性落实防范应对措施。组织好各大流域汛前检查、重点地区汛中督导，落细直达基层责任人的预警“叫应”机制，及时组织群众转移避险。综合运用人防、技防等措施，加强地质灾害隐患早期识别和巡查监控。推动加强火源管控、野外巡查和隐患治理，坚决防止火灾高发重发。继续落实安全生产风险常抓严管工作机制，推进安全生产标准化建设，加强矿山、危化品、建筑、交通、渔船等行业领域风险跟踪分析，深入剖析苗头性事故暴露出的问题，及时组织开展专项治理，确保安全形势稳定。

第三，信息化监测预警。突出重点领域，加快建设国家灾害事件、安全事故电子地图，建好用好矿山安全风险监测“一张网”，推进危化品重大危险源在线监测预警系统功能融合升级，推广应用粉尘风险监测预警系统，提升安全风险预警精准性、有效性。总结推广试点城市安全风险综合监测预警平台建设经验。加快推动多层大体量劳动密集型企业、人员密集场所“智慧消防”建设，出现火情早发现、早预警、早疏散。推进灾害风险综合监测预警，加快整合气象、水文、地震、地质、森林草原等监测基础数据，综合利用空天地人一体化监测手段，分析研判各灾种叠加和灾害链风险变化，及时向影响地区发布预警信息。推动市县健全预警信息快速发布渠道，确保第一时间传达到一线岗位和受威胁人群。

第四，长效化工程治理。加快实施“十四五”国家应急体系、综合防灾减灾、安全生产等规划确定的重大工程项目。持续统筹自然灾害防治重点工程建设。指导加强应急避难场所规划建设、管护使用。建设一批智能化标杆矿山，推进机械化换人、智能化减人。

2.3.1.3 全面风险管理的体系架构

随着内外环境快速变化，以及公众风险意识的提升，影响经济社会发展和安全稳定的各种不确定性因素显著增加。风险可能导致危机或连锁反应，轻者影响公共管理水平和服务能力，重者甚至影响经济发展、社会安全和政府公信力等。与此同时，在制定重

---

① 如何推动公共安全治理模式向事前预防转型？应急管理部：以“四化”前移安全关口．(2023-01-05). https://www.mem.gov.cn/zl/202301/t20230105_440112.shtml.

大政策、审批重大事项、实施重大项目，以及与群众利益相关的事项时，开展风险管理，进行应对准备，至关重要。

国家多次强调，以防范化解重大安全风险为主线，化解存量风险、防范增量风险。《突发事件应对法》中要求“国家建立健全重大突发事件风险评估体系，对可能发生的突发事件进行综合性评估，有针对性地采取有效防范措施，减少突发事件的发生，最大限度减轻突发事件的影响”。基于此，构建全面风险管理的体系架构，应围绕“风险控制力”“秩序可逆力”“形象免疫力”“风险沟通力”版块，结合新媒体环境和风险社会的相关需求，明确主要任务（见表 2－9）。

表 2－9　全面风险管理的体系架构

版块	新媒体环境和风险社会的相关需求	主要任务
风险控制力	事前控制风险	事前的风险识别、预警、防范
	事中控制风险	事中遏制负面连锁反应与风险升级，使损失最小化
	全程控制风险	全程控制决策风险、严防执行风险、降低后果损失
秩序可逆力	救援秩序	有序的抢险救灾秩序
	社会治安秩序	安全的社会环境
	新闻秩序	保持新闻自由，坚持新闻道德
	社会生活秩序	便民的生活环境，杜绝哄抬物价等恶行
	社会生产秩序	良好的生产环境，便于重建和复原
形象免疫力	维持“好人形象”	树立并保持“好人形象”，维持利国利民的好口碑
	扩大群众基础	拥有较广泛的民众认同和群众基础
	增强“抵抗力”	具备抵御被“误会”的“抵抗力”，在发生误解时能快速澄清，在爆发危机时能获得广泛理解
风险沟通力	信息公开	借用多样化渠道和手段，将信息主动公开，依法保障民众的知情权和监督权
	互动交流	采用民众易于接受的方式，融入民众生活，宣传政策、普及知识的同时，了解民众的需求和态度
	公众参与	将公众参与纳入决策程序，保障表达权和参与权的同时，群策群力，优化风险管理
	利益调解	设立合理的利益调解规则，通过生态补偿等方式，满足相关群体的合法合理需求

资料来源：唐钧．新媒体时代的应急管理与危机公关．北京：中国人民大学出版社，2018.

2.3.2　风险控制的科学模型及其应用

2.3.2.1　现场管理的“人、机、料、法、环”模型

现场管理的“人、机、料、法、环”模型（4M1E 模型），具体包括人（man）、机器/

设备（machine）、物料（material）、方法（method）、环境（environment），简称人、机、料、法、环的现场管理五要素，围绕五要素的管理重点和关键予以风险分析（见表2-10）。

表2-10 现场管理的“人、机、料、法、环”模型分析表

要素	管理重点和关键
人	（1）关键工序上作业的人 （2）工作上经常出错的人 （3）工作中粗心大意、麻痹大意的人 （4）对产品质量影响大的人 （5）需要具备特殊上岗资格的人 （6）个性独特的人 （7）新入职上岗的人 （8）长期休假返岗的人 （9）因为某种原因需要临时调岗的人 （10）因某种原因作业情况发生变更的人（比如人数变更、人员变更）
机器/设备	（1）初期投入使用的设备或处于边调试边使用的设备 （2）对产品质量影响比较大的设备 （3）操作步骤比较复杂的设备 （4）处于性能不稳定期的设备 （5）安全风险相对比较大的设备 （6）由新人操作的设备 （7）长期停用又恢复使用的设备
物料	（1）初期投入使用的物料 （2）用量对产品质量影响大的物料 （3）风险性相对比较大的物料 （4）使用方法对产品质量影响大的物料 （5）投料顺序对产品质量影响大的物料
方法	（1）处于摸索期、不稳定期的操作方法 （2）相对比较复杂的操作（比如步骤多、要求严） （3）对产品质量影响比较大的操作 （4）因为某种原因临时变更的操作
环境	（1）产品质量对环境条件有要求的环境/场所 （2）环境条件影响人员健康安全的环境/场所 （3）属于受限空间作业的环境/场所 （4）对作业人员有生理或心理要求的环境/场所 （5）能够影响作业人员生理或心理的环境/场所 （6）因某种原因临时变更作业环境条件的环境/场所

2.3.2.2 应急救援的“人、地、物、事、环”模型

应急救援的“人、地、物、事、环”模型（PLEEE模型），具体包括应急救援人员（people）、致死的物理位置/现场的危险区域（location）、应急救援的装备器械（equipment)、涉及的风险事件 (event)、所处外部环境 (environment), 简称人、地、物、事、环的应急救援五要素，围绕五要素的管理重点和关键予以风险分析（见表 2-11)。

表 2-11　应急救援的“人、地、物、事、环”模型分析表

要素	管理重点和关键
应急救援人员	从事突发事件的预防与应急准备，受灾人员和公私财产救助，组织自救、互救及救援善后工作人员。就我国而言，总体可分为： (1) 消防救援人员，主要包括国家综合性消防救援队伍及地方专职消防队伍 (2) 医疗救援人员，主要包括重大疫情医疗应急队伍、国家紧急医学救援队伍、基层医疗应急小分队等人员 (3) 专业应急救援人员，主要包括抗洪抢险、地方森林（草原）灭火、地震和地质灾害救援、生产安全事故救援、航空应急救援等人员 (4) 社会应急人员，从事防灾减灾救灾工作的社会组织和应急志愿者，以及相关群团组织和企事业单位指导管理的、从事防灾减灾救灾等活动的组织成员 (5) 基层应急救援人员，包括乡镇街道、村居社区等组建的，从事本区域灾害事故防范和应急处置的应急救援人员
致死的物理位置/现场的危险区域	根据救援情景的类别细分致死的物理位置/现场的危险区域，包括： (1) 危化品事故处置：吸入或接触有毒有害或放射性物质导致伤亡；易燃易爆物质泄漏遇到点火源导致爆炸伤人；储罐、装置等存在爆炸危险；压力容器受火烘烤，超出安全阀排放极限，超过额定压力导致爆炸伤人；低温液体、液化烃泄漏容易导致低温冻伤；重油火灾存在沸溢、喷溅危险等 (2) 建筑坍塌救援：二次坍塌；构件、物体、碎片坠落存在伤人危险；隐蔽的危险源（天然气泄漏、漏电、损坏的水管、未知的危险化学品等)；建筑粉尘吸入伤害；狭小的进出入口，逃生困难；接触伤员血液存在感染风险 (3) 车辆事故救援：二次交通事故（救援人员发生车祸)；环境风险（坠落的电线等)；车辆失稳风险；车辆自身风险（电瓶漏电、油箱泄漏、燃料电池、安全气囊意外弹出、车胎爆炸等)；玻璃粉尘吸入伤害；锋利的损坏车体；接触伤员血液存在感染风险等 (4) 受限空间救援：缺氧、窒息、中毒；二次坍塌、滑坡；潜在危险源（漏电、有毒有害物质)；空间狭小，进入、逃生困难；绳索缠绕；通信不畅等 (5) 水域救援：复杂水况隐藏危险（水流快的区域，易撞击礁石、岸堤；易形成低位差堰、涡流（逆流)、切割坡等复杂的水流形态；船只残骸、浮木、滤网等水中漂浮物易对救援人员造成伤害；水中的污泥淤积等)；落水、溺水危险，如救援舟艇发生倾覆，救援人员失足掉入水域或被落水者束缚；低温危险，浸泡水中过久会使体温迅速流失；绳索缠绕危险；触电危险；危险的海洋、河流生物等 (6) 绳索救援：令人眩晕的高度导致恐高障碍；保护不当导致坠落危险；触电危险；高空掉落物导致砸伤危险；恶劣天气（大风、高温暴晒、雷雨闪电等)；救助中被救者攻击风险（精神疾病患者、拒绝施救者、其他有攻击倾向者) (7) 群众救助：涵洞、下水道、窨井等被水淹没后的失足危险；大风吹落广告牌、空调外机、花盆等存在砸伤危险；长时间浸泡污水存在感染危险；断落电线和进水电器易造成触电事故；蜂窝摘除时存在蜇伤或过敏性中毒死亡危险；高处作业时存在坠落危险；处理危险动物存在被攻击危险；电梯救援时存在坠井、被夹等危险

续表

要素	管理重点和关键
应急救援的装备器械	根据突发事件的类型细分装备器械，典型包括： （1）动力舟桥、挖装支护、排水救援、清淤清障、路桥抢通等特种救援装备配备等抗洪抢险工程救援装备 （2）全地形运兵车、隔离带开设、林火侦查、常规灭火机具、战勤保障等森林（草原）灭火装备 （3）高精度智能生命搜救、高通量卫星通信、高智能救援机器人、高集成战勤保障、生命侦测、工程机械、卫星通信等地震和地质灾害救援装备 （4）矿山排水、矿山（隧道）救生通道构建、大流量远程灭火系统、消防冷却、侦测监控、井控抢险等安全生产事故应急救援装备 （5）监测预警、应急通信、搜救侦查、破拆支护、运输吊装等铁路工程隧道应急救援装备 （6）多功能抢险救援船、橡皮艇、救援艇、水下测绘艇、工程救援船、打桩船等水上应急救援装备等
涉及的风险事件	根据突发事件的类型细分涉及的风险事件，以社会安全事件为例，主要包括： （1）违法犯罪活动，例如恐怖袭击、“黑拐枪”、“黄赌毒”、“盗抢骗”、涉爆问题、涉枪问题、非法集资、非法传销、电信诈骗、金融诈骗、拐卖妇女儿童、非法窃取泄露买卖公民个人信息等 （2）治安问题，例如“黑车”、“黑摩的”、无照游商、非法小广告等 （3）矛盾纠纷，例如经济纠纷、家庭纠纷等 （4）可能导致经济发展与环境保护失衡的问题 （5）可能引发公共利益与个体利益冲突的问题 （6）带有民族情绪且易产生社会公共安全风险的事件 （7）可能引发涉民族、种族、宗教信仰、风俗习惯等禁忌冲突的事件
所处外部环境	（1）直接引发或加剧安全风险的现场社会环境因素：秩序失控、群体性恐慌等直接的恶性连锁反应 （2）间接导致或加剧安全风险的综合社会环境因素：国内外舆论环境、国内外同类安全事件的影响、高新科技的负面影响等

资料来源：唐钧．紧急救助．北京：中国人民大学出版社，2009；突发事件紧急医学救援“十四五”规划．（2023-01-10）．中国政府网；应急部印发“十四五”应急救援力量建设规划．（2022-07-01）．中国政府网．

2.3.2.3 风险管理的“奶酪模型”

“奶酪模型”是由英国曼彻斯特大学詹姆斯·雷森（James Reason）教授于1990年在其心理学专著《人为错误》（*Human Error*）中提出的风险控制理论。该模型认为，安全风险存在四类“关口”，包括组织管理、不安全监管、事故触发因素和不安全行为，通过严把每一类风险“关口”，能够减少安全事故。每个层面代表一重防御体系，层面上所存在的空洞代表防御体系中存在的漏洞，这些空洞的位置、大小不是固定不变的，不安全因素就像一个不间断的光源，每个层面上的空洞同时处于一条直线上时，危险就会瞬间穿过所有漏洞，导致事故发生。这四个层面的因素叠在一起，犹如有孔的奶酪被叠放在一起，所以被称为“奶酪模型”。

"奶酪模型"一般设有四层防御体系，各层防御体系从不同的维度对缺陷或漏洞进行相互补充式的拦截，危险只有同时穿过四层防护体系才能发生。危险可分为现行失效和潜在失效。现行失效是指与事故的发生有直接联系的不安全行为，例如在飞机失事中的试验错误。潜在失效如同隐藏在组织体系中的潜在危险因素，其不作为直接导致事故发生的原因存在，直到事故发生后才会被发现。潜在失效可以跨过"奶酪模型"的前三个层面，与现行失效一起作用，导致事故的发生。四层防御体系共同作用可以让人们意识到危险的存在，对迫近的危险提出警告，给出明确的安全指导，对现存危险和潜在损失设置安全防御，层层设防，避免危险的发生。

例如，传染病防治适用"奶酪模型"，澳大利亚昆士兰大学（University of Queensland）的病毒学家伊恩·麦凯（Ian M. Mackay），与合作者一起创建了"瑞士奶酪呼吸道疾病大流行防御系统"信息图（见图 2-6）。基于该信息图，麦凯强调，虽然每一个体采取的安全防护措施存在弱点，但如果重视层层防护，则可以建立足够厚的保护措施层，以减缓疫情传播；如果跳过这些防护措施层，则整体防御体系将出现太多"洞"。

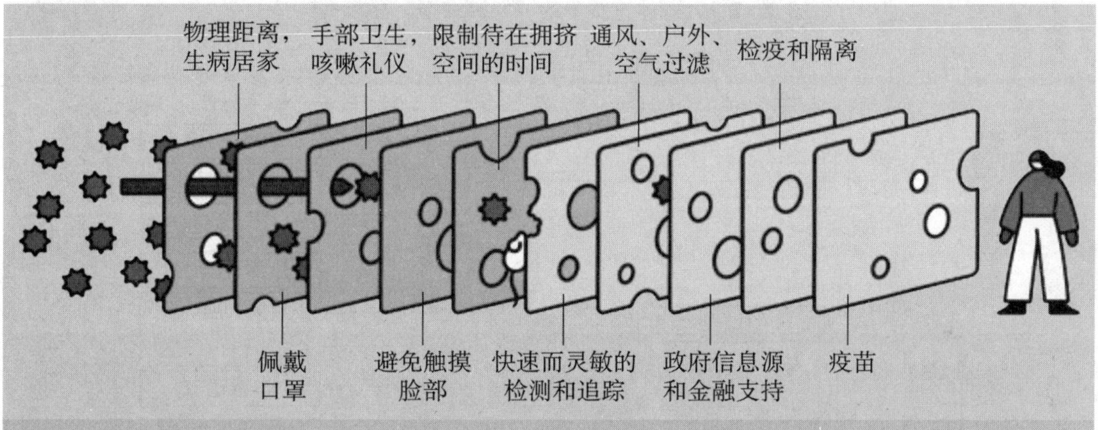

图 2-6　"瑞士奶酪呼吸道疾病大流行防御系统"信息图

再如，大型体育赛事的安全治理适用"奶酪模型"，以"5·22"白银越野赛事件为例，此次赛事的 14 个安全风险"关口"失守的风险项可以归属到该模型的四类风险"关口"中（见图 2-7）。

2.3.2.4　风险管理的"人因分析与分类系统"模型

人因分析与分类系统（human factors analysis and classification system，HFACS），是基于"奶酪模型"提出的综合性人为失误分析方法。21 世纪初，维格曼等人在研究美国航空事故的人为因素时，基于"奶酪模型"提出了人因分析与分类系统，该系统将航空事故致因分为组织影响、不安全的监督行为、不安全行为前提、不安全行为四个层次，同时对每个层级进行明确化和具体化，提出了每个层级的具体表现形式（见图 2-8）。

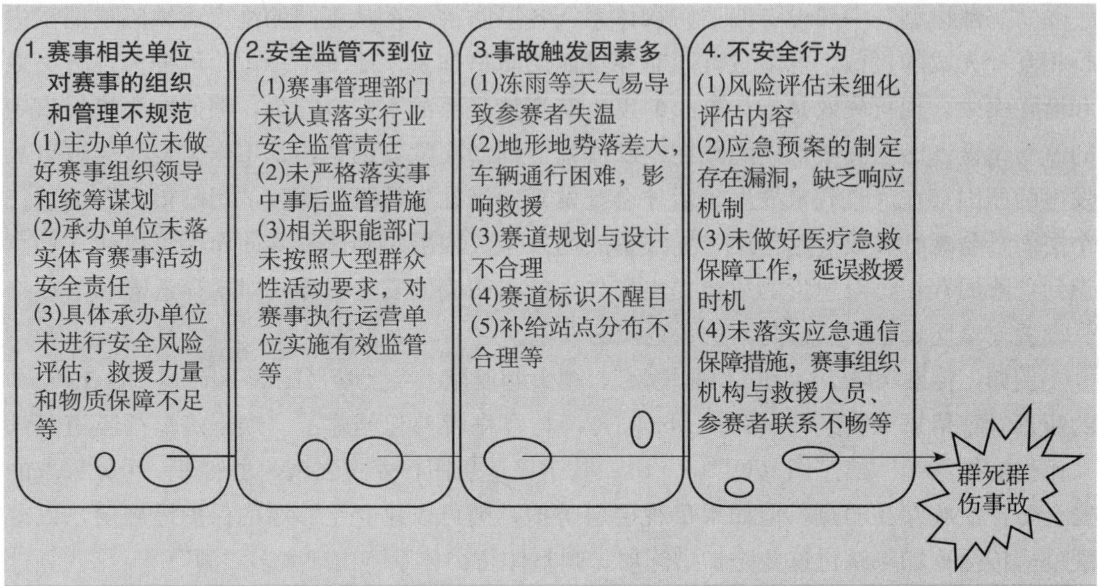

图 2-7 大型体育赛事的“奶酪模型”分析框架

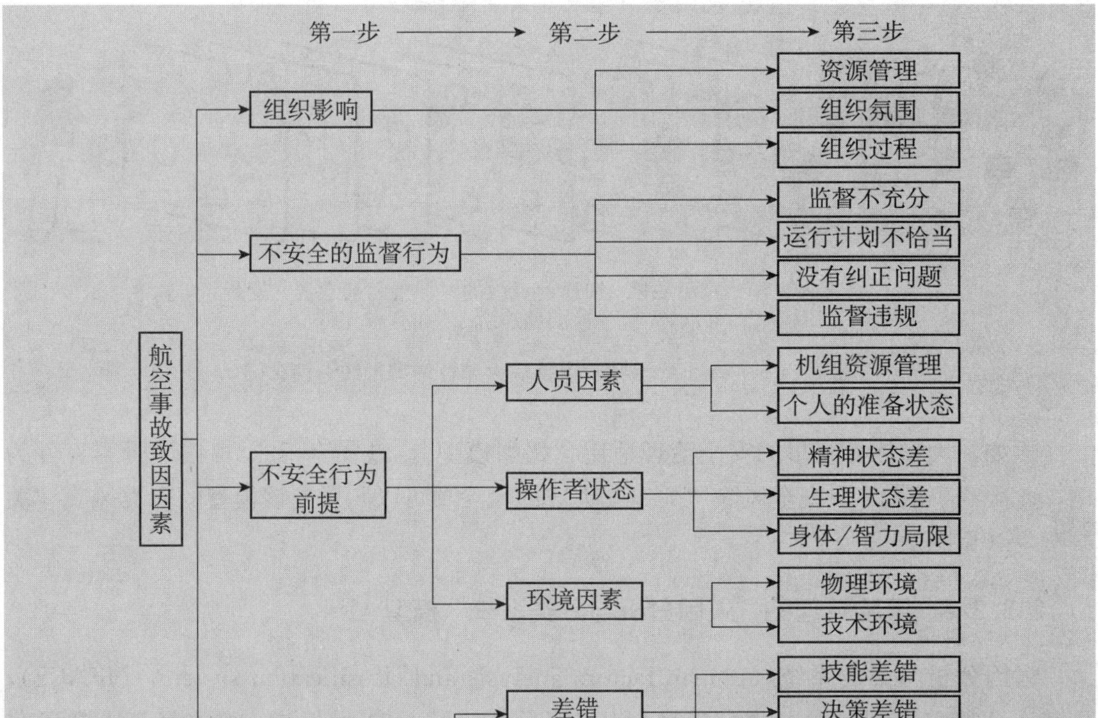

图 2-8 航空事故致因因素的分析框架

从组织影响层次开始，在不安全的监督行为以及不安全行为前提共同影响下造成不安全行为出现，最终导致事故发生。在 HFACS 模型中，不安全行为层是显性差错，是事故的直接原因。组织影响层、不安全的监督行为层、不安全行为前提层都属于隐性差错。其中不安全行为前提层是引发事故的主要原因，不安全的监督行为和组织影响是引发事故的潜在原因。这四个层次又细化成许多影响因素，每个影响因素表现形式不同。HFACS 模型由最高层次往下逐层施加影响，并强调最高层次的组织影响对事故的影响作用。当各层次均出现差错时，系统各层次防御作用失效，最终致使事故发生。

在此之后，一些学者结合其他行业的特征，构建了工艺事故、铁路事故、化工事故、空管事故、建筑火灾事故、职业事故、煤矿透水事故等行业事故的 HFACS 模型。例如帕特森在研究煤矿事故时对 HFACS 模型进行了改进，增加外部因素层次，从而形成了 HFACS-MI 模型；柳茹林提出了外部因素层次的三个表现形式，分别为管理因素、政治因素、经济因素。

2.3.3　安全生产监管与责任体系建设

实际操作中，有关安全生产监管和责任体系建设，是安全风险控制的难点。依据相关法律法规和政策规定，安全生产工作实行管行业必须管安全、管业务必须管安全、管生产经营必须管安全，强化和落实生产经营单位主体责任与政府监管责任。政府是安全生产的“监管主体”，企业则是安全生产的“责任主体”，两个主体、两个负责制相辅相成，共同构成安全生产工作基本责任制度。企业是安全生产责任的直接承担主体，依照法律法规和政策规定应当履行相应的安全生产法定职责和义务；既包括企业作为个体的主体责任，也包括企业所有员工的岗位责任。在政府监管责任中，一方面，全面建立“党政同责、一岗双责、齐抓共管”的安全生产责任体系，落实党政领导干部的属地安全责任；另一方面，负有安全生产监督管理职责的部门要按照“三管三必须”要求，加强对有关行业领域的监督管理，形成综合监管和行业监管合力。

2.3.3.1　党政领导干部的属地安全责任

地方党政领导干部安全生产责任，是指县级以上地方各级党委和政府领导班子成员的安全生产责任，具体范围包括县级以上地方各级党委工作机关、政府工作部门及相关机构领导干部，乡镇（街道）党政领导干部，各类开发区管理机构党政领导干部。

各类各级尤其是属地的党委和政府领导干部，应贯彻落实习近平总书记关于公共安全、应急管理、安全生产的重要论述精神，落实党中央、国务院和上级党委政府的决策部署；按照“党政同责、一岗双责、齐抓共管、失职追责”要求，切实担负起“促一方发展、保一方平安”的政治责任，落实党委政府班子成员职责。

按照抓关键少数、权责对等原则，《地方党政领导干部安全生产责任制规定》《关于推进安全生产领域改革发展的意见》对地方党政领导干部的主要安全生产职责进行了明确界定，力求科学定位、合理分工、协同一体，总体要求包括以下五个方面。

第一，地方党政主要负责人是本地区安全生产第一责任人，要牵头抓总，要把安全生产纳入党委议事日程和向全会报告工作的内容，纳入政府重点工作和政府工作报告的重要内容，要在政府有关工作部门“三定”规定中明确安全生产职责。

第二，党政领导班子中分管安全生产的领导干部要坚持目标导向和问题导向相结合，加强对安全生产综合监管和直接监管工作的领导，履行好统筹协调责任，要抓组织落实、抓统筹协调、抓风险管控和依法治理、抓应急和事故处理、抓基础保障。

第三，党政领导班子中其他领导干部要按照职责分工承担支持保障责任和领导责任，要组织分管行业（领域）、部门（单位）健全和落实安全生产责任制，将安全生产工作与业务工作同时安排部署、同时组织实施、同时监督检查。要组织开展分管行业（领域）、部门（单位）安全生产专项整治、目标管理、应急管理、查处违法违规生产经营行为等工作，推动构建安全风险分级管控和隐患排查治理预防工作机制。

第四，地方各级党委要认真贯彻执行党的安全生产方针，在统揽本地区经济社会发展全局中同步推进安全生产工作，定期研究决定安全生产重大问题。加强安全生产监管机构领导班子、干部队伍建设。严格安全生产履职绩效考核和失职责任追究。强化安全生产宣传教育和舆论引导。发挥人大对安全生产工作的监督促进作用、政协对安全生产工作的民主监督作用。推动组织、宣传、政法、机构编制等单位支持保障安全生产工作。动员社会各界积极参与、支持、监督安全生产工作。

第五，地方各级政府要把安全生产纳入经济社会发展总体规划，制定实施安全生产专项规划，健全安全投入保障制度。及时研究部署安全生产工作，严格落实属地监管责任。充分发挥安全生产委员会作用，实施安全生产责任目标管理。建立安全生产巡查制度，督促各部门和下级政府履职尽责。加强安全生产监管执法能力建设，推进安全科技创新，提升信息化管理水平。严格安全准入标准，指导管控安全风险，督促整治重大隐患，强化源头治理。加强应急管理，完善安全生产应急救援体系。依法依规开展事故调查处理，督促落实问题整改。

2.3.3.2 部门“三管三必须”监管责任

《安全生产法》规定部门“三管三必须”监管责任，具体是指在党委政府属地安全责任的基础上，各部门管行业必须管安全、管业务必须管安全、管生产经营必须管安全。国务院安委会根据中央各部门职能部署监管责任。地方各级相关部门依据中央部门的责任范围，结合各级政府实际情况和实地情况进行监管。

中共中央、国务院《关于推进安全生产领域改革发展的意见》提出“明确部门监管责任”，要求安全生产监督管理部门负责安全生产法规标准和政策规划制定修订、执法监督、事故调查处理、应急救援管理、统计分析、宣传教育培训等综合性工作，承担职责范围内行业领域安全生产和职业健康监管执法职责。负有安全生产监督管理职责的有关部门依法依规履行相关行业领域安全生产和职业健康监管职责，强化监管执法，严厉查处违法违规行为。其他行业领域主管部门负有安全生产管理责任，要将安全生产工作作为行业领域管理的重要内容，从行业规划、产业政策、法规标准、行政许可等方面加强行业安全生产工作，指导督促企事业单位加强安全管理。党委和政府其他有关部门要在职责范围内为安全生产工作提供支持保障，共同推进安全发展。

《国务院安全生产委员会成员单位安全生产工作任务分工》进一步明确，国务院应急管理部门依法对全国安全生产工作实施综合监督管理，承担职责范围内行业领域安全生产监管执法工作；负有安全生产监督管理职责的有关部门在各自职责范围内，对有关行业领域的安全生产工作实施监督管理；负有行业领域管理职责的国务院有关部门要将安全生产工作作为行业领域管理工作的重要内容，切实承担起安全管理的职责，制定实施有利于安全生产的法规标准、政策措施，指导、检查和督促企事业单位加强安全防范；其他有关部门结合本部门工作职责，为安全生产工作提供支持保障。

一方面，加强“安全生产综合监管”，这是应急管理部门所具备的职责，是指各级应急管理部门依照《安全生产法》等法律法规和政策制度，按照分级、属地原则，依法对本行政区域内安全生产工作实施综合监督管理，宏观指导、综合协调、监督检查同级政府行业监管部门的安全生产工作，监督考核并通报安全生产控制指标执行情况，起草安全生产方面的综合性法律、行政法规和规章，监督事故查处和责任追究落实情况，总体可概括为安全生产法规标准和政策规划制定修订、执法监督、事故调查处理、应急救援管理、统计分析、宣传教育培训等综合性工作，以保证党和国家的各项方针政策与安全生产法律法规在本地区得到全面的贯彻落实。

另一方面，加强“安全生产行业监管”，负有安全生产监督管理职责的部门（包括应急管理部门和对有关行业、领域的安全生产工作实施监督管理的部门），在各自的职责范围内、所负责的行业领域内，依法依规履行相关行业领域安全生产和职业健康监管职责，强化监管执法，严厉查处违法违规行为，要将安全生产工作作为行业领域管理的重要内容，从行业规划、产业政策、法规标准、行政许可等方面加强行业安全生产工作，指导督促企事业单位加强安全管理。

2.3.3.3　企业主体责任与全员岗位责任

企业是生产经营活动的主体，是安全生产责任的直接承担主体，是安全生产第一责任主体。企业安全生产主体责任，是指企业依照法律法规和政策规定，应当履行的安全生产法定职责和义务。企业承担安全生产主体责任是指企业在生产经营活动全过程中必须在相关方面履行义务，承担责任，接受未尽责的追究。

根据《安全生产法》《企业安全生产责任体系五落实五到位规定》《关于推进安全生产领域改革发展的意见》《关于加强安全生产监管执法的通知》及其他相关要求，企业安全生产主体责任主要由以下几方面组成：机构设置和人员配备责任、安全生产经费投入和物质保障责任、规章制度和操作规程责任、教育培训责任、责任制考核奖惩责任、安全风险辨识管控和事故隐患排查治理责任、危险源安全管理责任、危险作业安全管理责任、设施设备场所安全责任、职工安全防护和劳动保护责任、外包等业务安全管理责任、应急管理（救援处置、事故报告、善后调查整改等）责任，以及法律、法规、规章规定的其他安全生产责任。

生产经营单位的从业人员有依法获得安全生产保障的权利，即应获得的安全生产保障，并应当依法履行安全生产方面的义务，根据《安全生产法》的规定，生产经营单位的主要负责人和安全生产管理机构及安全生产管理人员，是企业全员履责的重点，根据《安全生产法》等相关法律，生产经营单位的主要负责人的职责包括：（1）建立健全并落实本单位全员安全生产责任制，加强安全生产标准化建设；（2）组织制定并实施本单位安全生产规章制度和操作规程；（3）组织制订并实施本单位安全生产教育和培训计划；

（4）保证本单位安全生产投入的有效实施；（5）组织建立并落实安全风险分级管控和隐患排查治理双重预防工作机制，督促、检查本单位的安全生产工作，及时消除生产安全事故隐患；（6）组织制定并实施本单位的生产安全事故应急救援预案；（7）及时、如实报告生产安全事故。安全生产管理机构及安全生产管理人员的职责包括：（1）组织或者参与拟订本单位安全生产规章制度、操作规程和生产安全事故应急救援预案；（2）组织或者参与本单位安全生产教育和培训，如实记录安全生产教育和培训情况；（3）组织开展危险源辨识和评估，督促落实本单位重大危险源的安全管理措施；（4）组织或者参与本单位应急救援演练；（5）检查本单位的安全生产状况，及时排查生产安全事故隐患，提出改进安全生产管理的建议；（6）制止和纠正违章指挥、强令冒险作业、违反操作规程的行为；（7）督促落实本单位安全生产整改措施。主要负责人和安全生产管理人员必须具备与本单位所从事的生产经营活动相应的安全生产知识和管理能力。

2.3.3.4 全员全域共建共治的安全生产责任体系

《安全生产法》提出“建立生产经营单位负责、职工参与、政府监管、行业自律和社会监督的机制”，对此，应科学建构全员全域共建共治的安全生产责任体系，其构成和要素（见图2-9）应包括：（1）党委政府领导的属地安全责任，简称“党政领导属地责任”；（2）各相关部门的行业领域监督管理责任和应急管理部门（安委会）的综合监管责任，简称“部门监管责任”；（3）企业等生产经营单位主体履行安全生产的主体责任，简称“企业主体责任”；（4）全部从业人员的岗位安全生产责任，简称“全员岗位责任”；（5）人民群众、社会组织、媒体舆论等社会力量的监督责任，简称“社会监督责任”。建立生产经营单位负责、职工参与、政府监管、行业自律和社会监督的机制，建立“党政同责、一岗双责、齐抓共管”的安全生产责任体系。

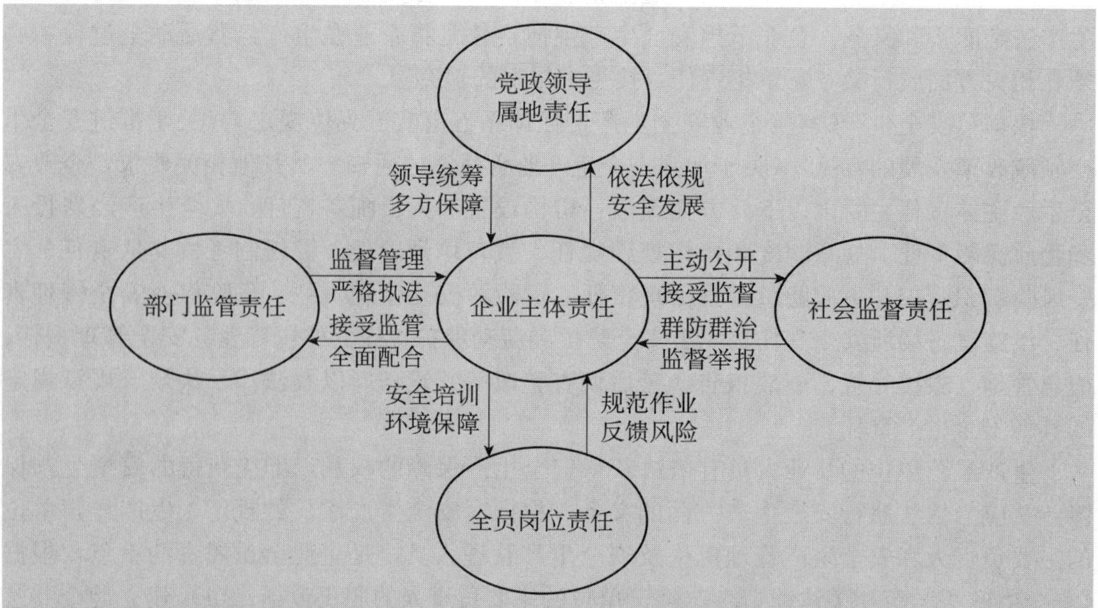

图2-9 安全生产责任体系的构成和要素

1. 压实党政领导属地责任：细化具体、加强考核

深入学习贯彻习近平总书记关于安全生产的重要论述，强化地方党委、政府领导干部安全生产红线意识。将安全生产纳入领导干部教育培训、日常谈话和提醒内容。推动落实地方党政领导干部安全生产责任制，制定安全生产职责清单和工作任务清单。严格落实地方党政领导安全生产履责述职和“第一责任人”职责落实报告制度。健全党政领导干部带队督查检查安全生产机制，开展重要节日和重大活动针对性督查检查。聚焦重特大事故多发地区，完善安全生产警示、督办、约谈等制度。完善安全生产考核巡查制度，规范考核巡查内容、程序和标准，强化考核巡查结果的运用。完善党政领导干部安全生产工作报告制度，将履行安全生产工作责任情况列入各级党委和政府领导班子及其成员述职内容，优化党政领导干部安全生产常态化履职尽责机制。健全党政领导干部带队督查检查安全生产机制，探索建立实施新任领导干部任前安全生产教育培训、谈话提醒制度。

2. 夯实部门监管责任：具体明晰、及时联动

进一步落实县级以上地方各级人民政府有关部门安全生产工作职责，依法依规编制完善负有安全生产监管职责的部门权力和责任清单，优化行业监管部门任务分工。合理区分综合监管和行业监管部门之间的责任边界，扫清监管盲区。完善危险化学品安全监管机制，厘清监管职责，加强政策协同。理顺农业农村、新型燃料、综合管廊等领域安全生产监管职责。及时消除基建矿、技改矿、停产矿、关闭矿等安全生产监管漏洞。强化对客运索道、大型游乐设施等特种设备的安全生产监管。建立新产业、新业态监管职责动态调整和联合执法机制，填补行业领域安全生产监管职责空白。落实行业监管责任要具体明晰，对模糊地带要按照中央精神、法律法规并结合本地实际提出解决办法，对职责交叉、联系紧密的领域和环节“共进一步”，建立联动工作机制，防止事前事中出现监管盲区、事后甩锅推责。

3. 强化企业主体责任：精细规范、激发内力

严格落实生产经营单位主要负责人、安全生产第一责任人的法定责任。推动生产经营单位建立从法定代表人、实际控制人到一线岗位员工的全员安全生产责任制，健全生产经营全过程安全生产责任追溯制度。引导企业完善安全生产管理体系，健全安全风险分级管控和隐患排查治理双重预防工作机制，构建自我约束、持续改进的安全生产内生机制。推动重点行业领域规模以上企业组建安全生产管理和技术团队。监督企业按规定提取使用安全生产费用，用好用足支持安全技术设备设施改造等有关财税政策。实施工伤预防行动计划，充分发挥工伤保险基金的事故预防作用。建立事故损失的评估和认定机制。强化守信激励和失信惩戒，依法建立健全安全生产严重违法失信名单管理制度并依法实施联合惩戒，加大对安全生产严重违法失信主体的责任追究。要激发内生动力，既要严格管理又要优化服务，特别是在影响企业安全生产不稳定不确定因素明显增多的形势下，要创新方法手段，对重点企业“一企一策”指导服务，有效强化和落实企业“全员、全岗位、全过程、全天候”安全生产主体责任。

4. 落实全员岗位责任：权责一致、知行合一

推进全员岗位责任落实，应确保过程的权责一致和结果的知行合一。根据工作岗位的性质、特点和内容，明确各岗位的责任人员、责任范围、责任清单，制定从企业主要负责人到一线从业人员的安全生产职责，细化通俗易懂、便于操作的生产车间、班组、一线从业人员安全生产责任，实现企业安全生产责任全员全岗位全覆盖、安全生产责任全过程追溯。加强企业安全文化建设，将安全文化阵地向一线班组和工作现场延伸，强化员工安全生产意识。推进企业安全风险分布图、岗位安全风险告知卡、岗位应急处置卡等实施应用。加强重点岗位、重点部位现场处置方案实操性监督检查，强化制度化、全员化、多形式的应急救援演练。企业应每年组织全员安全生产责任制落实情况考核，考核结果与员工收入、晋级等挂钩，激发全员参与安全生产的积极性和主动性，推动全员安全生产责任制落实。

5. 激发社会监督责任：行业自律、外力监督

激发社会监督责任，旨在鼓励社会各层面参与安全生产工作，积极推动各类媒体、公众、社会团体对安全生产进行监督，既包括与生产经营单位密切相关的工会、行业组织等依法对安全生产工作进行监督，也包括人民群众、各类媒体、各类第三方机构等外部力量对生产经营单位主体责任与政府监管责任落实的有效监督。应推动高危行业企业建立与公众沟通的交流机制，依法维护社会公众、企业职工对安全生产的参与权和监督权。健全安全生产监督激励机制，有效发挥安全生产信用监管、安全生产责任保险、安全风险隐患有奖举报、12350 安全生产举报投诉电话的作用，依法保护举报人的合法权益。完善安全生产领域信用制度建设，建立分级分类动态管理的安全生产信用评价机制，依法依规认定失信行为、严重失信主体名单，推进安全生产信用信息管理系统与其他系统及相关部门信息平台的有效衔接。

6. 构建长效内生责任动力机制：严格追责、严肃考核

将安全生产纳入各地高质量发展评价体系。严格实施安全生产工作责任考核，实行过程性考核和结果性考核相结合，强化考核结果运用并向社会公开。建立地方各级安全生产委员会成员单位主要负责人安全生产述职评议制度，强化地方各级安委会对各部门、各地区安全生产工作落实情况的监督。建立安全生产绩效与履职评定、职务晋升、奖励惩处挂钩制度，落实向纪检监察机关移交安全生产领域违法违纪、职务违法犯罪问题线索工作机制。严格落实安全生产“一票否决”和约谈、问责等制度。完善事故调查机制，建立事故暴露问题整改督办制度，加强对事故查处和责任追究落实情况的跟踪评估。

本章小结

应急管理的对象是危机，一般也称为“公共危机”、“突发事件”或“突发公共事件”。对危机的认知遵循科学的分类和分级标准，并综合应用“三重危机”模型、“发生概率-发生后果”模型和“社会责任-负面影响”模型。

应急管理的关键在于安全风险的关口前移，通过安全风险管理，用好灾前的充足时间和有利空间，避免灾害发生或降低不可抗危机的损失。风险关口前移的标准流程与规范实施是指风险管理，由明确环境信息、全面风险评估、开展风险应对、监督和检查、沟通和记录等环节组成。

风险评估和风险应对是关口前移的重点，风险评估细分为风险识别、风险分析、风险定级。风险应对在风险准则的指引下，坚持基本原则、依照规范流程、落实实施保障，并综合采取风险规避、风险消除、风险干预等主要策略。应用风险清单、风险数据库、风险分布图、风险网格化管理等管理工具。

风险控制是关口前移的难点。现实操作中面临风险应对失灵的问题，要科学设定风险控制目标，系统搭建风险管理体系架构，综合应用现场管理的"人、机、料、法、环"模型、应急救援的"人、地、物、事、环"模型、风险管理的"奶酪模型"、"人因分析与分类系统"模型等。在实务操作中，还需加强安全监管，应在全面落实党政领导干部的属地安全责任、部门"三管三必须"监管责任、企业主体责任与全员岗位责任的基础上，科学建构全员全域共建共治的安全生产责任体系。

关键术语

危机　"发生概率-发生后果"模型　"社会责任-负面影响"模型　现场管理的"人、机、料、法、环"模型　应急救援的"人、地、物、事、环"模型　"奶酪模型"　"人因分析与分类系统"模型　三管三必须

复习思考题

1. 简述危机的界定与分类分级。
2. 简述"三重危机"模型的定义和应用场景。
3. 简述"发生概率-发生后果"模型和"社会责任-负面影响"模型的定义和应用场景。
4. 简述风险识别的方法、风险分析的模型、风险定级的指标及各自应用场景。
5. 简述风险清单、风险数据库、风险分布图、风险网格化管理在我国的应用。
6. 简述风险应对失灵的典型问题。
7. 简述现场管理的"人、机、料、法、环"模型的定义和应用场景。
8. 简述应急救援的"人、地、物、事、环"模型的定义和应用场景。
9. 简述风险管理的"奶酪模型"的定义和应用场景。
10. 简述风险管理的"人因分析与分类系统"模型的定义和应用场景。
11. 总结反思我国安全生产监管与责任体系建设。

阅读材料

"震情重"为何"伤害轻"

2017年8月8日21时19分46秒，四川省阿坝州九寨沟县（北纬33.2度，东经103.82度）发生7.0级地震，震源深度20千米。[①] 九寨沟县隶属于四川省北部阿坝藏族羌族自治州，辖漳扎、永乐2个镇，15个乡，120个行政村，常住人口81 200人。

---

① 四川阿坝州九寨沟县7.0级地震．(2017-08-08)．中国地震台网．

2016 年全县 GDP 达到 26 亿元，境内九寨沟风景区是享誉中外的旅游景点，2016 年全年全县接待游客 720.17 万人①，有诺日朗瀑布、九寨沟五花海等著名景点。

漳扎镇的甘海子村距震中仅几千米，面对 7.0 级的强震，甘海子村损失程度相对较低，究其原因，既不是地震并未发生在人们熟睡的深夜，也不是震中地带相对偏僻、地广人稀，而是甘海子村牢牢构筑起了四道结构化的抗震减灾安全风险防线（见图 2-10），即防灾为主、抗灾设防、救灾预案、科学减灾，最大限度降低了地震灾害带来的损失和影响。

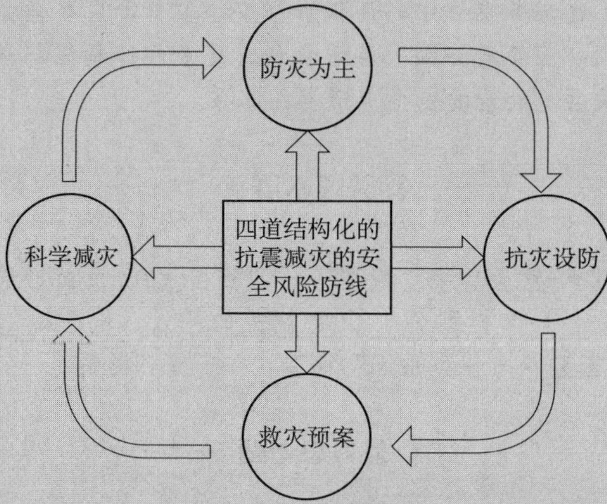

图 2-10 四道结构化的抗震减灾的安全风险防线图

一、第一道安全风险防线：防灾为主

第一道安全风险防线，防灾为主，基于地质探测技术开展地震隐患风险辨识与综合评估，组织居民搬离地质隐患地带。几年前，甘海子村的村民们还住在一千米外的老村子，中国地震局工程力学研究所地质巡查时发现，老村子的房屋主体结构缺失，仅靠砑石进行堆砌，且本身地基不牢固，一旦发生地震，老房子完全无法保证居民的人身安全，周边复杂的山体和水文环境更是放大了地质滑坡的客观风险。本地是八度抗震设防区，在这种条件下，完全达不到八度抗震设防所要求的抗震构造标准。地震局综合研判地质灾害隐患风险，做出全村搬迁的防灾决策，在村干部的沟通引导下，组织全村一百多人全部搬迁至新址。

政府发挥先锋模范作用，为村民提供有力的经济支持，解决搬迁工作的后顾之忧。甘梅子村全村人口共 100 多人，要村民们全数搬离居住几十年的房子至新址绝非易事，村干部们首先带头示范，村主任和村支书先行搬迁至新址，让村民们放下心中芥蒂，主动配合搬迁工程。为解决搬迁新建楼房的资金问题，政府规划民宿旅游发展给村民们带来新的收入，为村民们提供免除利息的经济贷款，解决搬迁带来的经济问题。

二、第二道安全风险防线：抗灾设防

第二道安全风险防线，抗灾设防，基于地震烈度评估落实建筑抗震设防，严格排查

① 阿坝州地方志办公室．阿坝州年鉴．北京：新华出版社，2018.

建筑设防隐患。当地震灾害发生时，房屋达到抗震设防要求，能够有效地减少地震带来的损失。8月8日地震时，甘梅子村里的民宿客栈全部客满，而在符合八度抗震设防房屋结构的保护下，没有造成一人伤亡。震后，抗震设防的成果得到检验，村里的房屋只是轻度或中度受损，建筑结构没有毁坏，修复之后可以继续居住，真正做到了八度设防：八度破坏，坏而不倒。

政府部门提高政策执行力，贯彻抗震设防要求。为达到建筑抗震设防要求，四川省阿坝州建筑设计院九寨沟分院工程师何世昌常常和业主发生争论。星光大酒店业主谭富贵想减少抗震设防要求的建筑材料，以节约酒店建造资金，但何世昌始终坚持他的设计原则，一条一条对照国家抗震标准给谭富贵解释。最终，星光大酒店形成了构造柱和圈梁的完整抗震体系，满足了抗震设防相应要求。谭富贵的酒店位于震中漳扎镇，地震之后，得益于抗震设防水平达标，其主体结构完全没有受损。村里新建房屋需要严格按照九寨沟县地震局下达的抗震设防参数，同时也产生了建设成本增加的问题，房屋建筑的设计需要基于科学的防震设计区划，才能既满足抗震需求，又减少资源的浪费。

三、第三道安全风险防线：救灾预案

第三道安全风险防线，救灾预案，提前编制地震专项应急预案，确保应急处置工作及时、有序、高效开展。

地震专项应急预案的编制让“有法必依”落实到细节。九寨沟县在各行各业贯彻落实《突发事件应对法》和《防震减灾法》，开展地震应急专项预案的编制，考虑到九寨沟本身的旅游特色，将应急专项预案中的人员疏散转移作为重点内容。地震后，政府第一时间启动应急专项预案，当地在不到24小时内疏散转移6万多名游客，最大限度减少了余震或次生灾害可能带来的危险，应急专项预案的编制取得了明显的救灾效果。

地震烈度图精准牵引灾后救援重建工作的重点策略。中国地震局第一时间公布的地震烈度图直观反映了地震的灾害范围、最大破坏程度等重要信息，明确了应急救援阶段工作开展的重点区域，便于政府部门的危机决策和资源分配。应急救援后，政府及时启动交通管制，使九寨沟的救援救灾工作在应急专项预案的指导下有序高效地展开。

四、第四道安全风险防线：科学减灾

第四道安全风险防线，科学减灾，开展应急检查和演练工作，全面提高综合防灾减灾救灾能力和风险防范意识。

灾害频发季节开展防灾减灾科普知识宣传和讲座，从“联防联控”到“群防群控”。2016年7月25日，九寨沟县暴雨持续了5个小时，九寨沟县甘沟组村支部副书记根据灾害经验和风险知识，提前通知村民进行撤离。7月26日凌晨，泥石流冲毁村庄，甘沟组近200人无一人伤亡。这得益于九寨沟县的防灾减灾科普知识宣传教育工作在教育系统和宣传部门开展到位，每年发放上万份减灾知识读本、上千份减灾宣传光碟和挂图，提供上千人次的减灾知识咨询，普及全县城的居民。

地震科技创新的研究成果为防震减灾提供核心技术支撑。中国地震局提出了地震科技创新工程，通过透明地壳、解剖地震、韧性城乡和智慧服务四大科技计划，全要素全流程管控地震风险的辨识、隐患排查、应急处置和综合风险防范工作，由点及面地将环境数据、人口数据和公共基础设施数据集成融合，进行全流程的应急管理工作安排，明确复杂场景下的地震风险系统应对的可行方案，有效提高防震减灾的科学水平、技术水平。

第3章

应急预案编制与全面应急准备

当前我国应急管理坚持以防为主、防抗救相结合的原则，努力实现从注重灾后救助向注重灾前预防转变，从应对单一灾种向综合减灾转变，从减少灾害损失向减轻灾害风险转变，提高防灾减灾救灾能力，防范化解重特大安全风险。因此，事前的备灾工作对于应急管理而言至关重要。为应对常见灾种和频发危机，应急管理主体需在制定应急预案、设置应急机构、落实应急保障、建设应急队伍等多方面所做好事前准备工作。其中，预案是突发事件应急的操作参考，监测是突发事件应急的关口前移，预警是突发事件应急的及时触发，而其他保障需要全面应急准备的一系列工作。

重点问题

- 我国应急管理标准化的发展
- 应急预案的科学编制和系统管理
- 应急预案情景构建的主要环节和核心要素
- 监测与预警的内涵及其相互关系
- 应急准备的目标

3.1 应急管理标准化的关键是应急预案

3.1.1 应急管理的标准化

3.1.1.1 应急管理标准化的意义与价值

法律是治国之重器，良法是善治之前提。标准和法律犹如车之两轮，共同保障应急管理事业的健康有序发展。应急管理的实质是对安全风险的依法治理和规范管理，用法治思维和规范方式防范化解重大安全风险，可以从根本上提高安全风险防控工作的制度化、规范化、法治化水平。

3.1.1.2　我国应急管理标准化的发展

我国应急管理标准涉及行业领域众多，涵盖安全生产、消防救援、自然灾害等行业领域。截至2018年11月底，应急管理部归口管理的相关标准共有2 454项，其中国家标准815项、行业标准1 639项。由于历史原因，现有的应急管理标准分别归口不同的行政主管部门，具有不同的标准代号，在制定发布程序上也存在差异，容易出现标准缺失或各行业领域标准间交叉、重复、矛盾等问题；在"大应急"标准框架下，部分行业领域标准亟待优化整合、标准统筹协调工作机制亟待建立；基层执法部门和企业的标准意识不强，标准自身的系统性、协调性、实效性较弱。

基于此，应急管理部将加强标准化工作的顶层设计和统筹谋划，健全应急管理标准化工作体制，建立完善应急管理标准体系，强化标准的修订和落实。力争通过若干年的努力，基本建立应急管理标准化工作制度，标准化工作机制和相关专业标委会运行有序，基本形成适应大国应急的标准体系。

2022年4月，应急管理部印发《"十四五"应急管理标准化发展计划》（以下简称《计划》）的通知，紧盯安全生产、消防救援、减灾救灾与综合性应急管理标准化领域，对"十四五"应急管理标准化重点工作作出部署，强调要全面贯彻落实习近平总书记关于应急管理的重要指示批示和标准化战略重要论述精神，坚持人民至上、生命至上，坚持统筹发展和安全，紧密围绕应急管理中心任务，为全面提升国家应急管理能力、推进完善我国应急管理体系，提供更加坚实的标准化技术保障支撑。

我国的应急管理标准化发展计划，以目标为导向。根据《计划》，争取到2025年，应急管理标准供给更加充分，标准化管理机制更加完善，安全生产、消防救援、减灾救灾与综合性应急管理领域的强制性标准覆盖范围进一步得到扩展。标准制修订从数量规模型向质量效益型转变，标准的科学性、先进性和适用性明显提升，标准宣贯实施和监督执法水平得到进一步加强，标准化基础研究和国际交流成果显著，标准化对安全发展、国家应急管理体系的支撑保障效益凸显。

我国的应急管理标准化发展计划，要坚持改革引领、统筹发展，需求导向、急用先行，分类实施、重点突破，整合资源、系统推进的原则，健全优化应急管理标准体系。对此，《计划》提出六方面重点任务：（1）健全优化应急管理标准体系是重中之重，完善构建"结构完整、层次清晰、分类科学、强标为主、强推互补"的应急管理标准体系（见图3-1）。（2）坚持需求导向和问题导向，加快推进急需短缺应急管理标准制修订。（3）强化应急管理标准宣贯实施和监督管理，落实标准实施主体责任和实施监管责任。（4）规范专业标准化技术委员会建设，加快建设标准化工作信息平台，制定出台标准化经费管理办法。（5）指导地方应急管理部门推进地方应急管理标准化工作，引导社会团体、企业加强标准化管理。（6）积极参与标准化国际交流活动，建立"一带一路"沿线国家标准合作机制，推动标准互认互通。

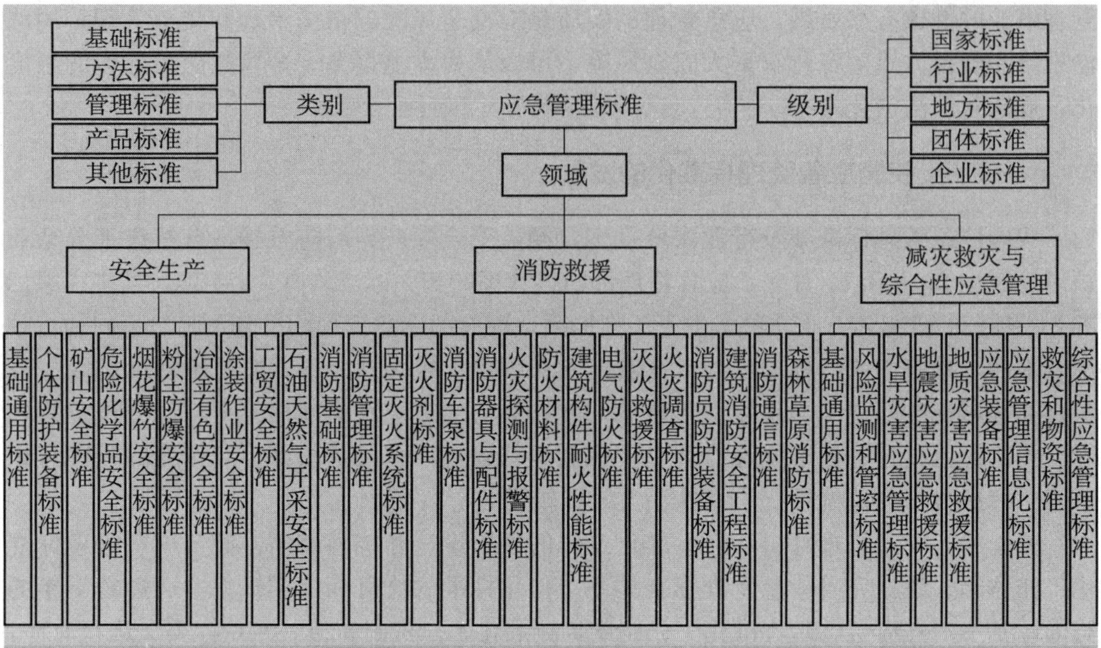

图 3-1 我国应急管理标准体系框架图

3.1.1.3 企业安全生产的标准化建设

我国高度重视企业安全生产标准化的建设。企业安全生产标准化是一套既与国际职业安全健康体系接轨，又具有中国特色的安全生产管理体系。推进标准化建设，是企业落实安全生产主体责任必须做到“安全投入到位，安全培训到位，基础管理到位，应急救援到位”的具体举措，是《安全生产法》和《关于推进安全生产领域改革发展的意见》的明确要求。对此，国家修订出台《企业安全生产标准化建设定级办法》等制度和发布 GB/T 33000－2016《企业安全生产标准化基本规范》等标准，以进一步规范和促进企业开展安全生产标准化建设，建立并保持安全生产管理体系，全面管控生产经营活动各环节的安全生产工作，不断提升安全管理水平。

根据 GB/T 33000－2016《企业安全生产标准化基本规范》，企业安全生产标准化是指，企业通过落实企业安全生产主体责任，通过全员全过程参与，建立并保持安全生产管理体系，全面管控生产经营活动各环节的安全生产与职业卫生工作，实现安全健康管理系统化、岗位操作行为规范化、设备设施本质安全化、作业环境器具定置化，并持续改进。

企业开展安全生产标准化工作，应遵循“安全第一、预防为主、综合治理”的方针，落实企业主体责任。以安全风险管理、隐患排查治理、职业病危害防治为基础，以安全生产责任制为核心，建立安全生产标准化管理体系，实现全员参与，全面提升安全生产管理水平，持续改进安全生产工作，不断提升安全生产绩效，预防和减少事故的发生，保障人身安全健康，保证生产经营活动的有序进行。企业应采用“策划（plan）、实施（do）、检查（check）、改进（act）”的 PDCA 模型，对标目标职责、制度化管理、教育培训、现场管理、安全风险管控及隐患排查治理、应急管理、事故管理和持续改进八个体系的核心技术要求，持续提升安全生产绩效。

在我国，全国化工（含石油化工）、医药、危险化学品、烟花爆竹、石油开采、冶金、有色、建材、机械、轻工、纺织、烟草、商贸等行业企业均纳入企业安全生产标准化的范围。企业应当按照安全生产有关法律、法规、规章、标准等要求，加强标准化建设，可以依据规范自愿申请标准化定级。企业标准化定级标准由应急管理部按照行业分别制定。应急管理部未制定行业标准化定级标准的，省级应急管理部门可以自行制定，也可以参照 GB/T 33000－2016《企业安全生产标准化基本规范》配套的定级标准，在本行政区域内开展二级、三级企业建设工作。

3.1.2　应急预案概述

3.1.2.1　应急预案的界定与特征

应急预案是各级人民政府及其部门、基层组织、企事业单位、社会团体等为依法、迅速、科学、有序应对突发事件，最大限度减少突发事件及其造成的损害，而预先制定的应急工作方案和操作指南。应急预案提供突发事件应对的标准化反应程序，以预先设定应急工作方案的形式，将应急管理中涉及的体制设置、机制运行和法制保障融入其中，形成处置突发事件的规范性指导文件。

应急预案是开展应急准备和救援能力建设的“规划蓝图”，是从业人员应急救援培训的“专门教材”、救援行动的“作战指导方案”。作为预选设定的方案，应急预案具有三方面特征：（1）全面性。应急预案囊括事前预测预警、事发识别控制、事中应急处置、事后恢复重建等突发事件应急处置的全过程。（2）权威性。应急预案一般由各级政府及其部门等行政机关颁布施行，是政府的施政措施，体现法律法规要求。（3）实用性。应急预案中所规定的预防应对处置的计划和方法，既有历史经验和理论概括，又有科学分析和成功做法，通用性、操作性强。

3.1.2.2　应急预案的价值与作用

1. 应急预案旨在克服本能反应失误

在突发状况下，主体所获得的信息往往不全面、不精确，不足以支撑应急管理和危机公关的科学决策，若在此基础上仅凭本能反应，则易问题层出。应急本能反应的常见误区，具体包括：

（1）不知所措随意应对的误区。主要表现为：一是欲盖弥彰，造假作伪，易被“人肉搜索”和深度挖掘；二是不合常理，疑点众多，易被“爆料”或“揭伪”；三是逻辑混乱，口径不一，矛盾点多，易被推翻或证伪。

（2）自保却不顾大局的误区。主要表现为：一是趋利避害，为明哲保身，躲避自己的损失，易呈现“不担当”的形象；二是推卸责任，易出现“相互拆台”的局面；三是破坏大局，易在整体上被民众质疑能力不足等问题。

（3）误用常态模式的误区。主要表现为：一是决策方式易混淆，用常态决策的“优选法”来替代危机状态决策的“排除法”；二是形象状态易出格，用常态的精气神来取代危机态的精神面貌，易被指责不顾民意；三是处置方式易错位，错用“春天般的温暖”和“冬天般的寒冷”，易被批评对群众不“热”、对罪犯不“冷”等。

总之，应急若靠随意的本能反应，则极易发生意外或事故。应急预案旨在克服本能反应，通过应急预案，建立健全预案体系，并不断演练更新，把科学应急训练成本能反应，才是应急处置的上策。

2. 应急预案是预先制定的应急工作方案

应急预案有助于识别风险隐患、了解突发事件的发生机理、明确应急救援的范围和体系，使突发事件应对处置的各个环节有章可循，其本质是预先制定的应急工作方案，发挥以下四个方面的作用：

（1）应急预案规定了应急处置的流程和步骤，为准确研判突发事件的规模、性质、程度并合理决策提供了科学的思路和方法，有利于对突发事件及时作出响应，科学规范突发事件应对处置工作，从而避免突发事件扩大或升级，最大限度地减少突发事件造成的损失。

（2）在应急预案中明确各级政府、各个部门以及各个组织在应急体系中的职能，以便形成精简、统一、高效和协调的突发事件应急处置体制机制。

（3）在应急预案中事先合理规划、储备和管理各类应急资源，从而在突发事件发生时，按照预案明确的程序，合理配置应对突发事件的相关资源，保证资源尽快投入使用。

（4）在应急预案中明确提升社会全员的意识和能力，有利于提高全社会居安思危、积极防范社会风险的意识。

3.1.2.3 应急预案体系的立体化建构

应急预案种类较多，按行政区域可划分为国家级应急预案、省级应急预案、市级应急预案、县级应急预案和基层单位应急预案；按基层单位可划分为社区应急预案、乡镇应急预案、学校应急预案、企业应急预案和单位应急预案；按突发事件类型可划分为自然灾害应急预案、事故灾难应急预案、公共卫生事件应急预案和社会安全事件应急预案；按预案适用范围可划分为综合应急预案、专项应急预案、现场应急预案、单项应急预案等。

从新中国成立开始，我国相关领域就在探索建立国务院部门应急预案。20 世纪 80 年代地震、国防科工等相关部门借鉴国际经验，编制了破坏性地震应急反应预案、核应急计划等。2003 年“非典”发生后，国务院迅速成立“突发事件应急预案工作小组”，在全国范围内大规模推进应急预案编制工作。按照“统一领导、分类管理、分级负责”的原则，截至 2019 年 9 月，我国制定了 550 余万件应急预案，形成了应对特别重大灾害“1 个响应总册＋15 个分灾种手册＋7 个保障机制”的应急工作体系。内容上已涵盖了四类突发事件中常见灾种和高发危机的应急预案，层级上已搭建了从中央到地方、从政府部门到基层组织的预案体系，形成“横向到边、纵向到底”的立体化应急预案体系，主要分为总体应急预案、专项应急预案、部门应急预案、地方应急预案、企事业单位应急预案、重大活动应急预案六个方面。

1. 总体应急预案

总体应急预案是各级人民政府突发事件应急预案体系的总纲，明确各类突发事件分级分类、应急预案框架体系、组织指挥体系、工作机制等，是指导预防和处置各类突发事件的总体规范性文件。总体应急预案一般由各级人民政府制定发布，政府办公室（厅）组织实施。

2. 专项应急预案

专项应急预案主要是各级人民政府及其相关部门为应对某一类或几类突发事件而制定的涉及数个政府部门职责的应急预案，分为自然灾害、事故灾难、公共卫生事件、社会安全事件四类。专项应急预案是总体应急预案的横向展开，是总体应急预案的专业化和具体化。各类专项应急预案均有其适用范围和启动条件，对于响应程序、预防预警机制、响应措施、后期处置、保障措施等也有不同的要求和规定。

3. 部门应急预案

部门应急预案是各级人民政府有关部门为应对某一类或多类突发事件而制定的单部门的应急预案，它和专项应急预案的区别在于：（1）制定主体不同，专项应急预案由政府综合部门牵头制定，涉及多个相关部门职责，而部门应急预案由政府单一职能部门制定，只涉及该部门自身职责。（2）法规效力不同，专项应急预案由人民政府或其办公室（厅）印发实施，体现着一级政府的意志，而部门应急预案由该部门编制并负责印发实施，一般体现某一部门意志。（3）适用范围不同，有的专项应急预案是某一大类突发事件的“总体应急预案”，在此基础上还需编制部门应急预案，以明确更加专业的应对措施。

4. 地方应急预案

地方应急预案是地方人民政府根据中央和上级的相关法律法规、应急预案等而制定的相应预案，与国家应急预案在基本构成、编制依据、工作原则、组织机构、应急响应、善后处置等方面的规定基本相同。主要包括：省市级总体应急预案、省市级专项应急预案、省市级部门应急预案、县区级应急预案、乡镇街道级应急预案、村（社区）级应急预案。

5. 企事业单位应急预案

企事业单位的应急预案依照有关法律、法规，参照政府应急预案，结合各自特点和实际情况制定，以明确企事业单位是其内部发生的突发事件的责任主体，是各单位应对突发事件的“操作指南”。预案重点包括明确组织机构及其职责、危害辨识与风险评价、确定通告程序和报警系统、明确应急设备与可用设施、评估评价能力与可用资源、明确保护措施程序、信息发布与公众教育、事后恢复程序、培训与演练等。事业单位应急预案的编制目的与企业基本相同，都是更好地预防和处置突发事件。

6. 重大活动应急预案

较大规模的集会、庆典、会展和文化体育等重大活动的主办单位应按照“谁主办、谁负责”的原则，根据有关法律、法规和政府相关应急预案，结合自身实际制定应急预案，报公安机关批准后实施，并报当地人民政府备案。针对重大活动期间可能出现的突发事件，可按照预案确定的处置流程，采取相应的应急处置措施。

3.1.3 应急预案的科学编制

3.1.3.1 应急预案编制的“八定”模型

应急预案存在预案数量有限、预案质量参差不齐、预案难以完全适应当前的危机状况、决策者过于依赖预案而导致思维僵化等缺点。因此，在不断修订、更新、改进应急预案的基础上，也应该有所选择和权衡，将预案作为辅助性和参考性的工作方案予以应用。科学的预案内容，一般由以下八个方面的指标组成：(1) 定类（总体预案、专项预案、其他）。(2) 定性（主体定性：专业应对预案，社会力量预案；归属定性：统分、防救）。(3) 定义（专业术语）。(4) 定级（静态定级、动态定级）。(5) 定责（根源）。(6) 定权（匹配）。(7) 定岗（定点定位，包括明确术语）。(8) 定则（规则；明确优先等级，决策准则）（见图 3-2）。

图 3-2 应急预案编制的“八定”模型

基于上述八个方面的指标，科学的预案编制过程可进一步细分为以下四个步骤及八个要素：(1) 分析现状（步骤 1)，风险评估（要素 1）与资源调查（要素 2)；(2) 岗位责任（步骤 2)，岗位分析（要素 3）与明确责任（要素 4)；(3) 设定流程（步骤 3)，信息传递（要素 5）与快速响应（要素 6)；(4) 应知应会（步骤 4)，宣传普及（要素 7）与培训演练（要素 8）（见图 3-3)。

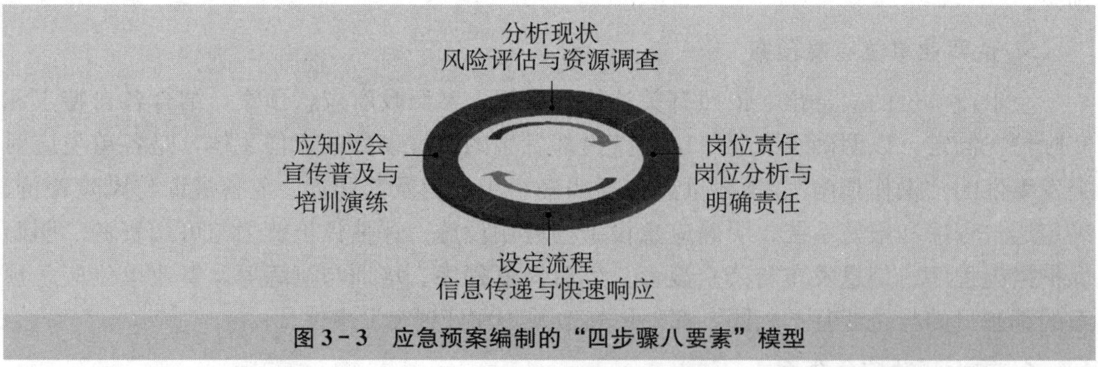

图 3-3 应急预案编制的“四步骤八要素”模型

基于此，应急预案以实现有效预防应对突发事件为核心目标，其框架内容一般包括八个方面：(1) 突发事件应急处置的政策法规依据、工作原则和应对重点等基本内容。(2) 突发事件应急管理工作的组织指挥体系与职责，对应急指挥机构的响应程序和内容，有关组织应急救援的责任等进行规定。(3) 预防准备情况，对潜在突发事件采取的预防控制、监测预警等措施，将突发事件消除在萌芽状态或及时开展先期处置。(4) 基本应急程序，针对发生不同类别突发事件的分级响应主体、应急处置程序、抢险救援流程。(5) 应急保障措施，包括人力、财力、物资、交通运输、医疗卫生、治安维护、人员防护、通讯与信息、公共设施、社会沟通、技术支撑以及其他保障。(6) 事后恢复重建与善后管理，使生产生活、社会秩序和生态环境恢复正常状态，以及事后情况调查、应急处置过程总结评估及人员奖惩等。(7) 应急预案管理的日常性事务，为预防应对突发事件所作的宣传、培训、演练、调查评估，以及应急预案本身的修订完善等动态管理内容。

3.1.3.2　应急预案的框架模板

根据国家总体应急预案的框架内容，一个完整的应急预案一般包括九个版块，具体如下。

版块 1：总则

1-1：编制目的。简要阐述编制应急预案的重要意义和作用，如加强和规范管理、提高保障和处置能力，有效预防和应对突发事件、减少危害及保障安全等。

1-2：编制依据。主要依据国家相关法律、法规、政策规定和国家相应应急预案。

1-3：适用范围。预案针对某一区域内，某种类型突发事件作出反应，预案只在制定单位管辖地域和职责范围适用，要级别明确、针对性强。

1-4：工作原则。要求明确具体，如统一领导、分级管理，条块结合、以块为主，职责明确、规范有序，反应灵敏、运转高效，整合资源、信息共享，预防为主、快速处置等原则。

版块 2：应急组织机构与职责

2-1：按照突发事件处置需要设立应急指挥机构，明确主要负责人、组成人员及相应的职权。

2-2：应急指挥机构涉及的部门（单位）及其相应的职权和义务。

2-3：以突发事件应急响应过程为主线，明确突发事件发生、报告、响应、结束、善后处置等各环节的主管与协作联动部门；以应急准备及保障机构为支线，明确参与部门的职责。

版块 3：监测预警

3-1：信息监测。确定预警信息监测、收集、报告和发布的方法、程序，建立信息来源与分析、常规数据监测、风险分析与分级等制度。

3-2：预警行动。明确预警方法、渠道以及监督检查措施和信息交流与通报程序，预警期间采取的应急措施及有关应急准备。

3-3：预警支持系统。建立预警体系和相关技术支持平台，明确使用、维护、改进系统的要求。

3-4：预警级别发布。明确预警级别的确定原则、信息确认与发布程序等。按照突发事件严重性和紧急程度，分为一般（Ⅳ级）、较大（Ⅲ级）、重大（Ⅱ级）、特别重大

（Ⅰ级）4级预警，颜色依次为蓝色、黄色、橙色和红色。

版块4：应急响应

4-1：应急响应级别。根据突发事件确定科学的分级标准，按照突发事件可控性、严重程度和影响范围，分为一般（Ⅳ级）、较大（Ⅲ级）、重大（Ⅱ级）、特别重大（Ⅰ级）四级，启动相应级别的应急响应行动。突发事件的响应级别与预警级别密切相关，但也有所不同，可根据实际情况确定。

4-2：应急响应行动。根据突发事件级别明确预案启动级别和条件，明确响应主体、指挥机构工作职责、权限和要求，阐明应急响应及处置过程等。对于跨国（境）、跨区域、跨部门的突发事件，可针对实际情况列举不同措施，同时避免可能造成的次生、衍生和耦合事件。

4-3：信息报送和处理。明确信息采集的范围、内容、方法、报送程序和时限，要求符合政府信息公开的有关规定。如果突发事件涉及境外人员，或可能影响到境外，需要向有关地区和国家通报的，明确通报程序和部门。

4-4：指挥和协调。现场指挥遵循属地为主的原则，建立党委政府统一领导、突发事件主管部门为主、各相关部门参与的应急救援协调机制。明确指挥机构的职能和任务，建立决策机制，报告、请示等制度，信息分析、专家咨询、损失评估等程序。

4-5：应急处置。制定详细、科学的突发事件应对处置方案、处置措施，明确各级指挥机构调派应急队伍的数量及处置措施，队伍集中、部署的方式，设备器材、物资药品的调用程序，各应急队伍之间协作程序等。

4-6：信息发布。按照突发事件新闻发布应急预案的有关规定，遵循实事求是、及时准确的原则，明确信息发布的内容、方式、机构及程序。

4-7：应急结束。明确应急状态解除或紧急响应措施终止的发布机构及程序，并注意与现场抢救活动的结束区别开来。

版块5：善后工作

5-1：善后处置。明确人员安置、补偿，物资和劳务的征用补偿，灾后重建的政策措施，以及做好卫生防疫、保险理赔工作等。

5-2：社会救助。明确社会、个人或国内外机构的组织协调、捐赠款物的管理与监督等事项。

5-3：后果评估。突发事件分析评估、调查报告和经验教训总结及改进建议。

版块6：应急保障

6-1：人力资源保障。列出各类应急响应的人力资源，包括政府、军队、武警、机关团体、企事业单位、公益团体和志愿者队伍等。明确社会动员条件、范围、程序和必要的保障制度。

6-2：财力保障。明确应急经费来源、使用范围、数量和管理监督措施，提供应急状态时政府经费的保障措施。

6-3：物资保障。物资保障包括物资调拨和组织生产方案。根据具体情况和需要，明确具体的物资储备、生产及加工能力储备、生产流程技术方案储备。

6-4：通信保障。建立通信系统维护及信息采集等制度，确保应急期间信息通畅；

明确参与应急处置各部门单位的通信方式和确保应急期间党、政、军领导机关及现场指挥的通信方案。

6-5：交通运输保障。交通运输保障包括各类交通运输工具数量、分布、功能、使用状态等信息，驾驶员的应急准备措施，征用单位的启用方案，交通管制方案和线路规划等。

6-6：医疗卫生保障。医疗卫生保障包括医疗救治资源分布、救治能力与专长、卫生疾病控制机构能力与分布、各单位的应急准备保障措施、被调用方案等。

6-7：人员防护。制定应急避险、人员疏散及救援人员安全措施等，规划和建立基本满足突发事件的人员避难场所。

6-8：技术装备保障。技术装备保障包括技术系统及储备，应急设施设备，突发事件现场可供使用的应急设备类型、数量、性能和位置，备用措施以及相应的制度等。

6-9：治安维护。制定应急状态下治安秩序的各项准备方案，包括警力培训、布局、调度和工作方案等。

版块7：监督管理

7-1：预案演练。明确应急演练的范围、内容、组织及工作要求等。

7-2：宣传和培训。明确应急预案、应急法规和预防避险、自救互救的应急常识宣传，各级领导、应急管理和救援人员的常规性和专业性培训以及培训的工作要求等。

7-3：奖惩和责任。明确监督主体和罚则，奖励对象、方式及责任追究程序等。

版块8：附则

8-1：名词术语解释。明确预案中专用名词、术语、缩写语和编码的定义，说明突发事件类别、等级以及对应的指标定义，统一信息技术、行动方案和机关术语等编码情况。

8-2：预案管理与更新。明确预案制定、监督管理及实施部门单位，规定预案评审与更新方式。

8-3：预案解释部门。明确预案批准、印发机关和解释部门。

8-4：预案实施时间。明确预案实施或生效时间，一般从印发之日起施行。

版块9：附件

各种表单和说明文件，包括操作手册、指挥机构组织结构图、应急部门通信方式、指挥部成员联系方式、人员疏散地图、资源位置图、紧急设备使用说明等。

3.1.3.3　应急预案的编制要求

编制应急预案必须充分研究和把握突发事件的共性规律和个性特征，以现有能力和资源为基础，围绕突发事件应急管理的全流程，最大限度地控制突发事件的破坏力和影响范围。

1. 预案体系的完整性

突发事件具有种类多、分布广的特点，对此构建应急预案体系应覆盖影响各领域、各行业的各种类型突发事件，确保其系统性、完整性、全面性。（1）纵向到底，根据

《突发事件应急预案管理办法》的规定，各级人民政府及其部门、企事业单位、村民委员会、居民委员会、社会组织等均应制定应急预案。（2）横向到边，各级各部门各领域各行业应结合各自特点，针对可能发生并造成严重后果的突发事件，根据社会发展变化和客观形势的要求，制定各类应急预案，力求基本覆盖高发类型突发事件。（3）外延到点，各个城镇社区和农村居民点是突发事件应对处置的“最后一公里”，也是应急能力相对薄弱的地方，应将预案覆盖到这些节点，从而将应急管理延伸到每一户、每一个人，社区和农村可在上级政府的指导下制定简明扼要、简便易行的单项应急预案，做到应急有预案、救援有队伍、联动有机制、善后有措施。

2. 预案内涵的科学性

应急预案是应对和处置突发事件的行动指南，应做到规划设计科学、表述清晰准确、逻辑系统严密、措施权威科学。（1）系统：应急预案应完整包括突发事件应对的事前、事中、事后各环节，明确各环节的具体措施、责任分工，逻辑结构严密完整。（2）权威：应急预案应符合党和国家的方针政策，符合有关法律、法规、规章，依法规范，明确应急管理体系、组织机构、职责任务等一系列行政性管理规定，保证应急工作的统一指挥。（3）科学：在全面调查研究和分析论证的基础上制定科学处置方案，严密统一、协调有序、高效快捷地应对突发事件。

3. 预案对象的针对性

各级各类应急预案的作用和功能不尽相同，对此编制预案应注重针对性，有的放矢，针对具体情况及所要达到的目的和功能来组织编制预案。（1）切合实际，预案应符合实际情况，反映自身特点，切忌生搬硬套。（2）吸收借鉴，既要研究国家应急预案精华和要点，尽量在框架体系、主要内容上与国家预案对接，做到上下相衔接，也应学习各地各部门甚至国外的应急预案，借鉴其成功经验和有效做法，还应研究过去突发事件处置案例，分析比较成功经验或失败教训，从中归纳科学有效的做法、经验、习惯，并提炼上升为科学、规范的处置预案内容。（3）区别对待，一般而言，政府总体应急预案的重点在于“原则指导”，专项应急预案的重点在于“专业应对”，部门应急预案的重点在于“部门职能”，基层单位应急预案的重点在于“具体行动”，重大活动应急预案的重点在于“预防措施”。

4. 预案应用的操作性

应急预案必须能用、管用，具有很强的现实可操作性。（1）明确：预案内容一般都涉及预防应对、善后处理、责任奖惩等具体问题，文本应准确无误、表述清楚，不能模棱两可、产生歧义；分类分级标准尽可能量化，职能职责定位尽可能具体，避免出现职责不清、推诿扯皮等。（2）实用：始终把握关键环节，以现有能力和资源为基础，从实际出发设置组织指挥体系，与应急处置工作相适应。（3）精练：编制预案在篇幅上要坚持“少而精”的原则，确保主题鲜明、内容翔实、结构严谨、文字简练。

5. 预案制定的规范性

预案的编制程序、体例格式等方面应力求规范、标准。（1）编制程序规范，各类预案从立项、起草、审批、印发、发布、备案和实施及更新、修订、宣传、培训和演练等动态管理的编制程序均应依法依规开展。（2）内容结构规范，应急预案编制内容的结构框架、呈报手续、体例格式、字体字形、相关附件等应符合相关规范。（3）体例格式规范，统一预案编制标准，从格式、字体、用纸等方面作出相应规范。

3.1.4　应急预案的系统管理

随着法律法规和政策文件的出台，应急预案编制和管理的科学性、规范性不断增强，其规划、编制、评估、修订、宣传、培训、演练、更新、反思、改进等一系列工作均需要规范性要求和专业化指导。

3.1.4.1　应急预案的规划与编制

不同类型和级别的应急预案，其规划与编制程序也不尽相同。一般来说，编制级别越高、管辖范围越大、启动级别越高、体系结构越完整的应急预案，编制程序越正式、规范，过程也相对较复杂；编制级别低、管辖范围小、管理对象少、面对单一种类突发事件的应急预案，编制程序也较简单。一般而言，预案的规划与编制包括以下环节，并在编制完成后的实施过程中开展动态管理。

第一，立项。应急预案制定部门（单位）应根据突发事件性质、特点和可能造成的危害，组织有关部门和人员，成立应急预案编制小组，确定专人负责；制定编制计划和管理办法；根据具体情况布置编制工作；做好预案起草、评审、审核、报批、发布工作；对预案编制工作加强检查、指导、督促。

第二，起草。预案编制小组应认真开展调查研究，对照上级预案，借鉴外地同类型预案，广泛听取各方面意见和建议，召开专家评估会论证，并在制定部门（单位）领导班子集体审定后正式上报同级政府。起草过程为应急预案的内容编制过程，需在风险评估、应急资源调查、广泛征求意见的基础上，组织专人编制。

第三，审批。政府办公室（厅）对主办部门（单位）报送的预案（草案）要认真进行审核。审核过程中，应会同主办部门（单位）征求相关部门（单位）意见，对相关部门（单位）的意见进行综合协调。预案（草案）审核完毕后，按程序报送政府办公室（厅）分管负责人，政府秘书长、政府分管负责人、政府常务负责人审发。

第四，印发公布与备案。预案经政府批准后实施，由政府办公室（厅）印发，由主办部门（单位）负责解释。政府办公室（厅）应会同主办部门（单位）及时向社会发布，并报同级政府备案。

3.1.4.2　应急预案的评估与修订

发布实施后的应急预案应建立定期评估、修订、更新、考核制度，分析评价预案内容的针对性、实用性和可操作性，并做好相应的修订和更新，实现应急预案的动态优化。

1. 应急预案评估

应急预案是根据突发事件一般特点和经验教训事前编制的，带有一定主观性，与事实可能存在差距，因此需要定期对预案进行评估、作出修订，使之更加完善，符合实际工作要求。

第一，资料收集。收集的内容包括：法律法规、标准、规范性文件及上位预案中的有关规定变化情况；应急指挥机构和成员单位（部门）及其职责调整情况；面临的事故风险变化情况；重要应急资源变化情况；应急救援力量变化情况；预案中的其他重要信息变化情况；应急演练和事故应急处置中发现的问题等。

第二，实施评估。一般采用资料分析、现场审核、推演论证（桌面推演、实战演练）、人员访谈（抽样访谈、座谈研讨）的方式，对应急预案进行评估。

第三，形成报告。报告的基本格式和主要内容包括：评估人员情况、预案评估组织、预案基本情况、预案评估内容、预案适用性分析、改进意见和建议、评估结论。

2. 应急预案修订

应急预案制定机关或者单位应当按照有关法规，定期或适时修订应急预案。一般而言，在以下七种情形下应急预案需修订：（1）有关法律、行政法规、规章、标准、上位预案中的有关规定发生变化的。（2）应急指挥机构及其职责发生重大调整的。（3）面临的风险发生重大变化的。（4）重要应急资源发生重大变化的。（5）预案中的其他重要信息发生变化的。（6）在突发事件实际应对和应急演练中发现问题需要作出重大调整的。（7）应急预案制定单位认为应当修订的其他情况。在突发事件应急处置或者应急演练结束后，应及时对应急预案进行评估，总结经验教训，提出修订建议。修订应急预案时应当在风险分析和应急能力评估后，按照制定程序重新进行编制、审议、批准、备案和公布。

3. 应急预案考核

开展应急预案管理考核工作，可建立目标管理责任制，各级应急管理办事机构会同预案主责单位开展检查，对预案执行情况予以奖励或责任追究，以有效推进工作，加强相互联系，落实预案中规定的各项内容。应急预案管理工作的考核，既可与应急管理综合考核结合进行考核，也可以由主责单位对各责任部门进行考核。

3.1.4.3 应急预案的宣传与培训

应急预案的实效发挥通过人的切实掌握和有效执行来保障，对此应开展应急预案的宣传、培训等工作。

应急预案宣传是指利用多种方式广泛公布应急预案，开展应急预案宣传解读。对需要公众广泛参与的非涉密的应急预案，编制单位应当充分利用互联网、广播、电视、报刊等多种媒体广泛宣传，制作通俗易懂、好记管用的宣传普及材料，向公众免费发放，使公众做到应知应会；预案中涉及公众生命安全保障的部分应当作为宣传、普及的重点内容；对于需要保密的内容，可制发应急预案简本，公布部分内容。

应急预案培训是应急管理队伍建设的基础性工作，也是提高各级党政领导干部、专兼职应急管理工作人员、广大公务员、学校企业等基层单位负责人、专业救援人员应对突发事件的整体素质和业务能力的重要途径，应纳入领导干部培训、公务员培训、应急管理干部日常培训内容。通过编发培训材料、举办培训班、开展工作研讨等方式，对与应急预案实施密切相关的管理人员和专业救援人员等组织开展应急预案培训，并根据不同的培训目标、对象和内容，分别研究制定培训质量评估和考核制度并适时开展检查。

3.1.4.4 应急预案的演练与更新

科学的应急演练是增强应急预案实用性，从而提升应急准备实效性的重要方法。通过对预案执行情况、预案的合理性与可操作性、指挥协调和应急联动情况、应急人员的处置情况、演练所用设备装备的适用性等方面进行评估，对完善应急预案、改进应急准备、优化应急机制、改进应急措施等多方面工作提出意见和建议，进而对应急预案进行更新。

科学的应急演练可达到多重效果：(1) 检验并优化提升应急预案的实用性、可用性、可靠性。(2) 检验各相关主体是否明确各自职责和应急行动程序。(3) 检验协同反应水平和实战能力。(4) 提高其他关联主体，尤其是普通民众的安全风险意识等。

应急预案编制单位应当建立应急演练制度，根据实际情况采取实战演练、桌面推演等方式，组织开展人员广泛参与、处置联动性强、形式多样、节约高效的应急演练。随着科学技术的发展和实践经验的总结，出现了桌面演练、“双盲演练”、联合式演练、计算机模拟演练、虚拟仿真演练、比武竞赛式演练等多种应急演练方法（见表3-1）。

表3-1 科学应急演练的主要方法

演练方式	具体内容
桌面演练	由应急组织的代表或关键岗位人员参加，按照应急预案及其标准工作程序，讨论紧急情况时应采取行动的演练活动，主要对演练情景进行口头演练，一般在会议室内举行；具有形式灵活、不受场地限制、省时省力、投入少、训练机会多、可提供协同的模拟训练环境、能够开展多种决策结果分析等优点
“双盲演练”	不预先告知演练的时间、地点、科目、内容，不预先编排演练脚本，不预先集结演练队伍，不预先进行合成演练
联合式演练	针对跨区域、跨部门的突发事件，开展联合多区域、多部门、多领域的综合性、立体化应急演练
计算机模拟演练	借助计算机、大屏幕液晶板、三维模拟技术、电子地图及演练程序包等进行模拟演练
虚拟仿真演练	采用虚拟现实（virtual reality，VR）、增强现实（augmented reality，AR）、混合现实（mix reality，MR）等技术，利用网络环境，开展虚拟仿真演练
比武竞赛式演练	将应急预案演练和应急技术比武相结合，突出实战，设定真实突发场景，以检测整体处置的指挥水平和单个人员的实战能力

3.1.4.5 应急预案的反思与改进

在发生突发事件之后及时进行总结反思和危机学习，针对突发事件及其应急处置中暴露的问题，在应急预案中进行针对性的改进和完善。

以“12·31”上海外滩踩踏事件后的预案整改为例，其调查报告提及发生踩事件的五大原因，包括：对新年倒计时活动变更风险未作评估；新年倒计时活动变更信息宣传严重不到位；预防准备严重缺失；对监测人员流量变化情况未及时研判、预警，未发布提示信息；应对处置不当。2015年五一期间，上海市黄浦区对针对踩踏事故防范化解的外滩安保预案进行了全面整改，相关措施包括：针对外滩观景平台、陈毅广场等重点区域准备了多套疏导方案；外滩江堤一旦遇到大客流，将对江堤出入口采取单向通行措施，即只下不上或只上不下；黄浦公安会在南京东路沿线几个重要路口设立几个卡口，视情况疏导人流，一旦江堤上的游客人数超过可容纳量的一半，原先双向通行的江堤出入口将改成单向通行，避免人流对冲产生意外，如果客流继续上升，整个外滩观景平台将暂时控制人流进入；假期来临之前，在外滩江堤平台上，一排半人高的防暴铁马已经到位，为应对大客流以及突发情况做好准备，在突发情况下隔出一个应急通道，可以使警力第一时间通过这个应急通道到达中心现场。

3.2 应急预案情景构建

3.2.1 应急预案情景构建的基本原理

情景构建是应急预案管理的常用方法，主要用于应急预案的编制、演练、修订、更新等工作。情景构建有利于发展灵活、统一、高效的突发公共危机应对能力，凝聚整体力量对各类重大突发事件进行有效的预防、准备、响应和恢复，现已成为应急培训、演练规划的重要方法和策略。

3.2.1.1 情景构建的主要环节与和核心要素

情景构建是指通过模拟重现突发事件情境，以此推演应急管理过程的方法。其中，情景是特定危机的演化过程和灾害后果的系统性表述，是对突发事件的系统化、形象化呈现，是公共危机在特定环境下的一种基于普遍规律的展示与表达。

情景构建采用PDCA模型，在实际操作中形成“策划—实施—检查—改进”的闭环，具体包括情景筛选、情景开发、情景应用、情景评审与改进四环节。以安全生产事故为例，其情景构建机理和主要环节如图3-4和表3-2所示。

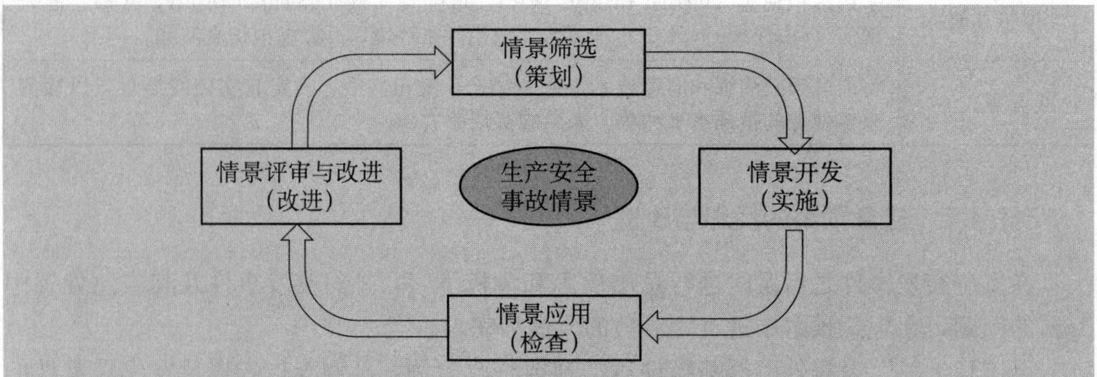

图3-4 应急预案情景构建机理

表3-2　应急预案情景构建的主要环节

主要环节	重点工作和主要作用
情景筛选（策划）	基于历史案例和趋势预测，从符合组织风险特点的历史案例和现实威胁中，选取具有代表性的突发事件情景清单，用来编制和演练相对应的应急预案；通过对本区域的风险进行评估，综合历史事件、灾害趋势、专家推论等因素，筛选能够产生巨灾的典型情景，具体应满足以下条件：（1）代表性和典型性；（2）后果严重性；（3）影响范围和处置难度；（4）任务覆盖面广；（5）发生可能性
情景开发（实施）	基于情景清单，应用专家研讨、相关方风险沟通、案例分析、模拟仿真等方法，对重特大生产安全事故的重要因素进行开发，系统性地推导在设定环境下某类重特大突发事件的演化过程和灾害后果。需要开发各项情景的具体要素主要包括：（1）情景概要；（2）背景信息；（3）演化过程；（4）事故后果；（5）应急任务
情景应用（检查）	应用情景对组织的预案体系进行优化，以开发的若干情景为应对目标，应用情景对组织的预案体系进行优化，对组织的应急演练规划与设计给予支撑，对组织的应急能力建设规划给予支持，有针对性地完善应急预案、开展培训演练、编制应急体系建设规划等，从而提升应急能力的过程
情景评审与改进（改进）	监测组织的风险、环境和应急能力的变化，分析现有情景的适用性，在一定条件下对组织的情景进行评审改进，使其与组织风险相适应

一般而言，情景构建的核心要素主要包括情景概要、背景信息、演化过程、事故后果、应急任务五类（见图3-5）。

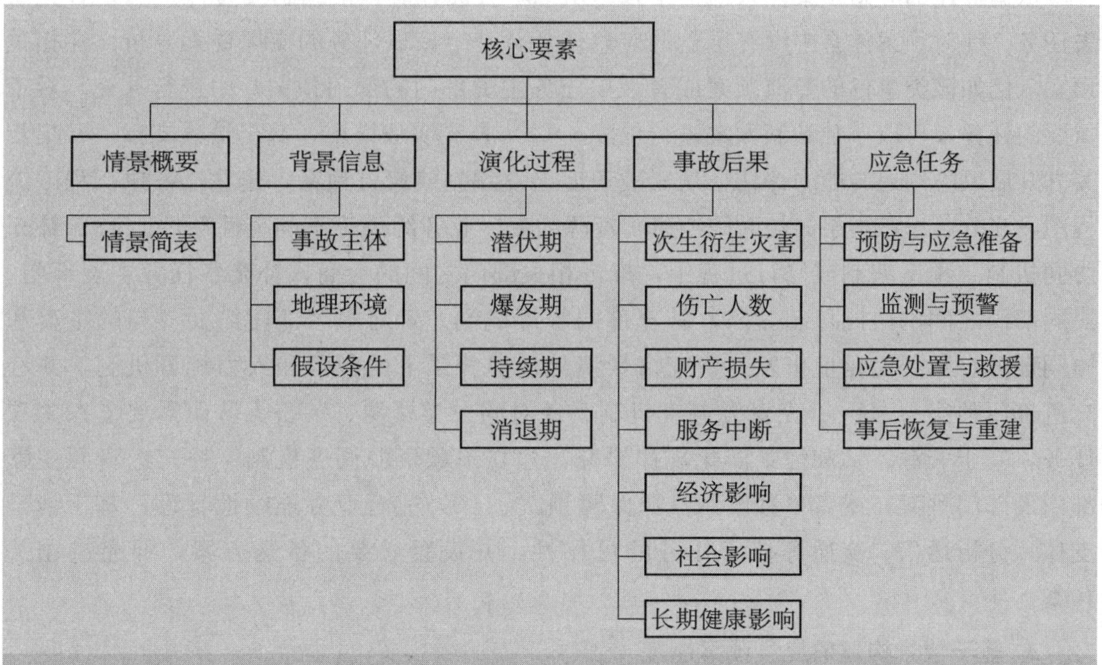

图3-5　情景构建的核心要素示意图

3.2.1.2　基于情景构建的应急预案全生命周期管理

情景构建是应急预案全生命周期管理的重要抓手，可用于指导应急管理的相关方开展基于任务分解和资源评估的预案编制，指导相关方的预案实现有效衔接，为相关方应急预案桌面演练或实战演练提供科学可信的演练情景、背景素材和任务清单，从而保障应急预案演练科学开展，并促进预案更新；在应急预案编制和演练的基础上，通过定期评审和改进情景，使其与组织的真实风险相匹配，有效提升应急准备的针对性和有效性，提升和改进应急准备能力。

1. 基于情景构建的应急预案体系评估

根据开发的生产安全事故情景，基于应急任务清单与任务支撑要素分析，评估应急预案体系是否完备，各项预案是否具备针对性和实用性，可从六个方面进行：（1）全面性。预案体系是否涵盖任务清单中的全部任务。（2）衔接性。相关预案中各项任务的表述是否一致、是否可以衔接。（3）任务主体完整性。关于各项任务的主责部门、协同部门及部门间协同机制的表述是否完整、可行。（4）任务程序可行性。关于各项任务执行程序的描述是否完整；任务程序是否可以满足该类事故的时间约束。（5）任务可持续性。在情景中可能会出现的通信中断、交通堵塞等业务中断背景下，是否考虑了完成该项任务的备选方案。（6）支撑资源完备性。是否针对各项任务的装备、队伍等支撑资源开展差距分析，并对资源补充调用机制进行考虑。

2. 基于情景构建的应急预案编制与修订

依据上述的应急预案体系评估结果，从六个方面开展预案编制或修订：（1）补充缺失任务。针对预案体系中没有覆盖的应急任务，基于该项任务的支撑要素分析，在相关预案（例如该类事件的专项预案或者该项任务主责部门的部门预案）中进行补充。对于重要的任务，可以单独编制预案进行保障。（2）补充实战措施。基于情景支撑，召集相关方开展风险沟通与能力评估，从实战角度出发编制或修订预案，建立任务执行程序流程图，充分考虑该类事故的时间约束、资源约束、业务约束等不确定性条件。（3）补充协同机制。预案编制或修订过程中，推进相关部门之间的会商，补充各任务主责部门、协同部门之间的协同机制。（4）补充部门统筹机制。针对单个部门需要参与的主责和协同任务，从部门角度出发，研究情景演化规律背景下的资源和人力统筹机制，并补充进部门预案。（5）补充资源调度机制。针对同一类资源、装备、队伍需要支撑多项任务，基于资源评估和情景演化规律研究，建立单项资源调度机制，补充进资源主管部门的部门预案，或者单独编制资源保障预案。（6）完善业务连续性管理。基于情景支撑，分析通信、交通等核心任务的可靠性，并设置必要的备选方案，补充进相关预案。

3. 基于情景构建的应急预案衔接

基于情景分析，分别以任务、信息、资源、态势为主线，提升事发企业预案与周边企业预案、主责部门预案与协同部门预案、企业预案与地方政府预案、企业预案与上级单位预案等相关预案之间的衔接性，具体包括：（1）任务执行连贯性，以任务为主线，提升相关预案之间的衔接性，包括不同预案对任务的表述一致。（2）信息沟通连贯性，以信息为主线，提升相关预案之间的衔接性，包括不同预案中对信息传递路径表述需要一致，信息共享机制、信息研判机制、态势分析机制的表述需要一致。(3) 资源调度连贯性，以资源管理为主线，提升相关预案之间的衔接性，包括不同预案对同类资源调度机制的表述需要一致。(4) 响应升级连贯性，以事故的态势演化为主线，提升相关预案之间的衔接性，包括不同预案之间对事件升级过程中的指挥权移交、组织体系变更、任务调整、工作交接等行为的表述需要一致。

4. 基于情景构建的应急演练

依据情景构建中的任务清单，对一段时期内的演练工作进行统筹指导。依据相关法律、法规、政策要求，制定年度（或一个较长的时期）应急演练规划，重点参照以下三个原则：(1) 重点关注情景中的关键节点任务（可能导致事件升级或范围扩大的任务）。(2) 重点关注需多个主体协同配合才能完成的任务（科目）。(3) 先单项后综合、先桌面后实战，循序渐进、时空有序。

情景构建为应急演练的组织与实施提供基础性支撑，具体包括以下五个方面：(1) 情景构建团队可参与应急演练的组织与导调。(2) 情景构建过程中，相关方就特定任务的分析研讨可转变为桌面演练，推演成果（相关方达成的共识）对情景的完善提供支撑。(3) 情景构建结束后，情景为应急演练提供科学可信的场景，从情景中截取一个阶段，或者抽取特定的情景片段可以作为演练场景。(4) 情景任务清单中的单项任务或多项任务的组合，可以转换为桌面演练或实战演练的主题。(5) 检验预案、锻炼队伍、磨合机制、加强风险沟通等是应急演练的目的。

3.2.2 应急预案情景构建的科学模型

3.2.2.1 基于业务连续性管理的情景构建

业务连续性管理（business continuity management，BCM），是基于社会发展面临的各类不确定风险因素以及由其所带来的脆弱性，研究当任何风险造成中断事件后，组织应建立并实施一套应对解决的方案，从而保持业务连续（生产活动、产品、交易以及潜在的后续效应不受或少受影响）；是识别对组织的潜在威胁以及这些威胁一旦发生可能对业务运行带来的影响的管理过程。该过程为组织建立有效应对威胁的自我恢复能力提供了框架，以保护关键相关方的利益、声誉、品牌和创造价值的活动。

基于业务连续性管理开展应急预案的情景构建，围绕情景、后果、任务的核心要素（见图3-6），应用情景分析、任务梳理、能力评估等方面的技术（见图3-7）。主要步骤为：进行业务影响性分析，确定中断事件；对中断事件进行排序，确定最大可信度事故事件；开展事故树分析，分析事故变化节点，找出应急机会窗；收集事故案例，组合构建新的事件情景；开展事件树分析，推演事件可能的各种后果；按照“情景、后果、任务”梳理情景构建的基本要素；开展“情景分析—任务梳理—能力评估”活动。

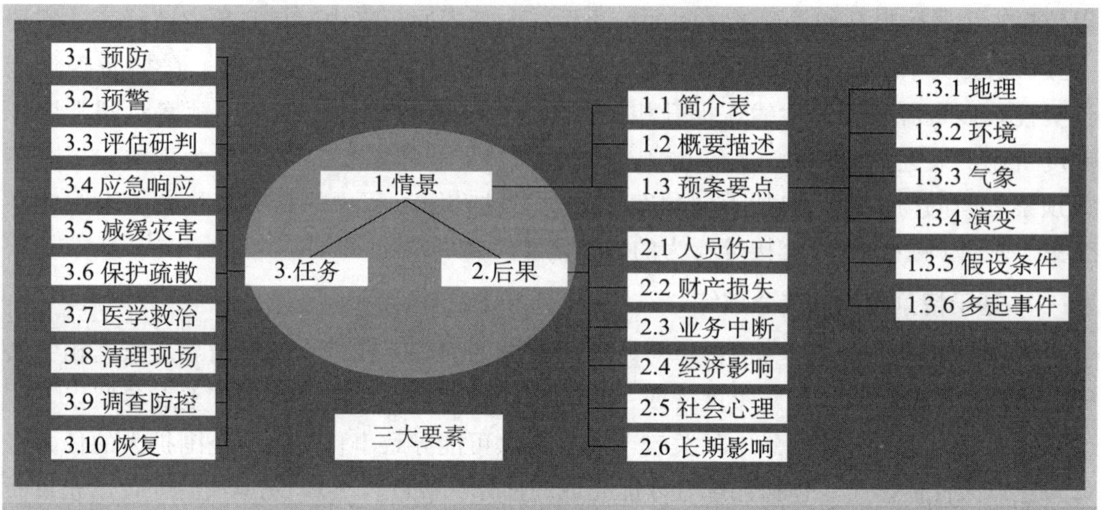

图 3－6 情景、后果、任务的三大要素分析图

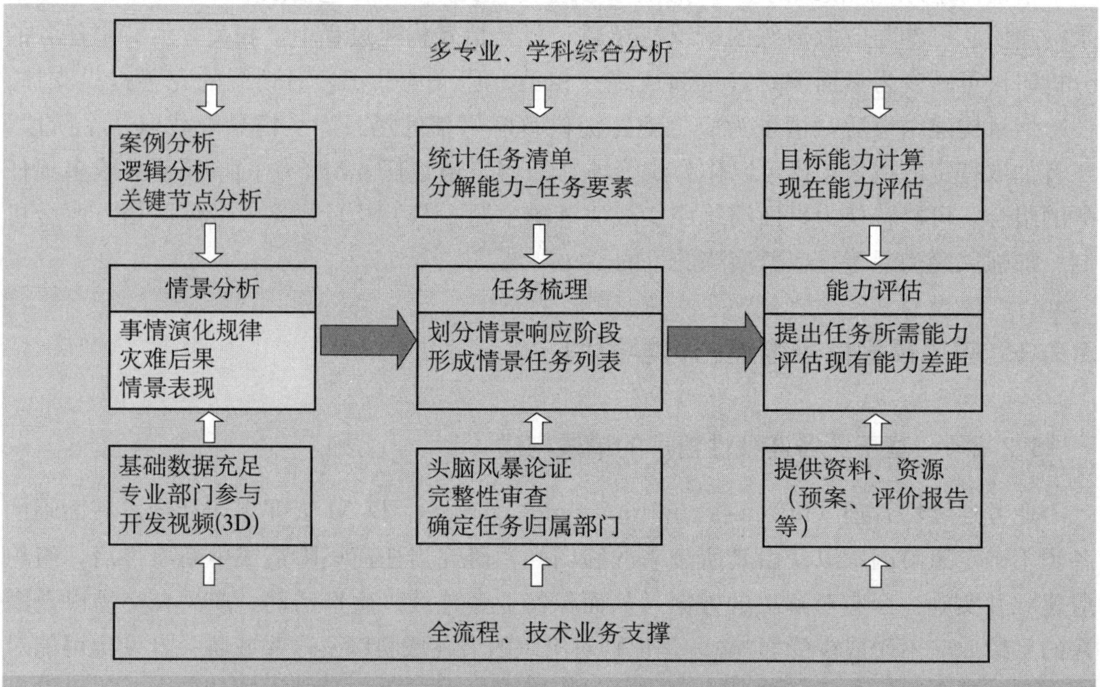

图 3－7 情景分析、任务梳理、能力评估的技术分析图

3.2.2.2 典型行业领域的突发事件情景构建

国际油气生产组织的通用突发事件应急管理过程（见图 3－8），清楚地给出了应对全球油气生产可能发生的“情景（中断事件）—后果（紧急情况）—任务（预案）”应急逻辑关系。国际油气生产组织针对这一逻辑关系，明确了应对各种可能后果的任务，制订应急响应计划，具有很强的针对性和操作性。

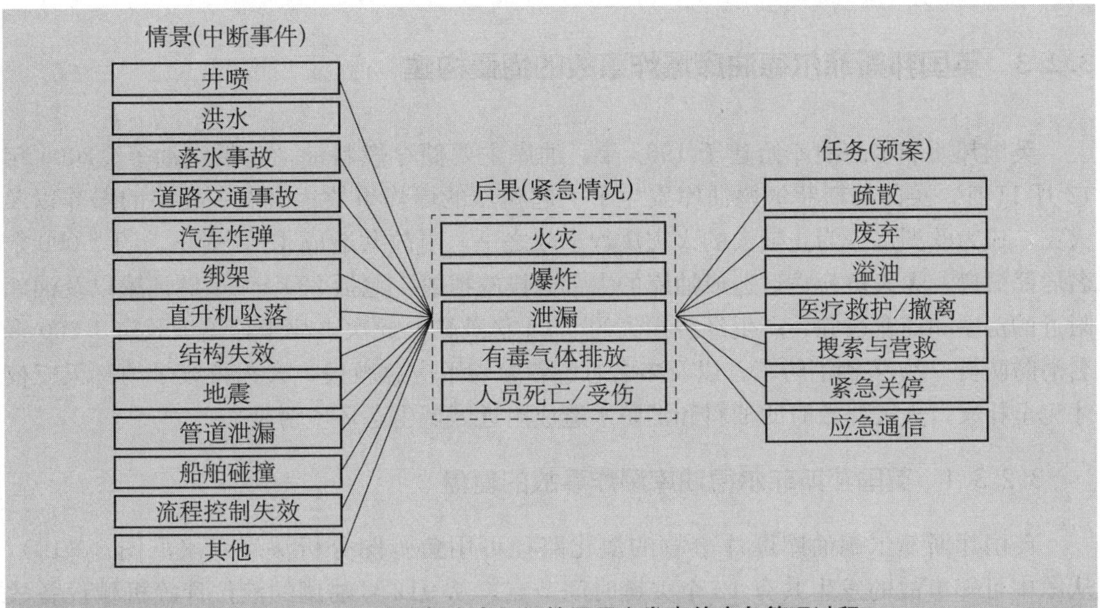

图3-8 国际油气生产组织的通用突发事件应急管理过程

以体育赛事等大型群众性活动为例，应通过系统管理和情景构建的方式，明确相关责任主体的风险管控任务，打破各自为政的“孤岛效应”。系统管理要求大型群众性活动风险管理遵循统一指挥、统筹兼顾、运转高效、配合协调的总体原则。大型群众性活动在进行系统化情景分析时，将中断事件分为自然灾害类、事故灾难类、公共卫生类、社会安全类以及其他类，分析不同情景风险后果，明确任务分工和职责（见图3-9)。

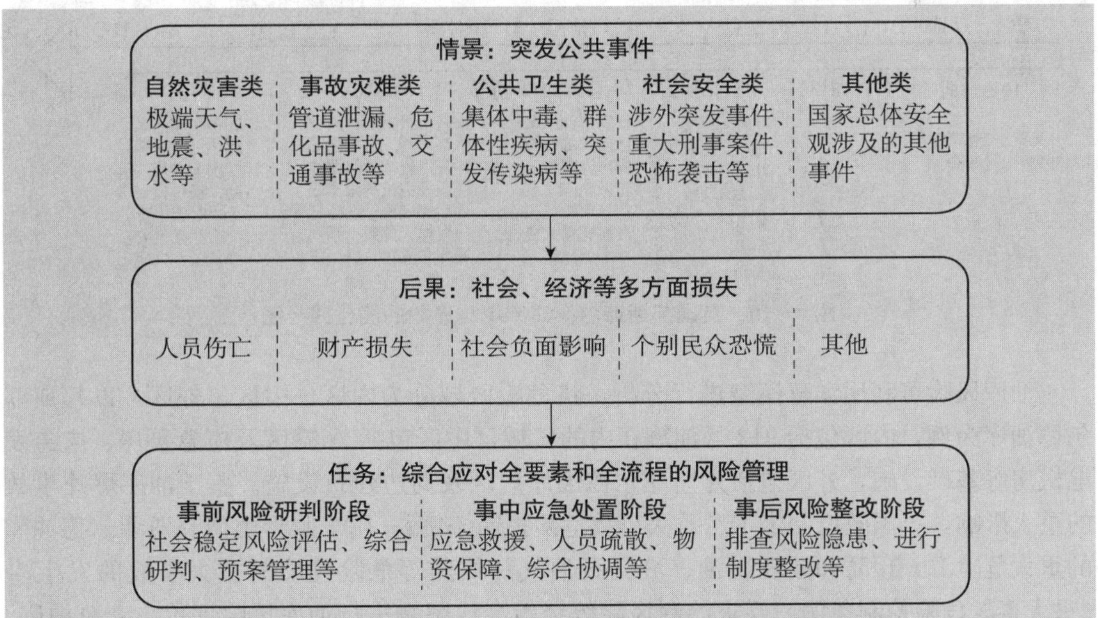

图3-9 大型群众性活动的系统管理和情景构建模型

3.2.3　英国邦斯菲尔德油库爆炸事故的情景构建

英国邦斯菲尔德油库始建于 1968 年，油库主要储存燃料油，包括汽油等。2005 年 12 月 11 日，英国邦斯菲尔德油库发生了一起猛烈的爆炸事故，引发一连串的爆炸以及火灾，成为欧洲迄今为止最大的火灾爆炸事故之一。事故共造成 43 人受伤，约 2 000 余名居民撤离，无人员死亡；造成油库的大部分设施损毁，包括 23 个大型储油罐以及油库附近的房屋和商业设施，产生经济损失约 8.94 亿英镑。此次事故中，英国政府 1 000 多名消防队员、20 多辆消防车，以及多名志愿者参与了应急救援，大火持续了约三天三夜才完全扑灭，火灾扑救时的油料和消防水造成附近区域生态环境污染。

3.2.3.1　英国邦斯菲尔德油库爆炸事故的复盘

英国邦斯菲尔德油库爆炸事故的演化路径可用鱼骨图分析法展示（见图 3－10），从图中可知事故的发生共有 12 个关键时间节点，从 912 号油罐的液位计等机械设备故障，到溢油和蒸汽云产生并向 912 号油罐所在的 A 罐区蔓延，再到报警器和应急泵房启动触发爆炸，造成后续一系列爆炸的发生和火灾的蔓延；其后，政府消防人员开展火灾扑救行动。

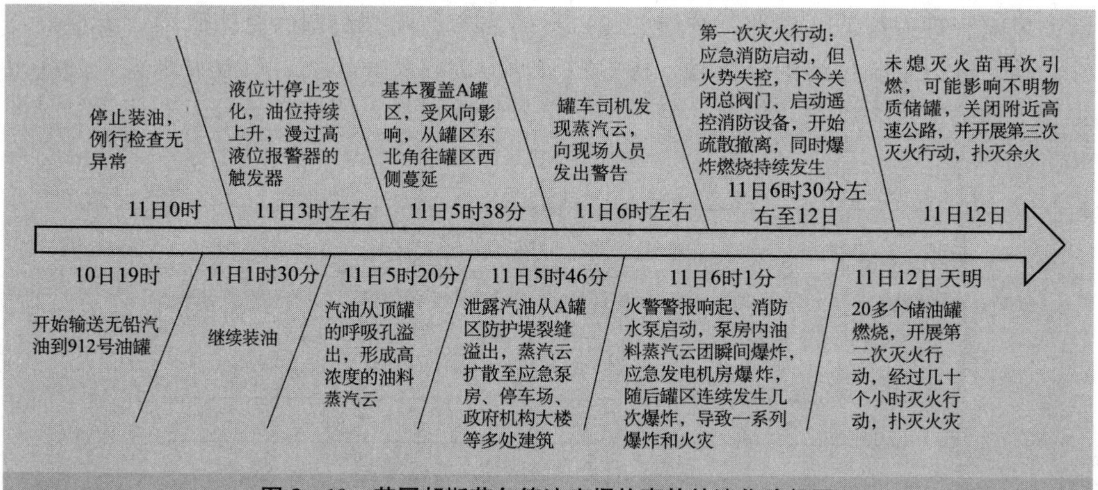

图 3－10　英国邦斯菲尔德油库爆炸事故的演化路径图

油库风险可利用洋葱模型进行分析，将危险区域分为内区、中区、外区。以邦斯菲尔德油库为例，内区包括 912 号油罐在内的区域，中区包括 A 罐区及应急泵房、应急发电机房等基础设施，外区包括邦斯菲尔德油库厂区及周边建筑设施。鉴于油库爆炸事故的重大影响，英国政府制定了《重大事故危险控制条例》，用于监管类似邦斯菲尔德油库的重大危险源，预防和减轻燃油、液化石油气和炸药等危险物质的重大事故的发生。[①]《重大事故危险控制条例》要求绘制风险等级等高线图来进行油库风险评价，划分内区、

① 林佳．大火与浓烟下的考验：英国邦斯菲尔德油库大爆炸始末．中国减灾，2019（26）．

中区、外区，每个区域内代表不同的风险等级或伤害的程度，内区、中区和外区的风险等级概率为百万分之十、百万分之一、百万分之零点三，外区边缘的“协商距离”由油库运营商与政府部门确定，“协商距离”表示在重大事故危险源附近允许经济规划区域的安全距离，如不满足“协商距离”，应根据《重大事故危险控制条例》确定风险等级限制该区域开发程度、人口密度、建筑设施类型等。

3.2.3.2 油库爆炸事故的情景构建分析过程

基于情景构建的方法对油库爆炸事故进行分析，形成针对油库爆炸事故“情景的要素框架—后果的链式反应—应对的救援成链”的系统性情景构建（见图3－11），首先实施“情景的要素框架—后果的链式反应”的情景分析路径。

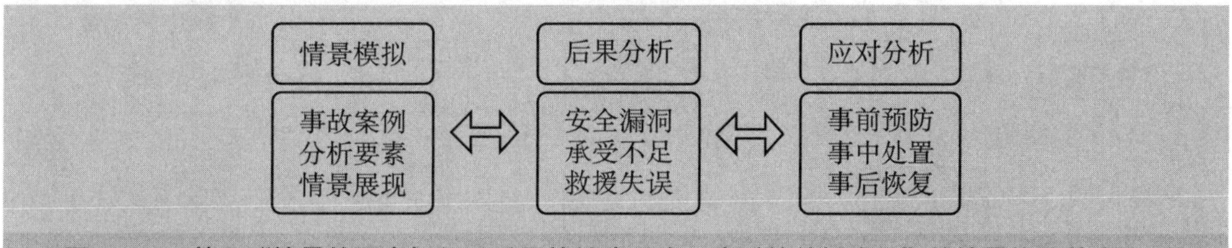

图3－11 基于“情景的要素框架—后果的链式反应—应对的救援成链”的情景构建基本流程

1. 油库爆炸事故情景的要素框架

基于英国邦斯菲尔德油库爆炸事故分析，搭建油库爆炸事故情景构建的要素框架（见图3－12），火灾和爆炸为致灾因子，自然环境、技术环境、社会经济环境为承灾环境，组织管理、物资装备为应灾主体。

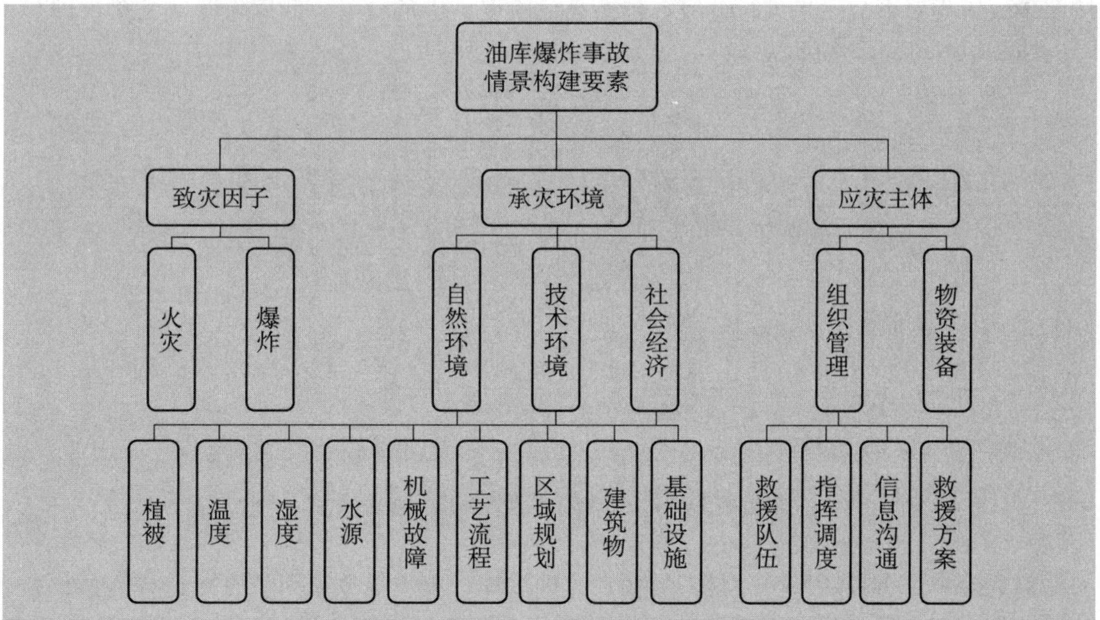

图3－12 油库爆炸事故情景构建的要素框架图

2. 油库爆炸事故后果的链式反应

事故发生是由于致灾因子“防”的安全漏洞、承灾环境“抗”的承受不足、应灾主体“救”的救援失误共同作用；呈点状分布的风险，经过致灾因子触发后，穿过层层安全设防，最终造成人员伤亡和经济损失。基于情景构建要素，油库爆炸事故的后果主要有“爆炸”“火灾”“人员伤亡”“经济损失”（见图 3－13）。

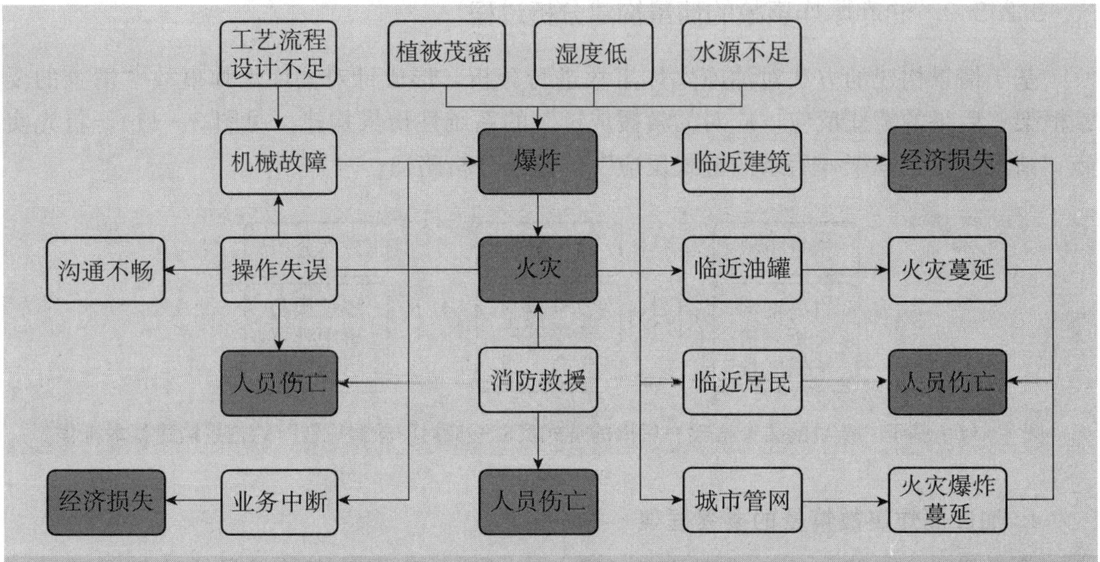

图 3－13　油库爆炸事故后果的链式反应分析图

在贯彻“人民至上、生命至上”发展理念的基础上，结合“最低合理可行”原则，按照事故流程对事故后果进行分级，包括高危险度、中危险度、低危险度（见图 3－14）。

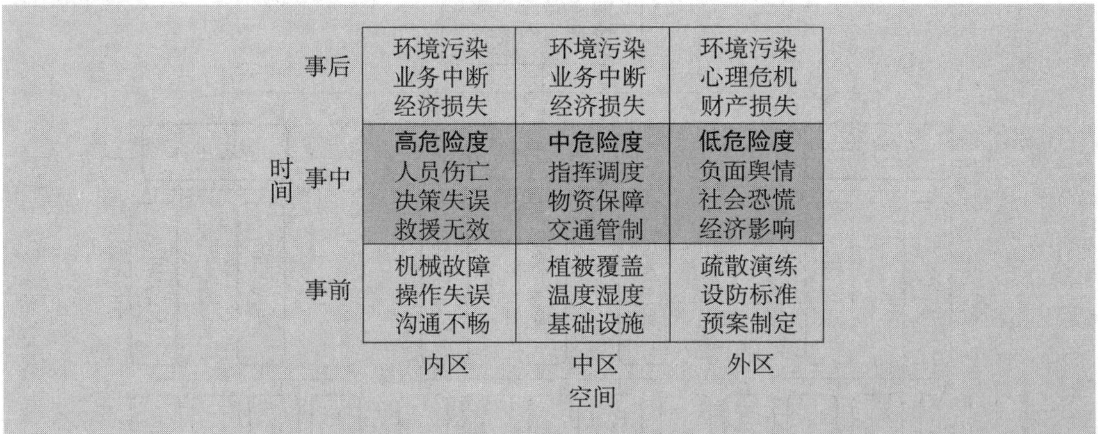

图 3－14　油库爆炸事故后果分级图

高危险度的事故后果：一是人员伤亡，即爆炸、火灾等致灾因子直接造成人员伤亡。二是决策失误，即事故发生后，由于决策失误未能及时切断连锁反应，造成事故恶化升级、灾情扩大。三是救援无效，即事故发生后，由于救援人员专业救援能力不足，造成人员未能及时得到救治、设备未能及时得到保护，造成人员伤亡。

中危险度的事故后果：一是指挥调度混乱，即事故发生后，指挥体系不健全，导致现场混乱失序，事故进一步蔓延。二是物资保障不足，即事故抢险救援所需设备设施等，如智能化消防设备、物资设备保障不足，灾害控制效果将受到影响。三是交通管制延迟，即在事故发生时未能控制事故可能影响范围，造成社会人员进入风险区域，可能造成人员伤亡。

低危险度的事故后果：一是负面舆情，事故规模和关注度成正比，当发生大规模事故且救援不力时，未及时发布相关信息，造成负面舆情，同时可能存在谣言情况。二是社会恐慌，即在网络谣言传播且未被澄清的基础上，社会人群不了解事实真相，会产生恐慌心理，社会恐慌现象在事发初期最为明显。三是经济影响，即事故造成设施设备受损，造成直接经济损失，产生直接经济影响，同时造成生态环境污染、失业情况出现，产生间接经济影响。

3.2.3.3　基于情景构建的应急处置优化对策

坚持“人民至上、生命至上”原则，需在油库爆炸事故情景分析的基础上，针对可能的后果做应急准备，开展以“救援成链”为目标的任务分析和对策优化，形成针对油库爆炸事故“情景的要素框架—后果的链式反应—应对的救援成链”的系统性情景构建，进而实施“后果的链式反应—应对的救援成链”的情景分析路径。基于情景构建的“救援成链”目标从任务、问题和对策出发开展分析。

1. 油库爆炸事故的“救援成链”任务分析

基于后果分析，开展“流程＋区域”的任务分析，包括事前高危内区加强风险控制、事中事故升级加强应急处置、事后社会环境加强恢复重建三个方面（见图 3-15）。

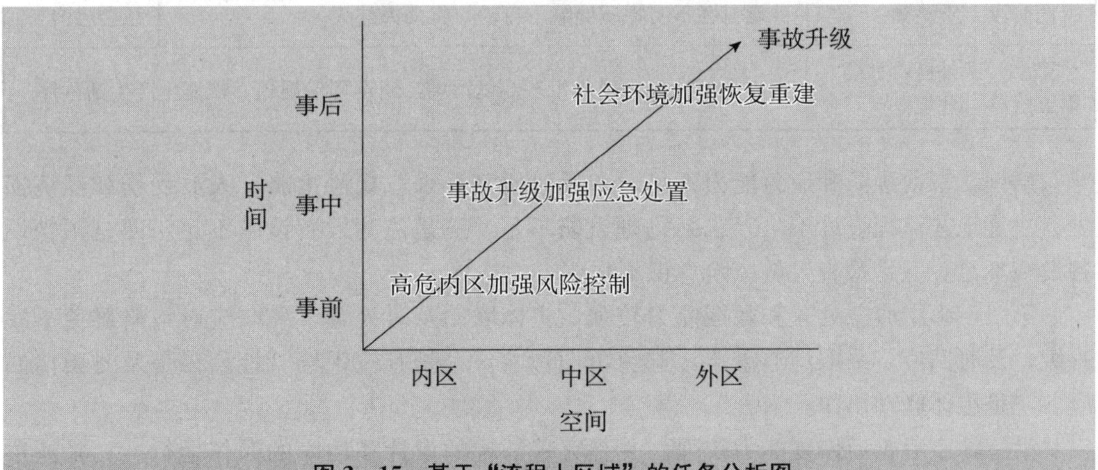

图 3-15　基于“流程＋区域”的任务分析图

第一，高危内区加强风险控制，要通过“物理设防＋监测预警”，加强事前风险控制。一是开展分级管理。二是完善监测预警体系和设施设备。三是促进人员技能培训和安全管理。

第二，事故升级加强应急处置，要通过“主体联动＋舆情回应”，加强事中应急处置。一是构建各部门协调处置工作机制、提高应急处置能力。二是及时开展舆情回应和危机公关，及时研判事故性质，通过官方渠道回应社会关切，及时开展危机公关，避免负面社会影响。

第三，社会环境加强恢复重建，要通过“社会互助＋危机学习”，加强事后恢复重建。一是提升社会人群安全素养，同步健全完善社会协同机制。二是开展问题整改和危机学习，企业部门和政府部门联合开展案例复盘。三是做好恢复重建，以恢复生产生活秩序为目标，形成短期方案和长期规划。

2. 油库爆炸事故的“救援成链”问题分析

基于以上分析，可梳理英国邦斯菲尔德油库爆炸事件不同阶段和风险点位的风险事件、应对行动、事故后果（见表 3－3），进而梳理应对过程中存在的问题。

表 3－3 英国邦斯菲尔德爆炸事故分析表

时间	位置	风险事件	应对行动	事故后果
事前：第一阶段	内区：912 号油罐	机械故障，溢油并产生油料蒸汽云	油罐车司机观察到溢油和蒸汽云，并提醒操作人员	溢油和蒸汽云产生
事中：第二阶段	中区：912 号油罐、A 罐区	由蒸汽云触发火警警报和应急泵房，引起一系列爆炸，操作人员报警	开展第一次灭火行动，火势失控，关闭总阀门，切断输油管线，开始撤离疏散，采取遥控消防设备	一系列爆炸发生、人员伤亡
事中：第三阶段	中区：20 多个油罐	火灾蔓延引燃 20 多个储罐，发生大规模火灾	开展第二次灭火行动，经过几十个小时，火灾被扑灭	火灾蔓延、人员伤亡
事中：第四阶段	中区：不明物质储罐	未熄灭火苗再次引燃，可能引燃不明物质储罐	临近道路封闭，开展第三次灭火行动，将余火扑灭	人员伤亡、社会恐慌
事后：第五阶段	外区：社会环境	火灾全部扑灭，造成生态环境污染，制定环保规划，恢复生产生活秩序		

第一，事前预防和应急能力不足，未及时研判并采取规避策略，人员受伤和经济损失。一是工艺流程设计不足。二是物理设防不足。三是监测设备设施不足。四是预警设备设施不足。五是检查人员风险意识不强。

第二，事中应急处置和救援能力较强，主体联动及时处置，采取应对策略避免事故升级；及时回应，采取沟通策略，避免负面影响。一是有效现场管控。二是及时舆情回应。三是主体联动协作。

第三，事后善后恢复能力较强。一是完善油罐的设计和油库的操作运行。二是注重长期的生态恢复，开展污染区域的环境整治行动。三是做好健康保障。

3. 油库爆炸事故的“救援成链”对策建议

基于以上的问题分析和任务分析，我国的油库爆炸事故“救援成链”需从“事前、事中、事后”与“内区、中区、外区”两个维度做好应急准备（见表 3－4）。

表3-4　油库爆炸事故"救援成链"对策建议表

	内区	中区	外区
事前	监测预警网络	安全责任制度	规划选址论证
事中	先进救援设备	主体协同应对	危机沟通协调
事后	隐患排查治理	应急预案优化	环保基础设施

第一，提高事前预防和初期干预能力。一是完善监测预警设施设备，做好物理设防层面的危险设防。二是构建和完善基于"洋葱模型"的安全责任制度，从制度层面做好风险控制。三是做好油罐厂区厂址规划，加强应急准备能力等。

第二，提升事中应急处置和救援能力。一是加强救援能力建设。二是提升事故现场的协同应对能力。三是做好危机沟通等。

第三，做好事后善后恢复和长期规划。一是加强风险预防和隐患排查。二是加强分级分区分类管理。三是加强环境保护和健康管理等。

3.3　基于应急预案的监测预警与应急准备

3.3.1　构建应急管理信息系统

信息是贯穿应急管理全过程的核心要素，是应急管理各相关主体相互沟通的桥梁，也是应急预案得以灵活应用和有效实施的重要抓手。基于此，建立应急管理信息系统是应急预案从"静态"走向"动态"的工具，也是打通应急管理标准化"最后一公里"的重要方式，更是开展监测预警和应急准备工作的基础和前提。

3.3.1.1　应急管理信息系统的价值

信息是应急管理活动不可缺少的资源。应急管理信息是指在整个突发事件应对过程中产生的以及应急管理者收集加工和输入输出的所有信息的总称，既包括反映或可能影响应急管理客体运行状态的各种原始信息和预测信息，也包括经过加工并在应急管理全过程中应用、反映应急管理者行为的信息。

应急管理信息具有如下特征：（1）时效性，突发事件本身具有不断变化的特征，应急管理信息也会随之变化，进而表现出动态性和时效性，时效性往往决定了应急管理信息的价值。（2）不确定性，突发事件的发生可能源于多方面因素，突发事件处理的方式方法是否科学、及时、有效会直接影响突发事件发展的方向和趋势，且突发事件的信息获取也处于动态过程中，综合导致信息的不确定性，需要不断核实、动态修正。（3）主观性，部分应急管理信息本身是客观的，由于存在主观认识偏差、客观因素等因素影响，部分信息在传递过程中存在迟报、漏报甚至谎报、瞒报等主观问题。

按信息的内容和作用，可以对应急管理信息进行不同的分类：（1）按信息来源，可分为内部信息、外部信息。(2) 按信息时间，可分为预测信息、过去信息。(3) 按突发事件类型，可分为自然灾害信息、事故灾难信息、公共卫生事件信息、社会安全事件信息。(4) 按信息获取渠道，可分为政府渠道信息、新闻渠道信息、公众渠道信息等。

信息对应急管理的全流程均有重要作用，具体表现为：(1) 应急管理信息是应急管理系统的基本构成要素和有机联系的介质，信息是应急管理的基本要素，又是系统中各要素有机结合和相互作用的介质。(2) 应急管理信息是应急管理工作的中心，应急管理的所有工作均需以信息为媒介，信息的不断输入、输出、反馈贯穿应急管理的全过程。(3) 应急管理信息是突发事件应对工作中各部门、各层次、各环节沟通联络的纽带，通过信息工作让各相关主体步调一致、协调配合、联动合作。

3.3.1.2 应急管理信息系统的静态建设

人民政府建立或确立统一的应急管理信息系统，汇集、储存、分析、传输有关突发事件的信息，并与上级人民政府及其有关部门、下级人民政府及其有关部门、专业机构和监测网点的应急管理信息系统实现互联互通，加强跨部门、跨地区的信息交流与情报合作。

应急管理信息系统是确保信息在收集、加工、传递、发布等环节能够实现全面性、及时性、准确性、持续性、有效性的前提。随着计算机和信息技术的广泛应用，在应急管理中广泛使用现代化信息技术成为必然的趋势。基于此，应急管理信息系统可界定为：针对突发事件的防范和处置，在整合和充分利用各类应急管理信息的基础上，以信息技术为支撑，集通信、计算机、网络、地理信息系统、全球定位系统、视频监控、数据库与信息处理等多种技术为一体，具备语音通信、视频会议、图像显示及风险分析、监测监控、预测预警、动态决策、综合协调、应急联动与总结评估等功能的综合性软硬件集成的系统平台。

在全球范围内，部分国家依靠先进的信息技术建立了高效的应急管理信息系统，极大地提高了突发事件应急管理的效率。例如美国应急联邦管理局制定了 E-FEMA 战略，利用信息技术在电子政务框架下构建信息技术基础设施，以此提高政府部门的应急能力和效率，并开发形成国家应急管理信息系统（National Emergency Management Information System，NEMIS）。

没有信息化就没有应急管理的现代化，我国高度重视并持续加强应急管理信息系统建设，自 2018 年应急管理部成立以来，发布了《地方应急管理信息化建设实施指南》《关于推进应急管理信息化建设的意见》等一系列政策文件以及应急管理相关标准规范，全国应急管理信息化整体布局基本形成。《应急管理部信息化发展战略规划框架（2018—2022 年）》提出，构筑应急管理信息化发展“四横四纵”总体架构，形成“两网络”“四体系”“两机制”。“两网络”指全域覆盖的感知网络、天地一体的应急通信网络；“四体系”指先进强大的大数据支撑体系、智慧协同的业务应用体系、安全可靠的运行保障体系、严谨全面的标准规范体系；“两机制”指统一完备的信息化工作机制和创新多元的科技力量汇集机制。《关于推进应急管理信息化建设的意见》提出，强化实战导向和“智慧应急”牵引，规划引领、集约发展、统筹建设、扁平应用，夯实信息化发展基础，补齐网络、数据、安全、标准等方面的短板弱项，推动形成体系完备、层次清晰、技术先进的应急管理信息化体系，全面提升监测预警、监管执法、辅助指挥决策、救援实战和社会动员能力；在“坚持集约化发展”“夯实大数据基础”“深化应用系统建设”“提高应急支撑能力”“强化试点示范带动”“加大支持保障力度”等方面发力，以促进信息技术与应急管理业务深度融合，推动应急管理高质量发展，全面推进“十四五”应急管理信息化建设。

3.3.1.3　应急管理信息系统的动态运行

应急管理信息系统的动态运行，即围绕突发事件信息的一系列工作流程主要包括信息收集、信息分析与加工、信息传递与沟通、信息发布四个环节。

1. 信息收集

信息收集是应急管理信息流程最基础的环节，一般通过政府及其有关部门、专业机构自身的监测网点、仪器、手段等获取信息，各类突发事件产生和表现形式各不相同，必须建立多种收集信息的途径，才能有效监测各类突发事件，在其发展初期监测其苗头，在其发展过程中及时掌握发展趋势。

《突发事件应对法》要求县级以上人民政府及其有关部门、专业机构应当通过多种途径收集突发事件信息。收集过程中需注意：（1）全面，既要重视对突发事件现场信息的收集，也要重视对突发事件背景、产生原因、发展趋势等信息的收集。（2）真实，随时注意鉴别，剔除不真实的信息资料，对模糊信息要追根溯源、弄清楚，对存在重大疑问的信息不可急于采用。（3）多渠道收集，既要重视政府渠道收集也要注意新闻渠道收集，既要从属地政府收集也要从主管部门收集，还需在基层的单位和机构建立信息报告员制度，及时收集和报告相关突发事件信息，公民、法人和其他组织对此也有相应的报告义务。

信息收集的关键是深入开展风险和隐患排查，针对安全生产、自然灾害等重点行业领域，地区和部门应督促企业对生产安全事故风险进行辨识、分析和评价并形成风险清单，建立经常性安全生产隐患排查治理制度并形成隐患排查治理清单，与企业建立互联互通的信息系统，及时采集企业安全生产基本信息和风险隐患清单等信息，监督企业提升风险辨识管控和隐患排查治理的信息化、智能化水平；地区和部门应建立健全自然灾害风险调查、巡查、评估制度，掌握自然灾害隐患底数，分级分类做好各类自然灾害风险及综合风险的评估工作。

2. 信息分析与加工

信息分析与加工，是将杂乱无章的原始信息按需要进行梳理，剔除次要的、相互矛盾的信息，得到精练、准确的信息，并对各种信息资料进行比较，从中分析突发事件的发展趋势及特征。

信息分析与加工贯穿于突发事件应对工作全过程：一是事前信息加工，例如对自然灾害的致灾因素、承载体、历史灾害、综合减灾资源和能力进行调查与评估，对安全生产的风险隐患和危险源进行排查。二是事中信息加工，分析突发事件发生的原因、危害程度、扩散情况、所需资源等，分析各种处置方案的可行性、成本、效果等。三是事后信息加工，分析突发事件损失情况、对灾区的影响、应对工作的经验和教训、恢复重建工作等信息。

信息分析与加工的作用和应用，重点包括：一是提升应急智能预测预警水平，运用大数据等先进技术分析重大风险和重大隐患信息变化情况，查找潜在危险源，加强预测研判；利用应急基础信息深化巨灾和复合型灾难研究，完善灾害事故趋势分析和应急预测模型，研判灾情发生和发展规律，为应急管理提供前瞻性对策和建议。二是强化应急指挥辅助决策，依托应急管理信息系统中的大数据应用平台等实现灾害事故应对的资源调度和力量部署科学化，完善应急指挥调度体系，开展对灾情态势、受灾群众疏散与安置等信息的综合分析和动态展示，建立连接各级应急管理部门、应急救援队伍、灾害事故现场的应急救援指挥网络。三是支撑构建科学完备的监管体系，分级分类构建源头治理、动态管理、应急处置相结合的风险和隐患监管体系，努力实现对风险隐患的全领域、全方位、全过程管控，通过“互联网＋监管”系统建设，建立以“双随机一公开”监管为基本手段、以重点监管为补充、以信用监管为基础的新型监管机制。

3. 信息传递与沟通

信息传递与沟通是指通过合适的渠道，将加工后的信息传递给应急管理各相关主体，是各级人民政府及其有关部门、专业监测网点及公民、法人或其他组织开展信息互动的过程，也是联结信息收集、加工和利用的中间环节，信息传递的渠道主要包括通过政府部门传递、新闻媒体传递、社会公众传递等环节。从信息流向看，将突发事件信息沟通分为纵向的信息上报、横向的信息交流与共享。

纵向的信息上报即信息报送，法定的上报内容要简明、准确，应涵盖突发事件信息和可能引发突发事件的预测预警信息，一般包括时间、地点、信息来源、事件起因和性质、基本过程、已造成的后果、影响范围、事件发展趋势和已经采取的措施以及下一步工作打算等要素。上报形式主要包括：一是各级人民政府及其有关部门向上级人民政府及其有关部门报告突发事件信息；二是专业机构、监测网点向所在地人民政府及其有关主管部门报告突发事件信息；三是获悉突发事件信息的公民、法人或其他组织向所在地人民政府、有关主管部门及专业机构报告突发事件信息。有关单位和人员报送、报告突发事件信息，应当做到及时、客观、真实，不得迟报、谎报、瞒报、漏报。

横向的信息交流与共享主要包括跨部门、跨地区、地方人民政府与武装力量之间，以及不同国家和机构之间的信息互通有无和共享合作，涉及国家机密、商业机密和个人隐私的信息除外。按照不同主体可分为：一是同级人民政府及其有关部门交换突发事件信息；二是不同区域的政府及其相关部门之间交换突发事件信息；三是不同的专业机构、监测网点之间交换突发事件信息。应急管理部门应加强与外交、工业和信息化、公安、民政、气象、自然资源、生态环境、交通运输、铁路、水利、农业农村、广播电视等部门单位及军队有关单位的工作联动和信息共享交换、定期沟通会商。

信息传递与沟通的重点有三：一是动态监测灾害事故发生发展情况，及时掌握灾害事故线索和可能造成人员伤亡、重大财产损失的苗头性、趋势性、敏感性信息，强化分析研判，实现对灾害事故的动态监测，确保及时发现灾害事故并迅速开展处置。二是第一时间报送灾害事故信息，地区、有关部门、行业企业应严格落实灾害事故信息报送主体责任，强化报送意识，分级分类做好信息报送工作，及时报送灾害事故现场图像、遥感信息以及相关的多媒体资料。三是建立完善灾害事故信息直报机制，应急管理部建立灾害事故信息直报机制，确保灾害事故早发现、早报告、早处置。

4. 信息发布

信息发布是指由法定的行政机关依照法定程序将其在行使应急管理职能的过程中所获得或拥有的突发事件信息，主动向社会公众公开的活动。履行统一领导职责或者组织处置突发事件的人民政府，应当按照有关规定统一、准确、及时发布有关突发事件事态发展预测、分析评估结果、应急处置工作的信息，并对相关信息的报道工作进行管理，避免谣言和流言，加强并做好社会舆论的引导工作。突发事件信息发布的主体是法定行政机关，具体是指由有关信息发布的法律、法规所规定的行政部门；信息发布的客体是广大的社会公众；信息发布的内容是有关突发事件的信息，主要指公共信息，涉及国家秘密、商业秘密和个人隐私的政府信息不在发布的内容之列；信息发布的形式是行政机关主动向社会公众公开，而且以方便公众知晓的方式主动公开。

信息发布与新闻发布、危机公关、负面舆情风险控制等内容紧密相关，将在本书第 7 章和第 8 章做重点介绍。

3.3.2 科学监测预警

3.3.2.1 监测与预警的内涵及二者的关系

监测预警是突发事件应急的关口前移和及时触发的相关工作，提前发现突发事件的征兆，及时提醒内部管理方或外部利益相关方，及时开展前置或实时的应急响应和危机应对。

1. 监测

监测是指国家有关部门通过设立各种监测网点，根据突发事件的性质和种类，长期、连续地收集、核对、分析监测目标的动态分布，对可能引起突发事件的各种因素和发生前的各种征兆，进行观察、捕捉和预测，并将信息及时上报和反馈的活动。

监测的主体一般为人民政府和专业机构，同时一般的企事业单位和人民群众作为群测群防群治体系的重要组成，也逐步成为监测网络中的重要力量；监测的对象多为可能引发的自然灾害、事故灾难和公共卫生事件等危险源、风险隐患及重点防护目标。由于社会安全事件比较特殊，其紧急程度、发展态势和可能造成的危害程度不易预测，因此《突发事件应对法》没有提出建立社会安全事件的监测制度，但在实际操作中，已在逐步建立对大型群众性活动与人员密集场所的人流量、互联网舆情、金融经济数据等领域和行业的监测手段和监控平台。

我国建立健全突发事件监测制度，县级以上人民政府及其有关部门应当根据自然灾害、事故灾难和公共卫生事件的种类和特点，建立健全基础信息数据库，完善监测网络，划分监测区域，确定监测点，明确监测项目，提供必要的设备、设施，配备专职或者兼职人员，对可能发生的突发事件进行监测。

2. 预警

预警是指管理主体和决策部门，根据公共安全风险评估结果、危机征兆、监测信息、报警或其他上报信息及其评估研判结果，在发现突发事件即将发生，或发生的可能性增大，或已经发生但可能升级扩大时，针对影响区域和人群，通过发出警报、通报、提醒等方式，发布有关危机爆发的警报信息或安全提醒，以提醒相关主体采取提前或实时的应急响应、危机处置、安全防护、救援逃生等措施，来规避危险、减少损失，并根据情况变化和预警反馈对预警进行适时调整或解除。

预警可分为两类：第一类是针对风险源或危险源达到预设标准，直接启动预警。第二类是针对风险源或危险源，结合风险分析、风险定级，综合评价后，再做预警。对于内外的不同主体，预警发挥不同的作用。内部预警是对于内部的部门及其人员的预警，用于提醒相关部门和人员提前或及时启动应急预案和响应措施，保障人民群众的生命与财产损失，内部预警应保持情报机构、行动部门等相互之间充分的信息共享与沟通联络，实现情报价值最大化和预警响应行动的无缝衔接。外部预警是对于外部的人民群众的风险预警，用于提醒相关群众或社会组织重视危机，配合做好危机发生之前的风险防范或规避等相关工作，并在危机发生时有意识地开展自救互助、紧急逃生，外部预警应尽可能提升风险预警的精细化和人性化，便于外部群众的理解和配合。

3. 监测与预警的关系

监测与预警是连接应急管理“事前”和“事中”的纽带，实际操作中涵盖了三个层面的内容：一是对日常风险信息开展监测，根据一系列前提条件和参数预测突发事件的发生发展趋势和危害性，发布警报。二是对突发事件实施动态监控，对突发事件下一步发展的趋势、影响进行分析，调整警报级别并重新发布。三是对应急处置过程进行实时监测，根据事件链对当前事件可能引起的次生、衍生事件进行定性、定量分析，发布警报。基于突发事件应对工作实行预防为主、预防与应急相结合的原则，监测预警贯穿于突发事件发生发展及其应急处置的全过程，但重在事发前的相关工作。

监测与预警是相辅相成、相互统一的关系。监测获得相关信息并进行风险评估，而预警则将风险评估的结果传递给相关部门和人员。科学的监测是精确预警的前提和基础，只有通过有效的预警才能把监测得出的结论及时地传递给相关部门和人员。

3.3.2.2 应急监测体系的科学建设

1. 应急监测的基本原则

应急监测旨在提前发现突发事件的征兆，实施中应坚持以下基本原则：

第一，依法依规，要依据突发事件监测相关的法律、法规、规章、标准、制度开展监测工作。

第二，客观公正，完善和修订监测标准，如实、客观地记录风险隐患情况并进行比较分析，真实反映突发事件趋势状况。

第三，突出重点，由于影响突发事件的因素繁多，因此实际工作时应对那些危害大、出现频率高的风险隐患实行优先重点监测。

第四，信息保密，对属于保密信息的监测数据，监测机构及其工作人员不得泄露。

第五，专群结合，专业监测与社会监测相结合，基于专业监测，重视广大人民群众和企事业单位在监测中发挥的重要作用，构建全方位、立体式的“群测体系”。

2. 应急监测的主要类型

按照不同的分类标准，应急监测可分为不同的类型。

第一，根据监测方式，可分为四类：（1）常规监测，是指一般性、定期的、日常性的风险信息的收集和监测。（2）特殊监测，是指对特定突发事件的载体或危险源进行非常规监测，例如对重大危险源进行的监测、在突发事件发生临近期的监测。（3）随机监测，是指根据现实需要，对某些可能发生的突发事件随机进行的抽样监测，对指定范围和对象进行突发性的风险信息采集。（4）应急监测，是指重特大突发事件发生后，组织专门监测队伍和装备，针对重点区域采取应急动态观测，为危机决策提供信息支撑，为应急救援现场提供供需监测，对救援现场可能发生或已经发生的重特大自然灾害过程提供及时有效的短临预报和分析判断。

第二，根据监测的手段性质，可分为两类：（1）定量监测，是指在监测过程中对风险的参数、信息、数据等进行量化的观察、测量、记录、采集、分析、整理，以便更清晰地描述突发事件的发展特征和变化规律，例如针对污染物浓度、洪水覆盖面积的监测。（2）定性监测，是指对难量化或不可量化的风险进行监测，以准确描述风险状态、科学开展风险定性分析，例如基于后果危害度、社会影响力、群众容忍度等指标对某些社会公共安全事件进行的监测。

第三，根据监测的技术方法，可分为两类：（1）专业技术监测，是指围绕风险和灾害孕育、发生、发展的全过程和全生命周期，应用“3S”（遥感技术（remote sensing，RS）、地理信息系统（geographical information system，GIS）、全球定位系统（global positioning system，GPS））、视频、无线、卫星等专业仪器设备和监测技术，开展专业化立体综合监测，并通过相关软件系统将数据信息转换为可测量、可判读的信息数据，形成评估结果、危机讯息或预警信号。（2）群测群防，是指灾害易发区内的企事业单位、广大人民群众和地质灾害防治管理人员，在属地政府的组织下，在政府主管部门和相关专业技术单位的指导下，直接参与灾害点的监测和预防，对灾害前兆和动态进行调查、巡查和简易监测，及时捕捉灾害前兆、灾体变形、活动信息，迅速发现险情，实现对灾害的及时发现、快速预警和有效避让。该方法通常应用于地质灾害和地震灾害的监测。

3. 应急监测的网络体系

应急监测的网络体系是指为了对突发事件进行有效监测而建立的覆盖不同层次的监测体系。下面以地质灾害监测网络体系为例介绍应急监测网络体系建设内容。

第一，监测方案设计。综合考虑地质灾害类型、形成机理、稳定状态和发展趋势以及现场条件进行监测方案设计，确保设备安装位置的准确性和监测数据的可靠性；按照集约与集成原则进行监测方案设计，提高设备安装和运行的成效，保障设备数量和运行成本的合理性；编写监测方案时，应细化每处灾害点监测方案，并填写监测设计简表，包括灾害点名称、编号、安装地点、地理位置、坐标及主要监测内容等。

第二，监测网络布设。监测点的选择应遵循以下原则：危险性大、稳定性差、成灾概率高，灾情严重；对集镇、村庄、工矿及重要居民点人民生命安全构成威胁，可能造成严重经济损失；威胁公路、铁路、航道等重要生命线或重大基础建设工程。根据具体的地质灾害类型，选择相应的监测技术和方法；监测剖面布设应统筹兼顾、突出重点，根据隐患点类型、发育分布特征及发展演化趋势，结合监测场地条件和监测预警工作需要统一规划、统筹部署；监测点位布设应遵循监测有效性、环境适宜性、施工可行性、维护安全性和便利性等原则。

第三，监测网点的管理与运行。落实专群结合的群测群防制度，应充分依托属地群测群防工作基础、实现技防与人防的有机融合；被监测的地质灾害隐患点所在的属地政府、基层社会组织和有关单位应落实监测责任；建立岗位责任制，相关责任人逐级签订责任书；明确技术支撑队伍与群测群防员，定期或不定期开展相关知识培训与演练；建立监测信息速报、快速反馈与及时处理的工作机制。

第四，监测数据的管理和应用。监测数据主要包含基础数据、预警业务数据、监测业务数据等，建立监测数据库并形成监测预警报告、数据附表、监测专题图件、应急监测每日简报等相关监测预警应用成果，监测预警报告表述要简明扼要、层次分明、逻辑严谨、用语规范、重点突出，突出实用性和可操作性。

3.3.2.3 危机预警机制的有效实施

危机预警旨在提醒应急响应和危机应对。危机预警机制的有效实施，应明确预警的主体和对象，细化并规范预警的内容与形式，科学设置预警的手段与渠道，并有效部署预警的调整与反馈。

1. 预警的主体与对象

预警发布主体是各级政府及其相关部门，根据“分类管理”的原则，负责某类或某项突发事件的管理部门一般负责此类或此项公共危机的专项预警工作。在我国由县级以上地方各级人民政府发布预警，可以预警的突发事件即将发生或者发生的可能性增大时，县级以上地方各级人民政府应当根据有关法律、行政法规和国务院规定的权限和程序，发布相应级别的警报，决定并宣布有关地区进入预警期。

预警的对象，一般是可能受到预警危机影响的人群、组织、地区，既包括需要处置和应对该风险的政府部门和人员，也包括受其影响的人民群众和社会组织。

2. 预警的内容与形式

我国将针对突发事件的预警分成Ⅰ级（特别严重）、Ⅱ级（严重）、Ⅲ级（较重）和Ⅳ级（一般）四级，分别用红色、橙色、黄色和蓝色标示。突发事件的预警分级一般根据突发事件可能造成的危害程度、影响范围、紧急程度和发展势态等因素来决定，不同类别的突发事件的预警级别标准是有区别的，所以《突发事件应对法》没有规定风险预警级别的统一划分标准，但在各类突发事件专项应急预案中对可以预警的级别做出具体划分标准。

根据我国有关规定，国家所发布的突发事件预警信息，在内容上一般包括突发事件的类别、预警级别、发布时间、起始时间、影响或可能影响的范围、警示事项、应对措施、发布机关、咨询方式等。

预警表现形式一般包括信号、文字、声音、图像、视频等。对于某些预警研究相对成熟的领域，预警的内容以标准规范或约定俗成的预警信号图标的形式呈现。例如，根据《气象灾害预警信号发布与传播办法》的规定，气象灾害预警信号是指各级气象主管机构所属的气象台站向社会公众发布的预警信息，由名称、图标、标准和防御指南组成，分为台风、暴雨、暴雪、寒潮、大风、沙尘暴、高温、干旱、雷电、冰雹、霜冻、大雾、霾、道路结冰等，预警信号的级别依据气象灾害可能造成的危害程度、紧急程度和发展态势一般划分为四级：Ⅰ级（特别严重）、Ⅱ级（严重）、Ⅲ级（较重）、Ⅳ级（一般），依次用红色、橙色、黄色和蓝色表示，同时以中英文标识。

预警发布的信息要以公众需求为导向，警报的语言必须简洁、清晰、易懂，避免使用冗长、晦涩的专业性语言；警报的内容要表述清楚可能发生的突发事件将会带来的威胁和影响，考虑到公众的价值判断与利益权衡等因素，提出有针对性的响应措施和建议；警报发布的对象应仅限于可能受到突发事件影响地区的公众，避免警报扰民的现象；警报的内容要充分考虑到不同人的不同需要，做到有的放矢，公众的情况千差万别，拥有不同的教育水平、经济实力、认知方式、健康状况和灾害经历等，同样的警报内容会产生不同的效果。

3. 预警的手段与渠道

预警发布的手段与渠道应具备以下特征：（1）多样性，警报传播媒介既包括电话、手机、广播、电视、报刊、网络、警报器、宣传车，也包括人际传播方式。当然，也可以多种手段并用。（2）针对性，警报传播要针对不同的群体采取不同的手段，如在广播、电视信号无法接收的情况下，可采取发警报或奔走相告的方式，对老、幼、病、残、孕等特殊人群以及学校等特殊场所和警报盲区应当采取有针对性的公告方式。（3）全覆盖性，警报的传播要确保可能受到突发事件影响的所有公众都能知晓警情。通常，应急管理部门应保持对特定群体发布警报手段的稳定性和经常性，使其能够密切关注相关信息。（4）互动性，警报传递手段最好具备双向可达性，以便于公众及时反馈警报接收信息。

预警发布的渠道是指预警信息对内对外发布的技术平台和通信渠道，当前我国基本建立起“分类管理、分级预警、平台共享、规范发布”的预警信息发布平台，并初步形成“横到边、纵到底”的突发事件预警信息发布系统：以电子政务网为纽带，实现国家预警发布系统与相关部门间的横向连通，实现“横到边”；以地面宽带网和卫星通信为纽带，实现国家、省、地三级预警发布管理平台和县级发布终端的纵向贯通，实现“纵到底”。预警的具体技术平台分前端、中端、后端三个部分：前端是连接应急指挥部门的预警发布系统，中端是连接各种发布渠道的预警信息传播系统，后端是面向不同受众群体的终端设备。

4. 预警的调整与反馈

预警应根据危机状况和事态发展、按照有关法律规定，适时调整、取消或重发。事实证明不可能发生突发事件或者危险已经解除的，发布警报的人民政府应当立即宣布解除警报，终止预警期，并解除已经采取的有关措施。

预警的调整离不开预警的信息反馈。信息反馈是对预警信息的跟踪监测，从而能够实时了解掌握危机发生发展的进展和情况，及时调整预警，减少预警失误、预警不当、预警过度等带来的人财损失和负面影响。

我国的突发事件预警信息发布系统现已开发反馈评估等子系统，具有实时接收各类预警发布情况反馈的功能，可实现预警信息发布的覆盖面、成功率、及时性，社会效益，媒体舆论等指标的收集统计和分析评估，从而为各预警发布单位实时反馈预警发布情况和效果。

3.3.2.4 监测预警的改进与提升

随着风险环境的变化和技术水平的不断提升，监测和预警也在不断改进和升级，呈现出新的趋势和特征。

1. 适时调整、灵活修改的监测预警技术指标

风险预警应遵循灵活修改原则，预警的指标体系应根据实际情况进行适时调整，及时更新换代。例如，在恐怖袭击风险预警中，恐怖分子行动以及反恐情报获取是不断变化的，要根据掌握的所有信息进行分析研判，灵活、及时、连续地调整反恐预警级别与行动建议等，便于公众做出科学判断和合理的行动决策。美国在“9·11”事件后逐步建立反恐预警系统。2002 年 3 月，美国建立国土安全警报系统（Homeland Security Advisory System），2011 年 4 月将其进一步升级为国家威胁警报系统（National Terrorism Advisory System）。该系统历经三次修改与优化，预警的专业性、科学性、可靠性得以提升。

阶段 1：五级国土安全警报系统（2002—2011 年）。美国于 2002 年 3 月建立的国土安全警报系统是以美国本土恐怖威胁为对象的五级指标的反恐预警机制，每一级别的预警都会触发联邦政府部门和安全人员的特定预警响应措施（见表 3-5）。

表 3-5 美国五级国土安全警报系统

警报颜色	警报级别	风险程度
红色	严重	严重的恐怖袭击风险
橙色	高	高恐怖袭击风险
黄色	较高	显著的恐怖袭击风险
蓝色	警戒	一般的恐怖袭击风险
绿色	低	低恐怖袭击风险

资料来源：美国国土安全部官网.

在应对恐怖威胁方面，国土安全警报系统初期曾发挥积极作用，通过及时发布预警信息，提醒并指导联邦机构和公众采取防护措施，提高了全社会防范恐怖袭击的应急能力。但在实际使用过程中，该预警系统逐渐显露出多种弊端：一是预警等级划分不合理，大部分预警级别基本用不上，存在结构性缺陷。二是预警过度依赖通过颜色来区分威胁严重程度，缺乏具体的信息和行动建议。三是预警期限没有时间限制，长期处于警戒状态使得各方疲惫不堪。

阶段2：二级国家威胁警报系统（2011—2015年）。基于五级国土安全警报系统的诸多弊端，经过多方讨论与综合评估，美国于2011年1月宣布取消国土安全警报系统，建立国家威胁警报系统，该预警系统根据恐怖威胁的性质与特点，有针对性地发布面向特定区域和人群、具有特定内容和期限的反恐预警信息。其中预警等级分为"迫切威胁警报"（imminent threat alert）和"升级威胁警报"（elevated threat alert）两个级别。"迫切威胁警报"用于发布针对美国的"可信的、具体的、即将发生的"恐怖威胁预警，"升级威胁警报"用于发布针对美国的"可信的"恐怖威胁预警。精简为两级指标的国家威胁警报系统在初期使用中确实有效规避了五级指标的诸多弊端，但也逐渐显现出过于简略的弊端，这导致警报系统的作用未能得到有效发挥。

阶段3：三级国家威胁警报系统（2015年至今）。鉴于二级国家威胁预警系统过于简略的弊端，美国于2015年新增预警级别"公告"（bulletin），形成两种类型、三个级别的预警方式（见表3-6）。

表3-6 美国三级国家威胁警报系统

预警类型	警报等级	警报含义
警报	迫切威胁警报	可信的、具体的、即将发生的恐怖威胁预警
	升级威胁警报	可信的恐怖威胁预警
公告	公告	描述恐怖威胁的当前状况或者总体趋势

资料来源：美国国土安全部官网.

近年来，随着应急监测的不断投入建设和相关科学研究的深入，监测工作呈现出多方面的发展与进步。

2. 专业化、网络化的监测预警基础设施完善

监测预警的基础设施建设主要包括监测站点、线、网及其相关设施设备的建设与管理。在四类突发事件分类分级监测预警的基础上，加强监测预警基础设施建设，应以专业化、网络化为方向，扩大监测网络，增加监测点密度，改进监测手段。在地区层面，专业化、网络化的监测预警基础设施完善，旨在建设辖区内的专业监测预警体系，例如《广东省地质灾害专业监测预警体系建设工作指引》提出构建包括一个原则、两个结合、五级管理、五项内容的地质灾害专业监测预警网络体系"1255"新模式[①]：（1）遵循省、

① "1255新模式"！图解《广东省地质灾害专业监测预警体系建设工作指引》.（2020-05-27）. http://nr.gd.gov.cn/xwdtnew/zwdt/content/post_3002825.html.

市分级建设的原则；（2）落实专群结合的群测群防制度，加快点面结合监测预警关键技术研究；（3）专业监测预警体系建设实行五级管理，省级负责做好省级地质灾害专业监测预警平台的管理和运维，指导、监督各地市做好本地区专业监测预警系统的管理和运维，市、县、乡（镇）、村分别在各自职责范围内做好专业监测预警系统的相应管理和运维工作（见图 3-16）。

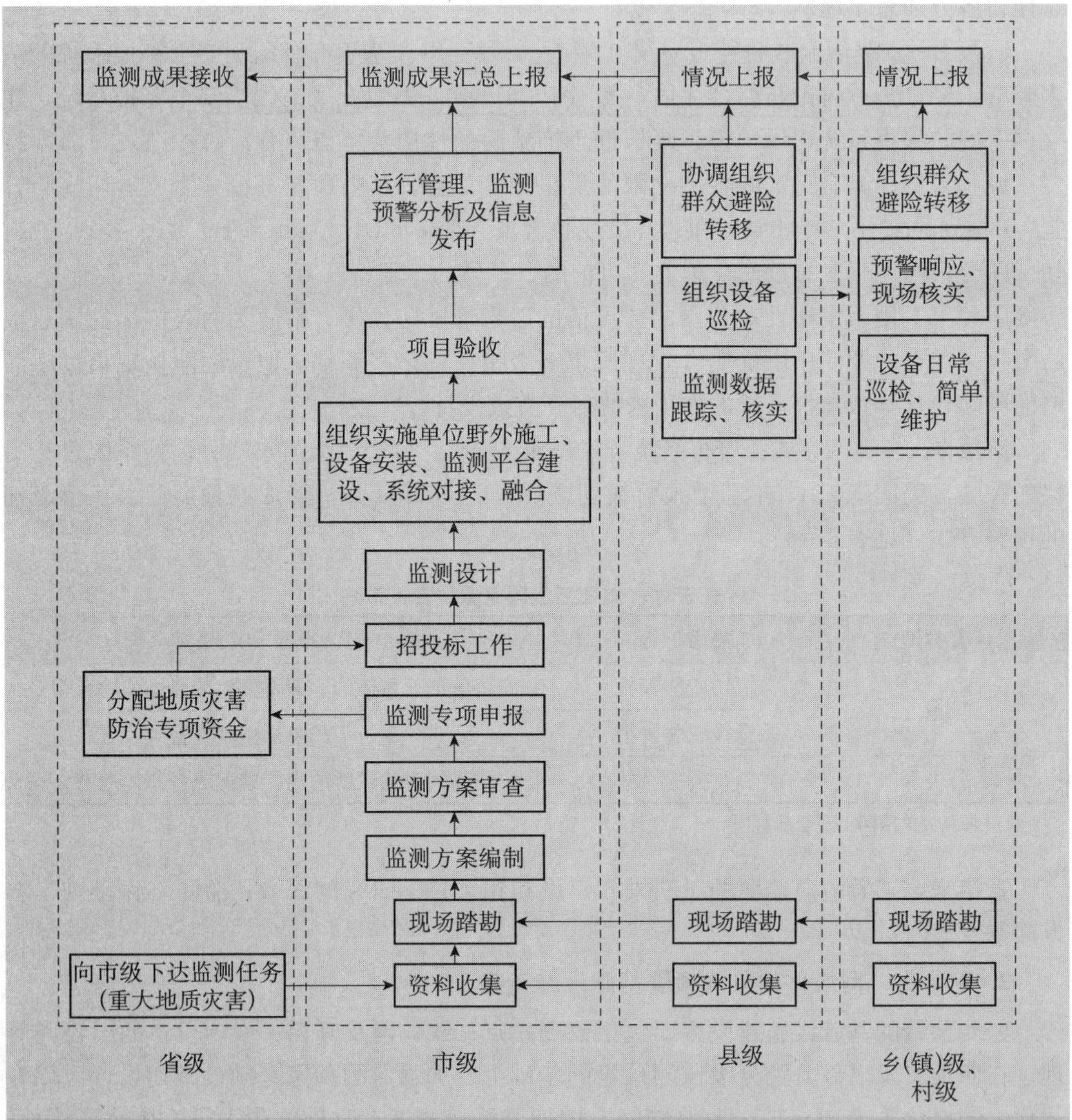

图 3-16　广东省地质灾害专业监测预警体系工作示意图

3. 多灾种、灾害链的综合监测预警系统建设

我国自然灾害易发频发，多灾种集聚和灾害链特征日益凸显，亟须强化卫星遥感、大数据、云计算、物联网等技术融合创新应用，加强综合监测预警系统建设，提高预报预警时效性、准确性。2019 年 11 月，中共中央政治局就我国应急管理体系和能力建设

进行第十九次集体学习，习近平总书记在主持学习时强调，“要加强风险评估和监测预警，加强对危化品、矿山、道路交通、消防等重点行业领域的安全风险排查，提升多灾种和灾害链综合监测、风险早期识别和预报预警能力”。《“十四五”国家综合防灾减灾规划》进一步提出风险监测系统建设，依托气象、水利、电力、自然资源、应急管理等行业和领域灾害监测感知信息资源，发挥“人防＋技防”作用，集成地震、地质、气象、水旱、海洋、森林草原火灾等六大灾害监测模块，建立多源感知手段融合的全灾种、全要素、全链条灾害综合监测预警系统。

3.3.3 全面应急准备

3.3.3.1 应急准备的内涵与目标

1. 应急准备的内涵

应急准备称为“备灾”。美国《国家危机准备指导方针》（National Preparedness Guidelines）将应急准备界定为“为建立、维持和改进现有的能力而采取的一系列活动，旨在预防、应对和修复突发事件”①。本书将“备灾”界定为：为应对常见灾种和频发危机，应急管理主体在制定应急预案、设置应急机构、落实应急保障、建设应急队伍等方面所做的事前准备工作。

2. 应急准备的目标

在突发事件发生之前，开展有效的备灾工作，从而在突发状况下迅速达成“就绪状态”。就绪状态是指危机管理4R理论中的“预备力”②，是指各方面都能做好准备，以确保安全、平稳、有效地应对突发事件和公共危机。

就绪状态既包括“人”方面的就绪，也包括“物”方面的到位。一方面，相关的所有主体各司其职，组织和人员到位，启动相应等级的应急预案，制定具体的应急工作方案，迅速保障应急力量的到位。另一方面，相关的所有保障均已到位，动用防灾管理的资金和物资，确保应急队伍、装备、技术、通信、运输等多方面的保障到位，同步向上级有关单位上报信息，如有需要启动专家系统，咨询专家的应急意见和建议，提供保障，确保应急响应得以有效推进。

3. 全面应急准备的关键要素

全面应急准备的关键要素主要包括制定应急预案、设置应急机构、应急综合保障。

设置应急机构对应着应急管理的体制机制建设，是应急综合保障的基础，遵循“三定方案”原则，即通过设定应急管理的职能、确定应急管理的机构、选定应急管理的人员等一系列的应急准备工作，构建应急管理的工作机制和组织体系，并通过机构编制实

---

① National Preparedness Guidelines.（2007－09）. https：//www.fema.gov/pdf/emergency/nrf/National_Preparedness_Guidelines.pdf.

② 危机管理4R理论认为应急管理的能力由缩减力（reduction）、预备力（readiness）、反应力（response）、恢复力（recovery）组成。

现机构的更新升级和动态平衡。

制定应急预案是应急综合保障的抓手，以提前设置应急预案、设置应急机构的形式，将应急管理涉及的体制设置、机制运行、法制保障等多方面内容予以整合，从而形成指导、预防与处置突发事件的规范性文件。

应急综合保障的核心是应急物资储备保障和应急救援力量建设，以下做重点介绍。

3.3.3.2 应急物资储备保障

应急物资储备保障，是落实用于满足应急管理和突发应急处置全流程工作顺利进行的人、物、技术、制度等一系列保障性资源与支持。应急机构和人员如何履行职责、应急预案能否发挥作用，最终靠的是相应的综合应急保障能否到位和落实。做好综合保障，应急综合准备工作才算真的“落地”，才有可能“有用”。有关部门应按照职责分工和相关预案，提前做好应对突发事件的物资储备和综合保障等工作，保证应急救援工作的需要、灾区群众的基本生活和恢复重建工作的顺利进行。

1. 财力保障

健全规范、高效、多元的应急财力保障。根据《预算法》有关规定，每年按照财政支出额的适当比例安排政府预备费作为公共财政应急储备资金，财政部门要在一般支出预算中设置应对突发事件专项储备资金。突发事件发生后，根据实际情况调整部门预算结构，削减部门支出预算，集中财力应对突发事件，必要时启动应对突发事件专项储备资金、动用公共财政应急储备资金；按照“急事急办”的原则，简化应急拨款的工作环节，确保突发事件处置工作的顺利进行；对突发事件财政应急保障资金的使用和效果进行监管和评估。鼓励自然灾害多发地区的公民、法人和其他组织购买财产和人身意外伤害保险。鼓励从事高风险活动的企业购买财产保险，并为其员工购买人身意外伤害保险。鼓励公民、法人和其他组织为应对突发事件提供资金援助。

2. 物资保障

健全采储结合、节约高效的应急物资保障。提高应对重大突发事件的物资保障水平，建立健全应急物资的监管、生产、储备、更新、补充、调拨和紧急配送体系，健全应急物资保障网络，优化重要应急物资产能保障和区域布局，完善应急工作程序，加强对物资储备的监督管理，及时予以补充和更新，对应急物资集中管理、统一调拨、统一配送，确保关键时刻调得出、用得上、不误事。对短期可能出现的物资供应短缺问题，建立集中生产调度机制，统一组织原材料供应、安排定点生产、规范质量标准。根据应急需要，采取生产力储备等方式，与有关企业签订合同，保障应急物资的生产和供给。按照平战结合的原则，配备现场救援和工程抢险装备和器材，建立相应的维护、保养和调用等制度。

3. 指挥系统保障

健全信息共享、决策智能的应急指挥保障体系。完善应急救援指挥工作方案，落实分级指挥和专业技术指挥相结合的指挥模式，提高指挥效率；推进应急指挥中心平台建设，集成应急管理综合应用平台和应急指挥一张图，实现风险监测预警、应急指挥调度、救援资源管理、智能决策支持等功能，提升科学决策指挥处置能力；加强应急指挥技术支撑，包括有线通信调度系统、无线通信指挥系统、图像监控系统、计算机网络应用系统、综合保障系统、视频会议系统、移动指挥系统、预警信息发布系统等；建立完善应急管理信息资源库，建立各类风险与隐患监控数据库、专业数据库、应急预案库、应急专家库、应急队伍库、应急物资库、应急避难场所库、辅助决策知识库，做到及时维护更新，确保数据的质量，实现对突发事件应急指挥的辅助决策与支持。

4. 应急医疗保障

健全快速反应、救治有效的应急医疗保障。突发事件发生后，应始终把救人放在第一位，最大程度保障人民群众生命安全和身体健康。根据“分级救治、无缝衔接”原则，按照现场抢救、院前急救、专科治疗几个阶段组织实施救护。建立健全分级分类的紧急医学救援队伍，构建海陆空立体化紧急救援网络，大力发展空中救护，让救援力量能够更快到达第一现场。强化快速反应，提升突发事件现场检伤分类救治和伤员快速安全转运的能力。补充紧急医学救援力量，加强国家及区域性紧急医学救援指挥中心和紧急医学救援基地建设，引导推进基层紧急医学救援网点建设，增强一线人员的紧急医学救援能力，夯实基层紧急医学救援基础，确保突发事件发生后能够根据需要及时赴现场开展医疗救治和疾病控防，及时为受灾地区提供药品、器械等卫生和医疗设备。

5. 应急通信保障

健全畅通互通、安全可靠的应急通信保障。需健全突发事件应急通信保障体系，提升应急通信保障能力，以满足应急通信联络和信息传递需要。加强应急管理部门和通信管理部门应急指挥体系互联互通，强化协同配合和信息通报，实现资源共享。建立健全应急通信、应急广播电视保障工作体系，完善公用通信网，建立有线与无线相结合、基础电信网络与机动通信系统相配套的应急通信系统，提高重大灾害事故前方指挥部和救援现场通信保障能力；建立全灾种应急通信手段，实现视频会议系统、手机、卫星电话、移动指挥车、手持单兵等多种通信终端融合联通，确保断路、断网、断电等极端条件下通信畅通；统筹使用应急体系所需卫星资源，提升卫星应急通信服务保障能力与集约化水平。

6. 应急运输保障

健全多维立体、平战结合的应急运输保障。应急运输是生命线，救援物资、生活物资和电、煤、燃油等生产物资能否快速运抵，直接关系到相关地区群众的安危。应立足“平战结合”理念，加强铁路、公路、水路、民航等应急运力储备，加强灾害多发易发地区航空应急服务基地建设，畅通运输通道和物流配送，进一步提高紧急运输能力。完善立体化交通运输网络，建设综合性智慧交通应急指挥中心，提高快速运输通行效率和保障能力。完善紧急通行机制和交通管制保障体系，完善运力紧急调用机制和征用补偿机制，根据需要开设应急救援“绿色通道”，保证紧急情况下应急运输的优先安排、优先调度、优先放行，优化运力储备结构，确保关键时刻运力有保障。整合利用社会化物流资源在前端供应采购、后端配送规划、资源和库存配置等方面的优势，保障物资供应和配送。

7. 治安稳定保障

健全坚守底线、突出重点的治安稳定保障。常态时，加强公安特警队伍建设，强化防暴制暴、攻击防护等装备配备，提高公安特警应急处突、反恐维稳能力。突发事件发生后，由属地公安部门和基层政府负责治安保障，立即在突发事件处置现场周围设立警戒区和警戒哨，做好现场控制、交通管制、疏散救助群众、维护公共秩序等工作，承担对重要场所、目标和救灾设施的警卫工作。突发事件发生地的基层政府及居民委员会、村民委员会要积极发动和组织社会力量开展自救互救，群防群治，全力维护突发事件地区的社会稳定。

8. 公共设施保障

健全常态风控、危态应急的公共设施保障。常态时，应强化城市公共安全风险管理，做好“海绵城市”、房屋建筑、城市桥梁、轨道交通、地下综合管廊和管线、大型游乐设施等风险评估、安全监管、设施建设等工作。如遇突发事件，相关主管部门要按照职责分工加强煤、电、油、气、水的供给以及废水、废气、固体废弃物等有害物质的监测和处理。突发现场存有易燃易爆危险品或发生起火、漏电、漏水、漏气等情况，现场先期处置人员要立即通知有关主管部门实施排爆、灭火、断电、断水、断气等措施，清除现场危险品，避免次生危害的发生。

9. 应急避难场所保障

健全科学规划、规范管理、危态实用的应急避难场所保障。在民众生活工作地点周围，规划、建设和维护与人口密度、城市规模相适应的应急避险场所，保障在紧急情况下提供疏散避难和临时生活的安全场所。公园、绿地、广场、体育场馆、学校操场等场所在建设过程中应考虑应急避难的要求，配备必要设施，现有场地应补充建设必要设施。制定管理办法和应急疏散预案，保证应急避难场所功能运行正常。突发事件发生后，根据突发事件危险程度及事态发展情况启用应急避难场所，并按照疏散预案组织居民进入应急避难场所避难，相关部门应根据各自职责，提供必要的保障，确保避难人员的正常生活。

10. 技术研发保障

健全自主创新、专业实用的技术研发保障。优先依托本国、本地区的科研机构和技术力量，加强自主创新能力，稳妥引入和借鉴国际先进技术经验，建立应急管理相关技术开发体系，加强公共安全科技创新机制和应对突发事件技术支撑体系研究；扶持在公共安全领域拥有自主知识产权和核心技术的重点企事业单位，加强智能化应急指挥通信、辅助决策、特种救援等技术装备的研制工作，提出科学配备的方案。加强应急产业发展，建立应急产业示范基地，培育应急产业骨干企业集团和特色企业，提升关键技术和装备的研发水平，集中发展监测预警、预防防护、处置救援等重点领域应急产品，增强防范和处置突发事件的产业支撑能力。

3.3.3.3　应急救援力量建设

应急救援力量建设是全面应急准备的重点内容，遵循专群结合、专常兼备、平战结合的原则，做好应急力量的系统部署和全面建设。要加强应急救援队伍建设，采取多种措施加强国家综合性救援力量建设，建设一支专常兼备、反应灵敏、作风过硬、本领高强的应急救援队伍。

当前我国应急救援力量已形成"五位一体"的国家综合性救援力量体系：国家综合性消防救援队伍发挥应急救援主力军和国家队作用、专业应急救援力量发挥重要协同和专业处置作用、社会应急力量发挥辐射带动作用、基层应急救援力量发挥快速响应先期处置作用、军队非战争军事行动力量发挥重特大灾害事故突击抢险救援作用。

1. 国家综合性消防救援队伍

国家综合性消防救援队伍，主要由消防救援队伍和森林消防队伍组成，是我国应急救援的主力军和国家队，承担着防范化解重大安全风险、应对处置各类灾害事故的重要职责。

在习近平新时代中国特色社会主义思想的指引下，国家综合性消防救援队伍深入贯彻"对党忠诚、纪律严明、赴汤蹈火、竭诚为民"四句话方针，对标应急救援主力军和国家队定位，坚持党对国家综合性消防救援队伍的绝对领导，牢固树立习近平总书记重要训词精神的根本指导地位，坚定走出中国特色消防救援队伍建设新路子，坚实锻造"全灾种""大应急"综合救援能力，坚决扛起保民平安、为民造福的职责使命。

根据《"十四五"国家消防工作规划》，"十三五"时期我国消防救援队伍共出动639.5万次，营救转移遇险人员373.3万人次，成功应对1998年以来最严重汛情，出色完成"山竹"等超强台风、"8·8"九寨沟地震、"3·21"响水化工企业爆炸等急难险重任务和山西沁源等重大森林火灾扑救，410个集体和630名个人受到省部级以上表彰。"十四五"期间将进一步建强应急救援主力军，建强中国特色消防救援力量体系，提升全灾种应急救援能力。建立完善与消防救援高风险、高负荷、高压力职业特点相适应的建管训战体系、职业保障机制和尊崇消防救援职业的荣誉体系，不断提升队伍正规化、专业化、职业化水平。积极适应"全灾种、大应急"综合救援需要，制定消防救援力量发展规划，科学布局建设一批综合应急救援尖刀力量，加强"高低大化"火灾扑救和地震、水域、山岳、核生化等专业救援队建设，填补救援力量空白，补齐能力建设短板，加大中西部地区国家综合性消防救援队伍建设支持力度，打造"重点驻防、及时响应、高效处置、覆盖全国"的攻坚救援力量体系，提高全灾种和极端条件下的应急救援能力。围绕森林草原灭火和地震地质灾害救援、抗洪抢险等任务需要，建设统一指挥的跨区域机动力量，优化队伍布局和编成，明确调动权限和程序、与属地关系及保障渠道等，精准实施分区域、常态化、季节性集中轮换靠前驻防，着力加强重点林区、七大流域和重要生态保护目标大规模快速集结和应急救援能力，构建"精准前置、力量流动、区域联动、辐射全国"的网状布防格局。

2. 专业应急救援力量

专业应急救援力量主要包括抗洪抢险、地方森林（草原）灭火、地震和地质灾害救援、生产安全事故救援、航空应急救援等力量。

根据《“十四五”应急救援力量建设规划》，当前我国专业应急救援力量体系基本形成，组建了应急管理部自然灾害工程应急救援中心和救援基地，完善国家级危险化学品、隧道施工应急救援队伍布局，建成地震、矿山、危险化学品、隧道施工、工程抢险、航空救援等国家级应急救援队伍 90 余支、2 万余人，各地建成抗洪抢险、森林（草原）灭火、地震和地质灾害救援和生产安全事故救援等专业应急救援队伍 3.4 万余支、130 万余人，形成了灾害事故抢险救援重要力量。接下来，将强化关键专业应急救援力量建设，建强国家级自然灾害工程应急救援力量，强化工程抢险专业能力建设；支持各地区结合实际建设洪涝灾害应急救援力量。调整优化现有国家级安全生产应急救援队伍规模、结构、布局。针对空白领域新建一批国家级安全生产应急救援队伍；加快构建大型固定翼灭火飞机、灭火直升机与无人机高低搭配、布局合理、功能互补的应急救援航空器体系。

3. 社会应急力量

社会应急力量是指从事防灾减灾救灾工作的社会组织和应急志愿者，以及相关群团组织和企事业单位指导管理的、从事防灾减灾救灾等活动的组织。

根据《“十四五”应急救援力量建设规划》，当前我国社会应急力量建设积极稳步发展。在民政部等部门注册登记的社会应急力量 1 700 余支、4 万余人，发挥其志愿公益、贴近群众、响应迅速、各有专长的优势，参与山地、水上、航空、潜水、医疗辅助等抢险救援和应急处置工作，在生命救援、灾民救助等方面发挥重要作用。据不完全统计，2018—2020 年全国社会应急力量累计参与救灾救援约 30 万人次，参与应急志愿服务约 180 万人次，已逐步成为应急救援力量体系的重要组成部分。接下来，将积极引导社会应急力量有序发展，制定出台加强社会应急力量建设的意见，对社会应急力量参与应急救援行动进行规范引导。开展社会应急力量应急理论和救援技能培训。鼓励社会应急力量深入基层社区排查风险隐患、普及应急知识、就近就便参与应急处置等。完善社会应急力量现场协调机制，深入推进社会应急力量参与重特大灾害抢险救援行动现场协调机制建设，完善统筹指导、任务调派和服务保障等措施。

4. 基层应急救援力量

基层应急救援力量是指乡镇街道、村居社区等组建的，从事本区域灾害事故防范和应急处置的应急救援队伍。

根据《“十四五”应急救援力量建设规划》，当前我国基层应急救援力量持续加强巩固。全国乡镇街道建有基层综合应急救援队伍 3.6 万余支、105.1 万余人。接下来，将持续推进基层应急救援力量建设，坚持专业化与社会化相结合，推动乡镇街道、村居社区加快组建基层应急救援队伍，建设微型应急救援站（点），持续提升基层隐患排查和救早救小的防范处置能力；指导乡镇街道、村居社区结合本地灾害事故特点，组建应急救援队伍，承担灾害事故先期处置和自救互救任务；各地根据本行政区域特点和需要，制定基层应急救援力量建设方案，细化队伍职责，配备必要的物资装备，加强与专业队伍互动演练，提高应急救援能力。

5. 军队非战争军事行动力量（人民解放军和武警部队）

人民解放军和武警部队是我国应急处置与救援的突击力量，担负着重特大灾害事故的抢险救援任务。将军队非战争军事行动力量纳入国家应急力量体系建设，建立健全军地协调联动机制，以确保大灾大难时协调有序、指挥顺畅、联动高效。

总之，“五位一体”的应急救援力量布局，按照“统一指挥、专常兼备、反应灵敏、作风过硬、本领高强、上下联动、平战结合”的要求，从中央到地方，应急管理部门牵头、其他部门和单位配合，多元并进，强化战斗力建设，补短板、强弱项，提高各类灾害事故救援能力，促进国家和省级专业应急救援力量、社会应急力量和基层应急救援力量体系逐步完善，实现与国家综合性消防救援队伍有效协同、有力支撑。

本章小结

应急管理的实质是对安全风险的依法治理和规范管理，而应急预案是标准化的关键和核心。应急预案是突发事件应急的操作参考，是处置突发事件的规范性指导文件。应急预案的科学编制，应遵循“八定”模型，细分为“四步骤八要素”，并根据预案类型和层次，参考框架模板，遵循相应要求。应急预案管理的科学性、规范性不断增强，其规划、编制、评估、修订、宣传、培训、演练、更新、反思、改进等一系列工作均需要规范性要求和专业化指导。

情景构建是应急预案管理的常用方法，形成“策划—实施—检查—改进”的闭环，并结合业务连续性管理理论和具体行业领域，形成科学模型。英国邦斯菲尔德油库爆炸事故的情景构建案例可供学习。

在应急预案的基础上，还要做好信息系统建设、监测预警、应急准备工作。信息是贯穿应急管理全过程的核心要素，建立应急管理信息系统是应急预案从“静态”走向“动态”的工具，也是打通应急管理标准化“最后一公里”的重要方式。应急监测是突发事件应急的关口前移。危机预警是突发事件应急的及时触发。应急准备是指在制定应急预案、设置应急机构、落实应急保障、建设应急队伍等多方面所做的事前准备工作。

关键术语

应急管理标准化　　应急预案　　预案编制　　“八定”模型　　预案演练　　情景构建　　监测　　预警　　应急管理信息系统　　应急准备

复习思考题

1. 简述我国应急管理标准化的发展。

2. 简述应急预案的界定、特征、价值。

3. 简述我国应急预案体系的立体化建构。

4. 简述应急预案编制的"八定"模型的定义和应用场景。

5. 简述应急预案系统管理的各环节要求。

6. 简述应急预案情景构建的主要环节和核心要素。

7. 简述应急预案情景构建相关模型的定义和应用场景。

8. 简述应急管理信息系统的建设与运行要求。

9. 简述监测与预警的内涵及二者的关系。

10. 简述全面应急准备的目标。

11. 简述应急物资储备保障的要点。

12. 简述应急救援力量建设的要点。

阅读材料

国家综合性消防救援队伍的正规化建设

正规化建设对于综合性消防救援的体系建构、发展方向、践行现代化均起到了支撑性的关键作用，正规化建设将持续推进全国综合性消防救援的全面高质量发展。①

一、正规化建设支撑起国家综合性消防救援的体系建构

国家综合性消防救援体系的建构要件包括：一是胜任既定职能，二是聚集综合战斗力，三是规范化管理。正规化建设在支撑综合性消防救援体系的建构方面，起到了"四梁八柱"的基础性功能。

第一，正规化建设是在统筹发展和安全的背景下，贯彻落实总体国家安全观、达成中央统筹传统安全和非传统安全两层目标的"法宝"。2020 年 10 月，党的十九届五中全会审议通过的《关于制定国民经济和社会发展第十四个五年规划和二〇三五年远景目标的建议》，首次明确强调要"坚持总体国家安全观，实施国家安全战略，维护和塑造国家安全，统筹传统安全和非传统安全，把安全发展贯穿国家发展各领域和全过程，防范和化解影响我国现代化进程的各种风险，筑牢国家安全屏障"。应急管理部部长黄明强调，以推动高质量发展为主题，以防范化解重大安全风险为主线，以改革创新为根本动力，以满足人民日益增长的安全需要为根本目的，坚持总体国家安全观，更好地统筹发展和安全，着力化解存量风险、防范增量风险。这些凸显出当前消防救援队伍所面临的严峻形势和必须应对传统安全和非传统安全的艰巨考验。队伍正规化建设是重中之重，其主要内容是构建与消防救援队伍新职能、新使命相适应的"执勤、训练、工作、生活"四个秩序，工作目标是全面提升消防救援队伍防范化解各类安全风险，应对处置各类灾害事故的能力和水平。山东总队淄博支队"实战实训、联调联战"，广东总队强化设置战术研讨台和进行战术复盘研讨等创新，通过正规化切实提升抵御安全风险的能力。

① 唐钧．正规化建设将全面推进国家综合性消防救援的高质量发展．中国消防，2021（5）．

第二，正规化建设是消防救援队伍处于“复杂困难时期”中，从严从实践行“纪律严明”治队之基的关键，是巩固和提高队伍战斗力的保证。一方面，全国各地的消防救援队伍通过正规化建设，坚持不懈依法管理、从严管理，持之以恒正风肃纪，坚决推进消防执法改革，主官带头从严带班子、带队伍、正风气、树形象，坚持不懈抓基层、打基础，着力锻造纪律严明、铁令如山的过硬队伍。另一方面，在开展队伍正规化建设的过程中，消防救援队伍始终贯彻战斗力标准，聚焦执勤备战，引导各级指战员加强学习，科学施训，强化各个领域专业人才培养，推进应急救援信息化和装备建设，全面提升各级指挥协调能力、专业救援能力、机动作战能力和快速反应能力，加快推进队伍转型升级，聚集充足的综合战斗力量。北京总队出台《队列动作训练教学示范教材》，通过正规化建设大幅提高专业化水平；广东总队推出集成本辖区所有常见灾种的综合训练塔，创建体能训练区，做到“基础训练不出营区、班组训练依托营区、体能训练房前屋后”。正规化建设在强基固本的基础上，形成了持续提升战斗力的坚实保障。

第三，正规化建设是在夯实基层基础应急力量的背景下，实现规范化管理，努力走出中国特色消防救援“新路子”的关键。应急管理部秉承“政治建队、改革强队、依法治队”的抓建思路，全国各级消防救援队伍着力探索构建新体制下符合消防救援队伍职业特点的正规化建设标准体系和教育管理模式。山东在全国率先建立省级消防救援职业保障机制；广东总队正规化建设确定了以紧扣提升战斗力为主要目标，以“五统四性”为总揽，以“条令化、法治化”为核心，坚持依法从严，注重按纲抓建，完善机制载体，勇于开拓创新，重塑“执勤、训练、工作、生活”四个秩序，通过狠抓严格的训练、科学的管理和持久的养成，实现新一轮队伍正规化建设向内涵式、高层次发展的建设体系，基层标准化体系也在实践中不断创新和升级。全国的消防救援队伍建设有待通过正规化建设，健全政策制度体系，强化规范化管理，努力走出中国特色消防救援“新路子”。

二、正规化建设确保国家综合性消防救援的发展方向

在近三年的全国实践中，正规化建设通过持续提升向心力、战斗力、凝聚力，忠实践行习近平总书记训词要求的发展方向。

第一，用正规化出向心力：对党忠诚、党建引领、纪律严明。国家消防救援队伍是党绝对领导下的队伍，正规化建设能够有效提升向心力：有利于规范党组织运行，切实提高党组织的凝聚力向心力和党员领导干部的驾驭力掌舵力，发挥好组织的党性熔炉作用和党员领导干部的示范表率作用；有利于促进文化扎根、教育熏陶，让思想教育时刻紧扣指战员的“活思想”，在潜移默化中将“两严两准”根植于心、形成自觉；有利于以自我革命的精神自我检视查摆问题，把个人前途与集体利益紧密捆绑，激发关乎主动履职、主动作为、主动担当的行动自觉。广东总队的正规化建设在党建引领下开展工作，在日常工作生活中，融入对党忠诚、纪律严明的全方位要求。广东总队还在正规化建设过程中构建了“三线”防控体系，以“九无”创建、“两个经常性”工作为抓手，配套了设施标准统一的党支部会议室、消防员之家等场库室，自主研发智慧政工平台，推动政治教育和管理各项工作落实，均在实践中取得成效。

第二，向正规化要战斗力：赴汤蹈火、反应灵敏、快速高效。对标应急救援主力军和国家队定位，在推进队伍救援理念、职能、能力、装备、方式、机制转型升级的过程中，以自我革命的精神全面建设党和人民信得过、靠得住、能放心的队伍，做到对党绝对忠诚、业务绝对过硬，牢固树立战斗力标准，关键时刻能打大仗打硬仗打恶仗打胜仗。正规化建设，既有利于将规范执勤备战秩序、建立科学练兵机制、健全安全管控体系等能够在常态实训中切实提升战斗力的措施有效固化并全面落实，全面提升班组、队站指挥作战专业能力和精准水平，也有利于建立健全符合职业特点的专门管理和保障政策，完善荣誉激励机制，树立职业尊崇，这是保证队伍战斗力的关键所在。广东总队的正规化建设以提升战斗力为靶向，从队站设置、力量布局和调度上构建1＋N力量体系，实现中心站、小型站、微型站全面联动；防治营房营地用地紧张、训练和学习时间零碎等全国性“通病”，创建了以综合训练塔和“房前屋后”训练区为载体、以模块化专业训练为基础、以自发自愿的专项训练为补充的系统化训练模式，持续提升技能，不断提高战术战法，践行赴汤蹈火、反应灵敏、快速高效的中央要求。

第三，靠正规化提凝聚力：竭诚为民、关怀基层、持续发展。消防救援队伍的凝聚力建设，事关消防员个体的职业荣誉感、归属感、获得感，事关消防系统的作为、形象、风貌。通过正规化建设，将奖励补贴、职业保障、发展晋升、心理辅导、立功表彰、调休政策、后勤生活、装备配备、优抚优待等有助于提升凝聚力的措施和做法固化为常态工作，从而营造和谐温暖的内部关系、增强全体指战员的职业荣誉感。广东总队的正规化建设将国家综合性消防救援队伍迫切所需的凝聚力得以固化和提升。营房营区“双四区”的配置充分考虑到了救援队员们的多元化需求。设置了融合性消防员之家、训练场休息区等场库室，条件允许的单位还在正规化标准约束下开设了“天台菜园”“消防员公寓”“咏春拳桩”等人性化服务空间。这些举措优化改良了国家综合性消防救援队伍的组织文化。

三、正规化建设保障国家综合性消防救援践行现代化

消防救援队伍通过正规化建设，在三个层面践行现代化：一是流程层面的全面质量管理和目视化管理，二是要素层面的差异化管理和可持续管理，三是本质层面的科学应急管理和安全风险管理。

第一，正规化建设内设的全面质量管理和目视化管理，力争达到综合性消防救援的全流程管理现代化。全面质量管理（total quality management）是全球认可的质量管理体系，目视化管理（visual management）则以“视觉化”为基本手段，以“公开化”为基本原则，尽可能地使大家都看得见管理者的要求和意图，借以推动看得见的管理、自主管理、自我控制。以广东总队为例，PDCA模型已在实践中应用，其基层正规化建设体系逐步升级为涵盖力量部署、制度规范、硬件设施、安全保障、考评体系的标准体系，并在实践打磨中日臻成熟。

第二，正规化建设内含的差异化管理和可持续管理，力争达到综合性消防救援的全要素管理现代化。可持续管理（sustainable management）是高阶管理的硬性要求，国家综合性消防救援队伍必须有扎实的可持续管理基础，才能完成高强度、高频次的危险性作业。以广东总队的基层正规化建设为例，其顶层设计规划了可持续性，创新提出的

"三线"防控体系、"双一流"任务目标，为可持续管理建构了系统性的可持续进步；其物理设计保障了可持续性，改善工作生活质量、动静分离的营房营区设置保障了可持续发展的条件；其能力建设提供了可持续性，见缝插针的专业训练场地、综合训练设备设施、针对性的体能训练、不定期的总结和团队学习等为综合性救援能力的持续提高提供了通道。正规化建设必须实施差异化管理（differentiated management），兼顾规范化、精细化和人性化，因地制宜地推进。正确区分正规化建设的必配项、选配项，做到既全面部署又突出重点，既解决现实问题又规避形式主义，既有里有面又有急有缓，真正将队伍正规化与队伍发展深度融合。

第三，正规化建设内嵌的科学应急管理和安全风险管理，力争达到综合性消防救援本质层面的现代化。本质安全是综合性消防救援现代化的重要标志，科学有效的应急管理（emergency management）和防范化解重大安全风险的风险管理（risk management）是实现本质安全的必有路径。广东总队的基层正规化建设，已深化为从力量体系、规范制度、硬件设施、安全保障等方面全面保障"综合应急救援现代化"的深层次正规化体系，切实提升本质安全水平。

第4章

应急响应启动与科学现场指挥

应急响应对应着应急管理的事中环节，是有效处置突发事件、开展应急处突与紧急救援工作的过程，应急处置具体工作内容繁杂，以尽可能降低突发事件危害、减少群众人财损失为目标。应急的重点在现场，而现场的难点在指挥。突发事件发生后，突发事件及其演变发展、连锁反应、次生灾害等可能导致突发事件等级的上升、影响区域范围的扩大、受灾行业领域的增多，为保证现场处置和救援工作的有效实施，必须对事件现场的所有应急工作实施统一的指挥、管理、执行、联动。

重点问题

- 应急响应的操作流程和实施要点
- 应对应急响应“失灵”问题的科学模型
- 现场指挥系统的操作原则、构成要素、典型设置
- 跨层级、跨部门、跨区域联动响应的应用场景

4.1　应急响应的实施

4.1.1　应急响应的操作流程与实施要点

4.1.1.1　应急响应的基本流程与主要环节

应急响应是指相关责任主体根据监测预警立即启动相应等级的预案，召集应急救援

队伍和社会力量，调动属地应急物资和设备，采取专业应急处置措施，开展应急处突与紧急救援的一系列工作。根据《突发事件应对法》的相关规定，应急响应工作可概括为触发响应、先期处置、快速评估、启动预案、现场处置、信息管理、处置结束等七个环节。

1. 触发响应

响应的触发一般包括两种类型：第一类是由报警和求助触发响应。突发事件现场的“第一响应人”了解情况之后应有针对性地进行报警与求助，例如，110 治安类报警求助、119 火警类报警求助、120 医疗救护类报警求助、122 交通事故类报警求助。第二类是由监测和预警触发响应，当可预警的突发事件即将发生或发生可能性增大时，专业机构、监测网点和信息报告员应当及时向所在地人民政府及其有关主管部门报告突发事件的相关信息，政府应根据相关法律法规规定的权限和程序发布相应级别的警报，决定并宣布有关地区进入预警期，进而触发响应。

2. 先期处置

在突发事件即将发生或刚发生后初期，有关部门根据初步判断而对事件进行的早期应急控制或处置，以最大限度地避免和控制事件恶化升级的一系列决策与执行行动。突发事件的先期处置是“事发”阶段应急首要环节。及时、快速、有效的处置可以争取时间，最有效地控制事态扩大和升级并减少损失。

3. 快速评估

突发事件发生后的较短时间内，由履行领导职责或组织处置突发事件的政府及其有关部门按照有关规定指派工作组或有关机构针对特定问题进行快速调查，对事件发生演化趋势进行总体分析和判断，提供相关信息，为现场指挥提供依据。

4. 启动预案

确定突发事件级别后，按照分级响应的原则，政府及其有关部门或单位应迅速启动应急预案，调集应急救援队伍、应急救援物资，派出应急协调人员和专家赶赴突发事件现场，并成立现场应急指挥部。在突发事件继续扩大升级的情况下，应急响应的级别应当作出相应调整。

5. 现场处置

现场处置一般包括生命救援和事件处置。生命救援是指灾害发生后开展搜救伤员和医护救助等工作，以尽可能减少人员伤亡、保障群众的生命安全。事件处置是指通过一系列专业措施，控制危机源，处置突发事件，减少危害所造成的人员死伤、财产损失和负面影响。根据我国相关法律法规的规定，应急响应的专业处突工作总体要求存在不同。

6. 信息管理

信息管理是对于信息的收集分析、上传下达、对外发布、互联互通等方面的工作，是政府部门、组织、媒体、公众等多方之间进行信息传递与沟通交流的过程，是确保信息上传下达和响应联动协调的重要环节，也是危机处置内部与外部建立信任和合作的桥梁。过程中需注意敏感信息的保密工作。

7. 处置结束

应急处置工作结束后，突发事件的威胁和危害得到控制或消除后，现场应急指挥部撤销，应急响应终止。同时采取或者继续实施必要措施，防止发生自然灾害、事故灾难、公共卫生事件的次生、衍生事件或者重新引发社会安全事件。

在上述七个环节中，针对各环节的主要任务和重点工作，应设置必要机制、采取专业措施、培养和训练专业人员。

4.1.1.2 先期处置与快速评估的机制运行

1. 先期处置的目标和原则

先期处置的目标，是在突发事件发生的第一时间开展先期处置工作，按照边处理、边报告的原则，及时有效地控制事态、防止事态的升级和扩大，并将了解的情况和所采取的措施立即反馈给有关部门和地区。

为有效处理和控制突发事件的影响范围和损失，先期处置应当遵循以下基本原则：（1）统一现场指挥，必须建立应急处置现场指挥员制度，确定越级指挥、先期处置的原则与权限，落实并完善应急管理行政领导负责制和责任追究制。（2）根据事态性质决定处置方式，对各类性质比较确定的突发事件以“先隔离事态，后控制处置”原则进行处置，如核辐射事故需要专业救援人员进行处置，现场处置人员应着重转移周边群众，维护现场秩序，等待专业救援队伍到来，对各类原因不明的突发事件要一边隔离事态和控制处置，一边及时判明事件性质和发展趋势。（3）边处置边报告。对没有明确规定、把握不准的问题，应当及时请示，情况紧急来不及请示时应当边处置边报告，或边报告边处置。

2. 现场快速评估的内容

突发事件现场情况的快速评估，一般包括三个方面：

第一，突发事件事态形势快速评估，即“现场初始评估”，用于确定最初的救援需求，确定正在逼近的危险以及对应的直接行动，通常要求在事件发生的数小时内对事态形势做出快速评估，以作为采取适当应对行动的决策基础。

第二，突发事件损失和影响快速评估，为应急处置决策指挥提供信息服务。评估内容主要包括：突发事件影响范围、突发事件级别、事故灾情隐患、影响区域人员伤亡情况、直接经济损失、房屋倒塌损失及疏散安置者数量、影响区域基础设施损失情况、影响区域环境情况、影响区域公共服务情况、影响区域社会损失以及次生衍生灾害等。

第三，灾民和影响区域需求快速评估，为应急救援决策提供信息服务。评估内容主要包括：抢险救灾所需的人财物等资源情况、抢险救灾需求情况、影响区域群众对生活（生产）物资的需求情况、影响区域救援的医疗和防疫需求情况、不同时期的突发事件的救助目标及需求情况等。

3. 现场快速评估的方法

突发事件现场快速评估的常见方法主要包括：

第一，上报汇总法，利用事发单位和基层政府按照上级部门或者应急指挥部门的相关规定或指令，短期内迅速上报的各类突发事件信息和数据，以累计汇总为基础进行快速评估。

第二，遥感法，利用现代飞机（包括无人机、飞艇等）或卫星遥感技术，快速拍摄获取灾区上方的图像资料，再利用图像处理技术分析灾区损失和影响情况进行快速评估。

第三，灾害模型法，针对特定类型突发事件，采用数学方法建立灾害模型。当突发事件发生时，将突发事件的级别、范围，影响区域的人口、社会和经济统计资料以及其他相关参数代入已建好的灾害模型中，快速评估出所需要的相关内容。

第四，案例法，利用历史上类似事件或相似案例与本次事件进行类比，根据历史事件的相关数据推断出快速评估的结果。

综合利用以上两种或几种方法，可以获得更为准确或者更为广泛认可的评估结果，例如可综合上报汇总法和案例法，用类比历史事件的数据来修正上报汇总数据的误差。

4.1.1.3　现场应急救援的行动方案

一般情况下，现场应急救援应坚持以下基本原则：受害人员和应急救援人员的安全优先；防止事故蔓延优先；保护环境优先。现场应急救援的主要任务包括现场初始评估、辅助逃生与隔离危害、现场区域划分、现场抢救、人员搜救、伤员转运等。

1. 现场初始评估

应急救援人员到达现场后，对突发事件现场情况和危险源状况进行初始评估，以确定行动方案，降低救援风险，提高救援效率。现场初始评估内容具体包括：准确判断事件发生的时间、位置、造成事件的原因，根据事件的特征判断事件类型，并初步判断人员伤亡与财产损失情况，是否需要外界援助。危险源评估包括对引起人财损失的危险源进行测评，确定危险源的准确位置和影响范围，防止其影响和阻碍应急救援行动的开展。现场初始评估有助于基本掌握突发事件的整体规模、影响范围、损失大小等情况，从而预判突发事件等级，与应急预案所规定应急响应分级相对应，从而决定启动何种级别的应急预案和相应的反应机制，确定应急救援行动的规模和级别。

2. 辅助逃生与隔离危害

通过辅助逃生和隔离危害，将处于危险环境中的群众进行有效疏散，尽量减少人员伤亡。遵循先近后远、先易后难的原则，将群众紧急转移到安全地带并开展好临时安置工作。安全地带主要指避难场所，或者事故周边的空旷地带。与此同时，注意隔离危害，以不引发再次损失为目标，通过鉴别危害物品和熟练使用工具，确保安全疏散地点远离危害、安全可靠，并在条件允许的情况下进行现场保护。一般遵循七个步骤：估计灾害损害程度和发展趋势；选择较优的疏散路线和适当的疏散工具；告知受害人群疏散决定；协助指导疏散交通；密切关注人员伤亡情况并提供基础医疗救护；维持治安和秩序；检查是否留有落伍者并及时营救。

3. 现场区域划分

现场区域划分的目的是保障人员和财产的安全、提高紧急救助的效率，其前提是有利于施救、有利于疏散。为实现其目的，应遵循规避潜在危险源、因地制宜、资源优化使用三大原则。在遵循现场区域划分原则的基础上，可以利用现场有限空间，尽快按功能划出特定工作区域，为有序开展施救活动提供前期保障。根据实际需要，可将现场区域划分为人员聚集区、设备存放区、临时医疗救护区、心理辅导区、物资储备区、隔离警戒区、遗体临时存放区、现场指挥区等功能区，分别对人员、设备、医护、心理辅导、物资等方面进行集中管理和安排，并根据现实情况的需要适当增添、合并功能区。在设定功能区的同时，需要对功能区进行一定的规划，对各功能区的容纳量有一定的把握，确保在容纳负荷范围内使用。功能区的使用原则应根据不同区域的功能而定，总体原则是保障各区域的顺利运转。

4. 现场抢救

现场抢救的工作包括伤情检查、院前急救、专业医疗抢救等。过程中应注意把握以下要点：一是条件允许的情况下，尽快转移伤员脱离险区；二是先复苏后固定，先止血后包扎，先重伤后轻伤，先救治后运送；三是急救与呼救并重，搬运与医护一致。伤情检查是指确认并立即处理威胁生命的情况，检查伤员的意识、气道、呼吸、循环体征等。院前急救的常用救护技术主要包括止血、包扎、固定、搬运等最基本紧急救助技术，以及休克、呼吸困难、呕血、咯血、过敏反应、抽搐等的简单处理方式。专业的医疗卫生救援应急队伍赶往灾区进行现场抢救，基本原则包括：先救命后治伤、先救重后救轻；先抢后救，抢中有救，尽快脱离事故现场；先分类再运送；医护人员以救为主，其他人员以抢为主，各负其责，相互配合；注意自身防护。医疗卫生救援应急队伍到达现场，要迅速将伤员转送出危险区，按照国际统一的标准对伤病员进行检伤分类，分别用蓝、黄、红、黑四种颜色，对轻、重、危重伤病员和死亡人员作出分类标识，以便后续救治辨认或采取相应的措施。

5. 人员搜救

确定涉灾人员的定位，紧急搜救被困人员和受灾群众。搜救人员应综合经验、设备、技术，快速有序地组织和实施搜寻工作。搜寻技术可分为三类：（1）物理搜寻，可以通过呼叫找寻并救助涉灾人员。（2）生物搜寻，主要是通过搜救犬搜寻废墟中的幸存者。（3）高科技搜寻，如红外线、微波、声呐等技术，需要专业技术人员和特殊设备的配套。例如，地震生命救援的过程中，需根据地震级别，派遣公安消防部队、地震灾害紧急救援队、矿山和危险化学品救护队、医疗卫生救援队伍等各类专业抢险救援队伍，协调解放军和武警部队派遣专业队伍，调配大型吊车、起重机、千斤顶、生命探测仪等救援装备，抢救被压埋幸存者和被困群众。

6. 伤员转运

伤员转运是指当现场环境处于危险或在伤病员情况允许时，要尽快将伤病员转送并做好相关工作，具体包括：对已经检伤分类待送的伤病员进行复检，对有活动性大出血或转运途中有生命危险的急危重症者，应就地先予抢救、治疗，做必要的处理后再进行监护下转运；认真填写转运卡提交给接纳的医疗机构，并报现场医疗卫生救援指挥部汇总；转运过程中在医疗仓内密切观察伤病员病情变化，并确保治疗持续进行；科学搬运，避免造成二次损伤；合理分流伤病员或按现场医疗卫生救援指挥部指定的地点转送，任何医疗机构不得以任何理由拒诊、拒收伤病员。

4.1.1.4 应急处置措施

突发事件发生后，履行统一领导职责或者组织处置突发事件的人民政府应当针对其性质、特点和危害程度，立即组织有关部门，调动应急救援队伍和社会力量，依照《突发事件应对法》规定和有关法律、法规、规章的规定采取应急处置措施。在四类突发事件中，自然灾害、事故灾难和公共卫生事件在应对措施上具有更多的相似性和共通性，《突发事件应对法》针对这三类事件做出必要的现场处置措施规定，对于社会安全事件单独规定了应急处置措施。

1. 自然灾害、事故灾难、公共卫生事件的应急处置措施

自然灾害、事故灾难或者公共卫生事件发生后，履行统一领导职责的人民政府可以采取下列一项或者多项应急处置措施。

第一，救助性措施。应急处置坚持以人为本的原则，把抢救生命作为首要任务，千方百计救援受灾群众，科学施救，最大限度减少伤亡。基于此，应急处置的首要工作是组织营救和救治受害人员，疏散、撤离并妥善安置受到威胁的人员以及采取其他救助措施，坚持“先避险、后抢险，先救人、后救物”的基本原则。

第二，控制性措施。突发事件发生后，应迅速控制危险源，标明危险区域，封锁危险场所，划定警戒区，实行交通管制以及其他控制措施，为接下来的应急处置创造相对有利的工作环境，并确保应急救援队伍、装备和物资等得以顺利地到达事发现场。

第三，保障性措施。突发事件发生后，应立即抢修被损坏的交通、通信、供水、排水、供电、供气、供热等公共设施，以稳定社会公众情绪，并有效保障应急救援队伍、装备和物资的运输；向受到危害的人员提供避难场所和生活必需品，保障食品、饮用水、燃料等基本生活必需品的供应，实施医疗救护和卫生防疫以及其他保障措施，保障基本民生，确保大灾之后无大疫，并防止社会矛盾激化。

第四，预防性措施。在应急处置过程中，应急管理部门不仅要着力减轻已造成的损害结果，还要排查有关设备、设施及活动场所潜在的风险，禁止或者限制使用有关设备、设施，关闭或者限制使用有关场所，中止人员密集的活动或者可能导致危害扩大的生产经营活动，以及采取其他保护措施，采取防止发生次生、衍生事件的必要措施，及时遏止突发事件扩散、风险升级和危机蔓延。

第五，动员性措施。应启用本级人民政府设置的财政预备费和储备的应急救援物资，必要时调用其他急需物资、设备、设施、工具。开展应急社会动员，组织公民参加应急救援和处置工作，要求具有特定专长的人员提供服务，必要时紧急征用单位和个人的财产。被征用的财产在使用完毕或者突发事件应急处置工作结束后，应当及时返还；财产被征用或者征用后毁损、灭失的，应当给予补偿。

第六，稳定性措施。突发事件发生后，商品供应可能出现短暂性的紧缺，可能出现利用突发状态下的混乱局面进行违法犯罪活动，危害社会秩序，干扰应急处置工作。对此，应依法从严惩处囤积居奇、哄抬物价、制假售假等扰乱市场秩序的行为，稳定市场价格，维护市场秩序；依法从严惩处哄抢财物、干扰破坏应急处置工作等扰乱社会秩序的行为，维护社会治安。

2. 社会安全事件应急处置措施

社会安全事件发生后，组织处置工作的人民政府应当立即组织有关部门并由公安机关针对事件的性质和特点，依照有关法律、行政法规和国家其他有关规定，采取下列一项或者多项应急处置措施。

第一，强制隔离措施。强制隔离使用器械相互对抗或者以暴力行为参与冲突的当事人，妥善解决现场纠纷和争端，控制事态发展。

第二，保护控制措施。对特定区域内的建筑物、交通工具、设备、设施以及燃料、燃气、电力、水的供应进行控制。

第三，封锁限制措施。实施现场管制，封锁有关场所、道路，查验现场人员的身份证件，限制有关公共场所内的活动。

第四，重点保卫措施。加强对易受冲击的核心机关和单位的警卫，在国家机关、军事机关、通讯社、广播电台、电视台、外国驻华使领馆等单位附近设置临时警戒线。

第五，秩序保障措施。公安部门依法出动警力，根据现场情况依法采取相应的强制性措施，尽快使社会秩序恢复正常。

除了上述必要应急处置措施之外，发生突发事件，严重影响国民经济正常运行时，国务院或者国务院授权的有关主管部门可以采取保障、控制等必要的应急措施，保障人民群众的基本生活需要，最大限度地减轻突发事件的影响。

4.1.2 应急响应的“失灵”及其应对模型

4.1.2.1 应急响应的“失灵”问题

在应急管理过程中，响应“失灵”是指来不及启动响应导致失灵、启动响应的做法或措施失误，即启动响应迟滞、无正确响应。具体表现为：（1）未能及时或提前准确地监测到并预警危机。（2）未接到警报，延误最佳时机。（3）未在规定时间内赶到现场，错过“黄金救援期”。（4）未按预案及时救援，存在不规范等失误，耽搁了科学处置。（5）“不敢救”：担心被牵连不敢见义勇为。（6）“不会救”：不掌握“应知应会”的救援技能，不会科学救援，很可能适得其反。（7）“不想救”：欠缺人道主义精神或存在主观因素，不想实施救援。

2014 年韩国“岁月号”沉船事故反映出启动响应迟滞的问题。2014 年 4 月 16 日上午 8 时 58 分许，载有 400 多人的“岁月号”客轮在韩国西南海域发生浸水事故而下沉，截至 5 月 15 日，“岁月号”事发时搭载的 476 人中，172 人获救、281 人确认遇难、23 人下落不明。事故救援中，尽管时任韩国总统朴槿惠迅速下令韩国海陆空三军开展联合救援行动，但暴露出严重的应急响应迟滞问题，事前乘客信息登记不到位，事中请求救援信息迟缓、工作人员操作失误，事后救援力量来迟、保障工作落后等，导致人员死伤惨重，政府公信力严重受损。

4.1.2.2　应急响应的“并联响应”模型

针对应急响应的“失灵”问题，应急响应的形式应升级为“并联响应”。“并联响应”是指，突发事件的关联部门、关联区域、关联领域等，同步接收到危机预警信息并开展应急处置工作。随着预警信息的集成化发布，应急相关部门之间的联动协作性增强，应急响应的形式得到优化，逐渐从危机爆发后信息单线传播、逐一启动应急的“串联响应”，升级为多部门、多区域、多领域、多工作同步进行的“并联响应”。

“并联响应”主要具有以下三个方面的作用：一是提升应急效率，尤其是提高生命救援和专业处突的速度。二是防止次生灾害的跨领域、跨区域扩散。三是兼顾现场和舆论场的应急响应，防止现场出现人员死伤、舆论场出现社会恐慌等负面影响。

新媒体时代，现场突发事件爆发和舆论场事件关联舆情往往同步出现，现场和舆论场的“并联响应”尤为重要。基于此，政法机关树立了“三同步”的新时代政法工作理念和方式，要求处理社会公共事件时应坚持“依法办理、舆论引导、社会面管控”三方面工作同步开展，确保应急处置取得良好的法律效果、政治效果、社会效果。

4.1.2.3　应急响应的“提前响应”模型

针对应急响应的“失灵”问题，应急响应的时机应升级为“提前响应”。“提前响应”是指，在突发事件发生之前就预知危机发生并采取响应措施，从而避免危机爆发或阻止危害扩散。基于事前风险评估、危机预测、危机预警的工作经验积累和技术水平提升，从突发事件发生后的“滞后响应”逐步升级为事发之前的“提前响应”。

提前预知危机是“提前响应”的前提，是应急人员在经验积累和专业精神的结果，也可能是先进技术装备的产物。一方面，基于一线应急处置工作人员的丰富经验积累，及时发现事故征兆，提前采取应急响应措施。例如，2016 年 4 月 21 日，杭州一名交警预知马路地面塌陷，提前 4 分钟设置路障、疏导车辆，规避车祸损失。[①] 另一方面，特征识别、智能监控、智慧巡更、异常预警等风险识别和危机预警的智能化技术装备应用，切实提高提前发现并处置危机的概率和速度。例如，某市消防支队研发应用了化工单位事故风险预警系统，初步实现了对化工单位的准确预知、提前预警、及时预防。

4.1.2.4　应急响应的“智能响应”模型

针对应急响应的“失灵”问题，应急响应的技术应升级为“智能响应”。“智能响应”是指，依靠机器和科技的自动化、智能化装备开展应急响应，尤其是人员搜救、专业处突、信息传递和防止次生灾害等工作。随着智能技术的不断发展和自动装备的不断普及，从依靠人员操作和人工应急的“人力响应”逐步升级为“智能响应”。

“智能响应”主要具有以下作用：一是发挥机器和技术的自动化、智能化优势，提升应急效率。二是降低人员操作和人工应急的本能反应“失误率”，减少应急失误，最大限

---

① 杭州交警预知地面塌陷 获赞“中国英雄”.（2016-04-27）. http://www.xinhuanet.com/politics/2016-04/27/c_128934970_2.htm.

度地降低人财损失。三是对于应急处置和现场救援人员本身起到有效保护作用。

当前，在传统“人防、物防、技防”的基础上，多领域多部门在应急响应中引入人工智能、大数据、物联网等技术支撑下的智能响应平台，积极形成科学、智能、高效的常态安全管理和危态高效应急。例如，我国重视企业和化工园区安全风险智能化管控，全面加强建设集重大危险源管理、双重预防机制、特殊作业管理、智能巡检、人员定位等功能为一体的企业平台，以及集安全基础管理、重大危险源管理、双重预防机制、特殊作业管理、封闭化管理、敏捷应急等功能为一体的化工园区平台。

4.2 现场指挥系统的标准化与规范化

4.2.1 现场指挥系统的基本框架

4.2.1.1 现场指挥系统的界定

突发事件发生后，为保证现场处置和救援工作的有效实施，须对事件现场的所有应急工作实施统一的指挥和管理，形成统一的现场指挥系统，国际上一般称为 ICS（incident command system）。

现场指挥系统的基本要求是反映机敏、运转灵活、权威高效。在现场指挥系统的作用下，快速高效地完成突发事件现场的搜救伤员、医疗救治、安置灾民、物资保障、卫生防疫、抢修基础设施、设置和维护警戒、维护社会治安、监测和控制险情、调整应急方案、防御次生灾害、部门联动协调、区域协同、信息通报、信息发布、开展社会动员、管理涉外事务等一系列工作。

在具体操作中，现场指挥系统遵循统一性、标准化、灵活拓展三个原则。

4.2.1.2 现场指挥系统的操作原则

由于现场应急的目标多样、主体复杂且面临随机性和多样化的应急问题，现场指挥系统在操作中需遵循基本原则，根据美国联邦应急管理局相关资料总结，具体如下：

第一，设置通用术语（common terminology）。通过建立通用术语，允许不同的事件管理和支持组织在各种功能和危险场景中一起工作。通用术语主要包括：组织职能、职责的命名和定义、资源描述（人员、设备、团队和设施）、事件设施等。

第二，模块化组织（modular organization）。提前设置现场响应所需职能小组，明确不同职能小组的职责分工、人员组成、资源配置等，实现现场指挥系统的模块化过程。在具体的应急处置中，根据突发事件的规模大小、复杂程度、环境情况，召集所需的职能小组模块并组建现场指挥系统。

第三，设定现场最高指挥员（single incident commander）。当事件发生在单一行政辖区范围内，且没有管辖权或职能机构重叠时，有关当局指定一名具有总体事件管理责任的事件指挥官；在事件管理跨越管辖权和/或职能机构边界的某些情况下，仍可指定一名事件指挥官，作为突发事件现场负责统一组织、指挥应急处置工作的最高指挥者。

第四，通过目标实现统一管理（management by objectives）。建立支撑性的任务目标，来作为统一管理的工具，具体包括：建立具体的、可衡量的目标；确定实现目标的战略、战术、任务和活动；制定和发布具备各种事件管理功能的任务、计划、程序和协议；根据目标记录结果，衡量绩效，纠正措施，并为后续运营期间的事件目标提供信息。

第五，标准化的行动方案（standardized action plan）。突发事件行动方案需提前提供统一的标准化方案，来有效组织人员和设施设备、协调具体行动和资源调动，保证应急处置行动的统一高效。

第六，管理控制范围（manageable span of control）。保持适当的控制范围有助于确保有效和高效的事件管理与操作。事件类型、任务性质、危险和安全因素、各级人员的经验、上下级之间的沟通渠道都是影响控制可控范围的因素。事件管理的最佳控制范围是“一个主管、五个下属”。

第七，场所与设施（locations and facilities）。根据事件的规模和复杂性，提前安排行动场所和支持设施，一般包括事件指挥所（incident command post）、基地、集结区、营地、大规模伤亡分诊区、分发点和紧急避难所等。

第八，综合资源管理（comprehensive resource management）。对于可用于或潜在可用于支持突发事件管理，能够分派或分配的人员、小组、装备、供给品和设施等资源，进行标准化配置和管理，保持准确、最新的资源清单。

第九，整合通信（integrated communication）。整合相关的行动部门和支持部门，必要时可建立多条通信网路，建立和使用共同的通信方案、共享通信程序和系统结构，并在通信整合的基础上发挥指挥功能。

第十，指挥权的建立和移交（establishment and transfer of command）。指挥权是指通过明确的规定或授权来引导、命令或控制的行动，现场事故指挥官可由法规、政策或程序明确指定，也可由机构的管理者或官员授权；当事件处置需要转移指挥权时，应尽量面对面进行，同时以一个完整的交接简报（口头或书面）完成，并传达给参与应急处置的人员。

第十一，指挥链及命令的统一性（chain of command and unity of command）。指挥链是指事件管理组织等级中有序的权威线。命令的统一性意味着每个人只向一个人报告。这澄清了报告关系，并减少了由多个相互冲突的指令所造成的混乱，使各级领导能够有效地指导在其监督下的人员。

第十二，问责制（accountability）。在突发事件期间对资源的有效问责制至关重要。事件人员应遵守问责制，包括签到/检查、事件行动计划、指挥统一、个人责任、控制范围和资源跟踪。

第十三，调度和部署（dispatch/deployment）。人员和装备的调度有其严格条件和程序要求。只有在适当的当局提出要求时才能部署资源，并通过已建立的资源管理系统分配资源。当局不要求的资源应避免自发部署，以避免加重接受者的负担和增加问责挑战。

第十四，信息和情报管理（information and intelligence management）。建立集收集、分析、评估、共享和管理事件相关信息和情报的严格规范程序。

4.2.1.3 现场指挥官的主要职责

由于现场应急的部门职能和执行手段复杂，需要对现场指挥的最高权威人员——现场指挥官的职责予以明确，以确保应急处置的专业和高效。根据《广东省突发事件现场指挥官工作规范（试行）》等相关资料①，现场指挥官的具体职责如下：

第一，现场指挥官在抵达突发事件现场前，提前做好前期工作：（1）立即组织成立现场指挥部。根据有关应急预案或者实际需要指定现场副指挥官，明确现场指挥部成员，视情况组织成立专家组。（2）及时了解有关情况。抓紧掌握突发事件基本情况，包括当地政府先期处置情况，事发地地理信息、气象条件、社情民情、应急物资储备库、应急救援队伍、应急避护场所、危险源、医疗机构，有关典型案例，各级党委、政府领导就突发事件应对所作批示（指示）等，在此基础上形成初步处置方案（意见），要与临时履行现场指挥官职责的现场负责同志保持密切联系，并给予指导和建议。（3）迅速调用救援力量和应急物资。指令本级人民政府有关部门、有关行业主管单位负责人，下一级人民政府主要负责人立即赶赴现场；指令有关单位根据突发事件情况派出应急救援队伍、运送应急物资（包括应急装备、设备、工具等）到突发事件现场集结，并预置应急救援力量做好参加应急处置工作准备。（4）远程指导现场处置工作。按照初步处置方案（意见），指导临时履行现场指挥官职责的负责同志组织先期处置工作。

第二，现场指挥官到达突发事件现场后，立即开展以下工作：（1）深入现场实地察看情况。（2）听取有关单位情况汇报。（3）组织有关单位和专家进行会商。（4）传达和落实各级党委、政府领导批示（指示）精神。（5）完善初步处置方案（意见），形成现场应急处置方案，主要包括：交通管制、现场管控、组织营救、医疗救治、监测预警、疏散撤离、避护安置、治安维持、卫生防疫、信息发布，以及交通、通信、供水、排水、供电、供气等公共设施抢修等。（6）根据现场应急处置方案部署应急处置任务。（7）根据处置需要，决定依法征用有关单位和个人的设备、设施、场地、交通工具和其他物资。（8）实地督查应急处置方案落实情况。（9）向负责牵头处置突发事件的县级以上党委、政府回报有关决定、命令的执行情况和现场最新情况、处置方案、处置情况。（10）根据现场处置情况、领导批示（指示）精神及专家意见，进一步完善现场应急处置方案。（11）定时组织督查，书面汇总上报现场处置情况。（12）落实各级领导批示（指示）相关事项。

第三，突发事件的威胁和危害得到控制或者消除后，现场指挥官要做好以下工作：（1）指令现场指挥部及时向负责牵头处置突发事件的县级以上人民政府或者专项应急指挥机构提出终止应急响应的建议。（2）督促有关单位在应急响应结束后做好征用财产返还和应急补偿工作。（3）组织有关单位对应急处置工作进行总结评估，重点分析突发事件发生原因，剖析应急处置存在不足，提出完善现场应急处置的意见和建议。

4.2.1.4 现场指挥组织架构的灵活拓展

应急现场的不确定性和变动性对现场指挥提出灵活变化的要求，对此，现场指挥系统应根据应急处置的需要灵活拓展，即时扩编或调整所需的操作小组和人员。

具体实施中，一般将现场指挥系统的模块和架构设计成可扩展的树状结构，从而使

① 广东省人民政府办公厅关于印发《广东省突发事件现场指挥官工作规范（试行）》的通知．(2015－12－31). http：//www. gd. gov. cn/gkmlpt/content/0/144/post_144572. html＃7.

其具有灵活性（flexibility）。例如，美国现场指挥系统在计划、作业、财务、后勤的“组”（section）级设置下，细分为“部”（division）、“分部”（branch）、“小组”（group）、“小队”（unit），分别承担相应的职责与功能。根据突发事件的规模，组织结构可以自由增减，能够满足不同规模的应急需求。[①] 具体而言：（1）作业组（operations section）灵活拓展后，一般分为空中作业和现场作业两部分，细分为战术小组、支持小组、任务小组、打击部队等。（2）计划组（planning section）灵活拓展后，一般包括资源、状况、文书、疏散等小组，如有需要，可增设特别技术专家。（3）后勤组（logistics section）灵活拓展后，通常包含支持与服务两个分组，支持分组主要包含补给、设施、地面支持等，服务分组一般包含通信、医疗、粮食等。（4）财务组（finance section）灵活拓展通常是针对计时、采购、补偿与花费的处理进行编组。

4.2.2 现场指挥系统的构成要素

基于模块化组织原则，现场指挥系统的构成要素一般包括五个。

第一，现场指挥部，统领现场应急指挥部的整体行动，职责主要包括：掌控事态发展，评估现场状态，确定行动优先级，下达任务命令，制定应急队伍与资源的调配行动方案，监督行动执行，保持现场同上级、同外界的信息交流，确保现场指挥部有序运作等。

第二，综合研判职能小组，简称“综合研判组”，承担研判和计划的职能，负责搜集多方面信息，根据事件的性质组织涉事单位和相关专家进行研判会商，开展信息互通、技术协同、资源联动等工作。

第三，应急作业职能小组，简称“应急作业组”，负责突发事件的处置、救援等具体的执行活动，同步匹配相应的组织资源。

第四，资源保障职能小组，简称“资源保障组”，负责组织协调相关部门以确保交通、通信、医疗、技术、救灾、生活、环境以及区域性资源调配等多方面保障。

第五，财务控制职能小组，简称“财务控制组”，负责制定总体预算、审批和执行物资征用采购、监督事故赔偿的商定和执行、对全过程执行经费进行核算审计等。

五要素共同组成现场指挥系统的基本框架（见图4-1）。

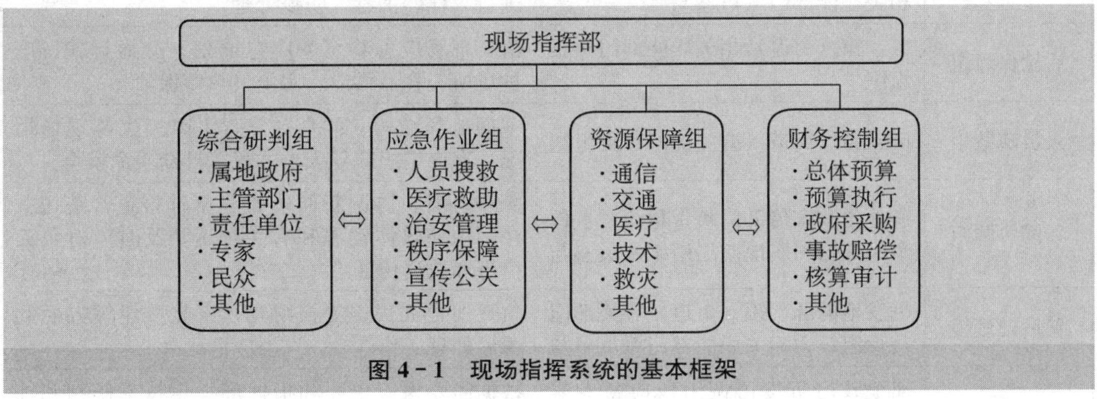

图4-1 现场指挥系统的基本框架

① National incident management system.（2017-10-10）. https://www.fema.gov/sites/default/files/2020-07/fema_nims_doctrine-2017.pdf.

4.2.3 现场指挥系统的典型设置

根据不同国家的国体政体和具体国情，现场指挥系统的构成要素可演化为不同的组织形式，现以中国、美国、德国、日本为例予以说明。

4.2.3.1 中国："现场指挥部"模式

在我国，现场指挥系统也被称为"现场指挥部"，属于非常设的临时机构，在突发事件发生后，应根据事件的性质、级别和处置工作的需要迅速设立现场指挥部。

突发事件发生后，应急预案未启动前，最先到达现场的抢险应急救援队伍按照"谁先到，谁指挥"的原则实行先期处置，及时将情况报告属地政府。属地政府根据现场情况和主管部门及专家的意见，对接报的信息进行综合分析判，提出启动预案等级的建议。经批准启动预案后，相应的应急指挥机构成立现场指挥部，一般设置在灾害事故现场周边适当的位置，也可设在具有视频、音频、数据信息传输功能的指挥通信车上，应满足情况掌握及时、信息通信畅通、指挥灵敏高效等要求。

现场指挥部一般设综合协调组、应急处置组、安全保卫组、医疗卫生组、后勤保障组、人员疏散组、新闻协调组、善后处理组、专家组等，由相关部门人员组成（见表4-1）。

表4-1 我国现场指挥部的组成人员与具体职责

工作小组	组成人员	具体职责
综合协调组	属地党委、政府办或属地党政办负责组织，相关职能部门派员参与	应急信息汇总、传递、向上报告；应急资源收集、调度，协调各工作组的具体处置工作等
应急处置组	应急指挥机构负责组织，相关职能部门派员参与	根据处置工作方案，组织实施，排除险情，控制事态
安全保卫组	属地政府公安部门负责组织	组织警力对现场及周边地区进行警戒控制，管制交通，监控事件责任人，维护现场治安秩序
医疗卫生组	属地政府卫生健康部门负责组织，相关职能部门派员参与	组织医疗机构和资源，及时救治伤员并对现场进行采样、消毒、防疫处理
后勤保障组	区、镇（街道）相关职能部门负责组织	落实现场应急物资、应急通信、交通运输、庇护场所、食品供应、水电气热等保障
人员疏散组	区、镇（街道）有关部门负责组织	掌握地形结构、群众数量、人财损失等现场情况，有序组织疏导人群并保障群众生命安全
新闻协调组	属地党政宣传部门负责组织，事件牵头部门和属地基层组织派员参与	统一组织和协调新闻发布和事件报道，密切关注国内外媒体动态和有关报道，及时应对负面信息和造谣传谣
善后处理组	事发地的区、镇（街道）有关部门负责组织，相关职能部门派员参与	负责伤亡灾民、受损财物、恢复重建等方面的善后处理工作
专家组	属地政府负责协调组建应急专家库，各相关职能部门负责组建相关领域或行业的专家小组	根据需要为应急委和指挥部提供技术研判和评估决策及建议；紧急状态或必要时，参与指挥部或现场处置工作

4.2.3.2　美国："1＋3＋4"的现场指挥体系

美国基于现场应急指挥的需要，构建"1＋3＋4"现场指挥体系（见图4－2）。

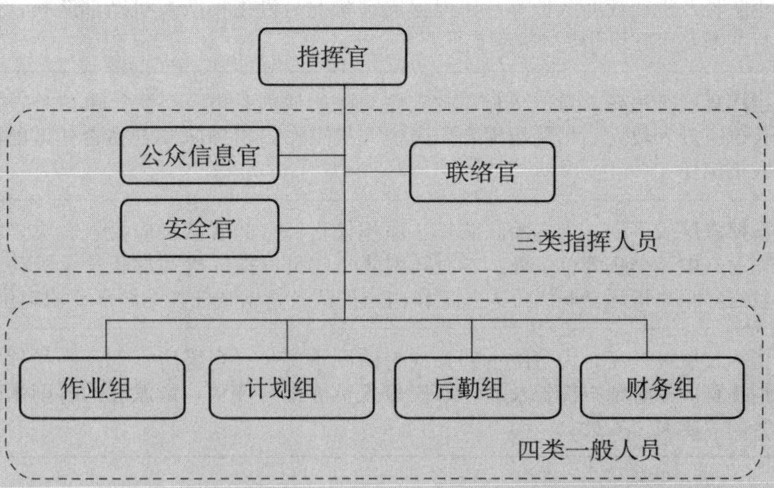

图4－2　美国"1＋3＋4"现场指挥体系示意图

4.2.3.3　德国：行政与专业分离的"1＋7"现场指挥体系

德国的现场指挥系统称为"战术指挥部"，通常由消防队担任事件总指挥，负责灾难救援现场的领导与指挥，并对危机处理的结果负责，内设组织注重专业，分工明确，互相支持，密切配合，有效确保了危机救援现场决策指挥的科学化、规范化、程序化（见图4－3）。

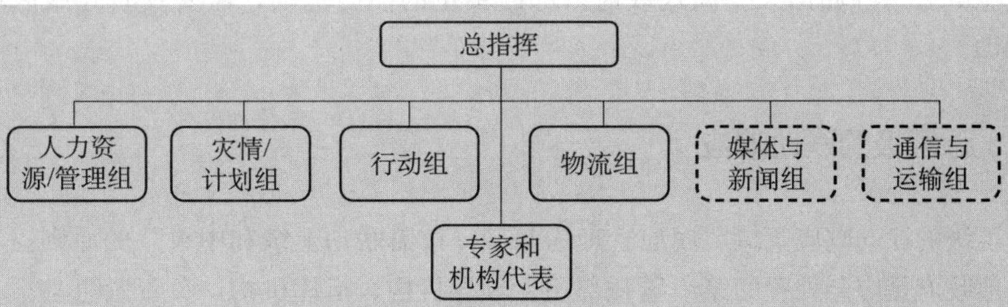

图4－3　德国"1＋7"现场指挥体系示意图

4.2.3.4　日本：幕僚体系指导下的多层级现场应急指挥体系

日本消防是现场指挥的主力，不仅参与火灾应急，也参与大规模灾害应急、应急救助救急等。日本的现场应急指挥体系呈现多梯次、多级别等特点，依据东京消防厅警防规程，现场应急指挥体系分为四级，根据灾害规模或复杂严重程度，派出相应等级的现场应急指挥体系（见表4－2）。

表 4-2 日本四级应急现场指挥体系的基本情况

层级	基本情况
第 1 级指挥体系	指挥官层级最低，为大队长或副署队长；当大队长为指挥官时，救灾主力为所属中、小队长及机动救助队长等，并根据灾害状况另设指挥队及机动部队长，但指挥官得自行判断是否开设指挥本部
第 2 级指挥体系	指挥官层级稍高，为署队长，救灾主力除所属大、中、小队等单位外，另外机动部队长也应投入救灾，相关指挥专职岗位人员工作由指挥队及管辖责任区的队部专职岗位人员担任
第 3 级指挥体系	指挥官层级更高，为方面队队长，原担任指挥官的署队长应投入救灾，救灾主力除所属大、中、小队等单位外，方面队副队长应负责指挥机动部队长及机动救助队长进行救灾，相关指挥专职岗位人员工作由指挥队及管辖责任区的队部专职岗位人员担任
第 4 级指挥体系	指挥官层级最高，为警防本部长或警防副本部长。当警防本部长为指挥官时，原担任指挥官的警防副本部长及原专职岗位人员亦配合变更，由派驻的各副本部长担任指挥官的专职岗位人员

4.3 多维度的联动响应

突发事件及其演变发展、连锁反应、次生灾害等可能导致突发事件等级的上升、影响区域范围的扩大、受灾行业领域的增多，进而需要跨层级、跨部门、跨区域的联动响应。对此，应急处置的科学指挥需要做好多个维度的联动响应工作。一方面，一旦突发事件超出基层的响应范围，则需要向上的层级联动。另一方面，跨部门、跨区域的应急处置往往超出某一属地政府、部门单位的能力范围，需要及时开展区域、部门的联动。

4.3.1 跨层级的联动响应

跨层级的联动响应坚持“属地管理为基础，按需联动上级和中央”的原则。具体而言，属地政府是应急处置的第一责任部门、领导机构、指挥机构，负责紧急救援、应急处置、防止次生灾害等工作。当突发事件的处置要求或难度超出某一层级的属地所能应对的程度时，需通过信息上报、信息沟通等渠道，与上级单位和相关部门进行联动。跨层级联动的过程中，既坚持属地管理为主，基层单位和属地政府能迅速反应、及时处理突发事件，同时不排斥上级政府及其有关部门对其响应工作的指导，也不免除其他部门或其他区域的协同义务。[①] 政治体制的不同导致跨层级联动的操作有所差异，以下对中央制和联邦制予以说明。

① 唐钧．社会管理概论．北京：中国人民大学出版社，2013.

4.3.1.1　中央制：基层政府兜底，必要时向上移交指挥权

中央制下的应急处置遵循属地管理为主的原则，由属地政府兜底承担应急处置的具体职责，但中央政府的职能更大，一旦出现超越属地政府职权和能力范围的突发事件，应急处置的领导权和指挥权将上交，必要时移交到中央。现以中国、日本为例予以说明。

1. 中国的跨层级联动

在我国，由县级人民政府负责应急处置工作，采取措施控制事态发展，组织开展应急救援和处置工作；基层自治性组织配合开展应急处置、相关单位和群众参与应急处置工作。与此同时，县级人民政府应立即开展信息上报工作，一旦出现超越属地政府职权和能力范围的情况，将应急处置的指挥领导权上交。

跨层级联动的具体操作中，县级人民政府向上一级人民政府报告，必要时可以越级上报；如果涉及两个以上行政区域的，由有关行政区域共同的上一级人民政府负责，或者由各有关行政区域的上一级人民政府共同负责；县级人民政府不能消除或者不能有效控制突发事件引起的严重社会危害的，应当及时向上级人民政府报告，上级人民政府应当及时采取措施，统一领导应急处置工作。

2. 日本的跨层级联动

在日本，一般灾害属地方管理，地方性的灾害发生或预测到灾害有可能发生时，地方政府官员（都道府县知事或市街村长）批准设置灾害对策本部，开展危机应对和应急处置工作。

当地方灾害应对需要联动中央时，由相关省厅的局长级负责人组成的紧急集合小组在总理官邸内的危机管理中心集合，掌握和分析受灾状况，向内阁总理大臣汇报，根据需要召开相关阁僚协商会议及相关省厅联络会议，决定基本对策方针。此外，根据受灾状况，设立异常灾害对策本部（由防灾担当大臣任本部长）以及紧急灾害对策本部（由内阁总理大臣任本部长），必要时向地方派遣由防灾担当大臣等任团长的政府调查团，或者设立中央政府在当地的对策本部。

4.3.1.2　联邦制：地方政府主导，必要时争取联邦支援

联邦制下的应急处置以地方政府为主，地方政府拥有相对较大的自主权，应急处置的指挥权属于事发当地政府。仅在地方政府应急力量和资源无法满足应急处置需要时，地方政府会向上级政府或联邦政府提出援助请求，上级政府或联邦政府调用资源予以增援，但不接替当地政府的指挥权限。现以美国、德国为例予以说明。

1. 美国的跨层级联动

从应急联动的角度，美国政府应急管理组织体系主要包括三个层次：（1）联邦政府，包括国土安全部及其区域代表处。（2）州政府，设有应急管理办公室。（3）地方政府（市政府或县政府），设有应急管理机构。美国应急管理的实地操作主要在州政府和地方政府层，一般情况下由州和地方的行政长官（州长，市、县的管理者）负责，当超出管辖能力时请求联邦支持。例如“9·11”事件和卡特里娜飓风事故的应急处置以纽约市政

府和奥兰多市政府作为应急核心。

美国国土安全部及其隶属部门联邦应急管理局是联邦政府应急处置的最高机构，在全美设十个区域代表处，负责紧急状态下与地方政府的联络、评估灾害损失、制定援救计划、协同地方组织实施救助。

2. 德国的跨层级联动

德国实行属地管理的应急管理体制，分为三个层级：一是联邦政府，负责联邦层面的应急管理和跨州应急的联动协调。二是州政府，其职责为推动议会立法、建设消防与救援力量、集中应急培训、统一救援行动、指挥与协调灾难救援等，为地方政府提供财政支持、资源协调和信息报告等支持性工作。三是州以下地方政府，包括行政区政府、行政专区、县、非县管辖市等，对公民保护承担完全责任，政府部门、消防队、警察局、刑事调查局、技术救援协会、事故医院及志愿者救援组织等主体一并参与具体的应急处置。

在联邦层面上，专职负责应急管理与联动救援的是联邦内政部直属的联邦公民保护与灾难救助局和联邦技术救援署，前者负责处理联邦政府有关民事保护的任务，后者负责提供现场救援的战术指挥，代表联邦政府实施国内灾害救助；此外，参与应急救援的机构包括其他联邦部委、联邦军队、联邦警察和联邦刑事调查局等。

4.3.2 跨部门的联动响应

当突发事件的处置要求或难度超出单一部门的职责和能力时，需开展跨部门的应急联动。跨部门的联动坚持“主责部门为主导，关联部门配合”的原则，根据突发事件的性质确定某个主要负责的部门，该部门为主导，其他关联部门各司其职、配合应急。

近年来，我国应急管理在跨部门联动方面逐步健全相关体系并取得成效。一方面，新成立的应急管理部与32个部门和单位建立了会商研判和协同响应机制，建立了军地应急救援联动机制，探索形成了一套行之有效的抢险救援技战术打法，有力有序有效地应对了一系列超强台风、严重洪涝灾害、重大堰塞湖、重大森林火灾、特大山体滑坡和严重地震灾害，成功实施了各类重特大事故救援行动，最大限度把各种灾害和事故损失降到最低。

与应急的跨部门协同相对应，常态建立健全风险防控的会商机制。国务院办公厅《关于深入推进跨部门综合监管的指导意见》提出，加强风险隐患跨部门联合监测。聚焦问题多发和高风险领域，构建科学高效、多部门联动响应的风险隐患监测预警机制，实现风险隐患动态监测、科学评估、精准预警和及时处置。要依托“互联网＋监管”等现有信息系统，针对具体监管事项的风险特点，构建跨部门联合监测预警模型，建立健全预警指标体系和预警标准，明确预警信息推送规则，制定预警响应和处置预案。利用信息技术手段全面提升监测感知能力，有效归集分析相关部门监管信息，及早发现和处置各类风险隐患。对重大预警信息开展跨部门综合研判、协同处置。

4.3.3 跨区域的联动响应

应急处置的跨区域联动，由各相关区域人民政府及有关单位建立长效合作、信息互通、资源共享、平台共建的组织形式和工作机制，形成互联互通、协同处置的格局。

4.3.3.1 签订长效合作协议

合法化是跨区域联动的前提。对此，属地政府之间通过签订应急联动协议，形成长效合作机制和管理制度，为共同应对区域性公共危机的制度设计和操作实施提供合法依据。

我国应急处置的跨区域联动合作协议主要集中在省市级政府层面，以缔结协议的形式开展合作，共同应对区域性突发事件。例如《泛珠三角区域内地9省（区）应急管理合作协议》建立了全国首个省际区域性应急管理联动机制和泛珠三角区域内地9省（区）[①] 应急管理合作联席会议制度，设立了秘书处负责联席会议日常工作，成立了专题工作小组开展专项合作，开展不定期的应急管理工作交流制度。美国《州际应急管理互助协议》（Emergency Management Assistance Compact，EMAC）是由国会批准的第一个国家层面的灾难救助协议，在应对2001年“9·11”事件、2003年哥伦比亚号航天飞机事件、2004年墨西哥湾飓风、2008年卡特里娜和丽塔飓风等灾害和事故的过程中，在整合协调地方应急资源、促进跨区域应急合作等方面发挥重大作用。

4.3.3.2 信息互通与资源共享

信息互通和资源共享是跨区域联动的基础。一旦出现涉及跨区域的重特大突发事件，达成合作协议的各方应主动加强信息的互联互通、共享相关信息资料，并以此为基础开展协调处置，加强排查和控制危险源。

跨区域联动的各相关区域应急管理责任主体，应做好两方面工作：一方面，建立健全信息互通机制，针对在本区域发生、可能会波及其他区域的突发事件，第一时间向相关方通报情况、传达信息。另一方面，共享应急资源，包括应急物资、救援队伍、救援装备、避难场所、专家资源等，如遇突发事件，根据事发区域的应急需求和现实需要，合作方给予应急物资的支援，必要时可就近紧急向受灾方调拨应急物资等相关资源。例如，京津冀冰雪灾害天气交通保障应急联动中，在滞留人员物资保障、救援车辆保障、人员滞留现场秩序维护、滞留人员安置、物资运输及救援车辆免费通行等方面实现资源共享。

4.3.4 网格化联动组织机构

在签署长效合作协议的基础上，还应建立跨区域的网格化联动组织机构，并形成工作机制和组织架构，该工作机制和组织架构可形成相对独立的治理结构。

---

① “泛珠三角区域内地9省（区）”包括广东省韶关、河源、梅州、湛江、茂名、肇庆、清远、潮州、云浮市。

根据《州际应急管理互助协议》，美国形成网络化联动组织机构，负责跨区域联动的管理和执行（见图 4-4）。

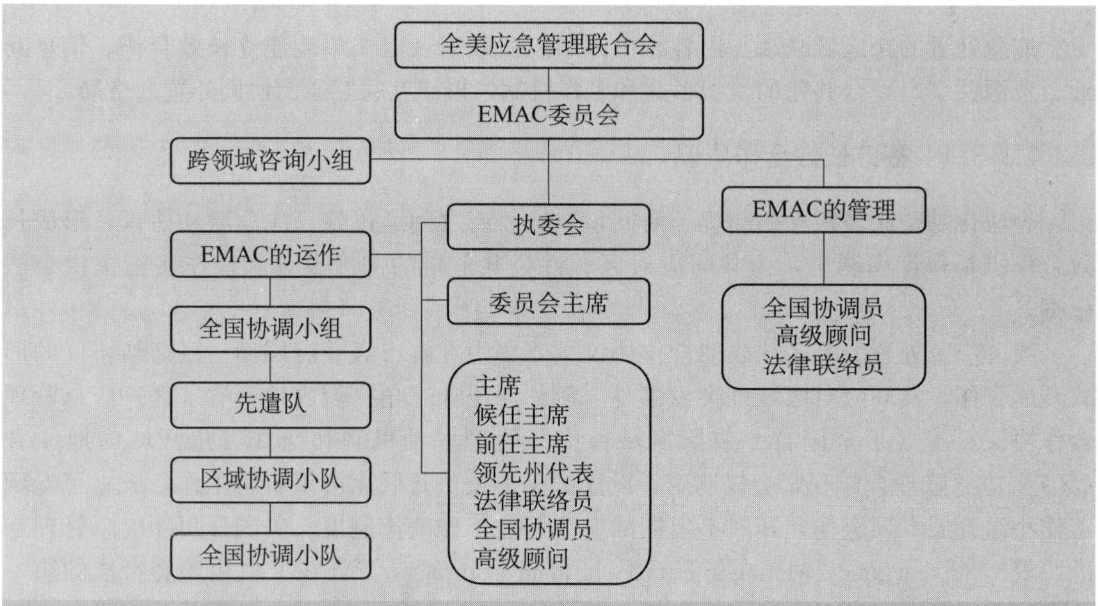

图 4-4　网格化联动组织机构设置（以美国 EMAC 委员会为例）

4.3.5　全流程联动工作方案

跨区域的联动工作不仅限于事发后的应急处置阶段，而是应贯彻应急管理的全流程，形成事前防范和准备、事中应急处置和救援处突、事后的善后总结整改等全过程。

目前，我国跨区域联动的合作主要集中在事中环节，并逐步拓展至事前和事后的全流程。例如，根据《泛珠内地 9 省（区）突发事件应急联动机制管理办法》规定，应急联动响应程序包括信息通报、反馈信息、应急准备、现场指挥、联动结束等五个环节。再如，美国基于《州际应急管理互助协议》的跨区域联动运作流程由事前预防（prevent preparation）、启动（activation）、请求支持（request support）、响应（response）、补偿（reimbursement）组成，整个流程跨度是从突发事件发生之前开始，截止到受灾州对援助州完成补偿。

4.3.6　日常联席与临时会商相结合

在常态情况下，设置联席会议制度，定期沟通与交流。在紧急情况下，随时组织开展临时会商，分析研判形势，提出应对突发事件的策略与措施。

在常态情况下，设置联席会议制度。例如，《泛珠三角区域内地 9 省（区）应急管理合作协议》规定建立泛珠三角区域内地 9 省（区）应急管理合作联席会议制度，具体包括：联席会议成员由各合作成员政府应急管理办事机构的主要负责人组成，联席会议每年召开一次，围绕一个主题研究决定区域内应急管理合作重大事项，由成员省（区）轮流主办；设置秘书处负责联席会议的日常工作以及向当次联席会议提交区域应急管理合作情况报告和建议等。

在紧急情况下，开展临时会商来决策。例如，在京津冀冰雪灾害天气交通保障应急联动中的会商决策工作中，一般采用视频会议会商形式，组织、指挥、协调三地冰雪灾害天气交通保障应急联动工作，重点包括：三地交通运输部门就降雪、车辆通行、铲冰除雪作业开展、交通管制等情况与各成员单位进行视频会商，采取协同工作措施，或视情况提出启动更高级别会商机制的建议，报请三地应急委（领导小组）批准；三地公安交管、气象等对口政府部门之间，属地区（县、设区市）政府之间视情况启动视频会商，共同做好应急保障工作，并向三地省（市）应急办报告冰雪灾害天气应急联动工作信息。

4.3.7　联动响应中的现场指挥模式

在联动响应的现场指挥中，将根据实际情况，以有利于高效指挥和快速处置为原则，采取调度指挥、统一指挥、联合指挥等多种模式，来安排现场指挥架构。

第一，调度指挥。发生跨区域突发事件后，按照属地为主的原则，由突发事件发生所在地成立现场联合指挥部，统筹协调相关区域的应急力量和应急资源，开展处置工作。例如，在京津冀冰雪灾害天气交通保障应急联动中，公安交管、气象、宣传、民政、商务、卫生、铁路、民航等部门作为三地冰雪灾害天气道路交通应急联动保障的成员单位，做好各自相关保障工作，并服从会商调度指挥。

第二，统一指挥。若突发事件跨多个区域，联动的复杂程度较高时，可以采取“区域指挥”的概念，在多个关联地区的上层设统一指挥的协调机构，并设置区域指挥员协调应急指挥工作。例如，在泛珠三角区域内地 9 省（区）的应急联动中，成立应急管理合作联席会议，由联席会议秘书处负责协调处置跨省（区）特别重大、重大的突发事件，并根据始发地应急指挥机构申请和实际情况需要，协调相关省（区）应急指挥机构共同开展跨省（区）的应急处置。

第三，联合指挥。在跨多个区域且应急处置较为分散的情况下，可根据需要采取联合指挥的模式。以美国为例，在联合指挥的现场指挥体系中，当事件涉及 A、B、C 三个地域（或部门）时，设一名联合指挥员，各地域派出一名指挥代表，确保应急指挥的协调性和资源配置的统筹，实施联合指挥的应急指挥体系组织结构（见图 4-5）。

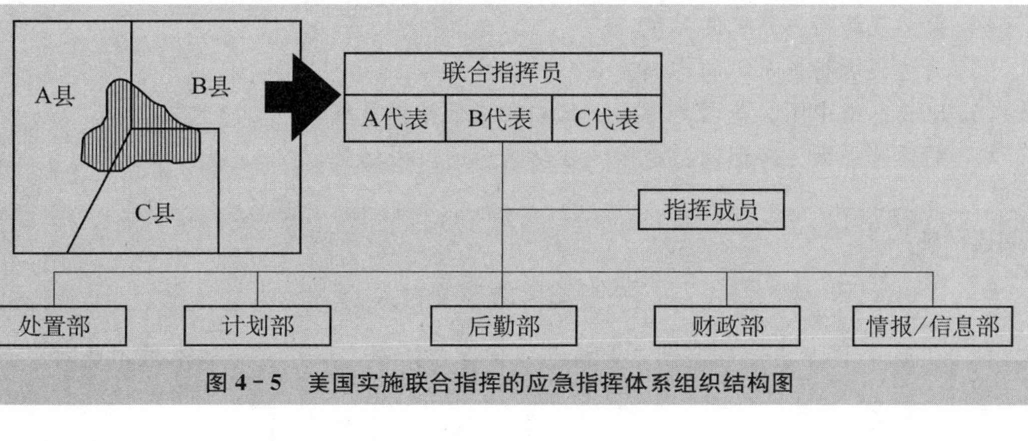

图 4-5　美国实施联合指挥的应急指挥体系组织结构图

本章小结

应急响应是指相关责任主体根据监测预警立即启动相应等级的预案，召集应急救援队伍和社会力量，调动属地应急物资和设备，采取专业应急处置措施，开展应急处突与紧急救援工作。应急响应具体工作内容繁杂，以尽可能降低突发事件危害、减少群众人财损失为目标，可概括为触发响应、先期处置、快速评估、启动预案、现场处置、信息管理、处置结束七个环节。现实操作中，应急响应存在“失灵”问题，对此应综合采取“并联响应”“提前响应”“智能响应”等模型予以应对。

现场指挥系统对事件现场的所有应急工作实施统一的指挥和管理，现场指挥系统是应急响应的中枢，一般设置模块化构成要素，用于统一行动、标准操作并可灵活拓展。根据不同国家的国体政体和具体国情，现场指挥系统的构成要素可演化为不同的组织形式。

针对突发事件及其演变发展、连锁反应、次生灾害等，多维度的应急处置联动至关重要。跨层级联动以属地管理为基础，按需联动上级和中央，中央制和联邦制的政体的不同导致跨层级联动的操作有所差异。跨部门联动一般由某一主责部门为主导，关联部门配合应急。跨区域联动建立长效合作、信息互通、资源共享、平台共建的组织形式和工作机制，形成互联互通、协同处置的格局。

关键术语

应急响应　先期处置　应急救援　现场指挥系统　现场指挥部　联动响应

复习思考题

1. 简述应急响应的操作流程和实施要点。
2. 简述应急响应的“失灵”问题。
3. 简述应对应急响应“失灵”问题的科学模型。
4. 简述现场指挥系统的界定。
5. 简述现场指挥系统的构成要素。
6. 比较总结中国、美国、德国、日本的现场指挥系统。
7. 简述跨层级、跨部门、跨区域联动响应的应用场景。

阅读材料

一张照片救了全村人

2020 年 7 月 19 日凌晨，湖北恩施屯堡乡马者村沙子坝发生山体滑坡，此次灾害是当地有监测记录以来的最大规模山体滑坡。[1] 因为地质灾害监测员陈光明拍摄的一张预警照片，附近村民在滑坡灾害发生 36 个小时前就开始有序撤离，共 51 户 261 名群众及时撤离，无一人伤亡。图 4－6 为湖北恩施泥石流事件进程一览图。

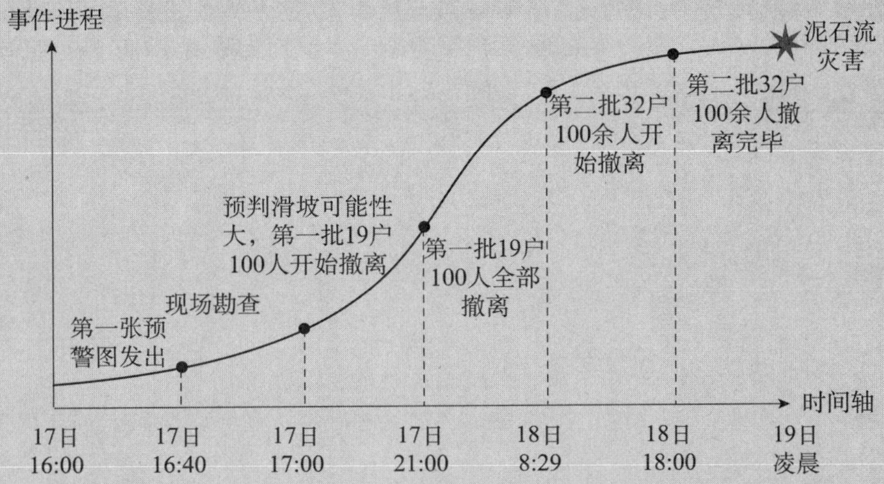

图 4－6　湖北恩施泥石流事件进程一览图

一、基于灾情分析和隐患排查，构建风险辨识体系，落实常态巡查监测机制

湖北恩施屯堡乡马者村地处山区，地质条件复杂，历史上多次发生滑坡、泥石流等地质灾害，为了保障村民的安全，屯堡乡自然资源与规划所设置了八个监测点，建立了常规化的周期性巡查制度，聘请村民当义务地质灾害点监测员，明确监测员的隐患排查任务，设置责任清晰和周期明确的隐患排查清单，每逢地质灾害高发的雨季，监测员就会去所属的责任监测范围进行巡逻，排查辨识可能的地质灾害风险隐患。

二、基于风险预警和态势预判，前置风险防控关口，开展风险综合预警研判

风险信息的迅速获取可以保障应急工作及时启动，2020 年 7 月 17 日上午，连续下了多天大雨的屯堡乡雨势未见停歇，地质灾害监测员陈光明照例巡视自己的责任范围。17 日 15 时，陈光明发现路面出现一条食指粗的裂缝，山体滑坡的灾害知识培训让陈光明迅速意识到，这很有可能是发生山体滑坡事件的征兆。16 时，陈光明将裂缝拍照发到地质灾害监测员工作群里。湖北恩施自然资源与规划所的工作人员收到预警信息，立即前往现场，预警信息的及时共享让应急处置迅速开展，勘察人员发现，附近多处房屋有裂缝和变形现象，随时有可能威胁到居民的安全。

三、基于科学决策和危机沟通，提升应急处突水平，优化应急疏散动员能力

根据灾害演变规律和现场情况调研，在自然资源与规划所的工作人员预判滑坡事件可能性较大后，村委会迅速行动，要求住在出现裂缝道路以下的村民马上撤离，疏散人员迅速采取行动，积极劝说居民主动配合疏散工作的开展，第一时间开展科学决策和应

---

[1] 湖北恩施山体滑坡背后：一张照片救了全村人．（2020－07－27）．http：//country.cnr.cn/gundong/20200727/t20200727_525182560.shtml.

急处置，防止地质风险事件恶化演变为突发事件，在风险综合研判和危机决策环节有效处置和化解地质灾害风险。17日17时，第一批19户100人开始撤离。21时前，第一批村民有序撤离。18日8时左右，第二批32户100余人开始撤离。18时，51户261名群众全部撤离至安全地带。连续强降雨诱发马者村沙子坝地质变形，7月19日凌晨，该地出现大面积滑坡泥石流，大量泥土滑入清江，马者村先后有74户房屋被冲垮。因为及时发现灾害险情，最终此次泥石流事件未造成一人伤亡。

第5章

危机决策优化与灾害连锁阻断

危机决策直接决定突发公共事件的处置效果，是国家安全体系和能力现代化的关键要素。在危机的破坏性、突发性和不确定性等特性下，危机决策作为一种特殊形式的公共决策，具有时间紧、信息杂、压力大、关联多等特点，危机决策与公众利益紧密相关，一旦决策失误或执行失灵，将会产生难以估量的风险；危机决策贯穿应急管理的始终，是科学决策的关键，要抓好流程和要素，难点是阻止和切断灾害连锁的发生，其理想状态是形成科学危机决策的决策支持系统。

重点问题

- 危机决策的界定、功能、特征
- 危机决策的“局限理性模型”“梯次决策模型”
- 危机决策中事件与人群的“冰山效应模型”
- 危机决策的“灾害断链、救援成链”方案
- 决策支持系统的“一网、两库、三关”体系

5.1 危机决策的特性与原则

5.1.1 危机决策的界定与功能

危机决策（crisis decision-making）是指决策者在有限的信息、时间、资源、人力等约束条件下，在监测风险、获取信息、了解情况的基础上，分析、研判危机并确定应对

危机的具体行动方案的过程。与常态状况下的决策相比，紧急状态下的危机决策是一次性的非常规性决策活动，面临更大的难度和挑战。

危机决策不仅要对现有危机状况提出有效控制现状的科学方案，还要对潜在危机的评估预测，提出阻止危机升级或出现新生危机的方案，从而达到尽可能减轻人财损失和负面影响，保护人民群众的生命财产安全的危机管理目标。

5.1.2 危机决策的特征

由于危机具有突发性、紧迫性和不确定性等特点，危机决策面临着环境复杂、时间紧迫、信息不对称、条件受限等挑战。

5.1.2.1 危机决策的环境复杂

危机决策的环境复杂主要表现为组织外部环境、内部环境及决策者的心理环境三个方面。

第一，危机决策面临复杂的外部环境。外部环境通常指存在于组织外部并对组织直接或间接施加影响的因素，如政治、经济、人口、生态等，危机状态、演变发展、连锁反应、后果影响的突发性和不确定性导致外部环境具有高度的复杂性。

第二，危机决策面临复杂的内部环境。内部环境主要指组织内部的构成要素，如人员、物资、成员间关系、组织文化等因素。危机决策的内部环境复杂，且受到外部环境的复杂性、危机的突发性、危机演变的不确定性等影响，也会发生变化。

第三，危机决策者面临复杂的心理环境。内外部环境的复杂，以及危机突发、时间紧迫、条件受限等多方面因素的影响，导致决策者承受巨大的心理压力，面临复杂的心理环境。

5.1.2.2 危机决策的时间紧迫

常规决策中，决策方案正式出台之前，决策者往往有充足的时间对其进行反复修改。而突发事件的突然爆发，迫使决策者需要在不损害决策合理性的前提下，适度简化决策程序，在有限的时间内迅速确定决策方案并安排实施。

危机决策的时间紧迫，导致决策失误的可能性增大。美伊人质危机处理（1979—1981 年）、美国核潜艇撞沉日本“爱媛号”渔船事故（2001 年）、“3·11”福岛核事故（2011 年）、韩国“岁月号”沉船事故（2014 年）等，由于事件紧迫，危机决策出现不及时、不科学等失误，造成重大损失，并遭到社会舆论的批评。

5.1.2.3 危机决策的信息不对称

突发事件的突发特性导致其相关信息易以模糊、散乱、混沌等形式存在，使决策主体所掌握的信息与真实信息之间存在数量、质量、时效等方面的不对称性，进而对危机决策的准确程度产生负面影响。信息不对称主要表现为不及时、不完全、不准确。

第一，信息不及时。危机事态的发展变化迅速，且信息传递给决策者须经历一定的流程和环节，导致决策者掌握信息存在难以完全避免的滞后性。

第二，信息不完全。危机事态发展本身存在随机性和不确定性，且紧急状态具有一定的混乱性，导致危机决策者难以在有限时间内掌握和控制所有的事态发展信息。

第三，信息不准确。危机决策的信息在传递、反馈、处理的过程中，受到主客观因素的影响，尤其是小道消息和造谣传谣等“信息干扰”和“信息噪音”，易出现“信息失真”，进而损害信息的正确性和有效性。

5.1.2.4 危机决策的条件受限

现实操作中，危机决策过程中面临信息、时间、人力、技术等多方面条件受限的局面，具体表现为合格决策者的不足、专业人员的缺乏、技术支持的稀缺等。

第一，合格决策者的不足。紧急状态下，合格的危机决策者需满足极高要求、具备高超水准，包括立足全局和长远、国家安全和公众利益至上的站位，果断决策、勇于担当、敢于担责的魄力，善于抓住关键、看清本质、权衡利弊、区分轻重缓急的智慧，乐于接纳先进技术、科学手段、他人建议的胸怀，能够灵活应变、团结内部、周旋外部的能力等。总体而言，目前尚缺乏合格的危机决策者。

第二，专业人员的缺乏。在自然灾害、事故灾难、公共卫生事件、社会安全事件四类公共危机细分领域中，其危机决策需参考该领域的资深专家或专业技术人员的意见。但专家或专业技术人员在事发后决策中易出现缺位问题，导致决策主体面临危机时缺乏专业意见的辅助决策。

第三，技术支持的稀缺。当前危机决策的技术设备、智能系统、支持平台等仍处于稀缺状态，且常态情况下多处于闲置状态，在危机状况中的使用可能出现失灵状态，对危机决策的帮助较小，甚至某些关键设施和重要系统的专业技术设备可能出现被黑客攻击或遭电子干扰等问题，反而给危机决策带来阻碍。

5.1.3 危机决策实施的科学模型

5.1.3.1 危机决策的流程与要素

基于危机的发展周期，危机决策的流程成为动态变化的决策过程。就危机的过程而言，依据生命周期理论，芬克对危机生命周期进行划分，将危机流程分为酝酿期、爆发期、扩散期、处理期四个阶段。①

就决策过程而言，西蒙认为，一个完整的、合理的决策过程应该包括四个步骤：(1) 问题界定与政策目标，即界定问题、确定政策目标。(2) 拟定方案，即拟定各种可能的备选方案。(3) 确定方案，即从各种备选方案中选出最合适的方案。(4) 决策执行。

结合危机决策过程的复杂适应系统理论（危机决策过程是一个复杂适应过程，存在主体与环境的多重交互，最终通过竞争与合作产生协同决策），危机决策过程中的各步骤融合着主体与环境的互动过程。结合危机情景下的危机决策过程，危机决策的流程包括危机酝酿期的风险识别与预防预警，危机爆发期的问题界定与方案制定、执行，危机扩散期的公关与沟通，危机处理期的学习与评价。围绕着危机决策的流程，决策要素包括：(1) 决策主体；(2) 决策对象；(3) 决策信息资源；(4) 决策环境；(5) 决策

---

① Fink S. Crisis management：planning for the inevitable. New York：AMACOM，1986.

结果（见表 5-1）。

表 5-1 危机决策的流程与要素一览表

要素	危机酝酿期	危机爆发期	危机扩散期	危机处理期
决策主体				
决策对象				
决策信息资源				
决策环境				
决策结果				

注：本表根据危机决策的具体场景和事件予以填写。

5.1.3.2 危机决策的“局限理性模型”

危机决策，不适用于经济决策领域的“完全理性模型”和行为决策领域的“部分理性模型”，而适用于“局限理性模型”。

“完全理性模型”是在“经济人”假设基础上形成的，认为“决策者具备完全的理性知识，追求效用最大化，通过冷静客观的思考进行决策”。具备完全理性的领导者会根据问题确定明确且具体的目标，并且严格按照决策流程选择使决策效益最大化的方案。“完全理性模型”下，不仅能穷尽所有的备选方案，而且备选方案可通过精细量化比较其优劣性，从而确保决策者能够从中找到“最优方案”，作出“最优选择”。由于其对于决策情境的理性设计和苛刻要求，不适用于危机决策的现实环境。

在“社会人”假设的基础上①，“部分理性模型”认为决策者知识有限，不能完全掌握全部信息，也无法认识决策的所有规律，只能追求“满意方案”而非“最优方案”。“部分理性模型”符合常态决策的实际情况。但在危机状态下，“部分理性模型”仍然不适用于信息随时变化的危机环境。

在此情况下，“局限理性模型”更贴合危机决策的实际环境，由于突发事件信息较少、时间紧急、决策难度大等综合客观因素，因此不能盲目追求“最优方案”或“满意方案”，也难以做到统筹兼顾、考虑周全、集思广益、注重程序等科学性的标准。“局限理性模型”遵循“多害相比取其轻”的原则，采取“排除法”的方案，抓住重点、当机立断、制定“可用方案”，并在执行时调整优化（见图 5-1）。

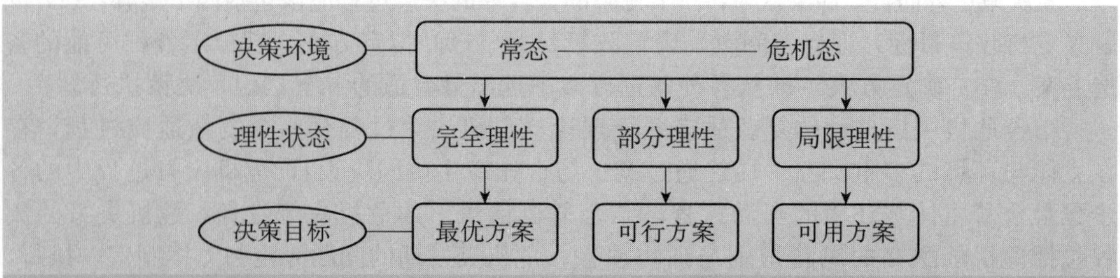

图 5-1 危机决策三种模型的对比示意图

① SIMON H A，BRUCK H W，BARNARD C I. Administrative behavior：a study of decision-making processes in administrative organization. American Sociological Review，1959（24）.

5.1.3.3　危机决策的“梯次决策模型”

将危机决策纳入风险治理的维度，“梯次决策模型”适用于危机决策。鼓励以服务人民为中心，既勇于担当、独立应对风险，又善于群众路线的治理（见图5-2）。

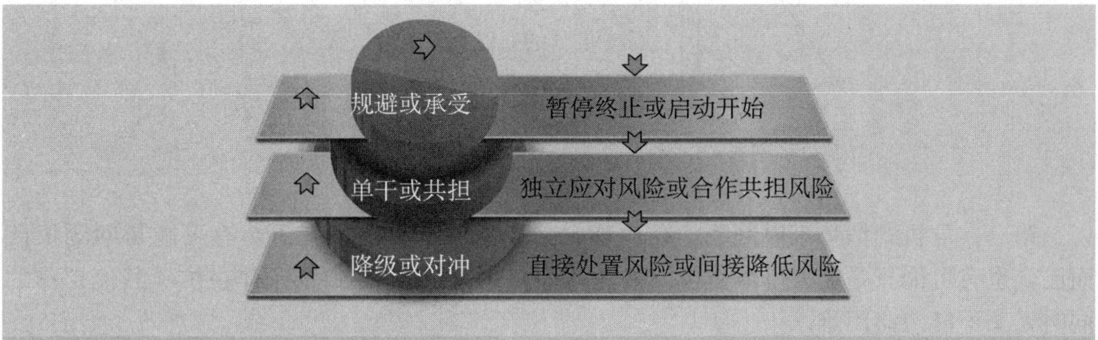

图5-2　危机决策的“梯次决策模型”

资料来源：唐钧．社会稳定风险评估与管理．北京：北京大学出版社，2015.

综合考量与危机关联的所有风险，“梯次决策模型”中的危机决策一般分为三个层次：(1) 第一层次：“降级或对冲”，即选择直接处置风险还是间接降低风险。(2) 第二层次，“单干或共担”，即选择独立应对风险还是合作共担风险。(3) 第三层次，“规避或承受”，即选择暂停终止还是启动开始。根据应急管理和处置救援的需要，分层次推进，分阶段实施。

5.2　危机决策中的灾害连锁阻断

5.2.1　事件与人群的“冰山效应模型”

5.2.1.1　危机事件的“冰山效应”与连锁反应

1. 隐患的“冰山效应”

公共部门、企业等主体面临的显性危机往往只是“冰山一角”，而隐藏在“冰面”下的隐患往往十分巨大。“冰山一角”之所以能够露出冰面，是因为冰面下有庞大的母体作为支撑。同样，目前已经暴露出来的问题，也很有可能是“冰山一角”，而这些问题之所以能够暴露出来，正是因为有庞大的问题集群作为支撑（见图5-3）。

2. 危机的连锁反应

在隐患的“冰山效应”作用下，危机往往会产生连锁反应，即一个危机引发一连串的危机，也称为“涟漪效应”“多米诺骨牌效应”，这导致了两方面的问题：

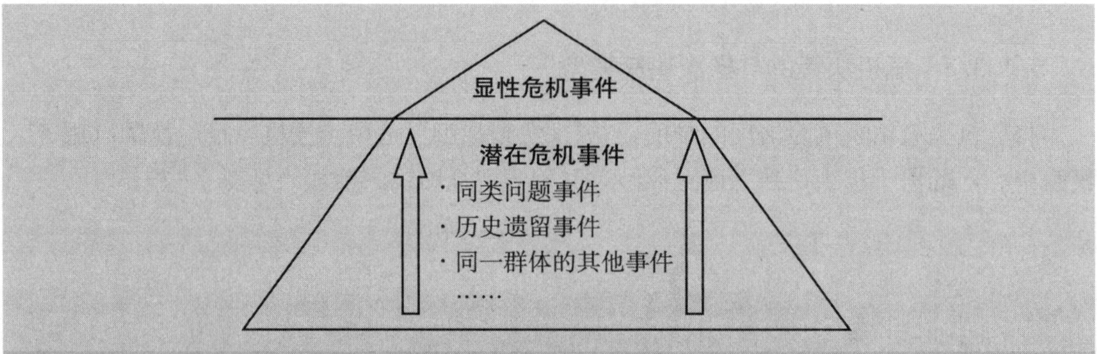

图 5-3 危机事件的"冰山效应"示意图

第一，危机的情势难以判断，在出现少量矛盾和危机的情况下，有可能是问题仅此而已，也有可能只是庞大母体支撑下的"冰山一角"，这就导致了主体在忙于其他工作的同时，又不能忽略困难。

第二，危机一旦爆发，很容易连带出诸多危机，就这导致了主体的能力有限与危机的无限连锁反应之间产生矛盾。

5.2.1.2 相关群体的"冰山模型"与预测分析

在诉求的驱使下，不同类别的利益相关群体之间会产生关联性，在"线上"和"线下"开展交流和互动，建立联系。其中，一部分利益相关群体由于其利益关联、言论行为等成为直接显性的利益相关群体，即为露出"冰面"的"冰山一角"，其他更多数量、更大规模、更为复杂的利益相关群体反而隐藏在"冰面"之下，并可能转化为直接显性的利益相关群体，从而形成利益相关群体的"冰山模型"（见图 5-4）。

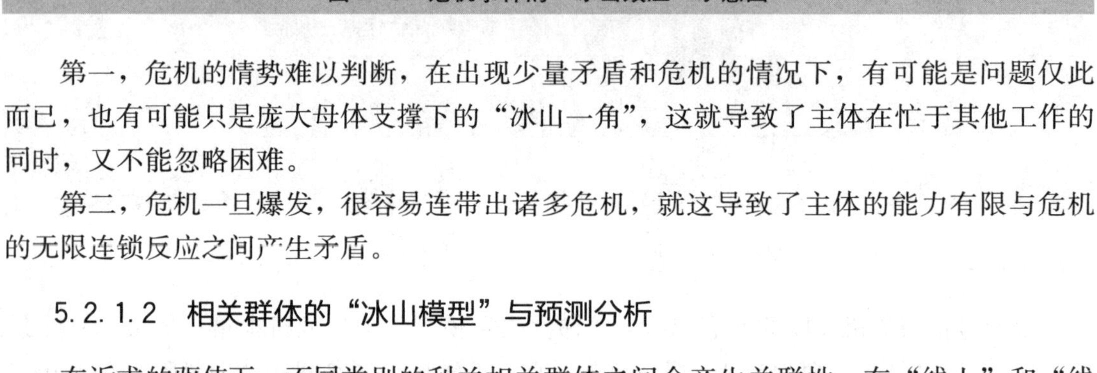

图 5-4 利益相关群体的"冰山模型"

对于间接隐性的利益相关群体的识别和预测，可根据利益相关群体的基本要素，进行利益相关群体的社会关系、利益诉求、社会心态、情绪态度、维权意识、矛盾冲突等方面的分析，把握舆情风险的系统状况和重要变化，根据直接显性的利益相关群体来科学预测间接隐性的利益相关群体（见表 5-2）。

表5-2 基于“冰山模型”的相关群体预测分析框架

基本要素	主要方法
利益相关群体的社会关系分析	对不同利益相关群体之间的关联网络、社会网络、社会资本等因素进行分析，分析其对项目的影响； 对于影响社会群体的行为和态度的道德规范、价值观念、信仰体系等要素，也纳入分析
利益相关群体的利益诉求分析	绘制各利益相关群体不同的利益诉求、期望、心理、行为反映的特征图表； 采用小组座谈会等方式调查利益诉求的合法性与合理性； 进行评价和分析，得出结论
利益相关群体的社会心态分析	全面覆盖：受益方和受损方；核心利益相关群体、重要利益相关群体、一般利益相关群体与旁观者；重视目前已确定的利益相关群体、预期的利益相关群体和潜在的利益相关群体； 动态追踪：关注利益相关群体的构成变动，掌握其心态的变化规律，预测变动趋势； 同类比较：参考同类利益相关群体的心态分析成果，遵循一般规律，进行同类借鉴
利益相关群体的情绪态度分析	分析不同利益相关群体对项目建设运行的基本反应； 分析不同利益相关群体对补偿的要求； 分析不同利益相关群体对附加条件的要求等
利益相关群体的维权意识分析	分析社会地位比较低的弱势群体的维权意识； 分析社会地位比较高的强势群体的维权意识； 分析本地区的弱势群体与强势群体的获益差距等
利益相关群体的矛盾冲突分析	对利益相关群体之间、利益相关群体和项目之间在利益、价值观、心理感受等方面存在的矛盾冲突进行分析； 结合利益相关群体的行为表现和反应，分析矛盾的大小和冲突的可能性

5.2.2 “灾害断链、救援成链”的危机决策方案

由于灾害链的广泛存在，“灾害断链、救援成链”现已成为危机决策的重要思路和方案。①

5.2.2.1 危机事件的“灾害链”

灾害链是一种灾害启动另一种灾害的现象。学者们给出的定义是：灾害链是原生灾害及其引起的一种或多种次生灾害所形成的灾害系列。其中，原生灾害指由动力活动或环境异常变化直接形成的自然灾害，次生灾害指由原生灾害引起的连带性或延续性灾害。如果在这种灾害链中，存在的是几种依次出现、彼此相互关联的地质灾害，比如地震、崩塌、滑坡、泥石流等，那就是地质灾害链。在这样一个灾害相继发生的过程中，能量起着重要的传递作用，灾害链的形成过程，也是遵循能量守恒定律前提下进行能量传递和再分配的过程。

例如，2011年，“3·11”日本地震是典型的由灾害链引发的巨灾案例，大地震导致

① 郭辉．三峡库区城市“公共安全空间单元”研究．北京：中国建筑工业出版社，2017.

巨大损失主要有三个方面的原因：致命的地震，诱发的海啸以及核电站爆炸。地震瞬间引发了致灾因子间的链式反应，诱发了海啸与核电站爆炸，紧接着马上波及社会以及诸如电力、堤坝等关键基础设施，诱发其他次生灾害，扩大受灾面积，由此灾害链全面扩散至社会经济系统、陆地生态系统、区域与全球海洋系统、农业系统等关键系统，然后通过系统间的各个子要素，供应链的不断扩散与相互作用，最终如同多米诺效应一环紧扣一环，严重影响了日本本国与国际经济（见图 5－5）。

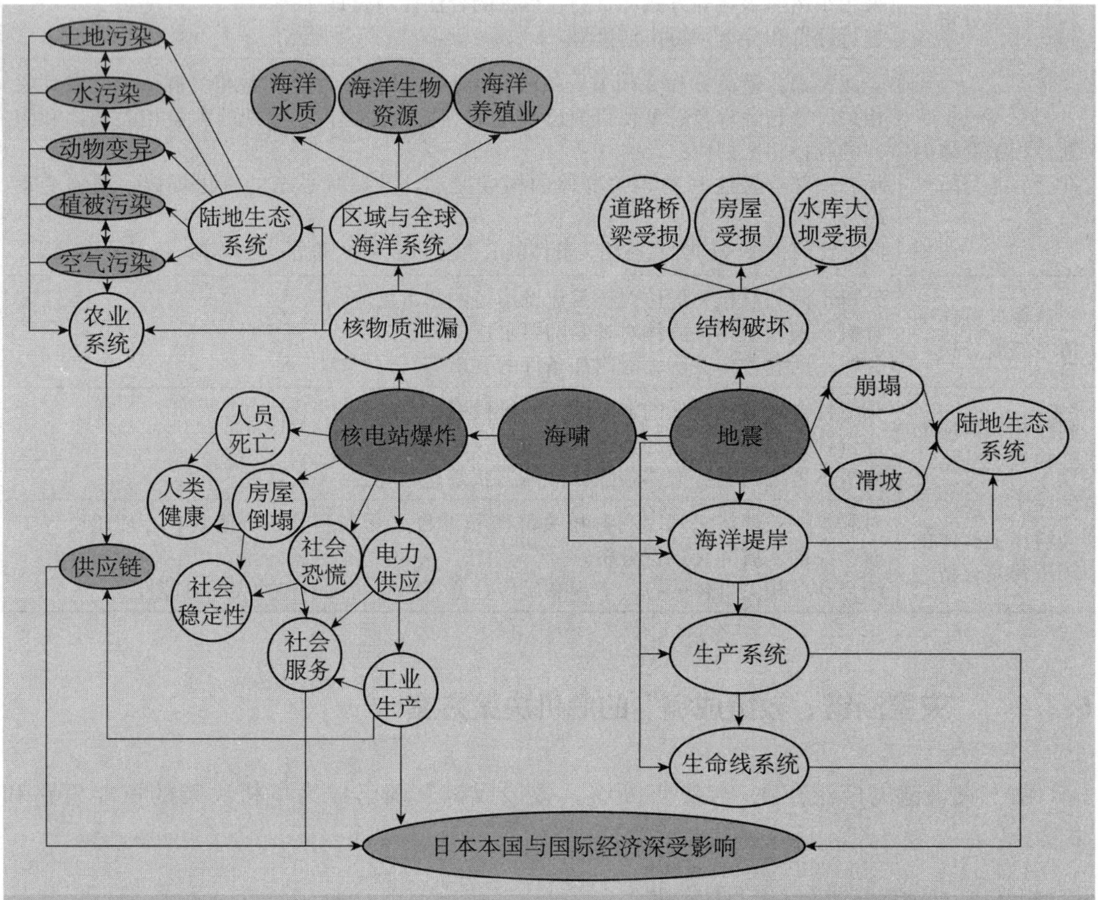

图 5－5 “3·11”日本地震—海啸灾害链示意图

5.2.2.2 灾害链空间单元范围的划定

灾害链空间单元范围的划定是进行“灾害断链、救援成链”的危机决策的基础，一般分为八个步骤：（1）以基本数据为依据，对灾害类型进行致灾空间影响范围的评估；（2）以致灾空间影响范围为依据，进行致灾空间关联性分析（是否存在强关联，即相互触发可能性大小）；（3）以致灾空间关联性为依据，进行致灾空间系统结构特征识别；（4）分析致灾空间影响范围是否存在受灾空间（人口密集区或重要基础设施区）；（5）针对救灾空间进行相应的救助范围评估；（6）以救灾空间救助范围为依据，进行救灾空间关联性分析（是否存在强关联，即替代可能性的大小）；（7）以救灾空间关联性为依据，进行救灾空间系统结构特征识别；（8）进行致灾空间、受灾空间、救灾空间整合叠加，划定灾害链空间单元（见图 5－6 和图 5－7）。

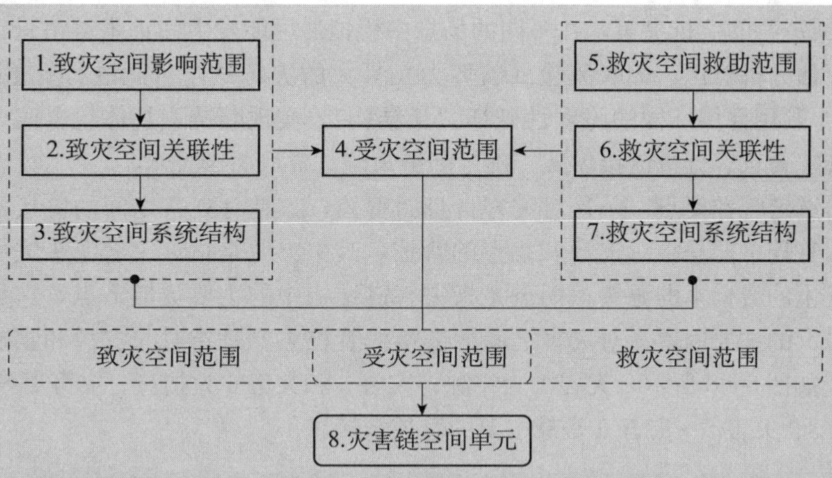

图 5－6　灾害链空间单元范围的划定流程示意图

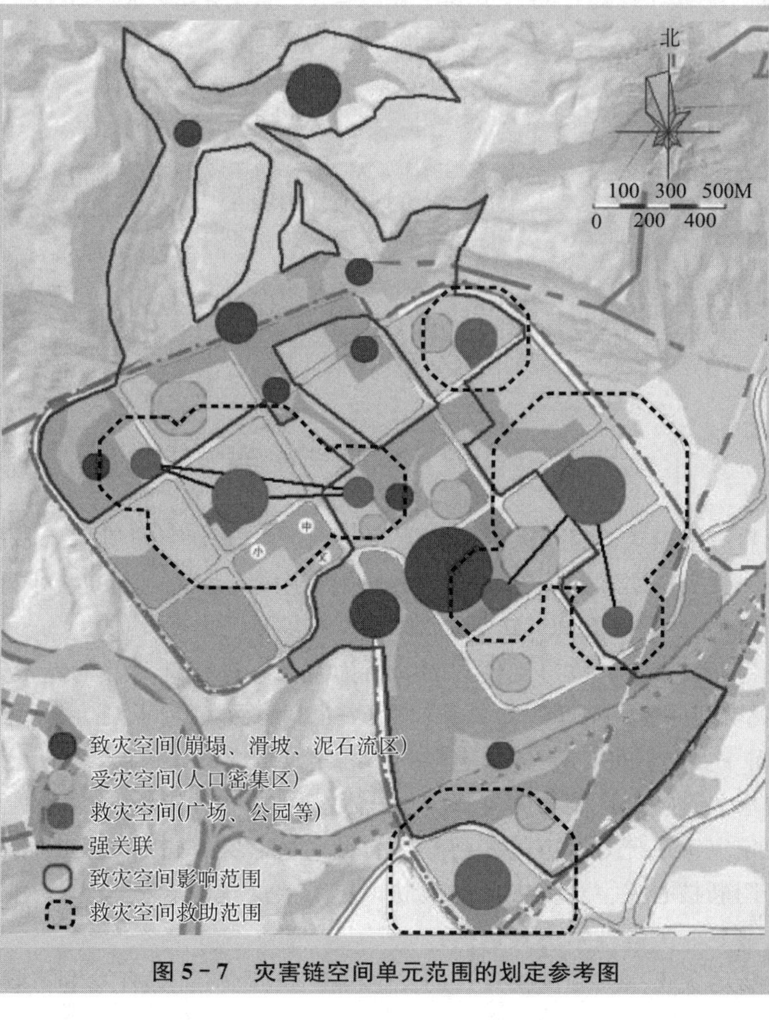

图 5－7　灾害链空间单元范围的划定参考图

5.2.2.3 “灾害断链”的危机决策过程

“灾害断链”的危机决策，在不同的场景中模拟最可能发生的灾害链情景，将其进行破坏力的评估分析对比，选取风险（破坏力）最大的灾害链，对此进行有重点的管控。“断链减灾”利用鲁棒结构的脆弱性破坏“负结构”，实现断链，具体包含四个方面的内容：选定管控要点、分析链接模式、确定断链策略、提取关键技术。

第一，选定管控要点。一是对灾害自身的管控，二是对灾害之间的链接的管控。对灾害自身的管控主要是指对灾源和拐点的管控。其中灾源是指灾害链源头灾害，它是整个灾害链发生的最根本的源头；拐点是指灾害链结构中的主要集散节点，它是整个灾害链破坏力扩大的主要因素。对灾害之间的链接的管控主要是指对与灾源和拐点之间的关联的管控。如图5-8所示，灾害1为灾源；灾害3和灾害6为拐点。灾害1→灾害2、灾害2→灾害3、灾害5→灾害6是最主要的管控链接。

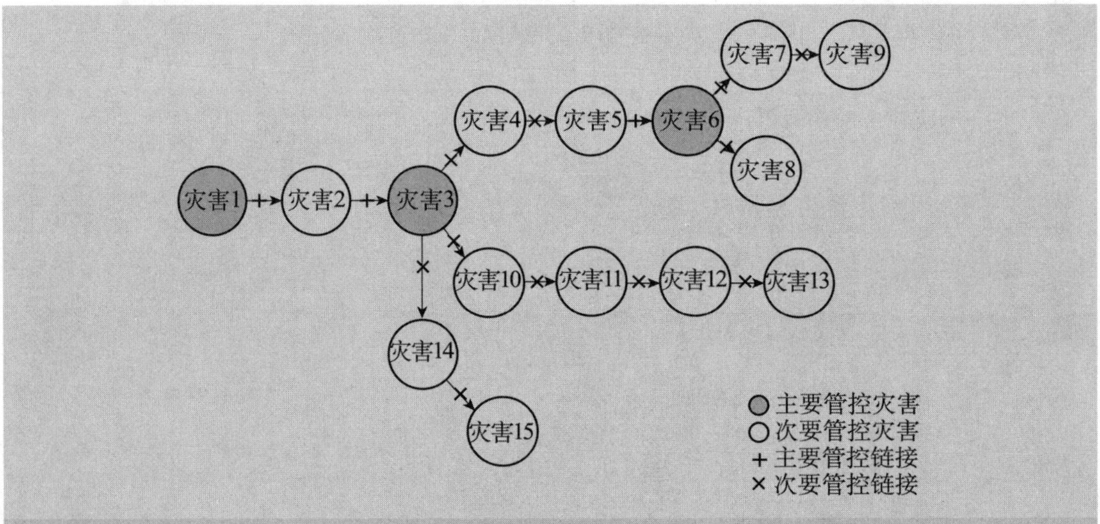

图5-8 灾害链管控要点图

第二，分析链接模式。将最大风险灾害链进行公共安全空间单元要素解构，主要包括“致灾空间→受灾空间”链、“致灾空间→致灾空间（n）→受灾空间”链、“致灾空间→受灾空间（n）→受灾空间”链等类型。

第三，确定断链策略。以链接模式的分析为基础，进行针对性的断链策略研究，主要包括：“致灾空间→受灾空间”的断链、“致灾空间→致灾空间（n）→受灾空间”的断链、“致灾空间→受灾空间（n）→受灾空间”的断链。

第四，提取关键技术。核心灾害（灾源＋拐点）在“致灾链”中起到至关重要的作用，其直接决定灾害系统对城市的威胁程度。针对核心灾害进行关键技术的提取，其意义不单单在于阻断核心灾害对受灾区的威胁，更重要的是阻断核心灾害对其他灾害的诱发，控制灾害蔓延。关键技术主要包括：

（1）减小核心灾害（灾源＋拐点）的发生概率。任何灾害都有发生的概率，且很多灾害只能消减不能消除，针对灾害区别对待、分级管控是实现“断链减灾”的关键，在当前技术条件和经济水平制约下，着重减小核心灾害发生的概率对“致灾链”的控制十分关键，如集中有限的资源，重点提高核心灾害的设计标准及防护措施来降低其发生的概率。

（2）减小核心灾害（灾源＋拐点）与其他灾害的强度关联。核心灾害是制约“致灾链”长度、威胁广度的关键因素，当核心灾害不可避免地发生时，减小其外在的空间影响范围、降低与其他灾害的关联强度，是“断链减灾”的关键，如在核心灾害与其他灾害之间增加隔离设施或空间距离。

（3）减小核心灾害（灾源＋拐点）与其他灾害的因果关联。灾害之间必须有明确的因果诱导关系才能形成链接，通过“致灾链”系统分级结构性调整，减小核心灾害与其他灾害之间的因果诱发关系，可以起到“断链减灾”的效果，如通过调整不同灾害之间诱发条件，实现断链。

5.2.2.4 “救援成链”的危机决策过程

基于动态演化机制，灾害会不断地发生变化，公共安全空间单元应当具有足够对应各种灾害突变的能力，灾害不仅能对受灾点造成威胁，也可能对救助设施造成威胁。基于此，“灾害断链”的危机决策，一方面，保证救灾设施对受灾点救助范围上的全覆盖；另一方面，当某些救灾点受损坏时，救灾系统能够及时启动备用功能，确保救灾体系不瘫痪，降低城市公共安全的间接损失。

基于鲁棒结构机制，当正结构强于（或等于）负结构时，公共安全空间单元处于有效管控状态。据此，“救援成链”具体包含四方面内容：选定救助要点、分析救助模式、确定成链策略、提炼关键技术。

第一，选定救助要点。救助要点可以分为主要灾害类型的救助和次要灾害类型的救助（见图 5－9）。

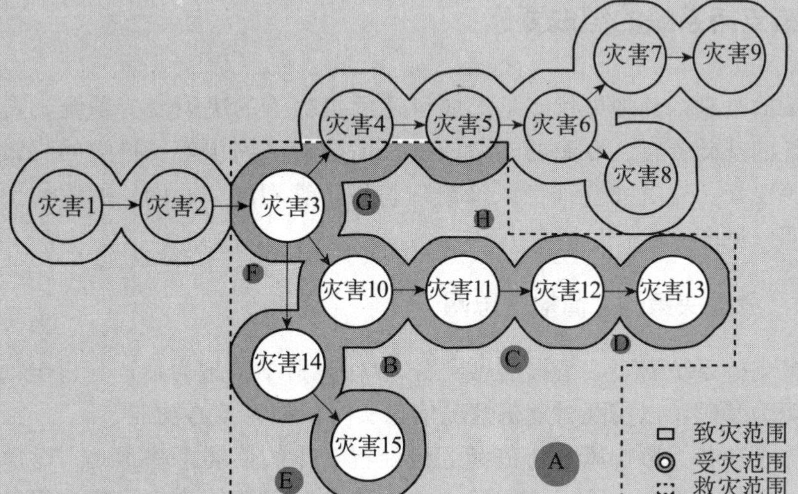

图 5－9　救助要点空间解析

第二，分析救助模式。将最大风险灾害链进行公共安全空间单元要素解构，分为“救灾空间→受灾空间”的成链和“救灾空间→救灾空间（n）→受灾空间”的成链。

第三，确定成链策略。以链接模式的分析为基础，进行针对性的断链策略研究，主要包括“救灾空间→受灾空间”的成链和“救灾空间→救灾空间（n）→受灾空间”的成链。

第四，提炼关键技术。核心（枢纽）救灾设施在救灾链中起到至关重要的作用，其直接决定救助系统对城市的救助效率。针对核心救助设施进行关键技术的提取，其意义不单单在于强化核心救助设施对受灾区的直接救助，更重要的是当其他救助设施失效时，核心救助设施能第一时间启动备用设施及时救助，控制灾害蔓延，据此，以提升救灾链的救助效率为目的（降低间接威胁），“成链救助”的关键技术主要包括：

（1）增加核心（枢纽）救助设施的功能复合性。针对特定灾害链的威胁，在核心救助设施点增加多种救助功能，在其他救助设施失效是，能够紧急备用，如在空间上增加多用途的救助设施用地，在时间上增加救助设施的弹性使用。

（2）增加核心（枢纽）救助设施备用功能的时效性。将核心救助设施布局在主要交通干道体系内，在启动备用救助设施时实现救助功能的便捷性和时效性，如某个救助设施受损时，核心救助设施能第一时间启动备用功能进行救助。

（3）增加核心（枢纽）救助设施的安全指数。针对特定灾害链的威胁，绝对避免核心救助设施处于高风险的受灾区，如发生严重的灾害时，确保核心救助设施避免灾害的破坏。

5.3 危机决策的改进

5.3.1 决策支持系统的组成要素

危机决策的改进，其理想状态是形成科学危机决策的决策支持系统，需要实时的情报信息、详细的基础资料、专业的参考依据、精准的研判预警、科学的决策流程、切实的督导考核等要素，现对社会维稳风险治理与科学管理的“一网、两库、三关”体系予以剖析和说明（见图 5-10）。

5.3.1.1 危机决策的“情报信息网”

科学决策支持系统需要“情报信息网”，以保障科学决策为目标，以全面整合、共享情报信息资源为基础，以实现对危机情况信息实时侦控为核心功能。

信息工作贯穿各类影响风险防范和危机处置工作的始终。基于此，以信息主导工作为基本理念，通过建设全方位、多层级、立体化、动态性的信息收集、报送网络，实现对公共危机惯例形势的总体把控，具体要求包括：

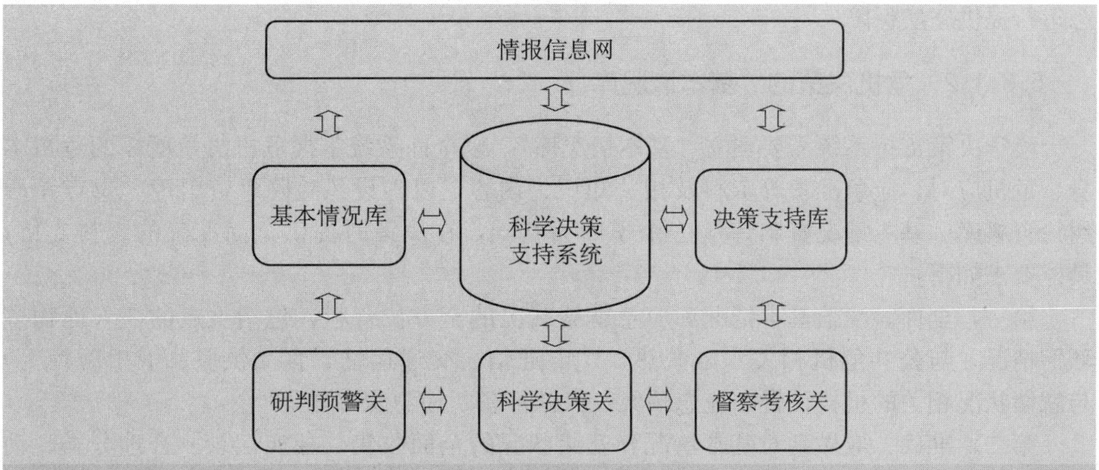

图 5－10　“一网、两库、三关”体系示意图

资料来源：唐钧．政府风险管理．北京：中国人民大学出版社，2015.

第一，建立一体化的信息网络，全面整合信息资源，实现信息网多层级无缝衔接。以区县政府为例，一般建设三个层面的信息网络：第一层面为区县级层面，由区县应急管理主责部门牵头，负责整体统筹全区县的信息管理工作，实现信息在区县级层面的综合利用和实时共享，实现全区县信息资源的纵向统筹。第二层面为区县职能部门和街乡层面，在公安政法、国家安全、信访排查等多部门网络的基础上，建立部门与部门之间、部门与街乡之间、街乡与街乡之间的沟通机制，实现全区县信息资源的横向沟通。第三层面为基础层面，建立覆盖全区县各社区、村、企事业单位、社会团体的危机信息员队伍，实现对各类信息的全面掌握。综上，通过建立“纵向到底、横向到边”的三级信息网络，有效避免信息收集主体因条块分割造成各自为政的局面，实现信息的全区县统筹调度、部门归口报送、资源共享利用一体化、无缝隙体系。

第二，建立全方位、立体化的实时监控，即全面整合信息收集途径、手段，实现立体化实时监控。仍以区县政府为例，在通过三级信息体系实现全区内部信息有效收集的同时，信息网全面纳入互联网、移动终端、手机通信等新型媒介，通过电视、广播、报刊等传统媒体和 12345 热线、110、119、120、999 等服务保障系统在内的多信息来源，全面整合信息收集的技术手段，实现人力情报与技术情报的有效结合，公开措施与秘密工作的有效结合，传统方法与现代科技手段的有效结合，网络监控与落地查实的有效结合，全面拓宽信息搜集的广度和深度，实现对风险信息的立体化实时监控。

第三，建立高效率的动态运行机制，即全面加强机制建设，实现信息传递的动态运行。信息在各级层面的及时传递是实现信息价值的必要要求。按照这一要求，信息网络应做到：形成信息的筛选过滤机制，找出真实的、相关的、对危机决策可能有用的信息，淘汰和去除无关、虚假的信息，规避“信息噪音”给危机决策带来的干扰和问题；建立培训机制、全面提升情报人员素质；通过设置考核奖惩、责任追究等机制，全面落实各项工作责任制；通过完善报送机制，明确信息的收集类别、保密级别、传递时限、报送方式等内容。通过完善工作机制实现信息传递工作的规范化、制度化，为信息高效、动态运行提供坚实保障。

5.3.1.2 危机决策的“基本情况库”

科学决策支持系统需要建立“基本情况库”，以全面系统掌握危机决策所需的危机本身、危机应对、应急准备等资料及相关知识为内容，以建设风险隐患资料库、重点矛盾纠纷资料库、基本情况资料库等三个子库为基础，在决策时提供全面准确的资料支持，具体要求如下：

第一，全面。涵盖基本情况和应急就绪状况的全方位资料，包括重点的“人地物事环”情况，与公共危机相关水电气热、广电通信、交通运输、食品供应、卫生医疗等，与就绪状况相关的机构设置、应急预案、人才准备、应急保障等。

第二，准确。应做到对基本情况和就绪状况的全面收集、翔实记录、合理分类、动态更新。

第三，实用。将各类资料通过技术手段转化成“风险地图”，直观反映全区县动态，具有资料留存、查询、比对等功能，并予以系统整合、形成动态更新实现对总体情况的直观反映，为全面掌控形势、开展危机决策提供便捷化的支持。

5.3.1.3 危机决策的“决策支持库”

科学决策支持系统需要建立“决策支持库”，以规范化的案例收集和标准化的应急处置为主要内容，以建设专业处置决策支持系统、现场应急和群众工作决策支持系统、媒体舆情应对决策支持系统等三个子系统为基础，在决策时提供可借鉴的辅助依据，具体要求如下：

第一，分类收集掌握世界范围内已有的各种涉稳事件的典型案例，总结其发生原因、处置过程、成功经验和失败教训。

第二，根据各类典型案例提炼总结形成针对各类涉稳事件能够采取的若干种标准化、规范化的处置方法，以及各种处置方法可能产生的效果和可能造成的负面影响。

第三，通过数据、内容的不断更新和技术支持，实现同类搜索、经验提示等功能，起到为政府科学决策提供支持的作用。

5.3.1.4 危机决策的“研判预警关”

科学决策支持系统需要建立“研判预警关”，以对风险信息的有效鉴别为基础，分级评定风险程度，科学研判信息，准确分析趋势走向，具体包括两方面工作：

第一，设定科学的风险评估标准，以目前世界上通用的风险等级评定标准为基础，全面结合实际情况，对以往突发事件的危机预警进行规律性研究，建立一套符合实际情况和本土特点的信息风险指标评定标准；该标准通过设定发生可能性程度、境内外舆论关注程度、人员规模程度、发生地点敏感程度、引发关联性程度、动因影响程度、防控难度等一系列量化指标，将风险程度定为三个级别，即第一级为“不能容忍应立即处置的风险”、第二级为“可容忍需重视的风险”、第三级为“应关注需跟踪的风险”。

第二，信息风险指标评定标准在操作层面启动两级审核制度，即街乡和职能部门进行初级审核，区县级层面由应急管理主责部门进行二级审核，通过两级审核制度实现对海量信息的有效过滤和大量风险的逐级分流。

5.3.1.5　危机决策的“科学决策关”

科学决策支持系统需要建立“科学决策关”，以实现突发事件的标准化处置为核心功能，处置流程标准化、决策机制规范化、体系运行制度化，具体包括两方面工作：

第一，根据研判预警关所确定的风险等级，设计一套完善的标准化处置流程，该流程明确不同级别事件的处置责任主体、处置时限、工作标准；在发生不同风险等级的突发事件时，各级责任主体按照流程要求自动启动处置工作，形成各司其职、各负其责、责任明确、流程规范、机制完善、整体联动、高效运转的处置模式。

第二，针对标准化处置流程无法解决的个别重大突发紧急事件，建立专家评审分析、情况会商等一系列研判机制，确保对特殊类涉稳事件的科学决策。

5.3.1.6　危机决策的“督察考核关”

科学决策支持系统需要建立“督察考核关”，以落实应急管理责任为保障，实绩与政绩挂钩，责任与后果明确，奖励与处罚分明，具体包括三方面工作：

第一，建立一整套贯穿体系始终，涉及信息网络建设，风险信息预警研判，以及突发事件决策处置等各个方面的督察考核机制。

第二，建立责任追究机制，通过确定后果等级和责任等级，对因决策失误、政策制定失误、指挥失当、措施不到位、人员不到位等原因造成严重后果的，分门别类明确处罚标准，在进一步明确危机管理工作责任的同时，明确因工作失职、渎职所要承担的后果，起到事前警示作用。

第三，建立绩效考核机制，以全面应用绩效管理理论为基础，通过建立科学完善的绩效考评办法，定期对各部门、各街乡的工作成效进行考核，用科学的制度提升工作的积极性和主动性。

5.3.1.7　基于决策支持系统的科学危机决策机制

在决策支持系统的作用下，科学危机决策机制的运行流程是：在科学危机决策的特定时空环境中，以快真准全的信息为基础，以决策准则为指引，在有效的风险控制下，作出决策方案并执行，同时根据环境变化进行调整，开展持续决策（见图 5－11）。

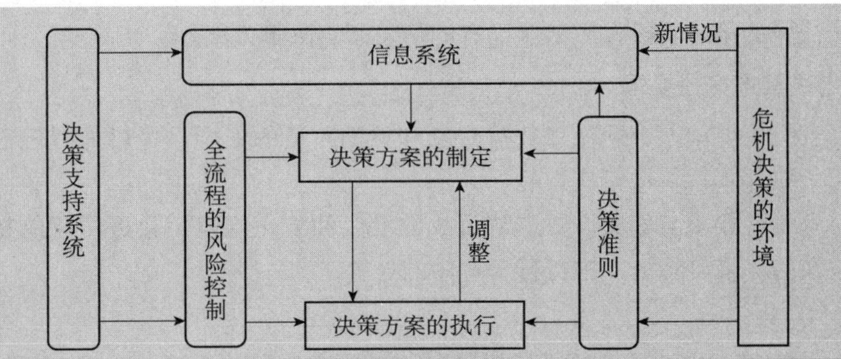

图 5－11　科学危机决策机制的运行流程图

5.3.2 泰国“睡美人”洞穴救援的危机决策

2018 年 6 月 23 日下午，泰国清莱府美塞县某学校足球队的 12 名少年结束训练后，在教练的带领下进入睡美人洞的地下洞穴探险，因突降大雨（当时正值泰国雨季）导致水位上升而困于洞穴内。围绕人员救援的危机决策就此展开。[①]

5.3.2.1 危机决策的信息收集

危机决策的首要工作是收集救援现场的信息和进行情况评估，主要包括救援环境、救援对象和救援资源信息的收集，从而为救援方案的形成与决策执行提供前瞻指导。

1. 救援环境信息收集

环境在很大程度上影响着救援行动，因此在开展救援活动之前需要充分地收集事故发生区域的地形、气候、土壤、植被、水文等自然特征信息，并且分析这些特征可能给救援工作带来的挑战和风险性。在泰国“睡美人”洞穴救援中，陡峭且崎岖的洞穴内部地形环境、极低的水下能见度以及长达 4 公里的救援距离[②]，都是需要深思熟虑的重要环境因素。

2. 救援对象信息收集

救援对象的具体状况，很大程度上影响救援方案的制定与实施。本案例中，受困的大多是 11～16 岁的少年，在被寻获之前已经受困长达 9 天，同时一般的食物很难送达洞内，他们在被寻获之后也只有营养膏可以吃，所以无论是体力或是健康状况都相当堪忧，在此状况下开展救援，存在较高的难度。

3. 救援资源信息收集

救援资源主要包括救援所需的人力、物力、财力、技术等多方面的保障性物资。本案例中，救援资源主要包括救援专业人员或队伍、非专业的其他社会力量、通信信息系统、救援装备和设施等人力和物力资源。

5.3.2.2 危机决策的方案制定

在危机决策的第二阶段，应依照已有的信息制定决策方案。

1. 制定决策方案的要求

第一，安全性要求。必须保障救援对象和救助人员的安全，尽可能减轻已有死伤状况的同时尽力确保不再新增死伤人员。

第二，科学性要求。救援需要遵从事故的发生和演化规律、救援对象的特征以及事故发生现场周边环境等特征，进行科学有序的处置。

---

① 通讯：一方有难，八方支援：记参与泰国山洞救援的中国民间救援队．(2018-07-05)．新华网．

② 宋宫儒．泰国洞穴救援．中华灾害救援医学，2018 (9)．

第三，可行性要求。方案决策中必须考虑现实实施的操作难易程度，综合考虑能否适用于具体的救援环境和救援对象的情况。

2. 根据情况制定多个应急方案并比较论证

明确救援环境、救援对象、救援信息以及确定相关的救援准则之后，通过以往的经验和实际情况，可以归纳出多种救援方案，并从中选出相对安全、科学、可行的方案（见表5-3）。

表5-3　五种可选方案的分析比较一览表

方案名称	方案实施计划	安全性	科学性	可行性
方案1：等待雨季结束	等洞穴里的水完全褪去或水面下降至被困人员可轻松出洞的高度，预估需4个月。	短期较安全，但是洞穴中的氧气含量仅为15%～16%（若再降低，受困人员会有生命危险），如果持续时间过长，受困人员会因缺氧而有生命危险；另外洞穴可能在较强的降水影响下出现崩塌，威胁受困人员生命安全。	季风影响下的高强度降水短时难以停止，长时间等待耗费大量时间，身心俱疲的受困人员难以承受；而且在此过程中需引水至农田以减少洞穴内的水量，破坏农业生产，局势更加难以控制，违背科学性。	操作简单，只需加大洞穴排水力度，等待雨季过去再确定救援路径，操作相对容易；但考虑到受困人员的不利情况，不可行。
方案2：寻找其他出口	在丛林中搜寻气穴和竖井等其他可以出洞的通道。	短期较安全，但是寻找另外的出口可能耗费大量时间，在此过程中受困人员随时可能因氧气不足、雨水淹没等风险而有生命危险；出口找寻者也面临行动中的危险。	洞穴周边环境复杂，寻找其他出口耗费大量时间，身心俱疲的受困人员难以承受，违背科学性。	操作困难，洞穴环境复杂，以现有的技术难以在短时间内找到合适的出口，故不可行。
方案3：山顶凿孔，垂直救援	从山腰处凿孔、为受困人员开辟新的出洞道路，对此需要精准掌握受困人员的确切位置，从而通过绳索等装备将受困人员垂直牵出洞穴。	安全性不足，凿孔可能造成洞穴坍塌，对受困人员造成巨大的生命安全威胁。	环境复杂，不容易找到打孔救援点，而且耗时较长，违背科学性。	操作困难，缺少基础设施以及机械作业的条件，故不可行。
方案4：制造救生潜水艇，潜入洞穴，装载受困人员后潜出	由专业团队设计打造一艘可容纳受困人员的潜水艇，穿过洞穴内的隧道来实施营救，理论上密闭性好、配有压缩气缸的潜水艇即可作业。	安全，对受困人员的生命几乎不造成威胁。	洞内环境复杂，能见度低，地形崎岖，刁钻角度多，潜水艇行进与转弯较困难，不易探索，违背科学性。	操作困难，需要投入大量的人力、财力、物力去建造潜水艇，还需要专业人士操作，成本较高，故不可行。

续表

方案名称	方案实施计划	安全性	科学性	可行性
方案5：带领受困人员潜水出洞	让受困人员短暂昏迷再由潜水员将其带出。	比较安全，但是需要考虑三大安全瓶颈：一是如何防止受困人员佩戴的氧气面罩漏水而导致溺亡；二是如何防止受困人员潜水恐慌；三是在潜水过程中需防止地形中石块、侧壁的划伤。	耗费时间较少，而且较为充分考虑受困人员的具体状况，具有科学性。	由于时间紧迫、地形崎岖、视野不足、受困人员身体状况较差等不利条件，教会受困人员潜水难以实现，该方案最具可行性，且操作简单，只需要救援者潜水带离受困人员出洞，故可行。

3. “多害相权取其轻”，选择最终的操作方案并优化实施

危机决策的科学论证，需要对备选方案“多害相权取其轻”。经过综合分析，五种备选方案均有一定的风险，可能造成人员伤亡，而且部分方案的成本过高，操作困难。为快速专业施救，经过综合研判，在上述五种方案中选取带领受困人员潜水出洞方案，原因在于：一方面，其余四种救援方案在安全性、科学性、可行性上存在难以克服的问题，有较大概率导致救援失败或严重的人员伤亡。另一方面，潜水出洞方案在安全性上更能够控制与降低风险；在科学性上更符合环境与救援对象的实际状况；在可行性上操作相对简单，成本较低。尽管潜水出洞方案存在劣势，但可通过救援策略予以应对（见表5-4）。

表5-4 带领受困人员潜水出洞方案的优化分析表

	安全性	科学性	可行性
优势	比较安全，首先潜水员对救援对象注射麻醉药物，克服救援对象的不确定因素（恐慌等）。其次潜出过程中进行救援接力，能够防止体力不支。最后救援中有充足的抽水设备、氧气罐、毛毯、潜水面罩、绳索等，有效保障了救援对象的安全。	救援行动充分考虑救援对象状况（身心俱疲）、洞穴环境（路程较长、地形崎岖、能见度低）、气候条件（大雨不定）等因素，从而快速、有序地开展救援，同时配合洞外医护人员等群体开展生理和心理双重救援，具有科学性。	消耗成本较少，操作较为容易，不仅节约了人力、物力、财力，同时节省了大量的时间。
劣势	药物的使用具有一定危险性，例如麻醉药物过量会导致死亡，而不足会导致救援对象中途醒来。在救援的全过程中需要谨慎利用，把握用量。潜水员和救援对象可能会被地形划伤。	救援对象、洞穴环境、气候条件等客观上难以控制和消除的风险可能发生变化，造成不利影响，导致救援失败。	对潜水员技术的要求较高。
对策	救援前对潜水员进行药物注射专业培训，提升其操作熟练度与风险控制力，必要时在救援途中的干燥地段再注射。药物使用事先仅内部知晓，不告知媒体和家属等，减轻潜水员压力。选取有过硬素质的潜水员，降低地形划伤风险。	潜水员快速、有序开展救援，规避不确定因素；洞外密切关注多种条件变化，必要时及时优化方案。	选取具有过硬素质的潜水员参与救援，熟练带出救援对象。

综合潜水出洞方案的优势、劣势与对策，以潜水出洞的方式推进救援。首先由潜水员为受困人员服下阿普唑仑药片以缓解恐惧，注射阿托品减少唾液分泌以防止溺亡，注射麻醉药物。之后为受困人员穿戴潜水装备，牵引受困人员潜水出洞。在此过程中，潜水员时常检查救援对象的呼吸状况、肢体动作等，麻醉效果消失后再次注射，同时人力与物力保障到位，形成救援接力，氧气罐、毛毯、潜水面罩、绳索等装备齐全以备不时之需。

5.3.2.3 危机决策的风险控制

确定应急救援方案之后，迅速部署力量开展应急救援工作，在此过程中全面加强风险控制，防止风险的扩大化与升级，谨防人员伤亡。其中风险控制的关键在于保障到位和做好善后工作，是救援过程中提升风险防控能力、防止人员伤亡的重要条件。本案例中，主要落实通信保障、人员保障、装备保障、物资保障等四方面工作，并做好救援多方力量的统一指挥和联动配合与善后工作。

1. 通信保障

确保通信系统的畅通性是掌握基本情况的重要支撑条件。通信系统能够实现洞穴内外人员的有效联络，确定被困人员所处的环境状况和安全状况，给洞穴外的救援人员提供精准的受困人员的数量、生命体征、所处位置等精确信息，从而有助于救援队员有针对性地展开救援行动。本案例中，两名英国潜水员最先找到了受困的 13 人，精准地定位到了受困人员所在的位置，并第一时间确认了他们的人数及身体状况，同时拍摄了洞穴内的视频以便于地上救援人员掌握基本情况，打开了救援行动的突破口。在随后的物资输送阶段，潜水员们在每一次运送氧气罐和生活物资时，都会携带水下相机拍摄受困人员的洞内生活情况，给他们的家属传递信息，以及让专家和医生对他们的精神、身体状况做出实时的判断。

2. 人员保障

多种专业人士加入、多种社会力量参与是保障救援力量充分发挥作用的有利条件。第一，救援行动相关研究领域的救援专家或专业的救援队伍有助于提高方案决策和实施的安全性、科学性和可行性。顶尖的洞穴潜水员、洞穴水文地质学家、泰国当局的海豹救援队、水务专家、身心健康专家等专业人士综合他们的经验及知识，分析救援中的难点与安全问题，为救援提供辅助决策，最终专业的潜水员进入洞穴中开展救援。第二，民间组织、志愿者等社会力量能够为救援提供决策、后勤等支持，壮大救援队伍、抚慰受困者家属、平复社会情绪。多国的志愿队伍（包括北京平澜公益基金会、北京绿舟应急救援促进中心等队伍）在运送物资、协助排水、为救援人员做好保障等工作中发挥重要作用。

3. 装备保障

确保装备的安全性、适用性、充足性是救援行动的关键，先进的救援装备不一定是最好的装备，而安全性和适用性较高的装备才是最适合的选择。泰国政府派出直升机 9

架、C-130飞机一架、潜水坦克600辆、救护车13辆、热力感应无人机等。多方国际救援力量也带来了各国最先进的救援设备，如水下呼吸面罩、水下潜水艇，都为救援起到了重要的作用。①

4. 物资保障

物资充足是救援行动得以有效、安全展开的重要基础。救援物资的输送不仅关系着救援对象的生命维持，也关系着救援者的安全。救援队将物资运输作业中心转移至前端，即洞穴内的大本营处，他们先在洞穴内铺设了基本的物资输送系统，如食物、毯子、灯等主要靠潜水员人力来回运送，让被困人员在等待救援时能维持生命体征。同时，救援队还将通往洞穴出口的路线分割成很多区域，每个区域都会安排一位对该区域驾轻就熟的潜水员，他们会在固定的区域内准备好充足的氧气罐、毛毯、面罩以备不时之需。在救援过程中，由于水底能见度极低且水流湍急，充当"扶手"的绳索也为救援安全提供了保障。

5. 救援多方力量的统一指挥和联动配合

危机事件发生后，为保证现场有效处置，必须对事件现场的所有应急工作实施统一的指挥和管理。与此同时，应急救援还面临多维度的联动。来自不同国家、不同性质的救援力量需在遵循统一规则的基础上开展分工协作，尤其是在语言不同的情况下，在确定救援方案和明确分工后，每支队伍和每个工作点的人员遵守规则有序开展救援，形成联动配合的救援工作机制。本案例中，泰国应急管理部门作为面向程序的常设型组织，海豹突击队作为面向任务的常设型组织，以及大部分基于人道主义前来的国际救援队伍、志愿者们，在泰国当局的统一指挥下构成了由不同组织模式组成的临时性组织，这使得他们能够灵活地发挥各自的优势，又在不破坏各自组织模式的前提下确保行动的联动性。

6. 善后工作

应急救援的善后工作主要包括对救援对象的生理和心理上的双重救助、对外及时发布权威消息等。在本案例中，善后工作中的生理救助主要是潜水员将救援对象带出洞穴之后，13辆救护车原地待命确保获救的受困人员能被及时送往距离55公里的大医院接受专业的检查和治疗，另有救援直升机随时等待起飞以开展紧急救援。心理救助主要是稳定救援对象的心理状态，并通过激励的方式重塑其积极心理状态，如医护人员的心理干预；国际足联主席因凡蒂诺邀请受困的小球迷们观看世界杯决赛；阿根廷球员梅西以联合国儿童基金会亲善大使的身份，为受困人员录制发送了一段鼓励视频等。另外，善后工作还包括对外发布权威消息，克服谣言的传播；彰显救援英雄人物与壮举，为世界的救援工作树立典范。

---

① 泰国被困足球队13人全获救共派出9架直升机．(2018-07-11)．https://www.sohu.com/a/240607063_472861.

本章小结

危机决策贯穿应急管理的始终，是科学决策的关键，具体是指决策者在有限的信息、时间、资源、人力等约束条件下，在监测风险、获取信息、了解情况的基础上，分析、研判危机并确定应对危机的具体行动方案的过程。危机决策面临着环境复杂、时间紧迫、信息不对称、条件受限等挑战。基于危机的发展周期，危机决策要抓好流程和要素。此外，危机决策适用于“局限理性模型”，遵循“多害相比取其轻”的原则；“梯次决策模型”适用于危机决策；鼓励以服务人民为中心，既勇于担当、独立应对风险，又善于群众路线的治理。

危机决策的难点是阻止和切断灾害连锁的发生，对此，可综合应用事件与人群的“冰山效应模型”，针对连锁反应进行预测分析，并在“灾害链”相关原理指导下，形成“灾害断链、救援成链”的危机决策方案。

危机决策的改进，其理想状态是形成科学决策支持系统，具体包括“情报信息网”“基本情况库”“决策支持库”“研判预警关”“科学决策关”“督察考核关”。危机决策应充分考虑其特定“时空”环境，以信息系统为基础，以风险准则为导向，在风险控制、科学决策支持系统的作用下，作出决策方案并予以执行，根据新情况的出现进行动态调整和更新。2018 年泰国“睡美人”洞穴救援的危机决策案例分析可供思考。

关键术语

危机决策　　局限理性模型　　梯次决策模型　　冰山效应模型　　连锁反应　　灾害链　　灾害断链　　救援成链　　“一网、两库、三关”体系

复习思考题

1. 简述危机决策的界定和功能。
2. 简述危机决策的特征。
3. 简述危机决策的“局限理性模型”的定义和应用场景。
4. 简述危机决策的“梯次决策模型”的定义和应用场景。
5. 简述事件与人群的“冰山效应模型”的定义和应用场景。
6. 简述“灾害断链、救援成链”的危机决策方案。
7. 简述决策支持系统的“一网、两库、三关”体系。
8. 简述泰国“睡美人”洞穴救援的危机决策过程和要点。

阅读材料

2018年“桑吉”轮海上燃爆救援的危机决策

一、危机事件爆发和决策目标

2018年1月6日20时，巴拿马籍油船“桑吉”轮与中国香港籍散货船“长峰水晶”轮在长江口以东约160海里处发生碰撞，“桑吉”轮载有的11.13万吨凝析油随即起火燃烧，持续剧烈燃爆，往东南方向漂移151海里后，14日16时在北纬28度22分、东经125度55分海域沉没。“桑吉”轮有伊朗籍船员30人、孟加拉国籍船员2人；“长峰水晶”轮载有高粱约6.4万吨，船上中国籍船员21人。事故导致“桑吉”轮货舱起火，32名船员失踪；“长峰水晶”轮受损起火，21名船员弃船逃生后被附近渔船救起。

危机决策首先要确定风险准则，在对危机状况进行有效控制的决策过程中，保护生命安全财产安全，尽可能减轻人财损失和负面影响。事故发生后，中国政府高度重视“桑吉”轮碰撞燃爆事故的应急处置工作，交通运输部按照党中央、国务院要求，遵循国际公约，迅速启动应急响应、成立事故应急领导小组，以“人命搜救”为首要任务。

二、危机决策过程：决策困境、决策方案和执行结果

图5-12为海上燃爆危机决策过程图。

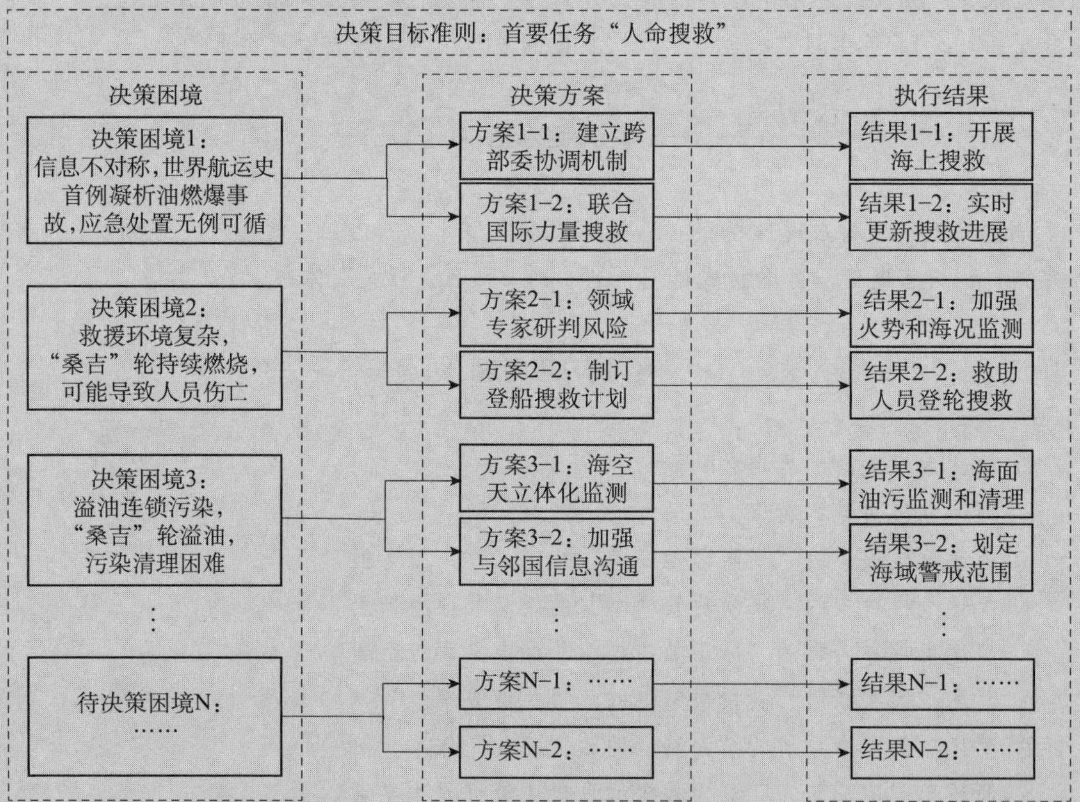

图5-12 海上燃爆危机决策过程图

（一）决策困境1：信息不对称，世界航运史首例凝析油燃爆事故，应急处置无例可循

突发事件的突发特性导致其相关信息易以模糊、散乱、混沌等形式存在，使决策主体所掌握的信息与真实信息之间存在数量、质量、时效等方面的“不对称性”，进而对危机决策的准确程度产生负面影响。信息不对称主要表现为不及时、不完全、不准确。

世界航运史上尚无油船载运凝析油被撞失火的事故发生，应急处置和预案无先例可循。“桑吉”轮的碰撞与沉没是世界航运史上首例油船载运凝析油被撞失火事故，海上溢油事故平均吨量偏大，泄露的油膜在海面扩散受洋流和风向影响，控制与清理难度相对较高，造成的环境与经济影响较大。

决策方案1-1和执行结果：成立高效运转的跨部委协调机制，制定方案迅速开展海上搜救

成立应急指挥机构，迅速开展海上搜救、制定搜救方案。事故发生后，交通运输部牵头，全力组织中国海上救援中心、交通运输部应急办、交通运输部海事局、交通运输部救助打捞局、国家海洋局生态环境保护司等相关海上应急处置部门开展搜救。根据海洋局、气象局提供的落水人员、难船及溢油漂移预报和事发海域天气预报，科学制定科学的搜救方案。组织协调各方力量，从山东、浙江紧急调集大型执法船，协调军方无人机，联合日、韩船舶开展海空立体扩大搜救，累计搜寻海域面积约8 800平方千米。

7日4时40分，中国专业救助船“东海救101”抵达现场开展搜救，救援人员发现，此时“桑吉”轮处于漂浮状态，船体倾斜，正在持续剧烈燃烧，火势凶猛，不时伴有燃爆。8时36分，海事执法船“海巡01”轮抵达现场并担任现场指挥船，统一协调现场搜救行动。

决策方案1-2和执行结果：联合国际力量开展常态化搜救，实时更新海上搜救和灭火行动进展

事故处理涉及多个国家，按国际公约进行事故调查和搜救，邀请相关方共同参与事故调查并见证船载记录仪数据还原，加强与国际海事组织的沟通协调，保证调查工作依法合规、客观公正。

巴拿马籍油船“桑吉”轮的船东是伊朗光辉海运有限公司，由伊朗国家石油公司的子公司伊朗国家油运公司运营管理，韩法合资公司韩华道达尔石化为租赁方。“桑吉”轮遇难船员中有30名伊朗籍船员和2名孟加拉国籍船员。中国香港籍“长峰水晶”轮由浙江温岭长峰海运公司运营。

联合周边海域国家，组织执法船舶、专业救助船舶和过往商渔船开展常态化的搜寻，实时更新海上搜救和灭火行动进展。中国与伊朗、孟加拉国、日本、韩国、俄罗斯等周边海域国家，以及国际海事组织，进行事故相关情况的通报，包括采取的应急处置措施、海上开展的搜救和灭火行动。

（二）决策困境2：救援环境复杂，“桑吉”轮持续燃烧，可能导致人员伤亡

相对于常规决策的外部环境，由于危机状态、演变发展、后果影响的突发性和不确定性，危机决策的环境具有高度的复杂性。

事故发生后，“桑吉”轮装载的凝析油剧烈燃烧，燃爆频率非常高。凝析油即天然汽油，极易燃易爆，含硫量高，不稳定不充分的燃烧产生一氧化氮、二氧化碳、硫氧化物等大量有毒气体和浓烟，加大了救援难度。从事故发生到12日，海上风力达6到8级，浪高3到5米，海况条件十分恶劣，“海巡22”巡逻船横摇达25度，船上的救生艇被海浪破坏。

汽油类火灾灭火需要泡沫或封闭惰性气体隔绝氧气，现场调运时间较长。事故发生地点距上海160海里，事发后“桑吉”轮随风向和洋流往远离大陆的方向漂移，现场灭火需要足够多的泡沫覆盖或足够体积的封闭二氧化碳将“桑吉”轮十几万吨的轻质油与氧气隔绝，但泡沫等灭火物资补给单程航行需要10个小时，往返一次将近一天。

决策方案2-1和执行结果：组织领域专家研判评估救援和灭火风险，加强火势和海况监测

召开部级联席会议，科学研判危机决策。我国迅速组织海上搜救、船舶结构、危险化学品处置、火灾救援等领域的专家于上海海事局指挥大厅进行火势的危机研判和科学论证，制定相关搜救计划和工作方案。现场组织部加强火势和海况监测，研判登轮搜救风险。1月8日，“东海救117”轮在距“桑吉”轮2海里处发现并打捞起1具遇难者遗体。10日至14日，现场指挥部组织实施了多轮灭火作业，由于难船始终处于燃爆状态并伴有大量毒烟，现场灭火效果不理想。

决策方案2-2和执行结果：制订详细登船搜救计划，专业救助人员冒生命危险登轮搜救

四名专业救助人员彰显共产党员先锋本色，冒生命危险克服恶劣海况条件登船搜救。13日，在火势得到控制的基础上，现场组织部制订了详细登船搜救计划、操作流程以及应急保障预案，决定登船搜救，由上海打捞局专业救助打捞船“深潜号”潜水队队长徐军林，队员徐震生、卢平和冯亚军四名经验丰富、配合默契的搜救队员登船搜救。

“深潜号”冒险抵近“桑吉”轮10米范围，抓住时机派出4名救援人员登船搜救，救援人员在自身生命面临极大危险的情况下，对生活舱、防海盗安全舱、驾驶台等部位进行了勘查，在难船救生艇甲板处发现2具遇难者的遗体，由于生活舱室内温度高达89℃，防海盗安全舱应急通道有浓烟热浪涌出，救援人员多次尝试都无法进入，救援小组只好携2具遇难者遗体和船载航行记录仪返回“深潜号”。

（三）决策困境3：溢油连锁污染，“桑吉”轮溢油，污染清理困难

海面溢油随风向扩散。“桑吉”轮凝析油的主要成分是短链烃类混合物，并含有少量二氧化碳，在海面风向的驱动下存在扩散可能，经测定，“桑吉”轮沉没位置位于北纬28度22分、东经125度55分，沉没水域距离韩国济州岛海域约520千米，距琉球那霸290千米，距离两船相撞处向东南漂移了大约151海里，沉船周围水深115米。

决策方案3-1和执行结果：海空天联合环境立体化监测，海面扩散油污长期监测和清理

海空天持续监测作业为清污提供技术支持，成立了海洋环境监测专项工作组。截至1月19日上午，国家海洋局调派空巡飞机监测海上油污的情况，组织清污船“海巡169”

轮、"东雷 6" 轮等开展清污作业，共出动了船舶 9 艘，里程达 6 000 海里，飞机 6 架次，航程达 6 000 千米，监测面积约 2 万平方千米，在"桑吉"轮沉没海域和路径上持续对海洋大气、海水、海洋生物进行监测，利用卫星遥感、航空监视等手段对溢油漂移进行监测，为清理油污提供强有力的支持。

海空天监测已经多次发现油污带存在，但面积相对较小。船舶沉没后，沉船现场和附近海域多次出现不同规模、不同性质的油污带，中国国家海洋局有 5 艘专业船舶在事发海域现场作业，近百名监测人员持续开展污染物分析、遥感的检疫、实验室研究工作，在关键的节点包括核心区、控制区等会设置不同层次的站位，进行紧密的卫星监测预报分析。

决策方案 3－2 和执行结果：与周边邻国保持信息沟通，划定警戒范围防范次生事故

设置海上警戒区，避免次生事故。为了更好地组织国际应急合作救援，减少路过船只的风险，根据国际惯例和事故情况划定警戒范围，对事发海域实行严格警戒措施。国际航道上，两船相撞着火属非常规状态，救援过程中，出事海域附近的工程船和抢险船密集度较高，容易发生次生事故。因此，上海海事局以难船为中心、10 海里为半径划定警戒区，派出海警船舶等实施安全警戒，不间断发布航行警告，避免过往船舶误入事发区域引发次生事故。

三、危机反馈和再决策

（一）危机反馈和再决策 1："桑吉" 轮火势增大，外籍救援人员放弃登船搜救

危机反馈是决策者根据感知的危机信息进行解码，表明自己对危机事件的态度或立场，以此来改变处理危机的执行方案，形成危机再决策。14 日上午，为配合伊朗救援人员登轮搜救，现场指挥部继续组织 3 艘船舶喷洒海水降温和泡沫覆盖灭火。14 日 10 时 20 分，12 名伊朗救援人员乘坐"深潜号"向"桑吉"轮抵近，但由于现场火势较大，现场指挥部综合研判登船搜救风险后，最终放弃实施登轮行动。14 日 12 时 30 分，难船突然猛烈燃烧，火焰最高达 1 000 米，船体开始下沉。14 日 16 时 45 分，"桑吉" 轮沉没于北纬 28 度 22 分、东经 125 度 55 分海域。

（二）危机反馈和再决策 2："桑吉" 轮受损沉没，打捞沉船进行清污和事故调查

"桑吉" 轮持续燃烧导致船体结构受损而沉没，开展残余凝析油的清污和遇难人员尸体搜寻工作最有效的办法是打捞沉船。根据国际公约和国际法律，打捞沉船要听取船东的意见，打捞"桑吉"轮同样意味着很大的风险和困难，打捞任务异常艰巨，存在如海上的温度较低、较差的打捞工况对救援人员的身体健康造成一定影响，船体残留的凝析油可能再次燃爆，船舶沉没水域水深 115 米，船体庞大等问题。

四、危机决策总结

"桑吉" 轮持续燃烧了 8 天后船体结构受损，于北纬 28 度 22 分、东经 125 度 55 分海域沉没。此次危机的决策困境包括：（1）信息不对称，由于"桑吉"轮燃爆事故是世界航海史首例凝析油燃爆事故，事发时缺少危机决策的应急预案参考。（2）救援环境复杂，"桑吉" 轮的持续燃烧导致不断发生爆燃，救援人员登轮搜救时生命安全受到巨大

的威胁。(3) 溢油连锁污染，“桑吉”轮随洋流漂移151海里，海面扩散的油污需要长期的监测和彻底的清理。危机过程中的反馈和再决策包括：(1)“桑吉”轮火势增大，现场组织部在研判登船风险后决定放弃登轮搜救。(2)“桑吉”轮受损沉没，需要对沉船进行整体打捞，开展船体残余油污清理和事故调查工作。

本次海上燃爆事故的消防灭火和人员救援整体应急响应及时，在信息不对称、救援环境复杂和溢油连锁污染的情景下进行风险综合评估研判，开展了一系列以“人命搜救”为首要任务的决策和灾害减损方案，实施长期的油污监测清理和事故调查，为类似海上凝析油燃爆事故的现场危机决策和应急处置预案提供了参考思路和现实素材。

第6章

涉灾群众安置与事后危机学习

应急处突结束后，应围绕灾区社会秩序和涉灾群众需求，及时开展过渡安置和恢复逆转工作。对遭受严重损失的灾区进行重建，基于安全发展的理念，致力于“重建得更好”，构建“输血+造血”的内生型重建发展机制。与此同时，重视事后的危机学习，针对每一次突发事件及其应对，应认真总结经验教训，将其融入常态应急管理和日常风险治理中，不断健全风险整改机制，尽可能减少同类安全事故的发生，或在下一次发生时更加科学应对。

重点问题

- 灾区现场过渡安置和恢复逆转的要点
- “个体+生存”“群体+生活”“社会+生产”的涉灾群众需求分析
- 灾区的“重建得更好”理念和“生理-心理-社会”重建模型分析
- 科学开展事故调查与定损定责的原则和步骤
- 安全隐患的多维度整改整治和风险承受力的系统提升的要点

6.1 涉灾群众安置

6.1.1 灾区现场的过渡安置与恢复逆转

应急处突结束后，应及时开展事故现场和灾区的过渡安置与恢复逆转工作，使灾区秩序快速恢复原状，以有效开展经济社会和生产生活的恢复；通过设置临时安置区域，转移、疏散、撤离并妥善安置、管理、服务灾民，采取应急或风险防控措施来防止次生衍生灾害的发生。

6.1.1.1 过渡安置与恢复逆转的目标

事后首要工作是事故现场或灾区的过渡安置与恢复逆转，总体而言应达到“个体守序”和“整体可逆”的目标。

1. 个体守序

从个体层面看，灾民个人是否能做到遵纪守法、服从组织安排，是现场秩序管理的重要目标，称为“个体守序”。

个体守序往往需要多方面的应急准备和社会建设，重点包括：一是政府加强社会监管，以稳定社会秩序，维护市场秩序。二是物资尽量充足，以保证群众基本生存需求。三是信息应公开透明，以确保社会信息渠道畅通。四是灾后媒体报道客观公正，政府危机公关工作到位，及时规避群众恐慌和公信危机。五是社会协同开展群众的心理健康辅导，以增强心理承受和应变能力。六是民众的应急素质高，具备合格的自救互助技能、防灾减灾能力等。

2. 整体可逆

从整体层面看，整体社会秩序能支撑有效应急并快速恢复到灾前状态，是现场秩序管理的重要目标，称为“整体可逆”。“整体可逆”具体包括速度、程度、范围三维度的要求（见表6-1）。

表6-1 灾区秩序“整体可逆”的三维度要求

维度	具体要求
速度	提供灾民的救护救援，尽快恢复生活秩序； 促进产业经济复兴，支援受灾企业恢复运营，加速生产重建； 恢复公共交通的同时，构建抗灾性能更强的基础设施等
程度	社会应急保障足够支撑快速响应和及时应急； 社会应急保障足以保障应急结束后恢复至灾前水平； 灾后恢复重建的同时能够抵御下一次同类灾害等
范围	社会稳定、公共安全、社会治安、社会秩序的快速恢复； 交通、水利、通信、供水、供电、供气、供热、广播电视等城市生命线工程和基础设施的快速恢复； 民众正常工作和生活快速回归常态； 农业生产、工业生产、第三产业、金融等经济发展领域的快速复原等

6.1.1.2 现场秩序的快速恢复与有效逆转

灾区的现场秩序的恢复与逆转，旨在全面恢复并强化管理灾区的社会秩序状况，统筹考虑，科学开展灾区“保平安、保畅通、保稳定”各项工作，其中需有效恢复和切实管理的社会秩序主要包括灾民安置、城市运转、社会治安、市场、生产等。《突发事件应对法》规定，“突发事件应急处置工作结束后，履行统一领导职责的人民政府应当立即组织对突发事件造成的影响和损失进行调查评估”，“受突发事件影响地区的人民政府应当及时组织和协调应急管理、卫生健康、公安、交通、铁路、民航、邮政、电信、建设、生态环境、水利、能源、广播电视等有关部门恢复社会治安秩序，尽快修复被损坏的交通、通信、供水、排水、供电、供气、供热、医疗卫生、水利、广播电视等公共设施”。

1. 灾民安置的秩序管理

强化灾民安置和生活相关的秩序管理，切实安顿好灾民的日常起居，保证短期内的正常生活。

第一，受灾群众临时生活救助政策实施过程的秩序管理。深入灾区核查灾情，审核确定救助对象，及时足额地将补助金、救济粮发放到救助对象手中，保证受灾群众有安全住所、有饭吃、有干净水喝。

第二，强化救灾物资有序发放和使用的秩序管理。统筹灾区各类需求，研究确定救灾物资优先安排的对象，棉帐篷、棉衣被等物资，优先保障遇难者家庭、孕妇、婴幼儿、孤儿、孤老、残疾人员，大帐篷、活动板房等优先用于学校、医疗点、福利机构、商业网点等公共服务设施，确保各类物资调运到位并发到因灾无房可住、无生活来源、无自救能力的“三无”人员手中；物资发放公正、公开、公平，避免因分配问题引发矛盾。

第三，加强生活必需品的秩序管理。尽快恢复城乡商业网点和商品流通，保障群众主要消费品市场供应，解决日常生活所需炉具灶具等生活用品紧缺问题。

2. 城市运转的秩序管理

及时组织和协调公安、交通、邮电、建设等有关部门尽快修复被损坏的交通、通信、供水、排水、供电、供气、供热等公共设施管理部门或公共服务类企业，确保城市得以恢复运转。

第一，交通工程建设恢复与秩序管理。交通工程主要包括高速公路、干线公路、农村公路、客运站场、水运设施、铁路等基础设施，优先恢复现有公路、铁路功能，修复受损路段，加固受损桥梁，完善排水防护和交通安全等设施。

第二，通信工程建设恢复与秩序管理。通信工程主要包括通信、邮政、邮政网络、通信枢纽等基础设施，提升服务水平和安全可靠性，恢复安全、可靠的通信设施。

第三，水利工程建设恢复与秩序管理。按照“先应急，后重建；先除险，后完善；先生活，后生产”的原则，统筹考虑城乡建设、产业发展、生态家园建设等对水利基础设施的需求，使灾区防洪减灾基础设施、供水保障基础设施及水资源监测能力得到有效恢复。

第四，能源工程建设恢复与秩序管理，全面恢复灾区电网、电源、煤炭和油气等能源生产和供应秩序，积极为灾后恢复重建和经济社会发展做好能源保障工作。

3. 社会治安的秩序管理

公安机关作为中坚力量，联动城管、工商、质检等相关部门，切实维护灾区及邻近地区的社会治安秩序，根据《刑法》《治安管理处罚法》《人民警察法》等法律规定，有效防范现场和舆论场的各类刑事或治安案件，创造良好的社会安全、交通秩序、治安环境。

第一，开展街面和社区网格化巡逻，做好灾民安置点、物资发放点、金融网点等重点部位的安全保卫和治安防范。

第二，严厉打击违反治安管理甚至构成犯罪的行为，包括：不遵守公安机关交通管制、不服从人民警察指挥等扰乱交通秩序行为的；盗窃、哄抢、诈骗公私财物或者救灾物资等扰乱治安秩序行为的；编造、故意散布谣言和虚假、恐怖信息等扰乱治安秩序行为的；垄断货源、囤积居奇、哄抬物价等扰乱市场秩序行为的；阻碍军队、武警部队和人民警察、国家机关工作人员、医务人员、红十字会工作人员依法履行职责的。

第三，开展必要的宣传教育，引导广大群众服从配合党委政府和有关部门的救灾安排，并鼓励广大群众对发现的违法犯罪行为及时拨打110报警电话举报，在保护自我安全的前提下有权采取必要措施制止。

4. 市场的秩序管理

工商部门牵头做好灾区的市场秩序管理，以维护灾区市场秩序和社会稳定，切实保护消费者、经营者合法权益，促进灾区恢复重建工作顺利进行。

第一，以食品、农产品、建材、成品油、农资等为重点，依法打击欺行霸市、以假充真、以次充好、囤积居奇、哄抬物价等严重扰乱市场秩序的行为；查处借灾区重建之名进行强制交易、强制服务、滥收费用和商业贿赂等不正当竞争行为。

第二，加大对救灾物资捐赠点和灾民集中安置点的食品安全检查力度，严厉打击制售假冒伪劣食品等违法行为。

第三，围绕米、面、油、饮用水、方便食品、口罩、电筒等灾民生活必需品，有针对性地开展商品质量检测，及时公布检测信息，引导灾区群众消费。

第四，防止染疫、病死和检疫不合格畜禽产品及其制品流入市场，严厉打击销售染疫、病死和检疫不合格畜禽产品及其制品的行为，切实防止疫病发生。

第五，强化流通环节农资质量监测，及时公布检测结果，严厉查处销售假冒伪劣农资坑农害农行为，发布农资消费提示警示，宣传农资识假辨假知识。

第六，以灾区重建必需的水泥、钢筋等建材为重点，集中开展专项执法检查，严厉打击销售假冒伪劣建材等违法行为，加强对建材质量的监测，督促灾区经销建材企业严格执行进货检查验收制度，保证进货来源合法，严防假冒伪劣建材流入灾区。

第七，“12315消费者投诉举报专线电话”进灾区、进灾民集中安置点、进医院等场所，及时受理和处理受灾群众的申诉和举报，尽可能将消费纠纷解决在萌芽和初发状态。

第八，加强对灾后救助和灾后重建工作中涉及的药品、医疗器械、医疗服务、消毒用品、防疫用品、食品以及建材、机械等商品、服务广告的监管，严禁利用各种媒介和形式借灾后重建的名义发布推销商品、服务的广告。

5. 生产的秩序管理

维护良好的社会生产秩序是灾后中长期的重要问题，要在安顿好灾民的日常起居基础上，逐渐恢复灾区的生产活动，逐步形成长期的安居乐业状态。一方面，灾区政府及农业行政主管部门应当及时组织修复毁损的农业生产设施，开展抢种抢收，提供农业生产技术指导，保障农业投入品和农业机械设备的供应。另一方面，政府有关部门应当优先组织供电、供水、供气等企业恢复生产，并对大型骨干企业恢复生产提供支持，为全面恢复工业、服务业生产经营提供条件。

6.1.1.3　过渡安置区域的建设与管理

过渡安置的首要工作是设置临时安置区域，将灾民转移到安全地带并妥善安置，做好相应的规划建设、综合保障、管理和服务工作。

1. 过渡安置区域的规划建设

灾民临时安置点用于过渡性安置，其选址和规划应综合专家建议和灾民意见，在地质、安置、规划、工程、健康方面需要专家建议，同时了解灾民对当地情况的介绍及诉求。

安置点选址应遵循五个基本原则：一是规避安全隐患，避开地震断裂带、滑坡、崩塌、泥石流、河洪、山洪等自然灾害及次生灾害影响的地段，避开水源保护区、水库泄洪区、濒险水库下游地段，避开现状危房、高大建筑物、重大污染源、可燃材料堆场、易燃易爆化学物品、放射物品存放处、高压走廊、高压燃气管道及其影响范围。二是规避环境污染，避免对自然保护区、饮用水源保护区以及生态脆弱区域造成破坏。三是方便群众，设置在交通条件便利、方便受灾群众恢复生产和生活的区域，尤其是方便学生上学、方便民众就医等区域。四是就地就近，方便开展恢复重建。五是节约用地、保护生态，实施过渡性安置应当占用废弃地、空旷地，尽量不占用或者少占用农田，避免对自然保护区、饮用水水源保护区以及生态脆弱区域造成破坏。

根据安置场所和住宿条件，安置点大致分为三类：第一类是在室内能提供较好住宿条件的临时安置点，如学校、宾馆等。第二类是在较大空间的室内集中安排受灾群众生活的临时安置点，如体育厂馆、工厂场房等。第三类是在室外相对集中安排的临时安置点，如搭建的帐篷和棚屋等。

2. 过渡安置区域的综合保障

确定临时安置点的位置和区域后，应及时保证灾民临时住所、做好配套设施建设、生活物资保障等综合保障工作。

第一，保证临时住所。因地制宜为灾区群众安排临时住所，可采用帐篷、篷布房，也可采用简易住房、活动板房；可将学校操场和经安全鉴定的体育场馆等作为临时避难场所，鼓励灾区农村居民自行筹建符合安全要求的临时住所并予以补助。临时住所应当具备防火、防风、防雨等功能；活动板房应当优先用于重灾区和需要异地安置的受灾群众、遇难者家庭、孕妇、婴幼儿、孤儿、孤老、残疾人员等人群和学校、医疗点等公共服务设施。

第二，安置点配套设施建设。做好过渡性安置点水、电、加油站（点）、道路等基础设施的配套建设，按比例配备医疗点、集中供水点、公共卫生间、垃圾收集点、日常用品供应点、学校、少数民族特需品供应点、必要文化宣传设施等配套公共服务设施；安装防雷设施和预留消防应急通道，配备消防设施，防范火灾和雷击灾害发生。

第三，合理安排和充分保障灾民生活物资。根据灾民的普遍状况、立即可用的资源、灾民的日常生活习惯等情况和标准来确定临时安置区域灾民生活物资的类型和数量，重点确保水、食物、防疫药品等。建立给水系统，保障水量、保证水质，确保合理分配和严格供给等。

3. 过渡安置区域的管理和服务

过渡安置区域的管理和服务工作实行“属地管理和自我管理相结合”的原则，在当地党委政府的领导下，由组织和民政部门牵头，相关部门配合，组织号召群众参与。

第一，大规模的集中安置点应由当地政府选派优秀干部与灾民代表组成管委会共同管理，以村和社区建立的小规模安置点沿用原管理体制进行管理，同一乡镇、街道的受灾群众相对集中安置，以便于加强管理。

第二，组织州、县分区划片，在尊重个人意愿的前提下，尽量参照灾前村（居）委会的建制，建立灾后的基层群众性自治组织，并选派干部蹲点做好指导工作，及时解决群众生活中出现的问题，维护正常社会秩序。

第三，建立临时党团组织，发挥党员先锋模范作用和党组织的战斗堡垒作用，建立自我管理、自我教育、自我服务机制，引导机关干部、社会工作者、志愿者、义工参加受灾困难群众安置点服务。

第四，在当地县、乡（镇）人民政府组织下，受灾群众建立治安、消防联队，开展治安、消防巡查等自防自救工作。

第五，落实信息公开制度，安置点设置公示栏，公布救助对象、救助标准、住房分配等信息，做到“制度上墙”，方便群众办事。

6.1.1.4 次生衍生灾害的风险防控

针对突发事件后的次生衍生灾害，既要加强风险评估和隐患排查，密切监控新生次生地质灾害风险，也要加快对险情紧迫、危险性大、危害严重的隐患点进行治理，有效规避或干预次生衍生灾害。国家法律对次生衍生灾害的风控工作作出明确责任规定。《突发事件应对法》规定，“突发事件的威胁和危害得到控制或者消除后，履行统一领导职责或者组织处置突发事件的人民政府应当宣布解除应急响应，停止执行依照本法规定采取的应急处置措施，同时采取或者继续实施必要措施，防止发生自然灾害、事故灾难、公共卫生事件的次生、衍生事件或者重新引发社会安全事件，组织受影响地区尽快恢复社会秩序”，“由有关机关综合考虑突发事件发生的原因、后果、应对处置情况、行为人过错等因素，对负有责任的领导人员和直接责任人员依法给予处分”。

第一类是卫生防疫和疾病防治，严抓食物和饮用水卫生保障、公共卫生保洁、废弃物处理、消毒防疫、医疗保障等问题，防止传染病等次生灾害。安排专门卫生防疫力量，及时对灾区水源进行监测消毒，加强食品和饮用水卫生监测，妥善处理遇难者遗体；做好死亡动物、医疗废弃物、生活垃圾等消毒和无害化处理，安置点配置净化水设备、杀菌消毒工具等；做好过渡安置区域的确保食品安全、选择可靠水源、注意防虫防鼠、科学处理粪便、注意个人卫生等工作，确保灾后无大疫；使用的消毒剂、清洗剂应当符合环境保护要求，避免对土壤、水资源、环境等造成污染。

第二类是火灾事故和危化品事故防范，在安置点选址和规划环节有效预防火灾，尤其是对易发生火灾的重点部位和敏感物品进行安全隐患排查，重点排查非煤矿山、危化、烟爆场所安全隐患；及时排查工贸行业企业、民爆行业等的安全隐患，做好火灾应急预案和准备。

第三类是地质灾害防范，对易发生山体滑坡、泥石流、山体崩塌等重点部位进行安全隐患排查，做好水库、堰塘、沟渠、堤防等各类水利工程安全隐患排查，做好损毁公路、危桥等交通设备设施的安全隐患排查，对旅游区域的地质灾害安全隐患进行排查整治，必要时紧急转移附近群众。

第四类是建筑物倒塌等意外事故防范，地震、暴雨等自然灾害可能产生厂房工棚、临时构筑物、户外广告牌、树木倒塌，对此应加强对居民住房、职工宿舍、校舍和医院病房等集中居住房屋的隐患排查和建设工地等城乡危房的安全隐患排查化解，并提醒群众小心防范。

6.1.2　涉灾群众需求的全面分析

应急管理在回应涉灾民众的需求时，不能简化为“干粮＋干净水”，而要细化分析性别、年龄、状态等差异情况，求同存异。要形成以群众为中心、以人民的生命安全需求为中心的应急管理格局，对此要深入分析涉灾群众的安全需求。从群众分析维度来看，涉灾群众可分为个体、群体、社会三个层次，从需求分析维度来看，需求可分为生存需求、生活需求、生产需求三个维度，从而形成涉灾群众需求的二维分析框架（见图 6－1）。从阶段分析维度来看，可划分为灾害前、灾害时、灾害后三个阶段群众的特定需求。现结合“7・20”河南特大暴雨的案例予以说明（见图 6－2）。

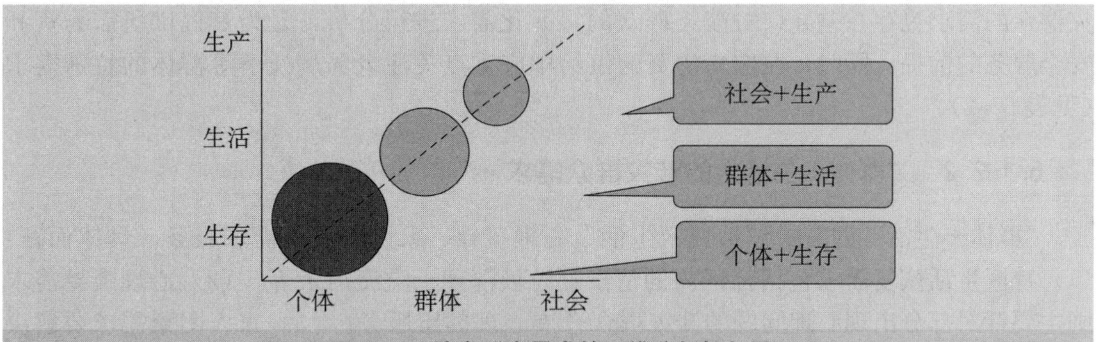

图 6－1　涉灾群众需求的二维分析框架图

需求分类	需要的产品与服务	安全类型	具体内容
生存需求	食物	食品安全	肉类、水果、蔬菜、饮用水、面包、调味品等
	住宿	住宿安全	安全牢固的房子、床、床垫、被子、毯子、枕头等
	衣服	保暖需求	衣服、裤子、鞋、帽、袜子、手套等
	医疗	生命安全	感冒发烧等门诊就诊，恶性肿瘤、冠心病等病症住院治疗，老人及婴幼儿的护理等
生活需求	交通出行	交通安全	电动车、私家车等自有出行工具，公交车、地铁、火车、飞机等公共交通工具
	子女安置	综合需求	学前教育、中小学等全日制教育，小孩户外活动等
	心理疏导	文体需求	公园散步、游泳、棋牌、看电影、旅游、美容美发等

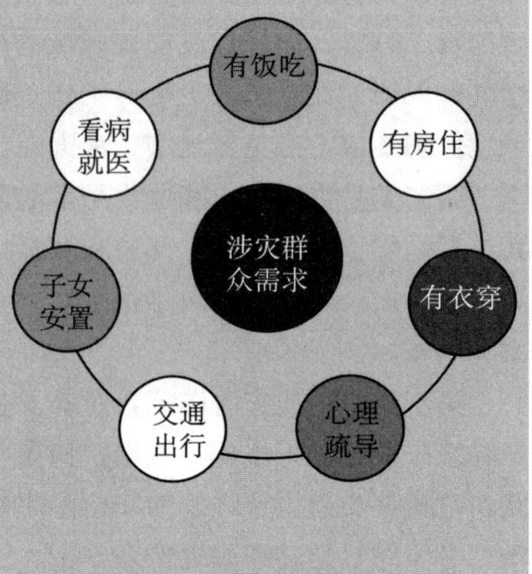

图 6-2 涉灾群众需求的直观分析图（以“7·20”河南特大暴雨为例）

6.1.2.1 “个体＋生存”的涉灾群众需求

“个体＋生存”的需求主要涉及灾害前和灾害时两个阶段。

灾害前，个体生存需求包括高危气象预警和明确的行动指令。根据全球情况总结，涉灾群众处于不同场所，面临多种生存安全威胁或风险，典型包括：（1）被困在地铁、私家车内，导致缺氧昏迷或溺水的风险。（2）房屋、围墙、路边树木等倒塌、坠落，砸伤群众的风险。（3）洪灾导致泥石流、滑坡等地质灾害风险。（4）井盖被洪水冲走，群众有掉入下水道的风险。（5）长时间浸泡在洪水中导致皮肤红疹、水疱，身体失温的风险。（6）急性疾病突发，由于道路损毁，没法及时就医抢救的风险。（7）雷雨闪电导致雷击伤亡的风险。（8）路灯、电线杆等设施倾倒，导致路过群众触电的风险。（9）洪灾引发痢疾、感染性腹泻等肠道传染病的风险。（10）在狭窄的过道中人群恐慌导致踩踏事件的风险。（11）趁洪灾期间盗窃、哄抢物资和商铺财物的风险。

灾害时，不同类型涉灾个体面临的生存困境不同，且在灾害救援发展的不同阶段涉灾群众的需求也存在差异，对涉灾群众的多元化需求进行分析，是为其提供所需物资和安全服务的前提。同时，在应急物资的供给中应重点关注老弱病残孕等群体的特殊需求（见表 6-2）。

6.1.2.2 “群体＋生活”的涉灾群众需求

“群体＋生活”的需求包括社区生活、心理疏导、家人团聚等需求服务，具体而言：（1）社区生活恢复需求包括社区内的清淤、垃圾清理、防疫消杀等。（2）心理疏导需求则主要针对部分出现心理问题的涉灾群众开展心理健康服务。（3）家人团聚需求要解决包括遇难家属难团聚、亲人间通信联络等问题。（4）此外还需要对宠物安置、寻找等细节问题加以重视，防止个别涉灾群众因为搜寻宠物等原因而遇险甚至遇难。

表6-2　“个体+生存”的涉灾群众需求分析表（以“7·20”河南特大暴雨为例）

普通涉灾群众	老人、小孩	孕妇及婴幼儿	除孕妇以外的女性	病人及残疾人
（1）缺乏自救能力，需要社会救援。（2）急需基础生活用品，包括饮食类的如方便面和饮用水，居住类的如帐篷和被褥等，通信类的如信号设备和充电宝等。（3）需要防疫和医疗用品，如消毒液、驱蚊剂、杀毒剂等。（4）急需救援用品，如抽水泵、水袋、雨衣、雨鞋、救生衣、救生圈等。（5）灾害应对中产生心理创伤，需要心理救援等。	除普通需求，还有：（1）急需看护和照料，危机监测不灵，危机预警无法第一时间送达紧急联系人。（2）行动不便，难以快速紧急避难、逃生，需提供相应帮扶和救助。（3）低楼层积水内涝，细菌滋生，传染病风险、旧病复发风险高，需提供相应帮扶和救助。（4）高楼层供电不畅，无法自行上下楼，需提供相应帮扶和救助。（5）通信能力受限，报警、求助存在难题，需提供相应帮扶和救助。（6）留守群体孤寡无助，个人自救困难，缺乏群体互助等，需提供相应帮扶和救助。	除普通需求，还有：（1）急需孕妇卫生用品和婴幼儿用品，如纸尿裤、奶粉等。（2）行动不便、体能较差，难以自行快速避难、逃生，需提供相应帮扶和救助。（3）面临待产受困风险，无法及时前往医院，分娩遇险难以处置，需提供相应帮扶和救助。（4）抵抗力较弱，易感染病毒细菌，引发各类传染病等，需提供相应帮扶和救助。	除普通需求，还有：（1）急需卫生纸、卫生巾、妇科疾病药物等女性生理卫生用品。（2）相对体质较弱，自行避难、逃生能力较弱，需提供相应帮扶和救助。	除普通需求，还有：（1）报警求助不畅，需要特殊的求助方式和平台。（2）行动不便，避难逃生存在极大困难，需提供相应帮扶和救助。

6.1.2.3　“社会+生产”的涉灾群众需求

“社会+生产”的需求包括社会整体的泄洪排水及防疫消杀、抢救农作物和牲畜、通路供电供水抢修、恢复企业生产、房屋修复或提供临时住宿等多方面。在特大暴雨灾害应急处置的全流程中，善后工作有时候比抢险救援更难、更艰巨（见表6-3）。

表6-3　“社会+生产”的涉灾群众需求分析表（以“7·20”河南特大暴雨为例）

泄洪排水及防疫消杀	抢救农作物和牲畜	通路供电供水供气抢修	恢复企业生产	房屋修复或提供临时住宿
（1）清理淤泥垃圾，改善居住环境。（2）泄洪区急需各类清淤设备。（3）所住区域需全方位防疫消杀。	（1）死亡畜禽需要进行无害化处理。（2）受损农作物需抢救。（3）泄洪区淹没农作物和牲畜需政府进行赔偿。（4）受灾群众需有新的谋生出路。	（1）受损严重的区域，急需通路供电供水供气抢修。（2）城市农村居民的“四通”需求各不相同。	（1）受损严重的企业，需明确的按各项政策进行妥善处理。（2）急需基本生产用电用水。（3）急需组织专项力量进行排水排淤。	（1）根据专业评估情况，对房屋进行修复。（2）房屋受损严重，需政府提供临时住宿。（3）泄洪区域居民需妥善进行临时安置，并有明确的规划住址。

总体来看，涉灾群众的安全需求具有分主体、分阶段、分情景等多种复杂的情况，在实现“生存”的基础上要做精细化的分析，来满足涉灾群众高层次和多元化的安全需

求，这是提高群众安全感最根本的一项工作。

6.1.3 灾区民众生理心理的全面康复

灾区民众的全面康复，包括生理和心理两方面，短期和中长期的多阶段，既要落实生理康复治疗与医疗救助，也要重视心理危机干预与疏导恢复，还要开展安全健康教育和救灾防病。

6.1.3.1 生理康复治疗与医疗救助

针对灾区受影响群众的全面康复，首要是针对灾害中伤残群众的重大疾病，开展生理康复治疗，并提供相应的医疗救助。

灾后的生理康复治疗，其任务主要是“助残展能，康复身心”，重点包括：一是伤残情况评估。对灾区地震致残人数、残疾种类、伤残者康复需求等进行调查分析和评估以制订整体的伤残康复计划，对每个伤残者在实施康复治疗之前需对其健康状况、残疾种类及严重程度、功能障碍表现及程度、个人及家庭康复需求等进行评估。二是早期康复，伤者通过手术或其他紧急处理后病情稳定，即可开始康复治疗，这有助于预防并发症和继发性残疾，可避免组织器官退行性变化和功能减退。三是功能锻炼，对具有关节运动障碍、语言障碍、认知障碍、步态异常、手功能障碍、对具有日常生活活动障碍等患者有帮助。四是辅具使用，通过轮椅、手支架和矫形器等辅助器具，供功能障碍或残疾者作为辅助已丧失或减弱的功能之用，帮助伤残者回归工作、回归社会。五是心理康复，应配合生理康复治疗同步开展，结合肢体伤残的康复治疗进行心理康复治疗。善于运用作业治疗、文娱治疗等进行心理康复。

灾害给地区经济和人民生活带来巨大的损失，灾后的救助形势与灾前有所变化，生活困难人口增加较多，康复需求和高额费用远多于灾前。基于此，灾后医疗救助，旨在通过社会保障、救济、保险等措施，最大限度减轻困难群众医疗支出负担。例如 2008 年汶川地震后，四川省出台了《关于汶川地震出院伤员后续医疗有关问题的通知》①，地震伤员的后续医疗包括因地震伤情复发进行的后续医疗和致残者确需转入残疾人康复医疗机构进行的康复医疗。在免费期内，将由市、县政府通过城镇职工基本医疗保险、城镇居民基本医疗保险、工伤保险、新型农村合作医疗、城乡医疗救助、社会捐助资金、各种残疾人康复资金以及财政补助等多渠道统筹解决，确有困难的，省政府及其相关职能部门和省残联给予适当帮助。

6.1.3.2 心理危机干预与疏导恢复

心理危机是指由于突然遭受严重灾难、重大生活事件或精神压力，使生活状况发生明显的变化，尤其是出现了用现有的生活条件和经验难以克服的困难，以致使当事人陷

---

① 四川省在一定期限内将实行地震伤员后续免费医疗．（2008－07－19）．http：//www.gov.cn/govweb/jrzg/2008－07/19/content_1050059.htm.

于痛苦、不安状态，常伴有绝望、麻木、焦虑以及植物神经症状和行为障碍。

在对整体环境、秩序、群众开展过渡安置和恢复逆转，还应针对个体开展心理危机干预和疏导恢复，针对处于心理危机状态的个人及时给予适当的心理援助，使之尽快摆脱困难，积极预防、及时控制和减缓灾难后的心理社会影响，消除受灾群众恐惧、紧张、焦虑、抑郁等负面情绪，促进灾后心理健康重建，维护社会稳定，同时增强心理“免疫力”，预防同类心理危机。

1. 心理危机干预与疏导恢复的基本原则

针对受灾害影响的群众，其心理危机干预与疏导恢复，应遵循以下原则：

第一，遵循规律。必须遵循灾后心理康复的发生发展的客观规律，科学、有序地实施心理援助，避免产生次生伤害。

第二，多措并举。应用司法援助、宗教安慰、心理咨询、健康教育、应急培训等多种方式，及时追责问责相关责任人也是心理疏导的重要内容。

第三，区分重点人群。在面向全体受灾群众开展多种形式的心理干预的同时，重点关注丧亲者、孤残儿童等弱势群体，同时不可忽略受到情绪困扰的救援人员。

第四，尊重当地的文化背景。存在于一定社会环境中的个体往往受到当地文化背景的影响，对此心理援助应结合当地民俗，尊重当地文化。

2. 心理危机干预与疏导恢复的“三级圈”模型

一般而言，灾后心理危机干预与疏导恢复的人群分为四级：（1）第一级人群：亲历灾难的幸存者，如死难者家属、伤员、幸存者。第二级人群：灾难现场的目击者（包括救援者），如目击灾难发生的灾民、现场指挥者、救护人员（消防、武警官兵、医疗救护人员、其他救护人员）。（3）第三级人群：与第一级、第二级人群有关的人，如幸存者和目击者的亲人等。（4）第四级人群：后方救援人员、灾难发生后在灾区开展服务的人员或志愿者。干预重点应从第一级人群开始，逐步扩展，一般性的宣传教育要覆盖四级人群。

以此为基础，结合“三级圈”模型，科学开展针对性的心理危机干预与疏导恢复。灾难发生后，不同地域空间给人带来的负性影响不同，呈现出“心理台风眼”（psychological typhoon eye）现象。根据“心理台风眼”效应，可以从空间上将心理援助分为“三级圈”（见图 6－3）。

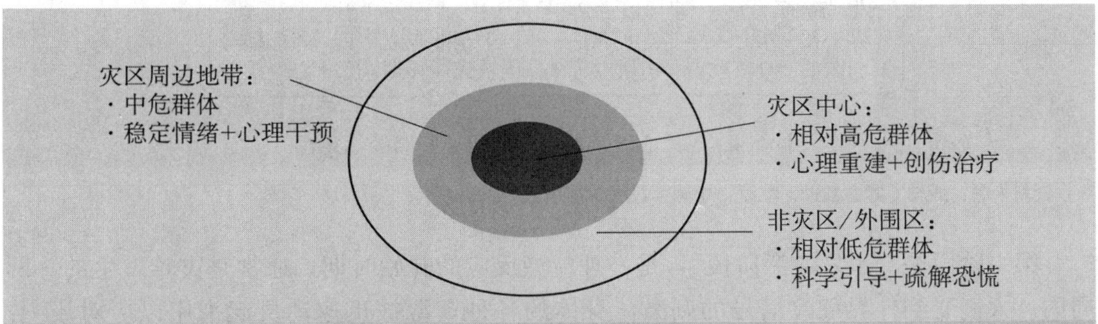

图 6－3　心理援助的“三级圈”模型

资料来源：唐钧．紧急救助．北京：中国人民大学出版社，2009.

第一级是灾区中心的民众，主要是灾难的直接灾区民众，亲历生命和财产受到威胁，遭受严重的亲人离世、健康受损、财产损失，受到的心理创伤最为严重。短期内此类民众可能出现不断回溯灾难发生情景的情况，易产生灾后压力综合症状，有必要对其进行心理筛查、实施心理援助。从中长期来看，大部分人恢复常态，但少数人仍可能受灾难阴影影响。对于持续出现问题的人应进行深度和持续的心理重建和创伤治疗。

第二级是灾区周边地带的民众，主要是灾难的次级灾区民众，体验到灾难对生命和财产的威胁，并目睹受灾情况，心理恐慌度较高，并可能担心灾难将再度袭击。对此，应稳定恐慌情绪、缓解焦虑情绪，对于出现灾后压力综合症状的民众应加强心理筛查和心理干预，也可通过设置固定或流动的心理辅导站，发放心理自助资料，辅导民众进行心理层面的自救。

第三级是非灾区/外围区的民众，主要是社会大众，通过多种信息渠道了解灾难情况及其对灾区民众带来的伤害，通过视频、图片、文字等形式“目睹”灾区惨状，并担心同类灾难发生在自己身上，对灾难可能存在较高的感知、恐慌和担忧，真实（惨烈）的画面也可能对其造成长期的负性影响，甚至产生非理性的行为或者恐惧心理。对此，应通过多种途径及时传递信息、进行合理报道、规范媒体行为，有效引导民众从对灾难的恐惧和担忧中“超脱”，转变为援助灾区民众、强化安全风险意识、增强自救互助能力的“正能量”。

3. 心理危机干预与疏导恢复的“三阶段”路径

灾难带来的心理创伤往往是长期性的，处于不同阶段的个体心理反应各不相同，对此要根据不同灾难阶段中灾区民众的心理、精神、情感状态，开展相应的疏导。一般而言，灾民的心理变化可分为“事发应激阶段”“灾后冲击阶段”“恢复重建阶段”三阶段，不同阶段对应不同时间维度的心理疏导的重点工作（见图 6-4）。

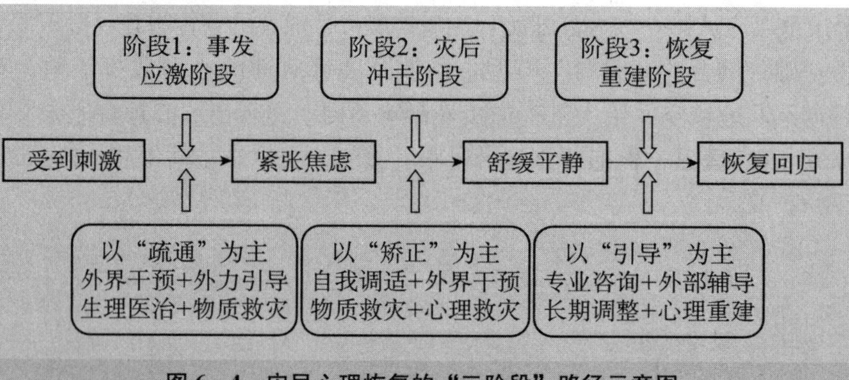

图 6-4　灾民心理恢复的“三阶段”路径示意图

资料来源：唐钧．紧急救助．北京：中国人民大学出版社，2009.

第一阶段是“事发应激阶段”，是心理应激反应的开始时期，通常是灾难发生的一两周内。人们受到外界危险信号的刺激，身体的各种资源被迅速动员起来用以应对压力。这一阶段处于心理援助的应激阶段，灾民和救灾人员最重要的任务是生存和尽可能抢救生命，社会亲和力和社会责任感明显增强，心理问题并不明显。这一阶段的心理疏导以

“疏通”为主，以“外界干预＋外力引导”的外部力量为主，强调“生理医治和物质救灾”，确保灾民身体尽快恢复健康并保障其基本生活。

第二阶段是“灾后冲击阶段”，心理应激进入抵抗期，通常是从灾后几天到几周之内。这一时期对应着心理援助的冲击阶段，大多数灾民能够恢复到灾前状态，但部分灾民的心理问题凸显出来，如果不能实施相应的心理救助，可能会因灾难损失与重建的诸多困难而产生强烈的失落感。这一阶段的心理疏导以“矫正”为主，“自我调适”的内部力量和“外界干预”的外部力量相结合，既要有物质救灾，也要有心理救灾。

第三阶段是“恢复重建阶段”，这个阶段可能需要几个月甚至几年的时间。部分灾民会有持续性的重现创伤体验，反复痛苦回忆、噩梦、幻想、情绪烦躁、入睡困难以及相应的生理反应，有持续性回避、警觉性增高和整体感情反应麻木的反应，出现明显主观痛苦及社会功能受损的情况。这一阶段的心理疏导以“引导”为主，需借助外部专业力量进行“专业咨询＋外部辅导”，并开展“长期的调整＋心理重建”。

6.1.3.3　安全健康教育和救灾防病

突发事件尤其是自然灾害发生后的灾民安全健康教育和救灾防病工作，旨在及时向公众传播普及卫生防病知识，防范公众心理恐慌，维护社会稳定，帮助受灾群众进行心理修复，同时指导公众采纳预防疾病和保护健康的生活方式和行为，提高个人和群体预防保健的能力。

政府各级政府、卫生部门、宣传部门、教育部门等在各自管辖范围内负责救灾防病健康教育管理、传播等工作职责，具体而言：一是各级政府负责统一指导、监督、管理救灾防病健康教育工作，并开展政策制定、筹集资源、社会动员等工作。二是卫生部门在同级政府领导下，负责调查研究、制订计划、监督指导、提供有关信息及沟通协调等。三是宣传部门进行有利于救灾防病的舆论引导，传播救灾防病知识，促进风险沟通，促进全社会关心、支持救灾防病。四是灾民临时安置区域，由政府指令灾区各灾民点确定专人负责健康教育工作。五是恢复正常上课的学校，对学生进行救灾防病知识技能培训，并且开展学生包户教育。

6.2　灾区重建的规划与实施

6.2.1　灾区重建的理念与模型

6.2.1.1　灾区重建的基本原则

科学的灾区重建应遵循以下四项基本原则。

原则1：因地制宜，科学选址规划。灾区重建的选址应统筹恢复重建与发展提升，综合考虑资源环境承载能力，严格落实恢复重建总体规划和专项实施方案，科学合理确定重建规模、方式、时序。严格按照生态保护区、旅游产业集聚区、农牧业发展区、人口聚居区的功能定位，优化城镇和产业布局，力求实现“生产空间集约高效、生活空间宜居适度、生态空间山清水秀”的目标，促进灾区可持续发展。

原则 2：安全为先，防灾胜于救灾。灾区重建应树立“防范胜于救灾”的理念，强化全民防灾抗灾意识和全域安全意识，充分考虑资源环境承载能力，着力提升综合防灾减灾救灾能力，有效避让地质灾害隐患点地震断裂活动带引发的难以防治的地质灾害隐患点、泄洪通道，严格执行抗震设防标准和建设技术规范，对居民住房实行强制性抗震设防标准，确保重建工程质量，保障灾区群众安全。

原则 3：以人为本，切实改善民生。灾区重建应把人民对美好生活的向往作为奋斗目标，把灾区群众的期待和安危冷暖体现到每一项工作中，把群众满意作为检验重建成果的最终标准，将城乡居民住房恢复重建摆在突出和优先位置，加快恢复完善公共服务体系，优先实施民生重建项目，全面提升灾区群众生产生活条件，增强灾区群众获得感、幸福感、安全感。

原则 4：尊重自然，兼顾生态环境。树立人与自然是生命共同体的理念，树立尊重自然、顺应自然、保护自然的生态文明理念，坚持节约优先、保护优先、自然恢复为主的方针，把绿色发展理念贯穿灾后恢复重建全过程，严守生态资源消耗上线、环境质量底线和生态保护红线，加强世界自然遗产、自然保护区、风景名胜区、森林公园保护力度，持续推进生态修复。

6.2.1.2 “重建得更好”的可持续重建

1. 国际“重建得更好”的理念设计

“重建得更好”理念是指，在恢复、复原和重建阶段，把减轻灾害风险等减灾理念纳入开发方法中，加强减灾投资、防灾准备，确保重建的基础设施和房屋住宅等能够抵御更严重的灾害，从而减少或消除灾前的脆弱性，使得国家和社区具备抗灾能力，增强韧性，同时生活、环境和生产条件得到改善。

2015 年 3 月，联合国在日本仙台召开第三届世界减灾大会，通过《2015—2030 年仙台减少灾害风险框架》，该框架提出，加强有助于高效响应的备灾工作，在恢复、复原和重建中致力于“重建得更好”。2015 年 9 月，联合国在纽约召开可持续发展峰会，正式通过由 17 个可持续发展目标构成的“联合国可持续发展目标”，旨在从 2015 年到 2030 年以综合方式彻底解决社会、经济和环境三个维度的全球发展问题，推进可持续发展道路。2015 年 12 月，联合国召开的巴黎气候变化大会，使《联合国气候变化框架公约》缔约方达成了《巴黎协定》，适应全球气候变化也成为灾后重建要考虑的领域。2018 年 6 月，世界银行与全球减灾和灾后恢复基金发布报告《重建得更好：通过更强、更快和更具包容性的重建实现韧性》指出，如果国家在自然灾害发生后重建得更快、更好、更具包容性，则可能将自然灾害对民生及其福利的影响降低 31%、将自然灾害给全球造成的年均损失从 5 550 亿美元减少到 3 820 亿美元。报告审视了改进重建工作的潜在收益，力求把灾害对受灾人口造成的整体影响降到最低，减少未来的风险，增强韧性。

2. 中国“重建得更好”的汶川经验

四川汶川灾区自从 2008 年“5·12”汶川地震至今，经历了灾后重建、振兴发展、脱贫攻坚、乡村振兴四阶段重建政策的实施，探索出“灾后重建—振兴发展—脱贫攻坚—乡村振兴”的灾区重建与振兴发展的中国模式，不仅丰富和发展了联合国灾后重建“重建更美好”的防灾减灾理论体系，同时也为走出“因灾致贫”和“因灾返贫”的贫困陷阱提供了一条减灾脱贫致富奔小康的螺旋式可持续发展的“中国方案”。

第一，灾后重建阶段（2008—2011年）。“5·12”汶川地震发生后，党中央和国务院经过科学审慎研究和规划，提出了“三年重建完成、五年发展振兴和十年实现全面小康”的灾区重建目标。到2010年底，灾区经济得到了加快发展，人民生活出现持续改善，城乡面貌发生巨大变化。四川全省纳入国家《汶川地震灾后恢复重建总体规划》的29 692个项目和8 658亿元规划总投资基本完成，基本实现了《汶川地震灾后恢复重建总体规划》提出的“家家有房住、户户有就业、人人有保障、设施有提高、经济有发展、生态有改善”的重建目标。

第二，振兴发展阶段（2011—2016年）。2011年四川省出台了《汶川地震灾区发展振兴规划（2011—2015年）》，把握“十二五”发展机遇，把巩固和发展灾后恢复重建成果作为重点，抓好产业发展、就业促进、扶贫帮困、生态环境治理与保护和社会事业及社会建设等五方面的重点工作，把灾区基本建成人民安居乐业、城乡共同繁荣、人与自然和谐相处的美好新家园。

第三，脱贫攻坚阶段（2016—2018年）。2016年是中国“十三五”规划的开局之年，国家发布《“十三五”脱贫攻坚规划》，汶川灾区政府在灾后重建、整体发展振兴和原有扶贫工作的基础上，充分发挥政策优势，坚决打赢脱贫攻坚战，助力灾区减灾脱贫致富。

第四，乡村振兴阶段（2018年至今）。党的十九大提出实施乡村振兴战略，2018年春节前夕习近平总书记专程深入汶川县映秀镇视察作出了重要指示，2018年国家发布《关于实施乡村振兴战略的意见》，进一步为灾区脱贫致富奔小康提供可持续的政策支持，2018年汶川县委十二届三次全会作出了《关于全面深入贯彻落实党的十九大精神 巩固脱贫攻坚成效 加快推进乡村振兴的决定》，着力培育农业农村发展新动能，争取到2035年乡村振兴取得决定性进展，汶川农业农村现代化基本实现；到2050年汶川乡村全面振兴，农业强、农村美、农民富全面实现。

6.2.1.3　“生理-心理-社会”重建模型

直接利益相关群体是事故的直接受害者，往往也是后期社会稳定问题和舆论施压的主力和根源，是过渡安置中重点关注的群体。基于此，应针对直接利益相关群体，开展“生理-心理-社会”的三重补偿，满足受灾群众和因救灾而死伤的工作人员及其家属的合法合理需求，从源头上消除负面舆论和社会稳定风险，并保障恢复重建工作的有序开展。

1. 生理层面的救助补偿与物质赔偿

生理层面的救助补偿与物质赔偿是指，对突发事件中的伤亡人员、应急处置工作人员以及紧急调集和征用有关单位及个人的物资，按照规定给予救助、补偿、抚恤、理赔。

灾区民众等直接利益相关群体在生理上的重建需求，主要包括：（1）住房重建，城乡居民住房恢复重建；（2）就业恢复，劳动人口恢复稳定就业；（3）设施改善，交通、水利、能源、通信等基础设施体系功能恢复；（4）社会保障与公共服务，基本生活保障、义务教育、公共卫生和基本医疗、公共文化体育、社会福利等基本公共服务恢复；(5) 城乡建设，城镇功能完备且公用设施配套，农牧区基础设施恢复，群众得以正常生产生活等。

救助补偿与物质赔偿主要来源于政府救助（财政资金）、市场保险（政府保险和商业保险）和社会捐赠捐助，主要用于受灾救助、重建补助、伤亡抚恤、事故赔偿、征用补偿、弱势群体社会保障六个方面：(1) 受灾救助，向灾区紧急调拨食品、饮用水、衣被、临时住所、医疗防疫等生活补助或者生活必需品，保障受灾人员，尤其是生活困难人员的基本生活。(2) 重建补助，对于倒塌、损坏居民住房恢复重建提供一定的补助。(3) 伤亡抚恤，在死者死亡后发给死者亲属的费用，用以优抚、救济死者家属，特别是用来优抚那些依靠死者生活的未成年和丧失劳动能力的亲属。(4) 事故赔偿，根据责任情况，对事故中的人财损失予以相应的赔偿，对此《安全生产法》《工伤保险条例》《关于审理人身损害赔偿案件适用法律若干问题的解释》《关于审理民事、行政诉讼中司法赔偿案件适用法律若干问题的解释》等相关法律法规中已有明确规定。(5) 征用补偿，政府为应对突发事件需要，依法征用公民、法人和其他组织财产，因财产被征用或者被征用后毁损、灭失的，按照评估或者参照征用时价值给予补偿。(6) 弱势群体社会保障，对孤儿、孤老、残疾人员的供养和生活提供保障。

2. 心理层面的心理援助与精神补偿

心理层面的精神补偿是指，针对受害者和被救者在心理和精神方面所受的创伤，通过合法合理的精神补偿、危机干预、心理援助，疏导情绪，遏制灾区的恐慌心态。

针对灾区民众等直接利益相关群体在心理上的重建需求，应实施心理康复工程，通过心理辅导、治疗、咨询等方法，让灾民逐渐从心理创伤中恢复，并通过司法援助、健康教育、应急培训等多种方式，提升灾民的心理接受度和承受力。

在我国，将灾后心理援助纳入善后安置体系已成为政府和社会各界的共识。《汶川地震灾后恢复重建条例》（2008 年 6 月）明确规定应开展灾后心理援助工作；《关于加强自然灾害社会心理援助工作的指导意见》（2012 年 6 月）对及时恰当开展自然灾害社会心理援助工作和探索适合中国国情的社会心理援助工作机制提出了明确要求。

3. 社会层面的调查追责与问题整治

在针对生理和心理层面的补偿基础上，还应开展标本兼治的问题整改，既对直接利益相关群体中的受灾者及其亲友家属进行抚慰和补偿，也对间接利益相关群体形成心理安慰，缓解或消除社会担忧与恐慌情绪。

灾区民众等直接利益相关群体在社会层面的重建需求呈现多样性，既包括与自身利益直接相关的事故调查、追责问责、问题整治，也包括与公共利益相关的经济发展、灾害防治、生态环境修复等多方面的需求。

6.2.2 灾区重建的科学规划

灾区重建规划是恢复重建工作的重要依据，必须建立在全面调研、科学评估、充分论证的基础上，具体要求如下：一是充分听取灾区干部群众的意见和建议，并开展科学民主决策。二是借鉴国内外灾后恢复重建的有益经验，组织专家对重大问题进行深入论证。三是要加强总体规划与各专项规划之间的衔接协调，形成有机整体。灾区重建规划应包括开展灾区评估、设定重建方针、设置空间布局、制定专项规划等工作。现以地震灾害的灾区重建为例，予以说明。

6.2.2.1 开展灾区评估

灾区调查评估主要包括基本概况评估、灾害损失调查评估、有利因素评估等内容。

第一，基本概况评估，包括对地形地貌、自然灾害、生态环境、生态功能、自然资源、经济状况、少数民族、历史文化等的评估。

第二，灾害损失调查评估，包括对人员伤亡、住房损毁情况、基础设施损毁情况、公共服务设施损毁情况、产业发展受损情况、生态环境受损情况等的调查评估。

第三，有利因素评估，包括对科学发展观的指导思想、以人为本的执政理念、灾民的积极性主动性、国家实力、多方援助、以往的经验教训等的评估。

6.2.2.2 设定重建方针

重建方针的设定总体应坚持以人为本、科学规划、统筹兼顾、分步实施、自力更生、国家支持、社会帮扶的方针，遵循受灾地区自力更生与国家支援相结合、政府主导与社会参与相结合、就地恢复重建与异地新建相结合、确保质量与注重效率相结合、立足当前与兼顾长远相结合、经济社会发展与生态环境资源保护相结合的六原则。在重建规划的相关文本中，重建方针应明确重建的指导思想、基本原则、重建目标等。

6.2.2.3 设置空间布局

灾区空间布局应检核资源环境承载能力综合评价和主体功能区定位，科学进行重建分区，合理划分城乡生产、生活、生态空间，节约集约利用土地，为灾后各项建设选址和布局提供依据。空间布局一般包括基于资源环境承载能力的重建分区、统筹生产生态生活的功能布局、统筹各类用地需求的土地利用等。

第一，重建分区。灾区恢复重建要与自然保护区规划相衔接，根据资源环境承载能力综合评价，将规划区国土空间划分为适宜重建区、人口集聚区、农业发展区、生态保护区、灾害避让区、适度重建区、综合发展区等区域。

第二，功能布局。根据灾区特征和情况合理布局功能，例如，九寨沟灾区重建，坚持宜居宜业宜游、全域协同发展原则，切实保护生态空间，集约整合生活空间，优化提升旅游业布局，形成“一核、两中心、三轴线、多点联动、整体提升”的发展格局。

第三，土地利用。严格保护草地、林地和耕地，坚持节约集约用地，统筹安排原地重建与异地新建用地，统筹恢复重建各类用地需求，科学核算、合理安排各项用地的规模，优化用地结构与布局。例如，根据《汶川地震灾后恢复重建总体规划》的公开资料，“5·12”汶川地震灾区重建分为“适宜重建区”“适度重建区”“生态重建区”三类。

6.2.2.4 制定专项规划

灾区重建的专项规划应分区域、分版块、分领域，具体包括：

第一，空间布局规划，包括重建分区、城乡布局、产业布局、人口安置、用地安排等；

第二，城乡住房规划，包括农村居民住房、城镇居民住房等；

第三，城镇建设规划，包括市政公用设施、历史文化名城名镇名村、农村建设、农业生产、农业服务体系、农村基础设施等；

第四，公共服务规划，包括教育和科研、医疗卫生、文化体育、文化自然遗产、就业和社会保障、社会管理等；

第五，基础设施规划，包括交通、通信、能源、水利等；

第六，产业重建规划，包括工业、旅游、商贸、金融、文化产业；

第七，防灾减灾规划，包括灾害防治、减灾救灾等；

第八，生态环境规划，包括生态修复、环境整治、土地整理复垦等；

第九，精神家园建设规划，包括人文关怀、民族精神等；

第十，保障政策措施规划，包括财政政策、税费政策、金融政策、土地政策、产业政策、对口支援、援助政策等；

第十一，重建资金规划，包括资金需求和筹措、创新融资、资金配置等；

第十二，规划实施规划，包括组织领导规划管理、分类实施、物资保障、监督检查等。

6.2.3 灾区重建的全面实施

灾区重建的全面实施，既要有序重建，根据灾区现状和具体规划，确定重建实施中各领域和版块的优先次序，也要有效重建，确保支持政策和保障措施提供充分，并通过监督检查、绩效考核等方式确保重建措施落实到位。

6.2.3.1 确定重建实施的优先次序

根据“三维重建”目标和重建科学规划，重建的优先次序一般为：优先居民住房重建、加速公共服务重建、加快基础设施重建、高起点推动产业重建、抓好灾害防治和防灾减灾、突出生态环境重建。

第一，优先居民住房重建。应把恢复重建城乡居民住房摆在突出和优先的位置，针对城乡居民住房建设和消费的不同特点，科学编制城市乡村的住房规划，制定相应的政府补助支持政策。

第二，加速公共服务重建。应根据地域特点、城乡布局、人口分布，整合资源，调整布局，统筹安排，推进标准化建设，优先推进教育、卫生计生、劳动就业、社会保障、文化、体育等社会事业发展，建立覆盖城乡居民的公共服务体系。

第三，加快基础设施重建。一是实用导向，把恢复功能放在首位，尽快恢复交通、水利、能源、通信等基础设施功能；二是确保可行，既要加快灾区受损设施的功能恢复，又要充分考虑恢复重建的能力保障需求；三是立足长远，根据灾区地质地理条件和城乡建设规划，调整布局，优化结构，合理确定建设标准，统筹各类设施建设，推进共建共享。

第四，高起点推动产业重建。一是统筹兼顾，根据资源环境承载能力、产业政策、就业需要来综合安排；二是以市场为导向，以企业为主体，合理引导受灾企业原地恢复重建、异地新建和关停并转；三是支持发展特色优势产业，推进结构调整，促进发展方式转变；四是扩大就业机会，努力使灾区有就业、有收入、有后劲。

第五，抓好灾害防治和防灾减灾。应把灾害防治作为生命工程，预防为主，分类施策，合理避让，重点整治，统筹考虑生态环境与世界自然遗产保护，强化调查评价、监测预警、工程防治及应急能力建设为核心的综合防治，保护灾区群众生命财产安全。

第六，突出生态环境重建。生态环境的恢复重建，要尊重自然、尊重规律、尊重科学，加强生态修复和环境治理，促进人口、资源、环境协调发展。

6.2.3.2　提供重建实施的支持与保障

灾区恢复重建需要资金和政策的支持与保障，确保重建的人力、物力、财力。受灾地区可根据遭受的损失和实际情况，由上一级政府提供资金、物资支持和技术指导，组织其他地区提供资金、物资和人力支援。国务院根据受突发事件影响地区遭受损失的情况，制定扶持该地区有关行业发展的优惠政策。

第一，财政政策，包括建立恢复重建基金、调整财政支出结构、支持利用国外贷款等，灾后恢复重建所需资金以中央财政资金为主，同时包括省级财政资金、社会捐赠资金以及居民和企业少量自筹资金。

第二，税收政策，包括减轻企业税收负担、减轻个人税收负担、支持城乡住房建设、免收部分政府基金等。

第三，金融政策，包括恢复金融服务功能、加大信贷支持力度、增强机构贷款能力、发挥资本市场功能、加大保险创新力度等。

第四，保险政策，包括完善应对自然灾害的保险支持体系，对灾区城乡居民住房地震保险、农业保险实施财政补贴政策。

第五，土地政策，包括调整用地计划、实行特殊供地、节约集约用地等。

第六，产业政策，包括重振旅游经济、促进农业生产、支持骨干企业、扶持中小企业、推动科技创新、促进商贸流通、调整行业准入、淘汰落后产能等。

第七，地质灾害防治和生态修复政策，包括支持灾区开展地质灾害排查与监测，加强地质灾害防治基础能力建设，科学确定地质灾害防治标准等。

第八，项目管理政策，根据不同类别、不同等级、不同规模的项目，不同的管理策略，开展相应的审批、核准、监管等工作。

第九，援助政策，包括开展教育援助、实施孤残救助、加大就业援助、加强扶贫援助、提供社会保障、开展法律援助等。

第十，援建政策，包括明确支援任务、鼓励各界投资、提供便利条件等。

第十一，资金保障，坚持用改革的办法多渠道筹措恢复重建资金，充分调动各方面积极性，积极创新筹资方式和使用方式，提高资金使用效率，完善资金管理和监督机制，为实现本规划确定的目标和完成重建任务提供资金保障。

第十二，建材保障，灾区省级人民政府要做好重建主要建材需求量测算，制定建材保障工作方案。

第十三，运输保障。灾区省级人民政府要会同国务院交通运输部门制定运输保障方案，科学统筹组织物资运输。

第十四，施工保障。灾区省级人民政府要制定施工保障方案，加强施工现场指挥调度，统筹安排，分片包干，协调推进，确保现场施工安全、有序、高效。

6.2.3.3 落实重建实施的监督检查

重建实施的过程中，还应强化目标管理、监督检查、绩效考核、责任追究，确保恢复重建目标任务落到实处。

第一，对恢复重建资金和重要物资的筹集、分配、拨付、使用，实行全过程跟踪审计和动态管理，确保重建资金按照规定专款专用，重建物资安排使用规范合理。

第二，认真履行项目管理程序，严格执行项目法人责任制、招标投标制、合同管理制、工程监理制和竣工验收制。

第三，建立健全恢复重建资金、项目和物资档案登记制度。

第四，及时公布资金安排、物资使用、项目进展，接受社会监督，确保灾后恢复重建全过程的公开与透明。

6.3 危机学习的综合实施

6.3.1 事故调查与定损定责

处置结束后，负责应对处置突发事件的政府和相关单位应对突发事件的起因、性质、影响、损失、责任、经验教训等进行调查评估，并依法追究相关责任人的责任，这是危机学习的基础工作。

6.3.1.1 事故调查与定损定责的界定

突发事件应急管理的事后首要工作是事故调查和定损定责，在现场应急结束后针对突发事件的原因、性质、经过、损失、影响等一系列情况进行调查和评估，从而实现定责和定损两方面目标。调查追责不仅对事件本身做定损定责，还应评估损失、研究规律、总结教训，从而提出有针对性的防范和整改措施，促进相关法律法规、规章规程、标准规范的修改完善，以防范事故重复发生。

《突发事件应对法》要求“突发事件应急处置工作结束后，履行统一领导职责的人民政府应当立即组织对突发事件造成的影响和损失进行调查评估”，“履行统一领导职责的人民政府在突发事件应对工作结束后，应当及时查明突发事件的发生经过和原因，总结突发事件应急处置工作的经验教训，制定改进措施，并向上一级人民政府提出报告”；根据《生产安全事故报告和调查处理条例》《火灾事故调查规定》《特种设备事故报告和调查处理规定》等法律法规，GB/T 27932－2011《地震灾害间接经济损失评估方法》、T/CAGHP 024－2018《地质灾害灾情调查评估指南（试行）》等标准规范，对灾害或事故的调查作出相关规定。

6.3.1.2　事故调查与定损定责的基本原则

我国的事故调查追责坚持“四不放过”原则，即事故原因没有查清楚不放过，事故责任者没有受到处理不放过，群众没有受到教育不放过，防范措施没有落实不放过。总体而言，事故调查与定损定责应遵循法治、客观、准确、公开的基本原则。

第一，法治原则。按照法律法规、政策文件、制度规范、国家标准等相关要求，依法依规严肃开展调查。根据官方公开资料显示，我国事故调查的法律法规逐步形成完整庞大的数据体系。根据法律法规、标准规范的类型，形成集合国家法律 43 部、行政法规 68 部、部门规章 182 部、地方法规 38 部、国家标准 941 部、安全标准 249 部、行业标准 2 370 部、政策性文件 105 部的庞大事故调查规范体系，在此基础上，根据安全事故的种类进一步细分。

第二，客观原则。事故调查可根据需要专门设置第三方专业机构的独立调查环节，对相关部门的官方调查形成补充和辅助，以确保调查结果的公正客观。独立调查环节一般由具有丰富专业知识和工作经验的外部人士组成的专业调查队伍进行调查，不能有任何部门的行政人员。例如，美国安全生产类事故调查机构，除了官方的美国职业安全与健康管理局、美国环境保护总署等，美国化学安全与危害调查委员会等事故调查组织是经法律唯一授权、独立于政府部门的事故调查机构。

第三，准确原则。基于事故调查的重要性及事故调查对后期一系列工作的影响，调查的准确性至关重要，并通过专业、全面、深入三维度予以考量。一是专业，准确性的前提是专业人员、技术、设备、流程等多方面保障，以确保调查结论的客观公正和调查建议的科学有效。二是全面，调查不仅应当查明和研究与本次事故发生有关的原因和因素，还应当查明和研究与本次事故无关，但在事故中暴露出来的或者在调查中发现的可能影响安全的问题。三是深入，调查应当查明事故发生的各种原因，并深入分析产生这些原因的因素，包括设计、制造、运行、维修和人员训练，以及政府行政规章和企业管理制度及其实施方面的缺陷等。

第四，公正原则。事故调查既要实事求是，以事实为依据，以法律为准绳，也要公开透明，将调查过程和结果予以公开，从而保障官方公信力，在一定程度上减轻和缓解负面影响。公正原则要求，不可包庇事故责任人、不可借机对事故责任人打击报复、不可冤枉无辜。

6.3.1.3　事故调查与定损定责的主要步骤

一般而言，事故调查和定损定责可分为准备阶段、调查取证阶段、分析定责阶段、处理阶段，在此综合安全生产事故调查、自然灾害调查评估，予以说明。

1. 准备阶段

准备阶段应完成事故初核和灾情初判、成立调查组和评估组两方面工作。

第一，事故初核和灾情初判，即预评估。安全生产事故调查中，负有安全生产监督管理职责的相关部门接到事故报告后，其相关负责人应当立即赶赴事故现场，详细了解事故时间、事故单位基本情况、事故经过和人员伤亡情况、抢险救援情况等情况，并对情况进行综合分析，初步认定属于生产安全事故的建议人民政府立案调查。自然灾害调查中，根据不同灾种，由相关部门等负责收集相关灾情数据，对灾害造成的损失和影响进行预评估。

第二，成立调查组和评估组。安全生产事故调查中，由有关人民政府、安全生产监督管理部门、负有安全生产监督管理职责的有关部门、监察机关、公安机关以及工会派人组成事故调查组，并适当邀请人民检察院相关人员参加。事故调查实行组长负责制，调查组根据需要下设综合组、技术组、管理组、责任追究组、应急评估组等工作组。自然灾害调查中，经政府同意后由有关人民政府、减灾委相关成员单位、受灾地方政府等成立调查评估组，根据不同灾种选择不同部门来负责，例如防汛抗旱部门负责重大水旱灾害和台风灾害调查评估组织工作，地震地质部门负责重大地震、滑坡、泥石流和山体崩塌灾害调查评估组织工作，根据需要调查评估组下设综合协调组、灾害过程调查组、灾害损失评估组、灾害应对评估组等。

2. 调查取证阶段

调查取证阶段，可采取实地勘察、查阅资料、走访座谈、入户调查、数据收集、案例对比、技术分析等方式，完成基本的现场勘查、资料收集、历史相似案例对比、证据审查和补充调查等工作。

第一，现场勘查。事故调查组前往现场进行相关调查；勘查前应向当事人或目击者了解事故发生的经过情况；进而巡视现场，确定现场勘查的范围和勘察顺序，提取事故现场存留的有关痕迹和物证，绘制有关事故图；现场勘查完毕后，应完成并提交《现场勘查报告》。

第二，资料收集。收集事故涉及“人地物事环”等要素的相关资料，主要包括事故相关单位资料、有关人民政府（部门）资料、证人证言、检测检验和技术鉴定、专家技术分析报告等。

第三，历史相似案例对比。对比分析灾种、发生区域、致灾强度、灾害损失量级等历史相似案例灾害应对工作开展情况。

第四，证据审查和补充调查。遵循“实事求是，尊重科学”的原则，对调查取证所取得的证据进行审查，确保其客观性、关联性、合法性，并根据需要进行补充调查。针对不同类型的突发事件，其调查取证的方式方法和工作重点有所不同。

3. 分析定责阶段

定责阶段应完成事件基本情况、事件发生原因、损失和影响评估、事故定性、责任分析、责任追究、应急管理的全流程评估、防范和整改建议等工作。

第一，事件基本情况。对于安全生产事故，应包括事故发生单位的概况，事故发生的时间、地点以及事故现场情况，事故发生经过和事故救援情况等；对于自然灾害，应包括灾害发生时间、灾害种类、灾害范围、灾害损失、各级政府应对情况、社会各界反应等。

第二，事件发生原因。对于安全生产事故的直接原因和间接原因进行分析，直接原因是指直接导致事故发生或与事故发生具有直接因果关系的原因，主要包括物（机械、物质或环境）的不安全状态和人的不安全行为；间接原因是导致事故直接原因产生或赖以存在的原因，主要包括技术、教育、管理和身体、精神状态等方面的原因。对于自然灾害应全面分析灾害发生过程、成灾机理，对森林火灾、山体滑坡等特殊灾种应明确是否有人为因素影响。

第三，损失和影响评估。对于安全生产事故，应查明事故人员伤亡情况，核实计算直接经济损失，其中人员伤亡是指因事故造成作业人员或其他人员伤残、死亡、下落不明等情况，直接经济损失由人身伤亡后支出的费用、事故善后处理费用、财产损失价值三部分组成。对于自然灾害，应对灾害损失重点分析人员伤亡、转移安置人数、房屋损毁、受害森林面积、直接经济损失等，重点分析伤亡人员处置、医疗救治、长期保障，基础设施和公共配套设施抢通抢修、恢复功能，倒损房屋恢复重建，企业生产恢复，农户后续生活救助（冬春救助）、因灾返贫等。

第四，事故定性。在调查事故原因的基础上科学分析，分清责任事故和非责任事故。纯粹自然灾害或人为不可抗拒因素导致的事故或造成的损失，为非责任事故；具有可预见性、能预防的事故为责任事故；对于能够预见或防范的自然灾害，因生产经营单位防范措施不落实、应急救援预案或者防范救援措施不力，由自然灾害引发造成人身伤亡或者直接经济损失的事故，属于责任事故。

第五，责任分析。根据事故调查所确认的事实和原因，结合有关单位、有关人员（岗位）的职责和行为，对事故责任加以分析判断，确定事故责任者。分析责任时，应结合事故责任者的动机和情节（主观故意、轻信或侥幸可以避免而放任、应当预见而未预见、不可预见性、无能力等）与事故发生的因果关系综合判断。

第六，责任追究。对相关责任单位或责任人应从刑事责任、行政处罚、民事责任、党纪政纪责任、应给予的其他处理等予以追究。对事故发生单位和有关人员进行行政处罚，对负有事故责任的国家工作人员进行处分。负有事故责任的人员涉嫌犯罪的，依法追究刑事责任。

第七，应急管理的全流程评估。对于突发事件应急管理的事前、事中、事后进行全流程评估。以自然灾害为例：一是灾前预警处置评估，包括预警信息发布数量和时效性、灾前转移安置情况、救灾物资准备情况等。二是应急救援救助评估，包括应急指挥、应急预案启动、救援人员和装备投入数量、救援救助时效性、救灾物资发放、受灾群众安置、受灾群众满意度等。三是突发事件应对评估，包括灾情报告、报送和舆情处理等。四是防灾减灾能力评估，包括应急预案演练、应急培训、宣传教育、灾害防治和应急避难场所等。

第八，防范和整改建议。总结整个灾害或事故过程应急处置的经验教训，针对事故责任单位（包括监督管理部门、技术服务机构等）和人员提出有针对性、切实可行的事故预防措施和整改建议，尤其针对法律法规和标准规范有漏洞、缺陷或空白的，提出补充、完善和修改建议。

4. 处理阶段

处理阶段应形成事故调查报告、调查报告提交与批复、调查报告公布、事故处理和责任追究、跟踪落实整改、档案管理和复评核查等工作。

第一，形成事故调查报告。安全生产事故调查报告的内容应包括事故发生单位概况、事故发生经过和事故救援情况、事故造成的人员伤亡和直接经济损失、事故发生的原因和事故性质、事故责任的认定以及对事故责任者的处理建议、事故防范和整改措施，附上有关证据材料，并且事故调查组成员应当在事故调查报告上签名。

第二，调查报告提交与批复。评估报告初稿完成后，调查评估组应在规定时间内完成会商、征求意见、修改完善等工作，经集体讨论通过后，形成事故调查报告送审稿，经审议通过事故调查报告后，以事故调查组名义（或由牵头组织调查的部门）向派出事故调查组的人民政府提交事故调查报告。

第三，调查报告公布。人民政府对事故调查报告作出批复后，应利用政府网站和主流媒体，及时向社会全文公布事故调查报告（依法应当保密的除外），接受社会监督，同步开展报告解读并引导社会舆论，以起到事故警示教育作用。

第四，事故处理和责任追究。有关机关应按照人民政府的批复，依法依规对事故发生单位和有关人员进行行政处罚，对负有事故责任的国家工作人员进行处分；事故发生单位应当对本单位负有事故责任的人员进行处理；负有事故责任的人员涉嫌犯罪的，依法追究刑事责任。

第五，跟踪落实整改。事故发生单位应当认真吸取事故教训，落实防范和整改措施，防止事故再次发生；防范和整改措施的落实情况应接受工会和职工的监督、安全生产监管部门的监督检查。

第六，档案管理和复评核查。事故查处工作全部结束后，处理落实材料，相关执法文书等整理归档。事故调查报告批复结案后在规定时间内开展复评核查工作。

6.3.2 安全隐患的整治整改

危机学习中的安全隐患整治整改，一般属于专项治理类工作，通常包括：以技术整改为基础的行业隐患治理、以专项整治为抓手的区域隐患治理、以制度整改为核心的风控长效机制建设。

6.3.2.1 以技术整改为基础的行业隐患治理

技术整改，是指针对某些设施设备、技术工艺、场所环境等层面的安全风险，通过技术类的整改、更新、替换，彻底消除风险隐患。

以我国的危险化学品安全生产为例[①]，我国危险化学品安全生产仍处于爬坡过坎、攻坚克难的关键期，既具有安全生产形势持续稳定好转的有利条件，也面临新旧风险叠加的严峻挑战。近年来全国发生多起特大危化品安全生产事故，对此国家层面高度重视危机复盘学习和风险长效治理，随着中共中央办公厅、国务院办公厅提出《关于全面加强危险化学品安全生产工作的意见》以及危险化学品安全专项整治三年行动的深入落实，危险化学品安全成为防范化解重大风险的重中之重，集中攻坚的合力正在形成，以技术整改为基础的危险化学品安全生产隐患治理工作，坚持统筹发展和安全，顺应产业发展大势，强化产业转移、老旧装置安全风险防控，通过严格设计管理、保障安全距离、淘汰落后工艺设备、加快技术升级改造、推进安全管理数字化转型等措施手段，深入开展化工园区提质升级、企业分类整治、非法违法“小化工”治理等专项整治行动，以构建准入严格、布局规范、技术先进的本质安全发展格局。

6.3.2.2 以专项整治为抓手的区域隐患治理

党的二十大报告明确指出，“推进安全生产风险专项整治，加强重点行业、重点领域安全监管”。当前，安全专项整治是我国应急管理部门整治整改安全隐患的重要工作抓手之一。应急管理部牵头，各地各级应急管理部门在落实上级要求的基础上因地制宜，在全国或省市区域范围内，从严开展各类安全专项整治工作。

近年来我国安全生产形势虽然稳定向好，但仍处于爬坡过坎期，特大事故时有发生。为此，国务院安全生产委员会在2020年4月印发《全国安全生产专项整治三年行动计划》，从2020年4月1日启动，至2022年12月结束，在全国范围内实施为期三年的安全生产专项整治行动，主要包括2个专题和9个行业领域专项。2个专题是学习贯彻习近平总书记关于安全生产重要论述专题和落实企业安全生产主体责任专题；9个行业领域专项是聚焦风险高隐患多和事故易发多发的煤矿、非煤矿山、危化品、消防、道路运输、民航铁路、工业园区、城市建设、危险废物等9个行业领域组织开展安全整治。专项整治三年行动分为动员部署、排查整治、集中攻坚和巩固提升4个阶段，推动地方各级党委政府、有关部门和企业单位到2022年底，力争实现切实消除一批重大隐患、形成一批制度成果，建立健全公共安全隐患排查和安全预防控制体系，扎实推进安全生产治理体系和治理能力现代化。

地方上，针对某些GDP贡献率低、生产效率低且安全性不高的“安全发展效能”低的行业以及企业主体，采取不影响发展的整改措施。以“厂中厂”整治为例，同一厂区内经出租存在两家及以上生产经营单位的“厂中厂”企业，由于管理混乱、责任不明、隐蔽性强、易发事故，存在严重的消防、生产安全隐患，一直是属地政府安全生产监管的难点。针对“厂中厂”问题，江苏省江阴市自2019年11月开始全面深入开展“厂中厂”安全生产专项整治“雷霆行动”[②]，推动企业转型发展和产业优化升级，具体做法包

---

① “十四五”危险化学品安全生产规划方案．(2022-03-21). https://www.mem.gov.cn/gk/zfxxgkpt/fdzdgknr/202203/t20220321_410001.shtml.

② 江阴部署开展“厂中厂”安全生产专项整治“雷霆行动”．(2019-11-22). https://mp.weixin.qq.com/s/9P1avT15HOirvgY8hVt9sA.

括：一是突出重点、把握关键、动态管理，全面拉网排查，确保“不漏一处、不漏一房、不漏一人”；二是创新手段、分类分级、精准施策，做到关停取缔一批、规范达标一批、更新改造一批，确保达到排查见底、整改彻底的严格要求；三是强化联动、健全机制、技术支撑，把严标、严管、严查、严控、严处落实到日常。

6.3.2.3 以制度整改为核心的风控长效机制建设

制度整改是指，针对某些由于管理问题引发的安全风险，形成深入制度层面的整改，通过修正原制度或出台新政策，争取在源头上处置问题，例如按照《消防法》《消防安全责任制实施办法》以及地方省市对于消防安全责任落实的相关法律法规和政策要求，切实落实消防相关管理规定和工作要求，消除安全火灾风险。

风险控制若要实现长效化，需针对事前、事中、事后的全流程，做好制度整改工作，以促进应急能力优化提升、应急责任有效落实、应急风险根源治理（见图 6－5）。

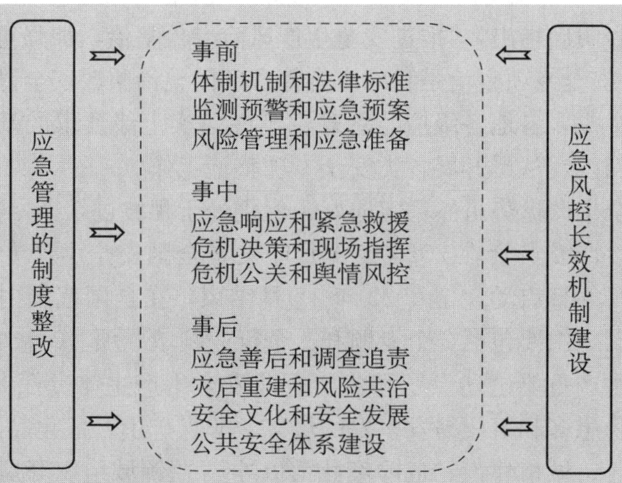

图 6－5 风控长效机制建设示意图

以制度整改为核心的根源整治是安全风险防控长效机制的基础，建立健全风险防控工作常态化。以美国三角工厂火灾事故后的制度整改为例[①]，美国三角工厂火灾事故造成了 146 名女工死亡的恶劣后果和负面影响，之后美国社会进行一系列根源整改，有效防止群死群伤的安全生产事故再次发生，具体包括：在制度深层次的社会理念方面，反思“社会达尔文主义”的理念，罗斯福新政后政府监管和干预的理念逐步加强，逐步打破放任自由的市场规则，解决安全监管“真空”、劳工权益受侵害、城市管理不健全、社会保障缺位等问题；同时，社会价值观被重塑，民主平等的价值观再次引起重视，“生命的价值重于财富”成为美国现代主流价值观之一，为社会公共安全营造了良好的文化环境。在具体的政策制度方面纽约州乃至全美一系列人道主义法律制度出台，建立健全保障生命安全的法律法规，《全国劳工关系法》《社会保障法》《公共住房法》《劳工权益保障法

① 唐钧．美国火灾后整改制度的启示．中国减灾，2015（18）．

案》的出台，为改善劳工的生存与工作环境提供了稳定的法律基础。当前公共安全与应急管理的问题，亟待通过制度整改，系统防治社会风险。无论是技术风险，还是社会风险，都需要通过制度约束，才能成为硬性保障公共安全的坚实盾牌。制度整改既要得以贯彻落实，还要相互联动，形成系统化的安全顶层设计，并实现可持续的良性循环。

6.3.3　风险承受力的系统提升

危机学习的系统长效工作是通过全面提升风险承受力，提高应急管理、处置救援、防灾减灾、灾害治理、风险管理等专业能力和技术水平，以尽可能减少应急管理全过程中的主观失误和主体问题，控制、减轻甚至消除应急管理工作本身可能诱发的次生灾害或社会危害。

6.3.3.1　危机复盘与风险承受力提升

通过事后的危机复盘学习，为风险承受力的系统提升提供经验和教训。以体育赛事等大型群众性活动为例①，安全风险承受力由行业主管部门、属地党政部门、赛事运营企业、“第一响应人”共同决定，应当构建全社会共担风险的安全风险承受力体系，全面提升安全风险承受力，减少亡人事故。

1. 安全风险承受力由责任主体的综合能力决定

根据“木桶效应”理论，安全风险承受力取决于相关责任主体和安全管理体系与能力的“最短板”，提升安全风险承受力是一个系统化的工程。以“5·22”白银越野赛事件为例，此次赛事中的主办单位、承办单位等七类相关责任主体存在风险预防机制不完善、风险管理集成度低以及安全防范意识不强等问题，这导致安全风险承受力不足，难以避免危机爆发（见表6-4）。

表6-4　大型体育赛事安全风险承受力问题一览表

相关责任主体	问题
赛事主办单位	未对赛事活动具体任务落实情况进行组织协调、督促检查等
赛事承办单位	风险防控意识不强、相关部门职责不清、工作检查督导不够等
赛事协办单位	应急救援物资和力量准备不足、前期应急救援统筹不够等
赛事执行单位	未对赛事活动进行风险评估、未对高风险等级的气象预警作出科学研判等
赛事运营单位	赛事运营专业能力不足、风险预防机制不完善、能力不足等
赛事行业协会	相关赛事行业标准不完善、赛事监管不专业等
赛事参与者	风险防范意识不强等

① 唐钧，宋东元会，王勇．大型体育赛事风险控制：促精细化、增集成度、提承受力．中国减灾，2021（15）．

2. 借助安全风险承受力模型，增强大型体育赛事风险承受力

在体育赛事等大型群众性活动中，当风险度高，风险承受力不足时，易导致亡人事故，应当补短板、强弱项，提高相关责任主体的安全风险承受力。大型体育赛事风险管理责任主体包括行业主管部门、属地党政部门、赛事运营企业和全员“第一响应人”，应当建立集成管理、联防联控的安全风险承受力体系，形成持续安全的整合力。图 6-6 为安全风险承受力模型。

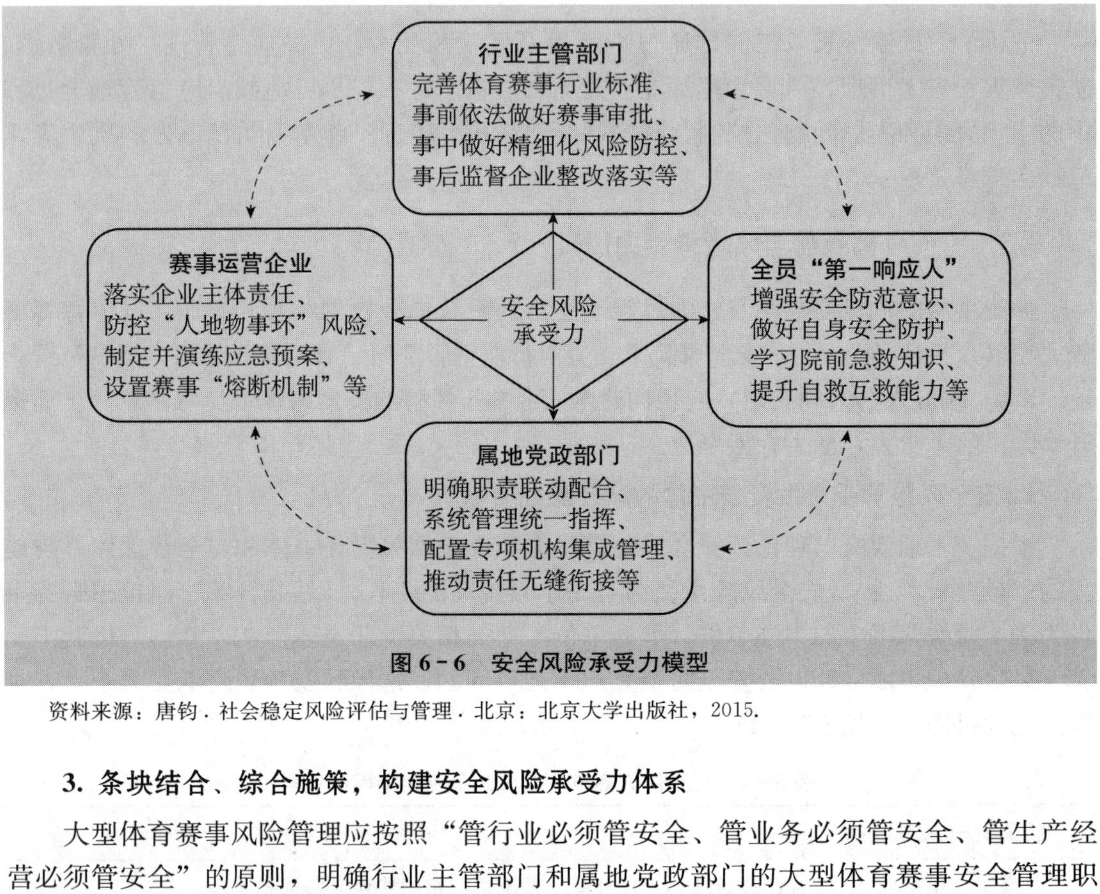

图 6-6 安全风险承受力模型

资料来源：唐钧．社会稳定风险评估与管理．北京：北京大学出版社，2015.

3. 条块结合、综合施策，构建安全风险承受力体系

大型体育赛事风险管理应按照“管行业必须管安全、管业务必须管安全、管生产经营必须管安全”的原则，明确行业主管部门和属地党政部门的大型体育赛事安全管理职责，建立健全体育赛事活动的监督奖惩机制和安全风险评估体系，明确和落实赛事运营企业的安全主体责任，精细化防范安全风险。同时，重视全员“第一响应人”的培养，增强防范风险意识和自救互救能力，构建安全风险承受力体系，减少大型体育赛事亡人事故。

第一，行业主管部门要把好体育赛事的安全“关口”，加强安全工作指导。行业主管部门要进一步完善体育赛事行业标准，事前依照《体育赛事活动管理办法》等相关法律严格做好审批工作。事中要做好精细化的风险防控工作，实地察看赛道规划设计、赛道标识的设置、补给站的分布、应急通信设施的保障措施等情况，为赛事组织机构提高赛事安全承受力提供指导和服务。事后要监督赛事运营企业严格落实整治措施，防范赛事安全风险。

第二，属地党政部门要加强安全管理，通过系统化情景构建明确相关责任主体任务分工，制定并执行大型群众性活动集成管理的制度，增强风险管控集成度。通过大型群众性活动的集成管理实现风险管控和应急处置统一指挥、统筹兼顾、运转高效、配合协调，配置专项管理机构实现风险集成管理，扭转相关职能部门各自为战的“九龙治水”局面。

第三，赛事运营企业要负起企业主体责任，有效管控安全风险。企业应按照有关制度和规范，针对赛事特点，制定科学的安全风险辨识程序和方法，全方位、全过程辨识参赛者、设备设施、天气状况和管理体系等方面存在的风险点。根据风险辨识的结果，通过隔离危险源、加强参赛者防护、制定赛事应急救援预案、设置赛事“熔断机制”等措施，确保安全风险处于受控范围内。

第四，全员“第一响应人”要提升风险防范意识和自救互救能力。全员“第一响应人”掌握防范大型体育赛事常见风险的措施和做法，做好自身安全防护，掌握心肺复苏术、AED使用等院前急救基本技巧和正确步骤，能够在紧急状态下应急避险和自救互救，预防和减少群死群伤事故发生。

6.3.3.2　领导干部的大安全大应急能力提升

党的二十大报告提出“建立大安全大应急框架”，对此党政领导干部要提升“大安全大应急”能力，以国家总体安全观为指导，以人民安全为宗旨，以政治安全为根本，以人民满意为靶向，始终以生命安全为不可逾越的底线，将“人民至上、生命至上”的理念内化为领导干部应急管理的本能反应。根据国际国内的应急管理和公共安全形势，大安全大应急必然是综合任务，对此领导干部不断提升与安全风险相匹配、符合安全发展规律的综合能力。当前，领导干部应着重研习以下六大能力模块。

1. 提升风险研判能力，全面评估预判应急对象

领导干部风险研判能力，是指敏锐识别安全风险、动态掌握安全风险整体情况、精准把控风险规律的能力。领导干部的风险预判能力包括且不限于：（1）“危机识别”和“风险感知”，通过排查，掌握安全风险的全面、真实、准确状况。（2）通过定期更新升级风险点的制度，及时把握安全风险的变动状况。（3）开展灾害等相关信息的科学统计，及时掌握影响安全风险不确定性的因素及规律。（4）风险所有权的责任分析和安全责任的细分与落实，利益相关分析和各方实施安全风险管理的动因预估，掌握“风险环境”和规避在复杂的风险社会中的失误。（5）总结风险规律的技能，技术人员通常会识别出海量的数据，领导干部则要善于绘制符合应急管理规律和安全发展要求的“风险地图”。

2. 提升危机预防能力，根据规律和特征防范化解风险

领导干部的危机预防能力，是针对频发危机或显性高危风险，提前防范化解和开展应急准备，提升安全风险承受水平的能力。领导干部危机预防能力包括且不限于：（1）完善公共安全基础设施建设，做好传统的“物防、技防”工作，稳步推进“韧性城市”“地下综合管廊”等整体建构，强调系统性的风险降级控级。（2）建立健全精细化的

"情景建构与应急预案管理体系"，分类分级编制、定期演练更新、跨区域联动和升级管理、应用虚拟仿真系统等，科学地做好应急准备。（3）"灾害断链"的区域规划，了解质量静态布局状况，优化动态管理状况。（4）"救援成链"的力量部署，稳步提升应急救援力量的数量质量、分布结构、匹配程度等。提高防控能力着力防范化解重大风险，领导干部健全危机预防能力有助于在整体上把脉安全发展的风险规律，"下好先手棋、打好主动仗"，积极开创安全发展的有利局面。

3. 提升危机决策能力，科学部署应急方案

危机决策的本质是根据应急管理关键因素的变化实时制定损失和失误最小化的处置方案。领导干部的危机决策能力是指运用研判结论、依据危机预防状况，实施动态风险定级和设置应急处突方案的综合能力。领导干部危机决策能力包括且不限于：（1）掌握并更新危机决策所需要的实时现况信息，了解现实中的应急资源和应急力量的整体承受程度等。（2）根据公共安全的职能设定、实时监测的反馈，依据致灾因子、应灾主体、承灾环境的客观变动状况，结合趋势预测，对应急管理的对象进行风险动态定级，形成支持科学危机决策的基本面，能决策处置复杂问题。（3）依据危机预防状况、基于场景特征，参考决策支持系统（信息库、专家库、智库等），设定危机决策方案，追踪效果和积极调整决策方案，协调应对综合问题。（4）危机决策过程中严控重大安全风险的关联反应，关口前移防范重大风险。（5）通过"知识管理"等方法，持续更新并有效掌握支持决策的关键知识等。危机决策是一种特殊形式的公共决策，时间紧、信息杂、压力大、关联多，且失误之责重若千钧。领导干部完善危机决策能力有助于坚守以人民为中心的"红线"，在危机状态中"两权相害取其轻"，将灾害损失和负面影响降至最低，为安全发展的后续恢复争取相对有利的结果。

4. 提升现场指挥能力，统筹协调应急力量和资源

领导干部现场指挥能力是指，按照既定方案、根据现场情况权变管理，开展"点-线-面"协作应急的能力。领导干部的现场指挥能力包括且不限于：（1）指挥信息的科学制定和高效传递。（2）现场安排部署的合理性和科学性，场地的功能分区和人员安置等。（3）灾害影响范围的有效控制。（4）扩散态势的预估和控制，提前协调跨区域应急合作等。随着城市更新和农村振兴等工作的推进，安全风险与日俱增，现场指挥被赋予了更高要求和更大难度。领导干部强化现场指挥能力是在现有资源的有限条件下，通过科学有序指挥和各方面的统筹协调，力争应急效率最高和损失最小的结果。

5. 提升风险沟通能力，争取绝大多数群众的理解和支持

风险沟通的主要功能是，在安全风险共担的全域全员共建共治过程中稳步提升群众安全感。领导干部的风险沟通能力是指在安全风险环境中或突发公共事件状态下，通过信息公开、交流互动、社会动员等方式，形成畅通民意和风险共担的格局，稳步提升群众安全感的能力。领导干部风险沟通能力包括且不限于：（1）风险沟通恰当时机的掌控。（2）社会情绪的趋势预判。（3）风险沟通的尺度拿捏。（4）风险沟通的成效评估和及时调整方案。（5）通过社会治理等综合施策在实际问题方面争取利益相关群体的理解和支持。(6) 直面应急处置的全媒体“现场直播”，主动应用新闻发布等方式，回应社会关切、稳定社会情绪。(7) 解决涉灾民众的现实问题并开展情绪疏导，依法依规主动满足其合法的正当诉求。积极解决其合理的特殊诉求，多措并举化解超出范畴的不当诉求。(8) 开展涉灾民众的社会动员和公共关系，在善后处置、灾民安置、灾区重建等过程中，要形成勠力同心、共克时艰的应急处突氛围。

6. 提升转危为安能力，在根源上持续扭转不安全的局面

领导干部必须肩负起更高层次的责任，从安全助发展、发展保安全的层次，推动实现真正意义上的安全发展。领导干部转危为安能力包括且不限于：(1) 整治扭转“不安全局面”为“安全状态”，通过“关停并转”等安全整改措施，整顿高等级的安全风险，达到安全水准。(2) 规划升级“安全状态”为“安全发展格局”，通过风险对冲、产业升级等一系列举措，规划形成保持低等级安全风险和良性循环的发展格局。(3) 创建并保持高质量安全发展的能力。

6.3.3.3　全主体承受力提升的立体化建构

全主体风险承受力的提升，应围绕应急管理与风险治理的事前—事中—事后的全流程安全，兼顾“现场”和“舆论场”的风险治理，由宏观的国家安全规划设计、中观的条块安全治理能力建设、微观的基层和个体安全素质提升组成，形成“面→线→点”的全主体承受力提升的网络（见图6-7)。

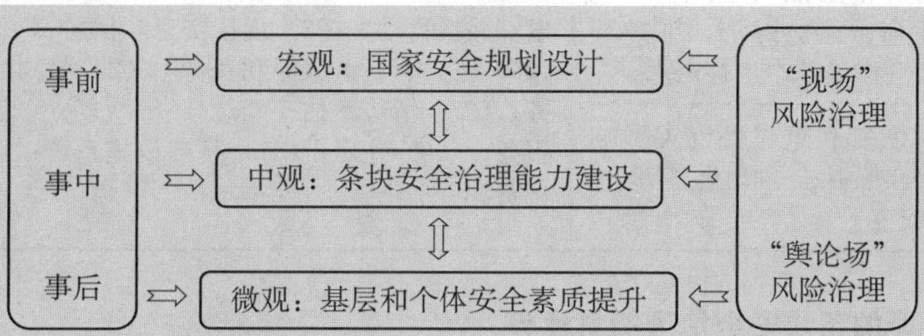

图6-7　全主体承受力提升的网络示意图

1. 宏观层面的国家安全规划设计

在宏观层面上，应围绕国家总体安全观，通过应急管理、防灾减灾、风险防控、公共安全体系建设等领域的全方位、立体化相关规划设计及实施，以完成国家层面的风险整改。

国家层面的安全规划，站位高、立意远、布局深、涉及面广。党的二十大报告提出，我们要坚持以人民安全为宗旨、以政治安全为根本、以经济安全为基础、以军事科技文化社会安全为保障、以促进国际安全为依托，统筹外部安全和内部安全、国土安全和国民安全、传统安全和非传统安全、自身安全和共同安全，统筹维护和塑造国家安全，夯实国家安全和社会稳定基层基础，完善参与全球安全治理机制，建设更高水平的平安中国，以新安全格局保障新发展格局。

在我国，重在积极推进我国应急管理体系和能力现代化，加强、优化、统筹国家应急能力建设，构建统一领导、权责一致、权威高效的国家应急能力体系。根据《国家突发公共事件应急体系建设“十三五”规划》的相关要求，应做到“应急管理基础能力持续提升，核心应急救援能力显著增强，综合应急保障能力全面加强，社会协同应对能力明显改善，涉外应急能力得到加强，应急管理体系进一步完善”，具体目标包括五方面：一是应急管理基础能力持续提升。二是核心应急救援能力显著增强。三是综合应急保障全面加强。四是社会协同应对能力明显改善。五是应急管理体系进一步完善。

美国《国家应急准备目标》[①] 提出，需要全面提升预防、保护、缓解、响应、恢复五个领域的应急能力（见表 6－5）。

表 6－5　美国应急能力的建设要求和具体内容

领域	应急能力的建设要求	具体内容（32 项）
预防	防范、避免或阻止公共突发事件	（1）取证与归因；（2）情报与信息共享；（3）封锁与中断；（4）监控、搜索与侦测；（5）身份确认和控制；（6）网络安全情报和信息共享；（7）封锁与中断；（8）物理保护措施；（9）保护项目和活动的风险管理；（10）监控、搜索和侦测；（11）供应完整性和安全；（12）社区减灾；（13）长期脆弱性；（14）减灾、风险和抗逆力评估；（15）威胁和危害确认；（16）关键交通；（17）环境响应；（18）健康和安全；（19）遗体处理服务；（20）基础设施系统；（21）大规模人员照顾服务；（22）大规模搜索和救援行动；（23）现场安全和保护；（24）操作沟通；（25）公共、私人服务和资源；（26）公共健康和医疗服务；（27）情势评估；（28）经济恢复；（29）健康和社会服务；（30）住房；（31）基础设施系统；（32）自然和文化资源
保护	保护国家的利益和信仰，保护民众及其资产不受公共危机的威胁和影响	
缓解	通过减轻未来灾害影响以减少生命和财产的损失	
响应	灾害发生后能快速应对、挽救生命、保护财产、维护环境，并满足基本生存需求	
恢复	及时恢复和重建受巨灾影响的经济、社会、文化、历史、环境	

2. 中观层面的条块安全治理能力建设

在中观层面上，风险承受力系统的提升，往往涉及具体行业领域（“条”）和地方区域（“块”）的安全治理能力建设。

针对具体行业领域（“条”），负有相关职责的中央部委统一部署、科学谋划。以“十四五”规划为例，中央层面现已出台《“十四五”国家综合防灾减灾规划》《“十四五”国家防震减灾规划》《“十四五”全国道路交通安全规划》《“十四五”国家消防工作规划》《“十四五”国家安全生产规划》《“十四五”危险化学品安全生产规划方案》《突发事件紧急医学救援“十四五”规划》《“十四五”公共安全与防灾减灾科技创新专项规划》《“十四五”应急管理标准化发展计划》《“十四五”应急救援力量建设规划》等专项规划。

---

① FEMA：national preparedness goal（second edition）.（2018－09－10）. https：//www.fema.gov/media-library-data/1443799615171-2aae90be55041740f97e8532fc680d40/National_Preparedness_Goal_2nd_Edition.pdf.

针对地方区域（“块”），省市地方党委政府负责统筹、规划实施。以“十四五”规划为例，当前，全国 31 个省级行政区划单位均在《国民经济和社会发展第十四个五年规划和 2035 年远景目标纲要》中明确公共安全、应急管理等相关规划要求，并已出台有关应急管理、应急体系的综合规划。

3. 微观层面的基层和个人安全素质提升

实际操作中，由于基层是应急管理的“第一响应人”和最直接利益相关群体，所以其安全素质提升是核心和关键。基层主要包括：一是行政层面的基层组织，即街道和乡镇。二是社会层面的基层单元，包括企事业单位、社区、家庭和个人。三是物理层面的基层物件，包括基础设施设备、防灾避难场所等。与此同时，个人作为政府部门和组织机构的组成要素或辅助力量，需要通过提升其安全应急常识、防灾避险意识、自救互救能力等安全素质来开展相关工作。

在提升个人安全风控能力的战略规划和实际操作中，发展具有国家职业资格的“应急救援员”是重要手段。应急救援员（或称为“紧急救助员”）是指具备国家职业资格和紧急救援专业技能，能够运用紧急救援专业知识和技能，承担先期辅助处置并帮助遇险人员开展自救互救的人员。应急救援员的培训不仅教给群众应对突发状况的自救互助技能，更能提供风险评估与危机处置的科学做法，尽可能减少应急处突的人财损失。根据应急救援员的培训，个体安全风险整改的能力包括现场判断与记录汇报、报警和求救、辅助逃生与隔离危害、初级医疗救护、危险源测评与区域划分、人员与财产保护、事态控制与心态调试、辅助医疗救护与组织救助等。特定行业人员的个人安全风控能力提升将发挥重要作用，警察、城管、导游、出租车司机等某些行业从业人员把紧急救助救援练成基本功，配套必备的自救互助和应急救援技能，有利于全面提升全社会的应急能力，增强应急管理的社会力量。

6.3.3.4　风险控制与管理能力的综合提升

针对特定类别或行业领域的风险，应综合考量多方面要素，对风险控制与管理能力实施综合提升策略，以社会稳定风险为例，综合应用“社会稳定风险管理五要素菱形模型”，五要素分别为应急力、防范力、公关力、公信力、承受力，并细化为具体的评估项（见图 6－8 和表 6－6）。

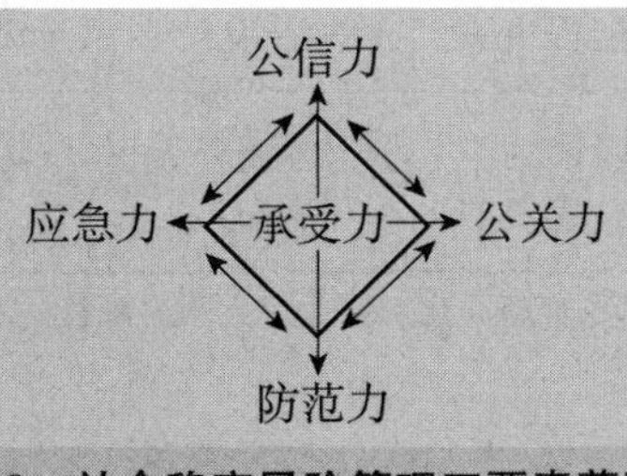

图 6－8　社会稳定风险管理五要素菱形模型

资料来源：唐钧．社会稳定风险评估与管理．北京：北京大学出版社，2015.

表 6-6 社会稳定风险管理五要素菱形模型的评估项

	评估项	作用
1. 应急力	1.1 官方应急能力（预案、三制）	识别和弥补薄弱环节，提升综合承受力
	1.2 社会应急能力（意识、技能）	
2. 防范力	2.1 风险规避制度	事先防范具有主动权，准备充足，有成效
	2.2 风险规避能力	
	2.3 风险规避措施	
3. 公关力	3.1 由内而外地做好群众工作	以民众为中心的公关策划，动态优化
	3.2 由外而内地吸收“最大公约数”	
4. 公信力	4.1 意愿兑现	做好公信力的表率，维护和提升社会公信力
	4.2 规避“负面清单”	
	4.3 纠错机制	
5. 承受力	5.1 上述各项的综合	全心全力、尽责尽义，形成维护社会稳定的社会整合力
	5.2 承担社会责任的能力	

资料来源：唐钧．社会稳定风险评估与管理．北京：北京大学出版社，2015.

社会稳定风险管理可以细分为社会稳定风险的内部控制和外部合作两方面能力建设（见表 6-7）。

表 6-7 社会稳定风险管理的内部控制和外部合作对应表

	内部控制	外部合作
应急力	综治：综合治理，有效应急	矛盾化解：多元调解，有效消化
防范力	民本：以民为本，减少冲突 规范：规范管理，减少失误 负责：全程负责，减少危机	群防群治：共同参与，防治风险
公关力	规范：以身作则，带头示范	公共关系：加强沟通，社会监督
公信力	民本：以民为本，增加福祉 负责：全程负责，有效纠错	舆论引导：传正能量，扬公信力
承受力	民本：以民为本，提升服务 负责：全程负责，彰显责任	公共关系：内外结合，全面负责

资料来源：唐钧．社会稳定风险评估与管理．北京：北京大学出版社，2015.

从社会稳定风险拓展至社会安全风险（社会公共安全事件的风险），实践经验表明，基于“实际承受力”的责任机制＋共识机制＋处突机制＋联控机制，是风险控制的核心要素；“风险可控”的综合评估指标体系的承受力系统建设和指标表见图 6-9 和表 6-8。

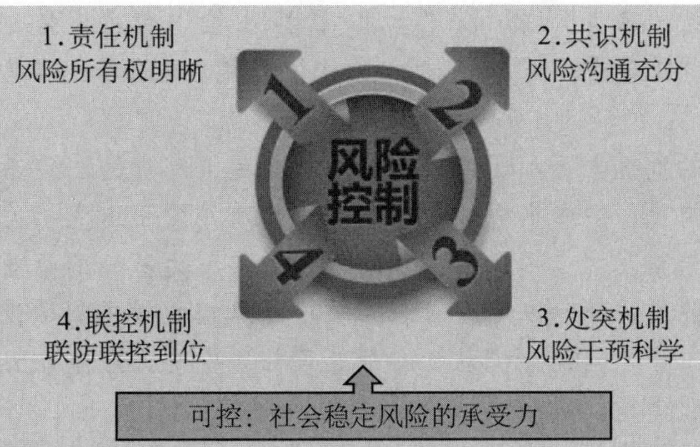

图6-9 “风险可控”的综合评估指标体系的承受力系统建设示意图

资料来源：唐钧．社会稳定风险评估与管理．北京：北京大学出版社，2015.

表6-8 “风险可控”的综合评估指标体系指标表（示例）

	责任机制（风险所有权）	共识机制（风险沟通）	处突机制（风险干预）	联控机制（联防联控）
方案制度	完备程度： 1. 2. 3. ……	完备程度： 1. 2. 3. ……	完备程度： 1. 2. 3. ……	完备程度： 1. 2. 3. ……
预期成效	优劣程度： 优 良 差	优劣程度： 优 良 差	优劣程度： 优 良 差	优劣程度： 优 良 差
承受力（可控）	明晰程度： 高 中 低	充分程度： 高 中 低	科学程度： 高 中 低	到位程度： 高 中 低

本章小结

应急处突结束后，应围绕灾区秩序，及时开展过渡安置和恢复逆转工作。检验灾区秩序情况的标准包括个体层面的守序标准和整体层面的可逆标准，并实现多维度社会秩序的快速恢复、有效逆转、切实管理。形成以群众为中心、以人民的生命安全需求为中心的应急管理格局，针对“个体＋生存”“群体＋生活”“社会＋生产”的涉灾群众需求进行分类分析。以此为基础，针对灾区民众生理和心理、短期和中长期的全面康复，既要落实生理康复治疗与医疗救助，也要重视心理危机干预和疏导恢复，还要开展安全健康教育和救灾防病。

对遭受严重损失的灾区应进行重建，科学的灾区重建应坚持因地制宜、安全为先、以人为本、尊重自然的基本原则，以“生理-心理-社会”重建模型为目标，基于安全发展的理念，致力于“重建得更好”；依据相关法律规定、结合专业参考，全面开展科学的重建规划与实施。

不可忽视事后的危机学习，既包括事故调查与定损定责的法定基础工作，对突发事件有关情况、责任情况、造成损失等进行调查评估，并依法追究相关责任人的责任，也包括安全隐患的整治整改的专项治理工作，以技术整改为基础的行业隐患治理、以专项整治为抓手的区域隐患治理、以制度整改为核心的风控长效机制建设，还包括风险承受力系统提升的长效工作，实现危机复盘、领导干部大安全大应急能力提升、全主体风险承受力提升的立体化建构、风险控制与管理能力的综合提升。

关键术语

涉灾群众安置　　灾后重建　　重建得更好　　事故调查　　危机学习　　风险承受力

复习思考题

1. 简述灾区现场过渡安置的目标。
2. 简述灾区现场秩序恢复逆转的要点。
3. 简述涉灾群众需求分析的要点和应用场景。
4. 简述灾区民众生理心理全面康复的要点。
5. 简述“重建得更好”可持续重建的定义和应用场景。
6. 简述“生理-心理-社会”重建模型的定义和应用场景。
7. 简述灾区重建规划和实施的要点。
8. 简述事故调查与定损定责的原则和步骤。
9. 简述安全隐患的多维度整改整治的要点和应用场景。
10. 简述危机复盘的要点和应用场景。
11. 简述风险控制与管理能力综合提升的相关模型的要点和应用场景。

阅读材料

“输血”与“造血”并重的重建路径

一、中央支援、对口帮扶的“输血”模式

灾区重建的“输血”模式是指灾区通过政府财政和社会捐助等方式提供的资金和物资来进行重建，该模式主要应用于重建初期的恢复阶段，旨在迅速恢复住房、公共服务设施、交通设施等事关群众生存的最基本的生活和生产条件，其重建资金来源以中央财政和地方财政为主，辅以社会捐赠和受灾群众自主投入，通过中央或其他地方投入财力、物力、人力到灾区，以“输血”来确保灾区的存活。

示例1：中央动员，全国对口援建

中央动员、全国对口援建的“输血”模式，典型案例为2008年的“5·12”汶川地震的灾后重建，我国创新实施“中央动员，全国省市对口援建，跨区域风险共担”的重建模式，在“一方有难、八方支援，自力更生、艰苦奋斗”的方针下，以中央政府为核心，进行统一指挥，采取非常规手段，集聚全国之力抗震救灾，开展汶川的灾后重建工作。《汶川地震灾后恢复重建对口支援方案》中要求按照一省帮一重灾县的原则，依据支援方经济能力和受援方灾情程度，合理配置力量，建立对口支援机制。灾后恢复重建对口支援省市19个，受援方为受灾严重的四川省18个县市、甘肃省和陕西省受灾严重地区的部分县市，对口支援的时间为3年，支援方各省市每年对口支援的实物和资金投入不能低于本省市上一年度地方财政收入的1%；对口支援的内容包括重建规划与工程咨询、建设和修复城乡居民住房、公共服务和基础设施、就业培训和扶持经济发展、市场服务设施建设等。

示例2：中央统筹、省内援建帮扶

2013年“4·20”芦山地震后，中央提出“地方作为主体”的新机制，确立了地方政府在灾后重建中的主体责任。芦山在重建的过程中，建立起“中央统筹指导，地方作为主体”模式下的四川省内对口援建和帮扶模式。四川省按照相关要求，进一步将全国援建模式转变为省内援建模式，整合全省资源用于芦山地震灾区援建帮扶，具体包括：(1) 省内地方对口援建，组织省内7个经济较发达市对口援建重灾县（区），通过项目援建、智力支持和产业援建等方式，推进对口援建向对口帮扶合作转变。(2) 省直部门对口帮扶，组织省直有关部门加强灾区指导帮助，通过人才、管理与技术帮扶以及招商引资协同推进等方式，帮助灾区科学开展灾后重建。(3) 包县联点帮扶，省重建委安排雅安市市级领导包县（区）蹲点指导，确保责任落实到人，积极做好灾区群众就业帮扶工作，鼓励企业吸纳就业，组织职业技能培训。

二、自力更生、借势发展的“造血”模式

灾区重建的“造血”模式是指灾区通过接受其他地区或人员所提供的生产能力帮扶、发展能力支持，辅助自身创造价值和财富来进行重建，该模式主要用于重建中后期的发展阶段，在通过“输血”解决基本生存问题的基础上，由其他地区或人员在基础设施建设、优化产业结构、创建组织制度等方面提供支持，灾区需要自力更生、自我发展，在基础设施、经济生产、产业文化、生态环境等方面自己“造血”，根据本地实际情况和优势，借助重建这一契机，谋求更长远的发展。

以“8·8”九寨沟地震灾区重建的“造血”模式为例，因地制宜，从生态环境修复保护和旅游产业恢复发展两方面入手，取得显著成效。一方面，生态环境修复以“生态环境自然美丽”为目标，统筹山水林田湖草系统治理，突出九寨沟世界自然遗产修复保护、着力修复自然生态系统、加强生态环境监测等要求，2018年8月，九寨沟地震重建一周年的媒体报道显示，九寨沟景区内尊重自然、绿色修复的举措富有成效，并已完成震损林清理和45处重大地质灾害治理工程。另一方面，旅游产业发展以“旅游服

务整体提升”为目标，高水平推动景区恢复提升和产业融合发展，恢复九寨沟景区、高水平打造国际生态旅游魅力小镇、大力推进大九寨世界重要旅游目的地建设、积极推动产业融合发展等要求，九寨沟加快交通重建，破解交通瓶颈，总投资150亿元的九绵高速、九若路、川九路等重点交通项目已开工建设，同时对旅游业进行“提档升级”，加快景区景点与城镇体系有效衔接，形成景城一体化的世界性的休闲度假游目的地。

三、“输血＋造血”的可持续重建机制

灾区重建的可持续机制，应是“输血”与“造血”相结合的重建机制，在通过他人他地帮扶恢复灾区正常生产生活的基础上，以发挥灾区本身的自主性、创造性为根本，形成以中央统筹指导、地方主导执行、灾区群众广泛参与、社会力量有序参与的科学模式，各尽其责、协同重建，强化地方抗御重大自然灾害的责任和能力，激发人民群众的自力更生、重建家园的主人翁意识。

特点1：中央统筹指导

中央统筹指导是指，根据灾情严重程度，由党中央和国务院统筹灾区恢复重建的基本政策与规划，并提供必要的资源和支持。其中：(1) 党中央在政治上领导灾区重建的方向。(2) 国务院根据灾区实际指导制定总体规划、安排必要重建资金。(3) 国务院有关部门从行业指导的角度为灾区重建提供必要的专业资源指导、协助重建工作。中央统筹领导用于保证重建的基本原则和主要方向、保障顶层设计的科学性和重建工作的可持续性。

特点2：地方主导执行

地方主导执行是指，实行“地方负责制”，地方党委政府为灾区重建决策、实施、责任主体。其中：(1) 受灾地区的省一级政府负责恢复重建的总体指挥，研究制定恢复重建的操作原则和具体政策。(2) 灾区市县负责具体落实项目，根据地方情况对项目进行微调。(3) 省内无灾和轻灾地区向灾区提供人力、物力、财力、智力等多种形式的对口支援。地方主导执行，有利于及时发现重建过程中的难题和障碍，并迅速采取应对措施，强化地方抗御重大自然灾害的责任和能力。

特点3：灾区群众广泛参与

灾区群众广泛参与是指，灾区群众自力更生，在重建实施中发挥主体作用。其中：(1) 建立社区群众的自建委实行自我管理，实现互帮互助。(2) 鼓励群众参与基层组织的监督和管理工作，加强自我管理，促进基层民主。(3) 群众主动参与产业重建和基础设施的重建工作，完善自我服务，促进生产发展。灾区群众是地震灾害的受害者，更是灾后恢复重建的主力军，能否广泛动员灾区群众参与灾后恢复重建，不仅直接关系灾后恢复重建的进程，也影响到群众对重建成果的满意度。

特点4：社会力量有序参与

社会力量有序参与是指，通过专业化的企事业单位、社会组织、第三方机构等社会力量在政府搭建平台或社会自主联络等方式，直接或间接参与到灾区重建中。社会力量

的有序参与需要政府相关部门的支持和引导，例如《关于支持引导社会力量参与救灾工作的指导意见》对过渡安置阶段和恢复重建阶段的社会力量参与提出要求。再如在“4·20”芦山地震的灾区重建中，灾区党委政府搭建社会力量参与平台，构建开放式、多元化、项目化、全程式的群团组织协同体系，为社会力量落地提供政策指导、规划统筹、关系协调的“一站式服务”。

第7章

突发事件新闻发布与危机公共关系

应急管理面临着“现场”和“舆论场”的融合阵地。“舆论场”应急管理的首要工作是突发事件新闻发布，用于实现合法信息公开、保障民众知情权、回应社会关切点，要求真实客观；在此基础上，针对突发事件或紧急状态，通过官方发布、媒体报道、记者采访、专家解读、公众互动、危机沟通等方式开展危机公共关系，以维护公信力为根本，以降低或规避负面影响为目标，以处理好与媒体、与公众的关系为核心。

重点问题

- 突发事件新闻发布的全媒体“信息管道”原理
- 突发事件新闻发布的“定调子 & 挖层次”策略
- 社会心态“181”模型
- 危机公共关系的“责任模型”
- 危机公共关系的“媒体牌”策略

7.1 突发事件新闻发布

7.1.1 突发事件新闻发布的基本要求

7.1.1.1 突发事件新闻发布的界定

突发事件新闻发布是指，政府相关部门和突发事件涉事单位，在突发事件发生的第一时间、应急处置过程中和处置结束后，根据法律法规的相关规定，通过新闻发布等形式，向媒体和公众及时、准确、客观、全面地介绍突发事件基本情况、应急措施及现状和公众防范措施（除涉及国家安全、对公共利益和个人隐私有重大影响外）的过程。

突发事件新闻发布已成为应急管理和信息公开的法定要求。一方面，突发事件新闻发布是应急管理的必需环节，按照《突发事件应对法》《国家突发公共事件总体应急预案》等相关规定，履行统一领导职责或者组织处置突发事件的人民政府应当按照统一、准确、及时、客观、全面的要求，在事件发生的第一时间向社会发布有关突发事件事态发展和应急处置工作的信息。另一方面，突发事件新闻发布是信息公开的重要策略，按照《关于全面推进政务公开工作的意见》《关于在政务公开工作中进一步做好政务舆情回应的通知》等相关要求，政府部门应加强突发事件、公共安全、重大疫情等信息发布，对涉及特别重大和重大突发事件的政务舆情快速反应、及时发声，最迟应在24小时内举行新闻发布会，对其他政务舆情应在48小时内予以回应，并根据工作进展情况，持续发布权威信息。

7.1.1.2　突发事件新闻发布的作用

突发事件新闻发布对于提高政务信息公开透明度、体现责任政府形象、维护社会稳定都有着重要的现实意义。新闻发布贯穿应急管理的全过程，并在以下六个方面发挥重要作用。

第一，保障公民的知情权。知情权是指公民依法获取政府公开信息的自由和权利。在应急管理中，政府部门依法依规开展突发事件新闻发布工作，让公民能够获取和掌握相关信息，从而保障公民的知情权。

第二，应对谣言，缓解恐慌。突发事件在短期内会对公众造成心理冲击，同时由于获取的信息不对称和缺乏必要的应对措施、处置技能及资源，公众在危态中可能会产生焦虑和恐慌的心理、轻信并参与传播流言和谣言、非理性行为等本能反应。对此，新闻发布有利于官方权威信息及时被公众所获知了解，以达到制止谣言和小道消息传播、缓解社会恐慌的作用。

第三，正确引导舆论，规避社会负面影响。在媒体对突发事件的报道过程中，需要政府通过新闻发布来传播官方权威信息，给媒体报道提供可靠、全面、准确的事实依据，防止出现“虚假报道”等问题，引导舆论正确方向，进而规避社会负面影响等风险。

第四，获取民众配合，争取多方支援，推动应急有效开展。突发事件新闻发布有利于受事件影响、与事件相关的地区和公众及时采取措施、有效防范应对，有利于公众正确理解和执行政府为处置突发事件所采取的政策措施和应对方案，有利于动员社会多方力量参与应急处置。某些重特大突发事件仅靠属地力量或本国力量难以有效应对，对此官方通过信息发布有利于争取其他国家、地区、社会组织的帮助和支援，及时获取更加专业高效的应急力量，保障应急工作有效开展。

第五，强化社会监督，促进科学决策与实施。突发事件发生后，若缺乏有效监督，那么政府在危机决策或应急处置中可能出现决策失误、权力滥用等问题。对此，政府可通过信息发布来主动接受社会监督，让民众和媒体在获取官方信息的基础上开展有效监督、提出科学建议，从而促进政府危机决策和实施的科学性。

第六，维护公信力，塑造政府良好形象。政府通过突发事件新闻发布能够有效避免信息披露不充分或不及时引发的社会质疑、形象危机、公信受损等风险。同时，政府在第一时间告知公众事态发展和相关应急工作，有利于彰显政府积极负责的态度、塑造政府良好形象。

7.1.1.3 突发事件新闻发布的主要原则

总体而言，突发事件新闻发布应遵循以下五个原则。

第一，依法依规、有效发布。突发事件新闻发布的首要原则是依法依规，按照党和国家相关法律法规、政策制度、规范性文件等的要求予以开展。《突发事件应对法》《国家突发公共事件总体应急预案》《关于进一步改进和加强国内突发事件新闻报道工作的通知》《关于改进和加强国内突发事件新闻发布工作的实施意见》《政府信息公开条例》《关于进一步推行政务公开的意见》《关于全面推进政务公开工作的意见》《关于在政务公开工作中进一步做好政务舆情回应的通知》《〈关于全面推进政务公开工作的意见〉实施细则》等对于突发事件新闻发布提出要求。

第二，以人为本、人文关怀。将人民群众放在第一位，在新闻发布的过程中充分考虑人民的情绪、态度、需求、想法，尊重生命和尊严，具有人文关怀精神，具体而言，尊重生命尊严，表达合理情感，新闻发布应在第一时间通报突发事件造成的人员伤亡情况，对于受影响的民众表达出关心、同情、怜悯，提醒相关民众防范和应对次生危机，并鼓励公众勇敢而理性地面对灾难和悲剧；避免“侵扰悲痛”，在新闻报道和记者采访中避免出现对受害者及其家属的二次伤害，例如发布死亡信息应细心谨慎、小心核对；在公布遇难或失踪人员肖像、职业、民族、家庭、工作单位、现场图像等个人信息时要征得家属同意；描述事件过程时应尊重生命，切忌冷漠、麻木、猎奇等态度。

第三，快速发布、快捷获取。一方面，在发布速度方面，在做到准确的基础上，“宜早不宜迟，宜多不宜少”，快速发布、及时发声，切实回应社会关切，确保官方在应对突发事件和社会热点事件时“不失声”“不缺位”。《〈关于全面推进政务公开工作的意见〉实施细则》规定，“对涉及特别重大、重大突发事件的政务舆情，要快速反应，最迟要在5小时内发布权威信息，在24小时内举行新闻发布会，并根据工作进展情况，持续发布权威信息”。另一方面，在发布渠道方面，应做到让民众在第一时间获取相关信息，采用社交媒体、开通网站、24小时热线等方式向公众传播信息，及时利用全媒体工具进行全天候信息传送，方便不同地区、不同环境、不同条件的公众能在第一时间方便快捷地获取相关信息。

第四，及时跟进，动态更新。因为突发事件及其应急处置不断发展或变化，相关信息不断更新，新闻发布也应持续、动态开展。具体而言，一是对突发事件进展的动态信息发布；二是对前期信息发布中的信息不准确或不全面、社会媒体报道中不实之处等进行纠正或补充；三是及时发布政府的应对举措和处置效果等；四是事件结束后对事件整体情况、事件相关责任人处理情况、官方调查报告等的信息发布。

第五，权威可靠、保障公信。权威可靠的第一个要求是确保新闻发言人具备“双重权威”：新闻发言人的首要条件是具备“行政权威”，例如通过让“一把手”来做新闻发言人；在此基础上，条件允许的情况下兼顾“专业权威”，提升新闻发言人的专业性和可信度，由专家学者列席参加新闻发布会。在保障发言人“双重权威”的同时，也要重视新闻发布信息的准确可靠，全面提升回应的准确度、针对性、有效性等。《关于全面推进政务公开工作的意见》明确指出，遇有重大突发事件、重要社会关切等，各省级政府和国务院各部门主要负责人要带头接受媒体采访，表明立场态度，发出权威声音，当好“第一新闻发言人”。

第六，分类分级、口径一致。突发事件新闻发布应做到分类分级、口径一致：根据突发事件类别和级别来确定新闻发布所需政府部门、机构以及有关单位及涉及的行政层级，从而确保新闻发布的归口管理、口径一致。分类是指，新闻发布应根据突发事件类别来确定新闻发布部门，一般为此类突发事件的主管部门、机构或单位；事件信息应由事件所属领域的主管部门和事件处置的实际参与部门，根据各自职责分工和工作内容来发布信息。分级是指，新闻发布划分一定级别，根据突发事件的级别由相应层级的政府部门及其领导干部负责，并采取相应级别的信息发布方案，对涉及国务院重大政策、重要决策部署的突发事件，国务院相关部门是新闻发布的第一责任主体；对涉及地方的突发事件新闻，按照属地管理、分级负责、谁主管谁负责的原则进行回应；对涉及多个地方的政务舆情，上级政府主管部门是第一责任主体，相关地方按照属地管理原则进行回应。

7.1.1.4 突发事件新闻发布的核心内容

突发事件新闻发布的内容是指发布信息和新闻报道中的具体内容，主要包括以下四部分：

第一，第一时间发布基本事实，主要包括事件发生时间、地点、类别、人员伤亡、财产损失、已采取的应急措施等信息；对掌握的可公开信息不隐瞒、不遗漏，信息真实准确、简洁清晰。

第二，动态发布处置进展，主要包括抢险救援情况、人员伤亡情况、善后安抚安置措施、调查进展、防范和整改措施等信息；处置进展应做到实时动态，尽可能与现场处置同步进行，不宜拖延。

第三，及时发布调查情况，主要包括原因、定性、责任认定、对责任者的处理建议等信息；对于已核实的信息，可通过警情通报等方式及时对外发布。

第四，提供预警、防范、避险、服务类信息，及时向社会发布次生灾害、连锁反应、安全隐患等相关的预警或提示信息，普及相应自救互救、防灾避险、疏散避难的常识与知识，提示公众做好自我防护；事件造成群众交通出行、生产生活等方面不利影响的，应及时做好服务性信息发布。

7.1.1.5 突发事件新闻发布的主要形式

突发事件新闻发布的主要形式包括：提供新闻通稿，召开新闻发布会（背景吹风会、新闻通气会等），接受新闻媒体采访，以政府新闻发言人的名义发布新闻公报、声明、谈话，用官方信息平台发布信息，利用电话、传真和电子邮件答复记者问询，组织专家解读等。

第一，提供新闻通稿。及时全面地收集、整理和分析事件的相关信息，形成书面新闻通稿，经审核后发布新闻通稿，统一事件信息相关口径，防止不实报道和造谣传谣。新闻通稿通常包含基本事实、官方态度、决策部署、已有举措、应对计划等信息，简明扼要。

第二，召开新闻发布会。新闻发布会是指政府或者有关部门举行的向新闻媒体介绍政府立场、观点、态度和有关方针、政策、措施等政府信息的问答式会议。突发事件新闻发布会应定时、定点、定期召开；原则上要设置问答环节，接受记者提问；通过电视、广播、电台、互联网、两微多端等进行全媒体的直播和转播。

第三，接受新闻媒体采访。组织记者集体采访或单独采访，接受和回复记者问询，回应社会关切。在事件应急处置现场，指挥人员或指定人员在不影响救援的情况下，可接受新闻媒体采访，同时避免新闻媒体无序采访影响伤员救治。

第四，以政府新闻发言人的名义发布新闻公报、声明、谈话。新闻发言人由党委政府授权，宣布某项新闻事实或者对某项事件发表声明，代表官方的立场、态度和观点等，郑重程度高、政治性强，须采用书面和官方用语，是在特定场合下使用的政治严肃性较强的新闻发布形式。

第五，用官方信息平台发布信息。应用官方网站、政务微博、政务微信、移动客户端、手机短信等官方互联网信息平台，动态发布突发事件、应急处置、预警服务等信息，及时澄清谣言传言；传播成本低，即时发布、滚动发布，民众易于接受并根据需要随时搜寻相关信息。

第六，利用电话、传真和电子邮件答复记者问询。及时、简便、灵活、针对性强，需要反应快速。

第七，组织专家解读。当事件处置和调查环节涉及较多专业信息时，相关部门可推荐专业领域权威专家参与信息发布，通过接受新闻媒体采访、参加新闻发布会、发布专家解读文章等，对事件原因、救援处置等方面的知识和原理作通俗易懂的专业解读，避免新闻媒体误读和公众误解，提高信息发布的权威性和公信力。

7.1.1.6 突发事件新闻发布的基本步骤

在实践中，突发事件新闻发布逐渐形成规范性、流程化的过程，其基本流程可分为发布前、发布中、发布后三个基本环节。为配合每一环节的复杂工作，新闻发布需要组织领导和指挥协调、新闻发布方案审批、新闻发布、新闻媒体联系、官方媒体报道、中外记者采访管理、网络舆情和信息安全管理、内部向上报告等多机制配合，确保多方面工作全面铺开、齐头并进。

1. 发布前：各方面的准备工作

发布前的准备工作主要包括以下方面：一是组建新闻发布领导组和工作组，明确工作任务，建立工作机制，落实工作责任。二是开展舆论分析，预测媒体问题，召开协调会。三是准备相关材料，提供给现场记者和新闻发言人。四是媒体组织、会场布置、设备调试等现场安排工作。

2. 发布时：正式对外发布和同步舆情风险防控

总体而言，按照确定的新闻发布方案，新闻发布工作小组通过新闻发布会、新闻吹风会、新闻通气会、接受记者采访、口头或者书面回答记者提问等多种形式进行新闻发布，同步开展网络舆情、信息安全、现场秩序等多方面的管理工作。具体包括：一是发布会主持，当多人参与新闻发布会共同回答记者的提问时，一般需要主持人引导发言者并主导会议过程中各环节的转换。二是会场管理，包括统计到场媒体、维持秩序、随时处理突发意外情况；组织安排单独交流；安排收尾工作等。三是舆情风险防控，是指针对突发事件的舆情，做好信息收集、会商、研判、评估、回应、引导、处置等一系列工作。

3. 发布后：报道收集与评估总结

新闻发布结束后的短期内，应开展相应的报道收集汇编工作。中长期内，开展相应的总结、奖惩、评估、追责工作，启动绩效管理机制，做好相应的总结评估和奖励处罚等工作，具体包括：汇编报道、总结经验、评估效果等。

7.1.1.7　突发事件新闻发布的组织机构

由于突发事件新闻发布涉及的部门多、内容广，其组织机构、负责人员及其职责分工应提前做好相应的细化工作，具体包括：

第一，新闻发布领导小组，主要成员一般由负责应急指挥的政府办、宣传部、新闻办及其应急处置责任部门担任，主要职责包括：接受应急指挥部的授权，启动新闻发布工作，针对新闻发布内容、新闻发布方案、舆情管理、舆论引导、媒体对接等开展相关的决策部署工作。

第二，新闻发布领导小组的成员单位，主要成员及其职责包括：（1）应急处置责任部门和主管单位，负责组织领导新闻宣传工作、及时提供信息、拟定新闻稿件、参与新闻发布、回答记者提问等；（2）党委宣传部门，负责组织指导对内新闻报道、协调解决新闻发布和报道中出现的问题、开展舆情评估和管理等；（3）政府新闻办部门，负责组织指导对外新闻报道、收集跟踪舆情、组织开展解疑辟谣、受理记者采访及现场管理工作等。

第三，新闻发布工作小组，主要组成及其职责包括：（1）新闻发布组，负责制定新闻发布方案，拟定新闻发布内容，组织新闻发布并回答记者提问等；（2）舆情风控组，负责收集整理分析媒体报道、及时上报重要信息、评估研判网络舆论和信息安全风险、组织舆论引导和信息安全管理工作等；（3）综合协调组，负责新闻发布领导小组运转、情报信息上报及通报，受理记者采访申请及记者管理等；（4）现场处置组，为事件现场采访的记者提供采访和发稿等服务，并处理新闻发布现场和突发事件现场的各类情况。

第四，新闻发布会现场的工作人员，主要成员及其职责包括：（1）会场总负责人，负责全局统筹和人员调度；（2）签到处人员，负责签到和资料发放；（3）技术支持人员，确保相关设施设备正常运转；（4）后勤服务人员，负责现场服务和秩序维持，辅助处理突发状况；（5）翻译人员；（6）速录人员；（7）机动工作人员；（8）安全保卫人员等。

第五，新闻发布的外部专家组，既要包括卫生、交通、公安等突发事件专项领域专家，也要包括传播、公关、心理、社会等综合领域专家。在突发事件发生时，发挥专家专业优势，通过“前台”发言评论和“后台”咨询指导，辅助开展科学的新闻发布、舆论引导、媒体对接、安抚公众等工作。

7.1.1.8 突发事件新闻发布的常态管理

突发事件新闻发布工作主要在事中应急环节开展，但在常态情况下，应做好相应的管理工作，具体包括新闻平台建设和媒体关系维护、责任管理和绩效评估、制定预案并定期演练、全方位保障工作等。

第一，新闻平台建设和媒体关系维护。既要做好政府网站、官方微信、官方微博的建设、运营、管理，也要做好不同部门的政府信息平台之间协同联动，还要加强与外部新闻媒体平台的公共关系与合作交流等。

第二，责任管理和绩效评估。明确机构设置和职责分工，加强组织协调和归口管理，建立绩效评估和问责制度，对重大政务舆情处置不得力、回应不妥当、报告不及时的情况予以问责追责。[1]

第三，制定预案并定期演练。政府及其相关部门应制定突发事件新闻发布工作的应急预案，明确各相关部门的新闻发布责任、职能和相关资源，应对媒体和公众的原则与技巧等。预案制定后还应及时修订完善、开展适当演练。

第四，全方位保障工作。明确做好通信网络系统建设，提供必要的经费保障和人员配备；做好日常的公众信息交流、政策宣传、常识教育和人员培训。

7.1.2 突发事件新闻发布的全媒体“信息管道”原理

突发事件新闻发布，应了解全媒体环境下的“信息管道”（information pipeline）原理，掌握信息发展和舆情演变的特征和规律。

在突发事件发生后特定时间内所形成的全媒体“信息管道”（见图 7-1）中，来自官方和非官方的多方面信息之间存在博弈关系，官方权威信息若未在第一时间发布，“信息管道”中的空隙将会出现知情人爆料、媒体记者采访等。与此同时，突发事件及其应急处置易成为社会媒体和民众的关注焦点，信息发布若迟滞于社会信息需求，可能引发群众对官方的质疑与不满。

---

① 国务院办公厅关于印发 2018 年政务公开工作要点的通知．（2018-04-24）．http：//www.gov.cn/zhengce/content/2018-04/24/content_5285420.htm.

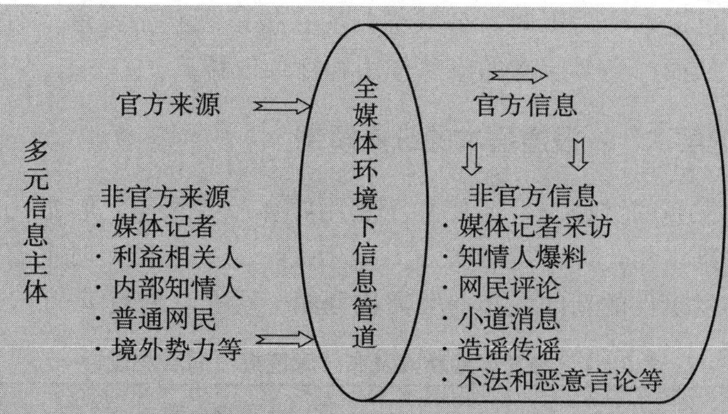

图7-1　全媒体“信息管道”示意图

善于用好“信息管道”第一时间传播的信息来发布官方信息、引导媒体报道和舆论走向，既能让公众在第一时间获得公共部门的信息，规避造谣传谣和小道消息的干扰，同时也会给公众带来安全感、树立公共部门的负责可靠形象。基于此，对于抢占“信息管道”传播先机，在合法合理的原则下，建议做好以下工作：一是遵循政务信息公开和舆情回应的相关法律法规要求，快速反应、及时发声；二是速报事实、慎报原因、再报跟进；三是落实公安消防部队遂行作战宣传制度，战斗中队的宣传人员要快速反应，随警出动，记录、拍摄第一手材料，并通过官方平台、合作媒体进行实时通报宣传；四是强化政务“新媒体矩阵”的合成作战模式，从单兵作战转为集团军作战，逐渐实现传播效果和服务效能最大化，全社会协同回应融媒体需求。

7.1.3　突发事件新闻发布的“定调子 & 挖层次”策略

7.1.3.1　“定调子”：议题设置的横向聚焦

突发事件新闻发布的首要工作是做好议题设置的横向聚焦工作，即“定调子”（set the tone），具体包括：提前设置“备用议题”、初期主动发布“焦点议题”、中后期善于提炼“有效议题”。

第一，提前设置“备用议题”。形成议题设置的工作预案，提前设置突发事件的新闻议题，为第一时间的新闻发布做好基础工作。媒体报道和公众关注的常见问题，也是官方为新闻发布而提前设置“备用议题”，一般包括事故起因类、危机控制类、事件进展类、安全健康类、经济损失类、环境影响类议题。

第二，初期主动发布“焦点议题”。在尚未形成突发事件社会热点的自发传播和广泛关注时，公共部门要善于发布“焦点议题”，主动吸引社会民众和媒体的关注，把社会自发形成的议题聚焦成公共部门希望发布的话题。主动发布的“焦点议题”应符合政府关切、民众关心、媒体关注的三方面要求，应在明确应急工作需要、了解民众的话题预期、掌握媒体的报道需要和采访重点的基础上科学设置议题。

第三，中后期善于提炼“有效议题”。当突发事件新闻报道已出现多议题报道和大面积传播、新闻发布已进入中后期时，公共部门应在报道现状中提炼“有效议题”来牵引媒体和影响公众，从而产生多层次的应急作用和社会效益。

7.1.3.2 “挖层次”：报道层次的纵向解剖

突发事件新闻发布的过程中，还要善于利用媒体改善形象，转危为机。对此应做好报道层次的纵向解剖工作，即“挖层次”（dig the level）工作，对报道层次进行深度挖掘、持续报道。突发事件的新闻发布一般需挖掘四个层次（见表 7-1）。

表 7-1 突发事件新闻发布“深挖掘”的层次设计

层次顺序	层次内容
第一层次	事件本身情况
第二层次	事件原因
第三层次	事件应对与处理
第四层次	善后处理与受害者意见

突发事件新闻发布的过程中，若只到第一层次，易给谣言和小道消息留出大量空间；若到达第二层次，可以驱逐不少谣言和小道消息；若到达第三层次，基本上可以规避谣言和小道消息的广泛传播；在做好相应工作、报道客观事实的基础上，新闻发布若到达第四层次，不仅能有效规避谣言和小道消息，还能在此次危机的新闻报道中进行可行且有效的正面宣传，达到“转危为机”的良好效果。

7.2 危机公共关系的综合研判

危机公共关系一般简称为“危机公关”，是指公关主体通过官方发布、媒体报道、记者采访、专家解读、公众互动、危机沟通等工作，以降低或规避负面影响、维护公信力为目标，以处理好与媒体、与公众的关系为核心，策划并实施的一系列工作和活动。

危机公共关系的科学操作以对危机状态下社会心态、媒体舆论、群众态度的综合研判为基础，需要了解和掌握危机公共关系相关规律和特征的科学模型，结合实际案例和现实情境，进行针对性分析。本节针对危机公共关系的经典实用模型进行介绍。

7.2.1 社会心态“181”模型

在舆情的多元化来源中，网民爆出的“信息源”增多，可博弈官方的“信息权威”，致使“定调子”和“挖层次”的新闻发布议题设置虽有用、但难以全面覆盖。对此，应结合社会心态“181”模型的分布规律，开展舆论引导。

新媒体时代的舆情受众态度呈现出1∶8∶1的比例分布，简称为“181”模型①，具体是指：正常状态下的社会心态呈正态分布，其中80%是倾向于中立的态度；另外两个10%分别为极端支持态度和极端反对态度（见图7-2）。社会大众心态既具有共性的“181”规律特征，也因为个体差异而呈现多样化特征。

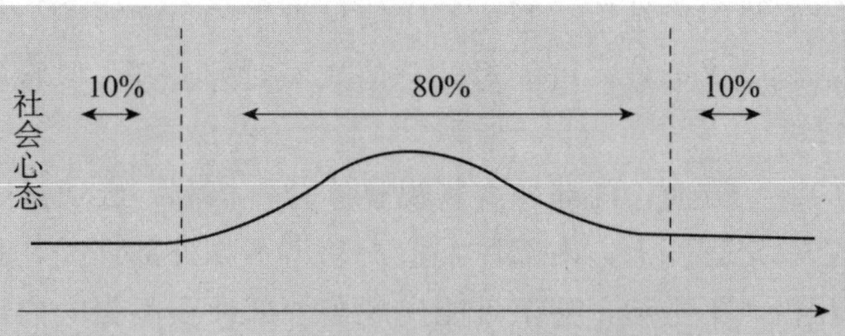

图7-2 社会心态“181”模型的分布规律示意图

在社会心态“181”模型分布中，“沉默的大多数”是“主流80%”的真实表现，极端反对或极端支持的两个“极端10%”群体往往呈现出“聒噪的少数派”特征，并且其中可能存在着“别有用心者”，故意制造并传播极端声音，尤其是极端反对的声音，进而形成了“沉默的大多数”和“聒噪的少数派”格局。

对此，危机公关应精准把握社会心态“181”模型的分布，重点关注“主流80%”意见，并密切关注两个“极端10%”言行。具体包括：一是分析和了解中间态的主流意见，积极争取“主流80%”的认同与配合。二是妥善处理两个“极端10%”，一方面应重视和照顾最弱势群体的合法权益，另一方面要避免被两个“极端10%”误导、得罪“主流80%”，寻求“最大公约数”。三是统筹“主流80%”和两个“极端10%”，既要满足大多数人的合理需求，又能兼顾极少数人“人性化服务”的合法权益。四是规避“过度争取”极端者而忽略对大多数的回应，规避“过分讨好”特殊身份群体而损耗大多数人的信任。

7.2.2 危机公共关系的“内外评委”模型

危机公关在当前的新形势下易出现三个误区：第一，误认为死伤和经济损失、群体性事件就是影响社会稳定的全部内容，评估范围狭小。第二，误认为上级领导作为内部评委就是评估社会稳定的全部评委，评委不全。第三，误认为只有重特大项目才需要评估，评估缺乏常态化。因此，需要着重研究内外评委及其评估特征。其中，内部评委是指上级领导、内部监督部门；外部评委是公众、媒体等利益相关者、社会监督方。

7.2.2.1 内部评委评估特征

内部评委主要是组织内部的上级领导与内部监督部门。

第一，了解情况。一方面，由于内部评委了解内部情况，容易发现问题所在，并及

① 唐钧．政府风险管理．北京：中国人民大学出版社，2015.

时找到解决问题的关键，可有效进行评估和应对。另一方面，内部评委对内部的管理体制、运行机制等较为了解，对相关工作环节的困难与苦衷较为清楚，能够综合各方面因素进行评价，对责任主体容易理解、体谅，但在评估时可能会产生偏差。

第二，信息公开。一方面，内部评委为了保障集体的合法利益，会做大量细致的工作，认真核查，不会轻易得出结论，避免不实信息带来的负面影响。另一方面，内部评委会担心个别行为影响整体形象，可能对部分信息不对外公开，以希望尽可能维护整体形象。

第三，追责动力。一方面，内部评委重视整体合作机制，会通过有效协作避免危机产生。另一方面，在一定程度上，内部评委追责动力不如外部评委，利益共同体可能导致内部评委追责不积极、不主动，甚至可能出现当外部评委举报时内部评委才予以重视和回应的情况。

7.2.2.2 外部评委评估特征

外部评委是多元的，包括公众、媒体等相关利益者、社会监督方，社会心态和民意思维是影响评委评估结果的重要因素。

第一，关系切身利益，追责欲望强烈。在一定程度上，群众容易产生“相对剥夺感”。“相对剥夺感”是指当人们将自己的处境与某种标准或某种参照物相比较而发现自己处于劣势时所产生的受剥夺感，主要产生于既得利益丧失或合理期望未得以实现等情境，这种感觉会产生愤怒、怨恨、不满等消极情绪，甚至产生不信任感，导致极端行为等。在利益的驱使上，群众追责的动力充足，欲望强烈。

第二，主观性较强但专业性不足，容易产生误判，可能导致外部评价存有偏差。外部评委对政府部门、企业等组织内部的运行机制、管理困境和难处等并不了解，并容易因为个别不当行为对政府整体形象进行评价，抓不住重点，甚至会以偏概全、产生过度反应。

第三，人数众多，潜在利益群体广泛。群众是最终评委，以自身为中心，在信息上“趋害避利”，高度关注与生命安全、身体健康、财产安全、生产生活等密切相关的问题，会从“下一个是我”的概率出发来进行评价，首要要求是处置好发生频率高又与其密切相关的安全风险。

第四，利益群体存在广泛的关联，导致需求、立场等存在差异，不同人群的利益要求不同，评价标准也不一致。图 7－3 为外部评委的关联分析图。

7.2.3 危机公共关系的“窗口效应”

社会各界关注或进入公共政策流程的“社会面”，往往是社会舆情存在导向性倾斜的领域，存在着以偏概全的“窗口效应”。公众出于对弱势群体的关心和对自身连带风险的顾虑，很可能出现倾向性的意见，在一定程度上会对社会管理甚至对司法领域施加不当的影响。

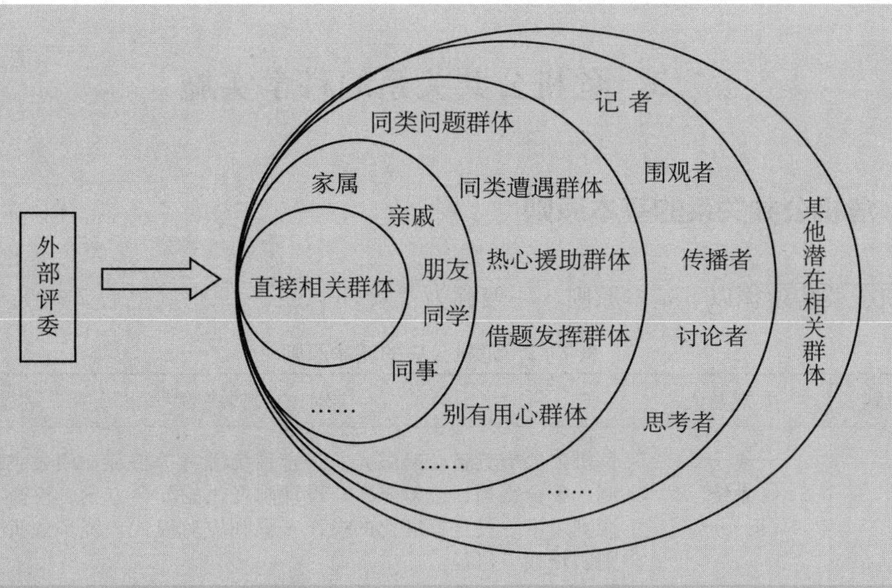

图7-3　外部评委的关联分析图

危机公关具有“窗口效应”特征，对此要求其具备塑造良好形象的能力，尤其是医院、学校、道路交通等公共场所扮演着“窗口”的角色，与公众生活紧密相关，通常是公众关注的热点，因此危机公关中需要注意塑造和维护良好的形象。基于此，应做好三方面的工作：（1）依法处置，应急处置的行动应依据法律法规的规定和部门的职能权限，严格按照流程规范开展，必要的补偿理赔等应执行法律法规的相关规定，形成公开、统一、明确的标准。（2）服务意识，在为危机受害者及相关利益群体提供服务时应按照服务的方式开展，避免引起处置主体与当事人的冲突。（3）精细操作，处置时应全面做好保护隐私、维护遇难者尊严等多方面的细节工作，避免引起当事人和社会的反感。

以医疗行业为例，医疗行业尤其是医院的危机公关工作面临典型的“窗口效应”。医院是社会各界关注的焦点之一，关系到每位公民的生命健康，而且是公共服务的重要窗口。这些都使得医院处于高风险环境之中。医院本身的服务环节多、涉及人员广、隐患众多且不易排除，这些都会导致风险兑现的概率极高。医院由于“窗口效应”而存在的风险可细分为安全、管理、服务、人员以及媒体五个方面：（1）医疗安全事故频发，对患者生命健康权构成潜在威胁，使得医院安全方面存在风险。（2）管理不规范、细节欠防范、暗藏“潜规则”等众多管理漏洞使得医院管理方面存在风险。（3）因资源分配不均、费用高昂、人性化服务不足等服务质量问题，医院服务方面存在风险。（4）医务人员的职业道德意识不足，可能诱发医疗事故、侵害患者权益，存在医院人员方面的风险。（5）医患纠纷、不良医药广告、媒体对某一事件的集中报道，使得医院存在媒体形象风险。

7.3 危机公共关系的科学实施

7.3.1 危机公共关系的基本原则

危机公关应遵循以下基本原则，一般称为“双 SPACE”原则（见表 7 - 2）。

表 7 - 2 危机公关的基本原则

基本原则	原则要素	原则的具体内容
双 S 原则	系统（system）	危机公关应具备全局眼光、符合系统思考等特征，相关主体运转协调、配合得当、统筹兼顾；设计制度化的配合方案、权衡系统化的谈判尺度、设定标准化的操作步骤和应对模式，统一危机公关的规则、步伐、口径
	速度（speed）	迅速开展公关活动，力求及时控制危机的蔓延，把握时机主动权；提前制定危机公关预案，明确危机公关原则，并制定基本的模式化操作
双 P 原则	制度（policy）	遵循基本的法律法规和制度规范，开展有序公关，以实现公共利益受损最小化；建立健全和修订完善危机公关的法律法规，明确所有的危机公关措施均合法守法，制裁危机公关中的违法行为
	政治（politics）	捍卫公共利益，以实现公共利益最大化；有政治意识，考量政治影响，符合国家政治稳定和行政管理的要求；公关不得触犯政治“底线”，需符合当前的“政治”任务
双 A 原则	态度（attitude）	以群众“高不高兴、满不满意、答不答应”为危机公关的衡量尺度；对危机的性质、特点、规律、危害及其处理方针、政策、对策、职责等有清晰认知和熟练掌握，并通过危机公关展现出来；通过提升危机公关的职业化和专业化，获取群众的理解和支持；通过危机公关展现关注社会舆论和群众情绪发展的态度，以积极心态和负责任的态度对待群众和媒体
	权威（authority）	在危机公关中以权威助公关，以公关树权威；及时发布权威信息，以扑灭谣言和反对言论；选择权威的危机公关人员，以顺利应对公关危机
双 C 原则	群众中心（citizen-centred）	明确危机公关的最终裁判是人民群众，以群众为中心引领危机公关的大方向；以人民群众的需求为出发点，做好信息公开工作，积极引导公众，避免公众误解；危机公关作为对公众心理和精神层面的干预行为，须与生理和物质层面的安置补偿相配套，共同减轻和缓解人民群众遭受的损失与伤害
	谨慎操作（care）	危机公关应做到操作规范、流程周全，有效应对舆情快速变动和演变，力求不扩大危机范围、不加剧危机程度；设置预设预演、实时审查、及时纠偏等环节，同时开展情境应对和弹性操作，根据具体情况作权变应对

续表

基本原则	原则要素	原则的具体内容
双 E 原则	平等 (equity)	将公共利益作为危机公关自由裁量权的判断标准，公关过程中应保障主客体间的地位平等，操作过程公平公开，实际效果公正，尽可能实现主体平等、操作公平、结果公正
	效益 (efficiency)	建设尊重和追求社会效益和群众实惠的危机公关平台；担负社会责任，为群众提供迫切需要并使之受益的帮助，严格监管不当公关和个体问题；关注社会效益，以社会效益为“指挥棒”，强化公关活动的社会影响力；重视“比例”原则，避免投入和产出明显比例失调的公关行为，以免产生不良的社会影响

资料来源：唐钧．应急管理与危机公关：突发事件处置、媒体舆情应对和信任危机管理．北京：中国人民大学出版社，2012.

7.3.2　危机公共关系的“责任模型”

责任状况是危机公关策略制定的重要考量因素，是否存在责任及其大小决定了危机公关的方向和战略。基于此，本书提出危机公关的“责任模型”，以危机公关主体的责任研判为核心，同步考虑现场和舆论场情况，并结合环境分析和能力评估，形成科学的危机公关决策模式。

危机公关主体应将责任作为新闻发布和危机公关的决策标准，根据管理方的责任采取相应的危机公关模式。其中，既需要针对单一责任情况，选择相应的应对策略，也需要针对单一责任情况的叠加或交融，逐一分解、科学应对，采取相应的策略和手段。

7.3.2.1　无责任的速战速决模式

无责任的速战速决模式是指，在主体处于无责任的情况下，采取速战速决的危机公关策略。基本要求包括：第一，快速调查，迅速展开全面和深入的调查。第二，快速定论，尽快定性和定责。第三，快速澄清，及时辟谣，并广而告之。危机公关的“无责任的速战速决模式”通常适用于造谣传谣的情况。在调查清楚的情况下，速战速决澄清和辟除谣言，既要速度快，也要力度到位。

以河南西华公安辟谣“女童遭两名老师多次性侵”为例。在一个微博名为“白衣天使茉莉花”的网友发出“女童遭两名老师多次性侵”谣言并传播的 6 小时后，公安通过官方微博辟谣；6 日后谣言的涉事女童及其姑姑（其姑姑是制造并传播谣言者）在某官方媒体记者的采访视频中承认造谣并公开道歉，有力澄清谣言、说明真相。

7.3.2.2　完全责任的以退为进模式

完全责任的以退为进模式是指，在主体处于完全责任的情况下，采取以退为进的危机公关策略。基本要求包括：第一，诚恳认错，主动表态，承认错误，作出必须的承诺，彰显诚恳的态度。第二，控制事态，积极作为，遏制事态发展，努力降低伤亡和损失。

第三，主动修改制度缺陷，亡羊补牢，消弭恐慌，争取规避同类危机的爆发。

以某市地铁“问题电缆”事件的企业负责人下跪道歉和企业配合相关部门整改为例。2017年3月，一网民曝光由某公司承建的某市地铁使用劣质材料并偷工减料，存在安全隐患。对此涉事公司法人代表在接受媒体的采访中下跪道歉，公开承认违法行为并悔罪道歉。涉事公司根据国务院的问责决定，依法接受调查、追责、惩罚。

7.3.2.3 部分责任的社会协商模式

部分责任的社会协商模式是指，在主体处于部分责任的情况下，可采取社会协商的危机公关策略。基本要求包括：第一，运用中立第三方的意见，获得权威解释、专业论证，或其他具有较高公信力方面的认可。第二，运用意见领袖的态度，尤其是争取“异见领袖”转变成见、帮助获得大众的认同支持。第三，运用“民间”的看法，获取利益相关群体的广泛理解和支持，争取最大基数的认可。

以“东方之星”沉船事件的危机公关为例。2015年6月1日晚发生“东方之星”沉船事件，媒体和网民对现场救援情况、客船倾覆原因、救援实施细节等问题给予重点关注和详细询问。对此，官方新闻发布会上多次聘请相关部门、科研院所、社会组织的技术专家进行现场解说，对事故发生的不可抗力、救援实施的客观难度等进行详细说明，客观上有利于取得社会理解。

7.3.2.4 复合情况下的切割责任方案

在复合情况下，突发事件牵涉的主体繁多且关系复杂，对于其中的某一主体而言难以用无责、全责、部分责任来准确定责，一旦承认责任将导致风险升级和危机扩大。对此建议采用适时切割责任的方案，切割掉“病入膏肓”的问题或“恶化升级”的倾向。基本要求包括：第一，“切割”个体责任，依据相关规定，将个体存在的责任和问题从组织整体中切割出去。第二，“切割”恶化路径，依据舆情演变和风险管理规则，切断危机恶化路径，防止愈演愈烈。第三，“切割”新生风险，根据新生风险或风险新变化，动态开展干预，遏制不断涌现的风险源。

以某研究生被炸死于导师工厂事件的校方回应为例。2016年5月23日，某化工公司发生爆炸，经调查后发现该公司的实际控制人张某某是某高校能源化工系副教授，其研究生李某当时在工厂工作，因爆炸身亡。根据网络公开资料显示，张某某所在高校的官方微博、党委宣传部、资产管理公司、人事处、研工部等多个部门分别作出“切割责任”的危机公关回应，规避了校方不必要的责任。要点包括：一是校方回应事件本身，表达痛心和重视，并明确根据相关部门调查结果来确定责任。二是校方回应当事导师的问题，表示校方不知情、导师违规操作且隐瞒不报、导师涉嫌科技成果侵权、按照规定学生安全由导师和学生各自负责等。

7.3.2.5 交融情境下的厘清责任方案

在责任交融情境下，突发事件相关的网民爆料、媒体报道、舆论声音等舆情交融复杂，涉事主体面临无责、全责、部分责任三种责任情况叠加且交融的局面。在这种情况下，建议采用厘清责任的方案，依法依规，固证调查，区分责任，切实回应舆论。基本要求包括：第一，“厘清”问题根源，以法律为“刀”，不回避违法违规的问题。第二，“厘清”无责情况，对于造谣传谣、诽谤中伤的问题，在相关部门协助下，尽早查明真相、控制责任人，并告知公众。第三，“厘清”全责情况，以法律法规、“三重危机”模型、民众“零容忍”等为尺度，设定不可触碰的全责“高压线”，提前防范，若遇到则以“以退为进”的模式应对。第四，“厘清”部分责任情况，对于法律允许、民众能接受等减责免责的情况，依法依规予以办理，并通过“社会协商”模式充分沟通、达成共识。

以某幼儿园涉嫌虐童事件的官方回应为例。2017 年 11 月，某幼儿园被爆虐童事件，随即引发网络热议。根据网络公开资料显示，在媒体报道、知情人爆料、舆论施压、网民质疑等多重压力下，涉事幼儿园面临多重责任交融叠加的局面，之后通过属地公安介入调查并发布通报等进行危机公关，逐步厘清责任。

7.3.3　危机公共关系的“媒体牌”策略

习近平总书记曾作出“及时发布权威信息，加强舆情引导”[①] 的相关指示。危机公共关系应采取“正面引导”“否定责任”“降低责任”“减轻批评”“重塑形象”等一系列“媒体牌”策略。

7.3.3.1　“正面引导”，改善舆论生态

“正面引导”的舆情引导策略是指，相关主体所开展的一系列正面引导媒体舆论和社会态度的工作，一般在常态下就应做好相关工作，危态时根据需要持续使用，从而有效改变舆论生态。“正面引导”应遵循以下三个原则：一是正面宣传，弘扬正能量，突出正面亮点，弘扬正向观点；二是正本清源，做好相关的辟谣和劝说工作，让舆论回归正面；三是引导民众，积极配合，形成正面的社会舆论氛围。具体操作中可使用以下三种方法。

1. 宣传说理式引导

宣传说理式引导，是指相关主体通过直接向受众说明情况、说清政策、讲明道理，以达到说服对方、正面引导的效果，这既是对受众知情权的充分尊重和保障，也能发挥沟通、说服的作用，消除群众对应急工作的质疑和误解，引导群众配合相关工作。具体实施中可采取四种主要模式：（1）进行宣讲，向受众直接讲解政策要点和事件原理，有利于打消疑虑。（2）领导表态，领导人公开承诺，表明快速处置、全力救援、严查事故、加强整改、规范监督等态度。（3）面对面沟通，与直接利益相关群体直接对话，了解其

---

① 习近平对江苏响水天嘉宜化工有限公司“3・21”爆炸事故作出重要指示．（2019－03－22）．http：//cpc.people.com.cn/n1/2019/0322/c64094－30990417.html.

意见和诉求，消除其误解和担忧，引导其配合应急工作。（4）进行科普，以通俗易懂且群众易于理解、接受、参与的方式介绍知识、倡导方法、推广技术、普及应用。

2. 互动参与式引导

互动参与式引导，是指与群众开展互动交流、邀请群众参与常态风控或危态应急的工作，让其了解相关工作的性质、意义、难度，正面引导民意、降低社会阻力。一方面，在了解人民群众的意见和态度的同时，向人民群众传播及时有用的讯息；另一方面，引导群众主动配合，既有利于获取群众对应急工作的理解，同时也有利于营造社会共同参与治理的良好氛围。具体操作中一般有四种模式：（1）传统式的多样化开放日活动，以亲切活泼的沟通形式深化理解。（2）通过新媒体，实现双向互动。（3）通过志愿服务活动，引导群众参与应急工作。（4）通过群众自治支撑城市管理，形成深层次参与。

3. 转移视线式引导

转移视线式引导，是指可能引发民众质疑的突发事件发生后，通过对解读现有政策、展现以往类似问题处置、剖析国外同类问题应对、发布民众自保指南和自救攻略等话题进行大量报道，将民众的关注点从当前事件上转移出去，引导其关注更全面、更客观、更有益于其切身利益的事实或问题。

7.3.3.2 “否定责任”，避免形象蒙冤

“否定责任”的舆情引导策略是指当相关主体不存在责任但被怀疑、误解、造谣有责时，及时开展责任的官方声明或信息发布，从而避免因被误认为有责而产生的形象蒙冤。“否定责任”的舆情引导策略应遵循定责准确、否定可信、不轻易变动或更改的基本原则。具体操作中可使用以下两种方法。

1. 直接否定责任法

相关主体直接否定责任，主要包括两种状态：一是突发事件发生后，及时发声，撇清责任；二是被怀疑有责之初，快速辟谣，否定责任。

第一，及时发声，撇清责任。涉及群众切身安全和利益的事件易被网民关注和媒体报道，这一过程中可能会出现涉及执法部门的责任问题，对此，相关主体可自行出面，及时发声，撇清责任，直接否定了可能出现的责任问题。

第二，快速辟谣，否定责任。个人安全、公共安全、社会秩序等领域易出现造谣传谣，一旦出现造谣传谣的紧急情况，相关主体应立即查明并公开真相，对外发声以辟谣，消除社会恐慌，同时也达到否定责任的效果。

2. 间接否定责任法

相关主体借助其他主体或渠道来间接否定责任，主要包括邀请中立第三方、“官方自媒体”发声两种模式。

第一，中立第三方，协助否定责任。邀请专业、权威、中立的第三方单位、组织、机构或专家来进行权威解释、专业论证，有利于澄清事实、回应质疑、否定责任。

第二，“官方自媒体”，辅助否定责任。“官方自媒体”是指由某一领域或行业中的公共部门从业人员在微信微博等平台开设的自媒体频道。在突发事件发生后，面对社会质疑或造谣传谣时，在确保合法、真实、客观、可信的情况下，通过此类自媒体平台予以公开说明、澄清事实真相，从而回应质疑、否定责任。

7.3.3.3　“降低责任”，缓解形象受损问题

“降低责任”的舆情引导策略是指，当相关主体存在部分责任或不存在责任，但被怀疑、误解或造谣应负全部责任时，可开展相应降低责任的舆情引导工作，以缓解形象受损问题。“降低责任”的舆情引导策略应遵循态度诚恳、证据确凿、逻辑合理、可被监督的基本原则，在具体操作中可使用直接或间接降低责任的方法。

1. 直接降低责任法

直接降低责任主要从客观原因出发，通过举证“不可能”或“偶发性”、强调“难识别”和“难防范”等方法，降低主体责任。

第一，举证“不可能”或“偶发性”。相关主体证明该突发事件属于“五十年一遇”“百年难遇”“千年未遇”的极低概率事件，虽然主管部门具有安全提醒、宣传教育等责任，但事件本身是由不可抗力所引发的。举证“不可能”或“偶发性”时，注意要确有证明，能够举证倒置、经得起推敲检验和各界监督。

第二，强调“难识别”和“难防范”。相关主体展现该突发事件的发生原因是在事前“难识别”和“难防范”。强调“难识别”和“难防范”时注意要有切实的证据，并有先例。

2. 间接降低责任法

间接降低责任主要从主观原因出发，相关主体通过说明自身受到刺激和正当防卫、良好意图却办了坏事，或者适度回击对立方，降低自身责任。

第一，说明受到刺激和正当防卫，即相关主体说明该事件属于受到刺激之后的正常反应和正当防卫。这一方法在使用中需证据确凿、逻辑合理。

第二，良好意图却办了坏事，体现“情有可原”。相关主体突出良好意图，在说明事件的起因和过程中，强调抱着良好的意图开展相关行动，但操作失误或客观原因导致意外事件出现；“出发点是好的”，属于“好心办了坏事”，来体现负面后果的“情有可原”，这一方法在使用中注意保持诚恳态度。

第三，适度回击对立方。相关主体尝试向对立方予以适度回击，抛出对对立方责任的质疑，或者挖掘对立方“丑闻”以降低对方的可信度。这一方法在使用中需以事实为依据，经得起实践检验和群众监督，否则适得其反。

7.3.3.4　“减轻批评”，缓和舆论氛围

“减轻批评”的舆情引导策略是指，当相关主体确实存在责任，并因此遭到网民质

疑、社会批评、舆论施压时，可应用媒体开展减轻舆论批评、缓和舆论氛围的工作。“减轻批评”的舆情引导策略应遵循态度诚恳、证据确凿、有实际行动的基本原则。

1. 态度导向的减轻批评法

态度导向的减轻批评法是指，以好的公关态度来减轻公众批评。

第一，态度诚恳，及时回应质疑。危机状况下的群众获取信息不足、易产生质疑和批评。对此，迅速妥当的信息发布能够及时回应社会质疑、减轻围观群众的敌意和批评。及时回应在操作中的要求有四：一是如实通报真实信息；二是及时告知最新进展；三是“做好”再“说好”，现场应急处置工作应尽可能不出错或少出错；四是态度诚恳，信息通报的表达措辞和新闻发言人的言行表情应妥当。

第二，恰当承诺，“超脱现状”。道歉的同时，相关主体应作出积极整改的承诺，明确整改的具体措施和操作方案，描绘整改的前景，展现整改后的良好状况，努力从当前的突发事件中“超脱”出来。

2. 行为导向的减轻批评法

行为导向的减轻批评法是指，以切实的行动做法来减少公众指责，在实际操作中可采取严查严罚责任方、援助和补偿、“法外开恩”等方式。

第一，严查严罚责任方。对于人为原因导致的严重责任事故，既要严查事故原因和涉事人员、企事业单位、政府部门、社会组织等相关涉事责任方，一查到底、责任倒查，并且顶格处罚；还要坚持不回避举报和不姑息问题的态度，对于社会监督和舆论中符合事实的部分应及时查处和尽快回应。

第二，援助和补偿。为了对受害者补偿损失并减轻痛苦，对其提供物质赔偿、精神补偿、赔礼道歉、慰问关心等帮助，并通过恰当方式报道出来，有助于树立尽责尽义的形象，减轻社会的批评。

第三，“法外开恩”。特定情形下的法理和人情可能会产生矛盾或难兼顾等问题。对此，在依法依规处理的同时，可通过法律救济、行政救济、社会救济等途径为群众提供帮助，对见义勇为者提供一定的“免除责任”或“免于赔偿”制度，鼓励具备急救专业技能的群众在力所能及的范围内开展紧急救援。

3. 逻辑导向的减轻批评法

逻辑导向的减轻批评法是指，将管理学、社会学、心理学等某些规律或原理应用于实践中，以缓解或减轻公众指责。

第一，用“形象免疫力”对冲风险。常态情况下，相关主体应重视正面宣传、加强主动公关、强化引导互动，从而积累社会信任度、民众好感度、形象美誉度，持续提升“形象免疫力”，在危机状况下一旦出现负面舆情，可用“形象免疫力”来缓和矛盾、增强信任、减轻敌意、对冲风险。

第二，妥善“区分”和“切割”责任。一是在有理有据的情况下，强调极个别人的极个别行为；二是把人为错误与社会大环境的深层次矛盾区别开来，注意对外报道或采访时的恰当措辞；三是不回避、不否认个体问题中存在单位或组织的监管责任。

第三，“转移视线”。相关主体通过提出对相关方或对立方的责任质疑，适当申辩并反击批评者，设置多个舆论质疑的“靶子”，分散公众注意力，实质上减少了自身受“舆论攻击”的程度和次数。

7.3.3.5　“重塑形象”，重建社会公信

“重塑形象”的舆情引导策略是指，当相关主体确实存在责任时，可采用多种公关手段来达到重塑形象、重建公信的效果。“重塑形象”的舆情引导策略应遵循态度诚恳、有实际行动的基本原则，在具体操作中可使用以下三种方法。

1. “讲情式”的形象重塑

“讲情式”的形象重塑是指，相关主体在事发后进行态度真诚的自责自省，通过媒体渠道或公开方式向社会道歉、忏悔，以期寻求公众的宽恕。

2. “行动派”的形象重塑

“行动派”的形象重塑是指，相关主体在事后主动采取完善制度、强化能力、调整职能、规范机制等根源整治措施，以确保今后在同样情况下不再重犯此类问题。实际中主要从以下两方面开展：第一，制度整改，制定相关法律和规定，来规避和减少以后同类事件的发生。第二，转变职能，由内而外改善“窗口形象”，从根源上防范同类危机的出现。

3. “担保式”的形象重塑

“担保式”的形象重塑是指，相关主体在自行开展“讲情式”“行动派”形象重塑的公关时，可邀请具有权威性和公信力的第三方为之站台和担保，帮助其重新争取社会的信任与支持。

本章小结

应急管理面临着“现场”和“舆论场”的融合阵地。“舆论场”危机管理的首要工作是突发事件新闻发布。负有新闻发布职责的相关部门或单位应依法依规，通过新闻发布向媒体和公众及时、准确、客观、全面地介绍突发事件基本情况、应急措施及现状和公众防范措施。突发事件新闻发布应做好规范化、全流程、闭环式的操作和管理，掌握全媒体“信息管道”原理，采取“定调子 & 挖层次”的科学策略，做好横向议题设置和纵向报道层次的相关工作。

突发事件新闻发布是法定工作，以此为基础，危机公共关系对危机状态下社会心态、媒体舆论、群众态度进行综合研判，需要全面掌握和灵活应用社会心态“181”模型、“内外评委”模型、“窗口效应”等并结合实际案例和现实情境，进行针对性的分析。危机公共关系的科学实施，还需遵循“双 SPACE”原则，将责任状况作为核心考量因素，

灵活应用好“责任模型”，包括无责任的速战速决模式、完全责任的以退为进模式、部分责任的社会协商模式、复合情境下的切割责任方案、交融情境下的厘清责任方案，并应用好“正面引导”“否定责任”“降低责任”“减轻批评”“重塑形象”五种“媒体牌”策略。

关键术语

突发事件新闻发布　全媒体“信息管道”　“定调子”　“挖层次”　议题设置　危机公共关系　社会心态“181”模型　“责任模型”　“媒体牌”策略

复习思考题

1. 简述突发事件新闻发布的基本要求。
2. 简述突发事件新闻发布的全媒体“信息管道”原理。
3. 简述突发事件新闻发布的“定调子 & 挖层次”策略的定义和应用场景。
4. 简述社会心态“181”模型的定义和应用场景。
5. 简述危机公共关系的“内外评委”模型的定义和应用场景。
6. 简述危机公共关系的“窗口效应”的定义和应用场景。
7. 简述危机公共关系的“责任模型”的定义和应用场景。
8. 简述危机公共关系的“媒体牌”策略的定义和应用场景。

阅读材料

深圳“12·20”滑坡事故的新闻舆论应对经验

深圳“12·20”滑坡事故的新闻舆论应对经验，是新媒体环境下遵循传播规律，创新理念、创新内容、创新方法，主动发声、敢于发声、善于发声，把握好时度效的经典案例，做到了新闻发布与舆论引导及时高效、舆情应对与事故处置密切配合、决策指挥与执行落实相得益彰，为顺利处置事故提供了最大限度的舆论支持。①

一、新闻发布密度力度最大，效果好

2015年12月20日11时40分许，深圳市光明新区红坳渣土受纳场发生特别重大滑坡事故，消息瞬间在网上传播，将深圳推向舆论的风口浪尖。与救援处置行动同步，新闻舆论战迅速打响。13时3分，事发仅一个半小时左右，深圳微博发布厅就发出首条消息，随后每天24小时滚动播报最新情况，自始至终牵引着网民关注的目光。事发当天下午至25日晚，救援指挥部召开了10场新闻发布会，其中，事发当天2场，

① 曾胜泉．深圳“12·20”滑坡事故新闻舆论应对的实践与启示．中国记者，2016（9）．

截至23日事故72小时黄金救援期内召开了7场，几乎每半天1场。28日又举行了综合情况通报会，主动及时、公开透明地持续发布失联遇难人数、救援救治情况、事故发生原因、受灾群众安置、失联人员家属安抚等社会关注的重要信息，有力主导了媒体报道议程，充分维护了公众知情权，最大限度地挤压了谣传空间，掌握了新闻舆论主动权、主导权。

二、宣传引导理念手法最新，效果好

深圳“12·20”滑坡事故的舆论引导和平台选择，以有利于事故处置作为首要考虑标准，实现了具有引领示范意义的四个创新。

一是正面报道突破宣传领导的惯例。对一些不合时宜，特别是与悲伤气氛不协调、容易引发质疑炒作的题材不作报道；对于充满温情温度的感人故事，大力组织媒体和网站各展所长地集中报道，既营造了“怀着‘生命第一’的态度将救援进行到底”的浓厚氛围，又理性释放了“救灾很不易，深圳在尽力”的心理预期，为最终宣布救援结束、转入善后工作做了充分的舆论铺垫。

二是议题设置突破首选机关报网的做法。事发之初，官方评论《倾力救援是最深沉的悼念和担当》先在新华网广东频道首发，再商请中央网信办推荐全网转载，产生了良好的社会反响。配合这次事故处置的不少报道和评论，都是先请中央和省外著名网媒首发，再在全国或省内网站和移动平台广泛推送，取得了理想的舆论效果。一些不适合在官方媒体发布的，则通过有影响力的第三方个人账号发布，以增强中立性和信服力。

三是评论跟帖突破一味唱赞歌的套路。组织网评文章或在有关微博和新闻后面跟帖时，注意平衡网上舆论，针对质疑、追责、猜测、造谣、谩骂、诋毁等不良信息，巧妙采取“先抑后扬”的发声策略和技巧。而对一些批评、追责、反思的帖文，只要不涉及造谣生事、恶意攻击的内容，也容许其存在，并艺术地用积极正面的跟帖去平衡和对冲。这样既维护了网民意见表达、情绪宣泄的权利，有助于全面真实地呈现事故舆情，又能使网评文章和跟帖评论更显客观、理性，更有感染力、说服力。

四是表达方式突破千篇一律的模式。鉴于移动传播在影响覆盖、呈现方式等方面的明显优势，充分运用“两微一端”等新媒体平台，积极创新内容表达方式和传播手段，实现传播效应最大化。例如，适合手机端传播的H5系列动画纪实作品，融音乐、图片、文字为一体，具有视觉冲击力和情绪感染力，有温度、有品质，传得开、叫得响。

三、事故处置与舆情应对配合最佳，效果好

滑坡事故处置过程中，宣传部门与处置部门密切配合、协同作战，在信息沟通、新闻发布、舆情应对等方面加强统筹协调，从全局上把握基调，从整体上考量效果，确保事故处置与舆论引导同步部署、协调推进、良性互动。2015年12月25日晚，《新闻联播》公布国务院成立事故调查组，将滑坡定性为“安全生产事故”。广东省委副书记、深圳市委书记率领深圳市光明新区党政负责人，通过新闻发布会向社会鞠躬道歉，表示“坚决拥护上级对这次事故的定性”“根据事故调查结论和处理意见，将依法依规依纪，该负什么责任就负什么责任，该接受什么处理就接受什么处理，该处理什么人就处理什么人”。

实情决定舆情、网下决定网上，事故处置是第一位的、舆情引导是第二位的，只有公开公正处置事故，才能最终平息负面舆情。

四、靠前指挥的宣传主官级别最高，效果好

在深圳“12·20”滑坡事故重大舆情危机突发的紧急关头，广东省、深圳市的宣传部门第一负责人作为省委和事发地党委的最高宣传主官，奔赴前线、坐镇指挥，迅速掌控了该事故新闻舆论应对的主动权、主导权，为顺利处置事故提供了最佳舆论支持。主管新闻宣传的主要负责人熟悉网络传播规律，善于处置紧急重大舆情，对危机公共关系至关重要。以当前形势与挑战来看，一名地方党委宣传部部长至少应具备三个条件：一是敢于担当、勇于创新、勤奋工作、富有激情。二是知识面广、视野开阔，对新媒体环境下的政治、经济和社会现实有深刻理解。三是具有互联网思维，熟练使用新媒体，熟悉网络舆论管控和引导技能。

第8章

危态舆情引导与社会评价提升

党的二十大报告提出，加强全媒体传播体系建设，塑造主流舆论新格局。健全网络综合治理体系，推动形成良好网络生态。舆论是“现场”的突发事件在“舆论场”的表现和延伸，既是外部的舆论状况呈现，也是内部的主体形象表征。在此基础上，应急管理的负面风险源来自两类：一类是责任事故类，由于极个别相关人员的违法违规操作带来的社会负面影响；另一类是被造谣传谣或被误会误解类，由于部分民众主观故意或客观误会导致的社会负面影响。在自媒体和融媒体的环境下，负面风险防范不能仅仅依靠负面舆情引导的技巧，更要全方位实施社会评价提升的综合策略。

重点问题

- 危态舆情引导的“两场-三维”机理
- 舆情风险防控的“时势度效治”模型
- 利益相关分析的“三级圈”模型
- 社会需求应对“利、理、规、法”四类工具
- 综合应急管理社会评价优化的“三维九要素”模型

8.1 危态舆情引导的工作机理

8.1.1 舆情的界定与要素

应急管理工作中的舆情是指，公共危机和突发事件相关的新闻报道、网民意见、媒

体评论及其映射的群众对于危机管理主体及其工作“满不满意、高不高兴、答不答应”的社会心态。基于当前所处的信息化时代，舆情已逐渐脱离纸媒宣传和人口相传的传统场域，将互联网空间作为重点场域。同时，由于互联网的开放性特征和全球化趋势，舆情的物理空间常常从某一地区拓展至全国乃至全球。

舆情包含主体、客体、方式和渠道、受众四个元素，具体而言：

第一，舆情的主体，即“谁在说”。舆情主体的性质、地位、影响力等都会对舆情的发展态势产生作用。当前，传统媒体与新兴媒体、官方媒体与商业媒体、网民自媒体和社交平台交流等任何具备通信基础工具的个体或组织均可能成为舆情主体。

第二，舆情的客体，即“说什么”。舆情客体是主观性与客观性的统一，舆情易受到主体主观性影响，在传播过程中其全面程度、精确程度、真实程度等可能受到舆情传播客观规律或因素的影响。

第三，舆情的方式和渠道，即“怎么说”。不同的舆情表现方式对群众和媒体的影响力不同。突发事件现场报道的文字、图片、视频对于群众而言可信度不同，群众更容易相信“眼见为实”的报道；媒体性质、发布平台、传播渠道等也可能对群众态度产生影响。

第四，舆情的受众，即“谁在听”。受众的特征差异将导致其会对舆情形成不同的反应，受众文化素质、年龄、性别、地域、职业等差异会影响其对舆情的反应态度，利益相关者和围观群众的态度和结论也会有所不同。

8.1.2 危态舆情引导的目标与要求

危机舆情引导旨在实现三层目标，第一层目标是针对特定事件开展科学的负面影响处置，稳定群众情绪、维护网络秩序；第二层目标是重塑良好形象，优化公共关系；第三层目标是巩固和提升公信力。基于此，我国相关政策文件对于舆情引导提出了具体要求（见表 8-1）。

表 8-1 危态舆情引导的具体要求

相关法律和政策	具体要求
《国家突发公共事件总体应急预案》	突发公共事件的信息发布应当及时、准确、客观、全面。事件发生的第一时间要向社会发布简要信息，随后发布初步核实情况、政府应对措施和公众防范措施等，并根据事件处置情况做好后续发布工作。信息发布形式主要包括授权发布、散发新闻稿、组织报道、接受记者采访、举行新闻发布会等。
《突发事件应对法》	国家建立健全突发事件信息发布制度。有关人民政府和部门应当及时向社会公布突发事件相关信息和有关突发事件应对的决定、命令、措施等信息。任何单位和个人不得编造、故意传播有关突发事件的虚假信息。有关人民政府和部门发现影响或者可能影响社会稳定、扰乱社会和经济管理秩序的虚假或者不完整信息的，应当及时发布准确的信息予以澄清。 违反本法规定，编造并传播有关突发事件的虚假信息，或者明知是有关突发事件的虚假信息而进行传播的，责令改正，给予警告；造成严重后果的，依法暂停其业务活动或者吊销其许可证件；负有直接责任的人员是公职人员的，还应当依法给予处分。

续表

相关法律和政策	具体要求
《政府信息公开条例》	行政机关应当及时、准确地公开政府信息。行政机关发现影响或者可能影响社会稳定、扰乱社会和经济管理秩序的虚假或者不完整信息的，应当发布准确的政府信息予以澄清。 对涉及公众利益调整、需要公众广泛知晓或者需要公众参与决策的政府信息，行政机关应当主动公开。
《关于进一步加强政府信息公开回应社会关切提升政府公信力的意见》	健全舆情收集和回应机制。各地区各部门要建立健全舆情收集、研判和回应机制，密切关注重要政务相关舆情，及时敏锐捕捉外界对政府工作的疑虑、误解，甚至歪曲和谣言，加强分析研判，通过网上发布消息、组织专家解读、召开新闻发布会、接受媒体专访等形式及时予以回应，解疑释惑，澄清事实，消除谣言。回应公众关切要以事实说话，避免空洞说教，真正起到正面引导作用。有关主管部门要进一步加大网络舆情监测工作力度，重要舆情形成监测报告，及时转请相关地方和部门关注、回应。 建立沟通协调机制。各地区各部门要加强与新闻宣传部门、互联网信息内容主管部门以及有关新闻媒体的沟通联系，建立重大政务舆情会商联席会议制度，建立政务信息发布和舆情处置联动机制，妥善制定重大政务信息公开发布和传播方案，共同做好政府信息发布和舆论引导工作。
《关于全面推进政务公开工作的意见》	建立健全政务舆情收集、会商、研判、回应、评估机制，对收集到的舆情加强研判，区别不同情况，进行分类处置。对建设性意见建议，吸收采纳情况要对外公开。对群众反映的实际困难，研究解决的情况要对外公布。对群众反映的重大问题，调查处置情况要及时发布。对公众不了解情况、存在模糊认识的，要主动发布权威信息，解疑释惑，澄清事实。对错误看法，要及时发布信息进行引导和纠正。对虚假和不实信息，要在及时回应的同时，将涉嫌违法的有关情况和线索移交公安机关、网络监管部门依法依规进行查处。
《关于在政务公开工作中进一步做好政务舆情回应的通知》	进一步明确政务舆情回应责任。各级政府及其部门要高度重视政务舆情回应工作，切实增强舆情意识，建立健全政务舆情的监测、研判、回应机制，落实回应责任，避免反应迟缓、被动应对现象。对涉及国务院重大政策、重要决策部署的政务舆情，国务院相关部门是第一责任主体。对涉及地方的政务舆情，按照属地管理、分级负责、谁主管谁负责的原则进行回应，涉事责任部门是第一责任主体，本级政府办公厅（室）会同宣传部门做好组织协调工作；涉事责任部门实行垂直管理的，上级部门办公厅（室）会同宣传部门做好组织协调工作。对涉及多个地方的政务舆情，上级政府主管部门是舆情回应的第一责任主体，相关地方按照属地管理原则进行回应。对涉及多个部门的政务舆情，相关部门按照职责分工做好回应工作，部门之间应加强沟通协商，确保回应的信息准确一致，本级政府办公厅（室）会同宣传部门做好组织协调、督促指导工作，必要时可确定牵头部门；对特别重大的政务舆情，本级政府主要负责同志要切实负起领导责任，指导、协调、督促相关部门做好舆情回应工作。 把握需重点回应的政务舆情标准。各地区各部门需重点回应的政务舆情是：对政府及其部门重大政策措施存在误解误读的、涉及公众切身利益且产生较大影响的、涉及民生领域严重冲击社会道德底线的、涉及突发事件处置和自然灾害应对的、上级政府要求下级政府主动回应的政务舆情等。舆情监测过程中，如发现严重危害社会秩序和国家利益的造谣传谣行为，相关部门在及时回应的同时，应将有关情况和线索移交公安机关、网络监管部门依法依规进行查处。

续表

相关法律和政策	具体要求
《关于在政务公开工作中进一步做好政务舆情回应的通知》	提高政务舆情回应实效。对涉及特别重大、重大突发事件的政务舆情，要快速反应、及时发声，最迟应在24小时内举行新闻发布会，对其他政务舆情应在48小时内予以回应，并根据工作进展情况，持续发布权威信息。对监测发现的政务舆情，各地区各部门要加强研判，区别不同情况，进行分类处理，并通过发布权威信息、召开新闻发布会或吹风会、接受媒体采访等方式进行回应。回应内容应围绕舆论关注的焦点、热点和关键问题，实事求是、言之有据、有的放矢，避免自说自话，力求表达准确、亲切、自然。通过召开新闻发布会或吹风会进行回应的，相关部门负责人或新闻发言人应当出席。对出面回应的政府工作人员，要给予一定的自主空间，宽容失误。各地区各部门要适应传播对象化、分众化趋势，进一步提高政务微博、微信和客户端的开通率，充分利用新兴媒体平等交流、互动传播的特点和政府网站的互动功能，提升回应信息的到达率。建立与宣传、网信等部门的快速反应和协调联动机制，加强与有关媒体和网站的沟通，扩大回应信息的传播范围。
《〈关于全面推进政务公开工作的意见〉实施细则》	明确回应责任。按照属地管理、分级负责、谁主管谁负责的原则，做好政务舆情的回应工作，涉事责任部门是第一责任主体。对涉及国务院重大政策、重要工作部署的政务舆情，国务院相关部门是回应主体；涉及地方的政务舆情，属地涉事责任部门是回应主体；涉及多个地方的政务舆情，上级政府主管部门是回应主体。政府办公厅（室）会同宣传部门做好组织协调工作。 突出舆情收集重点。重点了解涉及党中央国务院重要决策部署、政府常务会议和国务院部门部务会议议定事项的政务舆情信息；涉及公众切身利益且可能产生较大影响的媒体报道；引发媒体和公众关切、可能影响政府形象和公信力的舆情信息；涉及重大突发事件处置和自然灾害应对的舆情信息；严重冲击社会道德底线的民生舆情信息；严重危害社会秩序和国家利益的不实信息等。 做好研判处置。建立健全政务舆情收集、会商、研判、回应、评估机制，对收集到的舆情加强研判，区别不同情况，进行分类处置。对建设性意见建议，吸收采纳情况要对外公开。对群众反映的实际困难，研究解决的情况要对外公布。对群众反映的重大问题，调查处置情况要及时发布。对公众不了解情况、存在模糊认识的，要主动发布权威信息，解疑释惑，澄清事实。对错误看法，要及时发布信息进行引导和纠正。对虚假和不实信息，要在及时回应的同时，将涉嫌违法的有关情况和线索移交公安机关、网络监管部门依法依规进行查处。进一步做好专项回应引导工作，重点围绕“两会”、经济数据发布和经济形势、重大改革举措、重大督查活动、重大突发事件等，做好舆情收集、研判和回应工作。 提升回应效果。对涉及群众切身利益、影响市场预期和突发公共事件等重点事项，要及时发布信息。对涉及特别重大、重大突发事件的政务舆情，要快速反应，最迟要在5小时内发布权威信息，在24小时内举行新闻发布会，并根据工作进展情况，持续发布权威信息，有关地方和部门主要负责人要带头主动发声。针对重大政务舆情，建立与宣传、网信等部门的快速反应和协调联动机制，加强与有关新闻媒体和网站的沟通联系，着力提高回应的及时性、针对性、有效性。通过购买服务、完善大数据技术支撑等方式，用好专业力量，提高舆情分析处置的信息化水平。

续表

相关法律和政策	具体要求
《关于推进防灾减灾救灾体制机制改革的意见》	健全重特大自然灾害信息发布和舆情应对机制，完善信息发布制度，拓宽信息发布渠道，确保公众知情权。规范灾害现场应急处置、新闻发布、网络及社会舆情应对等工作流程，完善协同联动机制，加强新闻发言人队伍和常备专家库建设，提高防灾减灾救灾舆情引导能力。
《关于印发 2018 年政务公开工作要点的通知》	围绕社会重大关切加强舆情回应。增强舆情风险防控意识，密切监测收集苗头性舆情，特别是涉及经济社会重大政策、影响党和政府公信力、冲击道德底线等方面的政务舆情，做到及时预警、科学研判、妥善处置、有效回应。做好就学就医、住房保障、安全生产、防灾减灾救灾、食品药品安全、养老服务等民生方面的热点舆情回应，准确把握社会情绪，讲清楚问题成因、解决方案和制约因素等，更好引导社会预期。建立完善与宣传、网信、公安、通信管理等部门的快速反应和协调联动机制，加强与新闻媒体的沟通联系，提高政务舆情回应的主动性、针对性、有效性。稳妥做好突发事件舆情回应工作，及时准确发布权威信息。开展政务舆情应对工作效果评估，建立问责制度，对重大政务舆情处置不得力、回应不妥当、报告不及时的涉事责任单位及相关责任人员，要予以通报批评或约谈整改。
《关于推进政务新媒体健康有序发展的意见》	要把政务新媒体作为突发公共事件信息发布和政务舆情回应、引导的重要平台，提高响应速度，及时公布真相、表明态度、辟除谣言，并根据事态发展和处置情况发布动态信息，注重发挥专家解读作用。对政策措施出台实施过程中出现的误解误读和质疑，要迅速澄清、解疑释惑，正确引导、凝聚共识，建立网上舆情引导与网下实际工作处置相同步、相协调的工作机制。县级政务新媒体要与本地区融媒体中心建立沟通协调机制，共同做好信息发布解读回应工作。 建立值班值守制度，加强日常监测，确保信息更新及时、内容准确权威，发现违法有害信息要第一时间处理，发现重大舆情要按程序转送相关部门办理。
《关于印发 2019 年政务公开工作要点的通知》	对政府出台的重要改革措施和涉及群众切身利益、容易引起社会关注的政策文件，牵头起草部门要认真做好舆情风险评估研判，制定应对处置预案。进一步强化舆情回应意识，坚持将政务舆情回应作为网络舆情处置工作的重要环节，落实政务舆情回应的主体责任。对减税降费、金融安全、生态环境、脱贫攻坚、教育改革、食品药品、卫生健康、养老服务、公正监管、社会保障、社会治安、房地产市场等经济社会热点，以及市场主体和人民群众办事创业的堵点痛点，要加强舆情监测、研判、回应，及时解疑释惑，理顺情绪，化解矛盾。加强重大突发事件舆情风险源头研判，增强回应的针对性，坚持正确的舆论导向。要主动与宣传、网信等相关部门联系沟通，完善重大政务舆情信息共享、协同联动、快速反应机制。
《关于坚持和完善中国特色社会主义制度 推进国家治理体系和治理能力现代化若干重大问题的决定》	改进和创新正面宣传，完善舆论监督制度，健全重大舆情和突发事件舆论引导机制。

续表

相关法律和政策	具体要求
《关于印发 2020 年政务公开工作要点的通知》	坚持做好疫情防控常态化下疫情信息发布工作，依法做到及时、准确、公开、透明，让公众实时了解最新疫情动态和应对处置工作进展。融合各类信息发布渠道，有效运用新闻发布会、政府网站、政务新媒体和各类新闻媒体，全方位解读党中央、国务院重大决策部署和本地区、本部门重要工作举措，为疫情防控工作提供有力支撑。密切关注涉及疫情的舆情动态，针对相关舆情热点问题，快速反应、正面回应。有关地方和部门主要负责人要带头主动发声，以权威信息引导社会舆论。
《关于印发 2021 年政务公开工作要点的通知》	紧紧围绕政务舆情背后的实际问题，以解决问题的具体举措实质性回应社会关切。加强舆情回应台账管理，认真核查已作出的承诺落实及公开情况，切实维护政府公信力。增强回应工作的主动性，通过网上调研等方式，了解掌握社会公众对政策执行效果的反馈与评价，主动回应存在的共性问题，助力政策完善。密切关注涉及疫情防控、房地产金融、工资拖欠、环境污染和生态破坏、食品药品安全、教育医疗养老、安全生产、困难群众生活等方面的舆情并及时作出回应，助力防范化解重大风险。
《法治政府建设实施纲要（2021—2025 年）》	加强突发事件信息公开和危机沟通，完善公共舆情应对机制。
《关于印发 2022 年政务公开工作要点的通知》	推动落实信息发布、政策解读和政务舆情回应主体责任。在发布重大政策的同时做好解读工作，主动解疑释惑，积极引导舆论，有效管理预期。充分评估政策本身可能带来的各种影响，以及时机和形势可能产生的附加作用，避免发生误解误读。加强政务舆情监测和风险研判，前瞻性做好引导工作，更好回应人民群众和市场主体关切，为经济社会发展营造良好氛围。
《关于进一步全面深化改革 推进中国式现代化的决定》	完善舆论引导机制和舆情应对协同机制。深化网络管理体制改革，整合网络内容建设和管理职能，推进新闻宣传和网络舆论一体化管理。完善改革激励和舆论引导机制，营造良好改革氛围。

8.1.3 危态舆情引导的“两场-三维”机理

危态舆情引导的决策和实施，首要应遵循“两场-三维”机理，其中，“两场”是指“现场”和“舆论场”，“三维”是指“事件进展”“信息管道”“社会态度”（见图 8-1）。

在危态舆情引导的“两场-三维”机理中，“事件进展”与事发现场的应急工作相关联；“信息管道”展现出舆论场的状况机理；“社会态度”与利益相关主体相关联。基于此，危态舆情引导要动态处理好现场和舆论场“两场”关系，统筹安排好事件进展、信息管道、社会态度相关的“三维”工作，协调多方主体、多维立场、多方面工作。我国在实践操作中创新提出“三同步”原则，在重大敏感事件舆论应对中做到依法处置、舆论引导、社会面管控“三同步”。在此基础上，要进一步优化“两场”联动，既要确保两个场域工作的有序进行、互不干扰，也要通过现场救援处置和舆论场舆情引导的有机联动，以达到更好的应急成效，“无缝衔接”，切实提升社会评价。

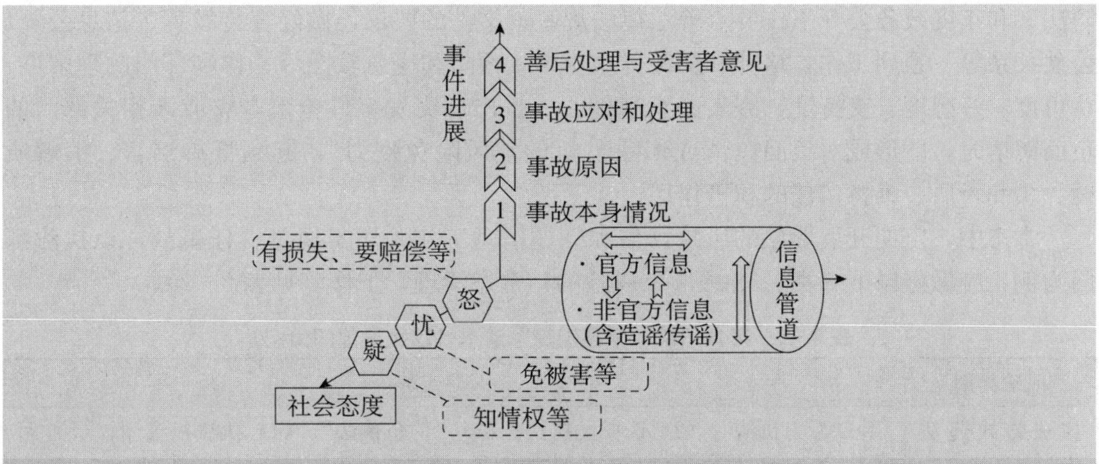

图8-1　危态舆情引导的"两场-三维"机理示意图

第一，"舆论场"回应需服务于"现场"救援大局，确保现场的抢险救灾、灭火救援、处置善后等一系列工作高效有序进行。具体而言：一是把握大方向大原则，坚持正确导向、维护社会稳定，坚持以人为本、消除群众疑虑；二是舆论宣传应与现场救援情况同步，既不可拖延滞后、也不可为超前宣传而"造假"；三是严格落实新闻宣传纪律，防止因宣传报道失误而干扰、影响事件处置工作。

第二，加强对"舆论场"涉稳风险的研判分析，提前采取行动以规避现场稳定问题。某些突发事件的负面舆情风险可能会从"舆论场"走向"现场"，发展为现实的抗议示威或升级为极端犯罪、恶意报复等违法违规行为。对此应切实落实"三同步"原则，坚持"依法办理、舆论引导、社会面管控"同步开展，确保应急处置取得良好的法律效果、政治效果、社会效果。

第三，正确看待"舆论场"新闻舆论监督，通过舆论施压、敦促"现场"制度改革。突发事件后的部分负面舆情切实发挥新闻舆论监督的作用，从社会责任和理性分析的角度，监督政府部门重大决策失误、公权部门违规违纪、党政领导干部渎职乱为或不作为等问题。对此应仔细甄别，从中提取真实可靠的证据或线索，作为调查追责、制度整改、政策优化等依据，进而推动社会公共安全、社会治安秩序等领域的治理改革和系统整治。

8.1.4　舆情引导的"常态清理 & 危态止损"方案

舆论报道的"深度挖掘、追踪报道"多集中于公关主体的负面信息。此类舆论报道得以多发频发，归根于公关主体形象产生的"冰山效应"：长期积压的形象问题累积成"冰山"，突发的负面舆情事件如同"冰山一角"，将在新媒体作用下带出冰面以下的"冰山整体"，增大危机公关的难度和压力。对此，危机公关工作应与常态公关工作相结合，既要做好形象风险的"常态清理"工作，也要做好形象危机的"危态止损"工作。

8.1.4.1　"常态清理"，增强"风险免疫力"

新媒体时代，应急救援的相关部门在常态宣传公关中要做到"厚积薄发"，按照《消防法》和年度政务公开工作要点等法律法规政策文件的要求，做好宣传教育、信息公开、公共关系等一系列工作，培养和加深群众对事故预防和应急救援等工作和部门的理解度、认可度、好感度、支持度，夯实民意基础。一旦出现突发事件抢险救灾或涉相关部门的负面舆情时，能形成对负面舆情或形象危机的“风险免疫力”，起到抵御谣言、消解质疑、缓和矛盾、维持信任的积极作用。

常态中，定期开展形象的风险评估和问题清理工作，切实规避责任事故；以执法部门为例，应做好以下5类、53项形象风险的“常态清理”工作（见表8-2）。

表8-2 形象风险“常态清理”清单（以执法部门为例）

风险类别	风险点
执法方式违法失当	（1）“暴力执法”；（2）选择性执法；（3）“钓鱼执法”；（4）执法权滥用；（5）无证执法；（6）刑讯逼供；（7）暴力取证；（8）程序违法；（9）执法不公
执法成效不佳	（1）误伤误杀；（2）“抓错人”；（3）在押人员逃脱；（4）“非正常死亡”；（5）回应不及时；（6）辟谣迟滞；（7）“辟谣无力”；（8）执法迟滞；（9）执法裁量权受质疑；（10）处理结果引争议；（11）规定引争议；（12）执法“被干预”；（13）执法被“舆论倒逼”；（14）执法被“道德绑架”
服务不到位	（1）服务态度差；（2）服务效率低；（3）违法违规收费；（4）与群众发生冲突；（5）回复不及时；（6）宣传不到位；（7）“差别对待”
个人违法违规违纪	（1）知法犯法；（2）失职渎职；（3）贪污受贿；（4）挪用公款；（5）权钱交易；（6）权色交易；（7）敲诈威胁；（8）涉赌；（9）涉毒；（10）涉黄；（11）涉黑；（12）酒驾；（13）闹事；（14）侮辱他人
“被影响”	（1）“被暴力”；（2）“被威胁”；（3）“被造谣”；（4）“被冤枉”；（5）“被牵连”；（6）“被冒充”；（7）“被误解”；（8）“被侮辱”；（9）“被挑衅”

资料来源：唐钧．风险评估与危机预警报告2015—2016．北京：社会科学文献出版社，2016；唐钧．形象危机应对蓝皮书 形象危机应对研究报告2013—2014．北京：社会科学文献出版社，2014；中国人民大学危机管理研究中心，唐钧．形象危机应对研究报告2012．北京：社会科学文献出版社，2012．

近年来，以公安、应急、消防等为代表的应急救援部门在常态积累民意的工作上已有一些作为并取得一定成效，具体而言：一是应用中央新闻媒体及所属网站、微博、微信和客户端做好国务院重大政策宣传解读工作，发挥主流媒体“定向定调”作用。二是适应分众化、差异化的传播趋势，通过多端宣传平台、多类媒体关系、多种表现形式等策略和方法，采取“线上+线下”“请进来与走出去”的不同方式，进一步获取受众的理解、接受、认可、支持。三是与宣传、网信等部门形成联动协调，组织开展政策解读、典型案例分析和效果评估，不断总结经验做法，督促问题整改，切实增强引导力、影响力。

8.1.4.2 “危态止损”，阻止风险升级与连锁反应

危态中，及时开展形象的危态止损和阻止风险升级工作。具体操作中应把握“新闻价值周期”，切实做好三方面工作：一是干预“传播源头”，二是降低“新闻价值”，三是减少“传播动力”（见图8-2）。

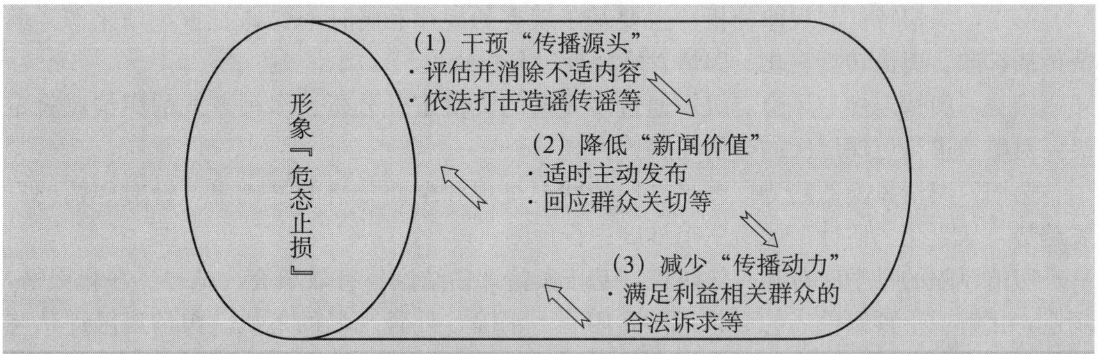

图 8－2　形象“危态止损”的操作要点

以银行倒闭谣言引发群众恐慌挤兑的应对为例，“江苏射阳农商行要倒闭”的谣言，激起储户恐慌，引发射阳农商行挤兑。此后多方相关主体出面安抚储户，并启动大批量现金供应，保证储户兑付到位。[①] 具体而言：（1）干预“传播源头”：盐城警方查处制造射阳农商行谣言的蔡某，并通过官方微博发布公开通报。（2）降低“传播价值”：一是射阳县县长称，将确保储户的利益任何时候都不受影响，射阳农商行任何时候都确保有充足的资金兑付；二是中国银行业协会发布声明称，目前江苏省已成立由银监局、地方政府和人民银行共同组成的联合工作组，正在积极稳妥地处置有关事态，协会也正在密切跟踪事态进展，积极采取措施；三是中国银行业协会要求射阳农商行切实履行义务，增加现金储备，延长营业时间，保证及时足额兑付存款人的全部提款要求。（3）减少“传播动力”：银行门口电子屏上滚动播放“储户存款受法律保护，不存在存款兑付不出的情况，请广大百姓切莫听信谣言，造成不必要的恐慌”的字幕。

8.2　舆情风险的科学评估与有效控制

8.2.1　舆情风险评估与防控的科学流程

针对突发事件和危机状态的舆情，在引导的基础上，还应做好舆情风险的收集、会商、研判、评估、回应、引导、处置等一系列工作。对此，国务院办公厅印发的《〈关于全面推进政务公开工作的意见〉实施细则》作出规定，要求建立健全政务舆情收集、会商、研判、回应、评估机制，对收集到的舆情加强分析研判并进行分类处置。具体而言，可为以下四个环节：

第一，舆情画像与风险识别，全面收集和汇总舆情相关事件过程、舆情基本情况、舆情传播状况、舆情受众状况等情况，对舆论场的公共危机整体现状进行描述画像，进而识别出可能存在的舆情风险。

---

① 谣言为何引发银行储户挤兑？．（2023－03－21）．http：//finance. qq. com/original/caijingguancha/f1102. html.

第二，舆情特征与规律分析，主要基于现有的规律和特征总结，把握舆情来源、舆情传播扩散、舆情转折变化、舆情发酵发展等分析维度。

第三，舆情定性与风险定级，通过多要素的舆情定性分析、多种方式的舆情风险定级，对舆情进行更深层次的分析与解读。

第四，舆情风险的趋势预测，在舆情状况呈现和全面分析的基础上，针对舆情的发展趋势，从量化、质性、风险三个维度进行预测。

舆情风险的科学应对和有效防控，基于舆情评估结论，有效填充、疏导、净化舆情，规避、化解或干预舆论场的舆情风险，阻止、消除、处置现场的危机。舆情风险评估与防控的各个环节相辅相成，形成动态循环。

此外，还需要做好考核追责和落实保障的相关工作，以完善负面舆情的全流程治理，深化改善公共关系的实际效果。

一方面，加强对舆情治理工作的考核和追责。一是对重要信息不发布、重大政策不解读、热点回应不及时、情绪疏导不科学、联动处置不到位的，要严肃批评、公开通报。二是对弄虚作假、隐瞒实情、欺骗公众造成严重社会影响的，或应对中出现严重失误引发极端行为或群体性事件的，要依纪依法追究相关责任。三是总结经验教训，不断调整优化负面舆情治理的方式方法。

另一方面，落实舆情治理所需的相关工作保障。一是建立贴近实战的宣传组织架构，加强组织保障，落实具体分管领导和专业人员编制。二是注重宣传骨干队伍的培养，按照政治强、业务精、作风正、纪律严的要求加强专业教育和综合培训。三是落实宣传装备，切实配备必要器材，落实宣传人员个人安全防护装备。四是通过第三方服务，辅助或外包开展舆情治理专项工作。

8.2.2 舆情风险的全生命周期评估

舆情风险防控的首要工作是舆情风险评估，对舆情整体状况、关键要素、存在风险等进行全面识别和充分评估，在此基础上开展舆情风险防控工作；基于舆情风险的全生命周期，舆情风险评估应做到立体化、全流程的实施，对于涉及的各阶段、各环节、各要素、各方面的舆情风险进行全面科学的识别、分析、定级、预测等。

8.2.2.1 舆情画像与风险识别

舆情风险评估的基础工作是舆情的现状画像，简称“舆情画像”，是指在舆情收集的基础上，对舆情事件、基本情况、传播状况、受众状况给予描述画像，从而识别出可能存在的舆情风险。

1. 舆情的信息收集

舆情相关的信息收集至关重要，是舆情画像的前提，也是舆情风险评估的关键。应急管理中，舆情收集的重点包括：（1）涉及重要决策部署的政务舆情信息。（2）涉及公众切身利益且可能产生较大影响的媒体报道。（3）引发媒体和公众关切、可能影响政府形象和公信力的舆情信息。（4）涉及重大突发事件处置和自然灾害应对的舆情信息。(5) 严重冲击社会道德底线的民生舆情信息。(6) 对政府及其部门重大政策措施存在误解误读的舆情信息。(7) 严重危害社会秩序和国家利益的不实信息等。

舆情收集应根据信息来源，尽可能开展覆盖全媒体、全网络、多渠道的舆情收集。舆情收集的渠道主要包括社交媒体、自媒体新闻平台、网络论坛/BBS、网络新闻、新闻跟帖、博客空间、视频播客、网络调查等。

舆情收集可通过人力操作或人工智能来实现，其基本原理是“信息抓取→信息匹配→信息筛选”。一是基于相关性的信息抓取，在互联网上搜索并获取与目标相关的信息，其核心在于全面、快速获取有关信息。二是基于关键词的信息匹配，提炼与舆情事件紧密相关且具备敏感性的关键词，以此为索引，与抓取的信息进行扫描比对，查看信息中是否按已定规则存在已定关键词。三是基于有用性的信息筛选，对于抓取和匹配的信息进行审查和判定，筛除无用或可用性较低的信息，找出可利用的有效信息。

2. 舆情的事件画像

在舆情收集的基础上，对于舆情所呈现出的公共突发事件本身作出描述画像，主要从以下两方面初步呈现：一是对舆情核心事件的过程梳理，包括该事件的背景、起因、经过、后果、调查处理等方面的最新进展和整体情况。二是对事件所有舆情的分阶段梳理，对事件舆情过程进行分时段或分阶段的梳理，一般而言，舆情可分为酝酿期、升温期、高潮期、消退期，不同时期的舆情传播数量和舆论侧重点不同。

3. 舆情的传播画像

舆情传播状况的画像，应尽可能全面仔细，从传播数据、传播路径、传播焦点、传播走势等方面做全方位展现。

一是舆情传播数据，包括新闻媒体、网络自媒体两类的传播数据，对于舆情传播数量、传播媒体及其类型、舆情热度、舆情声量等进行分类、分级、分时段的统计分析。当前，多种舆情监测和分析软件基本能够对舆情传播数据予以分析和展示，但由于数据抓取工具、数据分析指标等主客观情况，所以最终结果存在相应的误差。

二是舆情传播路径，是指舆情在一定时间内从产生到扩散，以转载、转发媒介（媒体及自媒体）等为节点构成的传播过程。

三是舆情传播焦点，是指舆情传播过程中关注度最高的关键词、关联词、敏感词、媒体报道热点、网民话题热点等。

四是舆情传播走势，一般以小时、天等时间单位为节点，检索舆情事件各个时段的传播数量和关注焦点，绘制传播走势图，以此观察舆情发酵的状态和趋势。

4. 舆情的受众画像

公共突发事件的舆情受众是指，接受、回应、评论、转发转载甚至制造二次舆情的主体（个体或群体），包括舆情接受者、关注者、二次传播者等。互联网空间中的舆情受众已不再受物理空间限制，可能遍布全国乃至全球，舆情受众的身份、特征、态度等也呈现多样化特征。基于此，舆情受众画像应尽可能全面仔细，从受众的属性和反馈两方面做全方位展现。

舆情受众的属性画像是指对舆情受众本身的特征和属性进行分析，既包括舆情受众在网络环境中的身份特征、活跃状况、参与平台、粉丝数量、表达习惯、兴趣分布等的“舆论场”属性特征，也包括对舆情受众在现实环境中的地理位置、身份特征、职业、年龄、学历、收入状况等方面的“现场”属性特征。

舆情受众的反馈画像是指，对舆情受众的态度、看法、意见、言论的分析以及对其支持、理性、共识的程度测量。一般而言，舆情受众反馈分为 4 种态度、7 类情绪、16 种心态（见表 8-3)。

表 8-3 舆情受众的态度、情绪、心态汇总情况

分析维度	细化情况
态度（4 种）	正面倾向；中立态度；负面倾向；不确定态度
情绪（7 类）	支持；乐观；中立；质疑；担忧；畏惧；反对
心态（16 种）	(1) 基于信任官方基础上的支持 (2) 对利国项目的支持（例如保障国家安全、维护国家形象等） (3) 对利他项目的支持（例如方便他人、扶助弱势群体等） (4) 对利己项目的支持（例如提高个人收入、降低生活成本、带来生活便利，提高生活质量等） (5) 对不损己项目的中立态度 (6) 对任何事件无所谓的态度 (7) 充分了解、全面认识、理性思考基础上的辩证态度 (8) 尚未表态的不明确态度 (9) 对可能产生纠纷的担忧 (10) 对安全、污染等共性问题的担忧 (11) 邻避效应——“不要建在我家附近”的心理 (12) 对属地政府和相关部门管理能力的不信任 (13) 对责任主体的怀疑 (14) 对未知事物的畏惧 (15) 对特定项目的畏惧 (16) 绝对反对的逆反心态

8.2.2.2 舆情特征与规律分析

舆情的特征与规律分析，针对舆情来源、舆情传播扩散、舆情转折变化、舆情发酵发展等维度，为舆情风险的全面深入分析、定性定级、趋势预测以及之后的科学舆情风险应对提供依据。实践中，应把握住以下特征和基本规律，以此为基础，进一步针对性地分析具体案例的舆情特征和规律。

1. 舆情来源的多元化特征

全媒体时代的舆情呈现出“源头多、传播快、易获取”的特征，舆情的多元化来源主要表现为记者暗访、内部爆料、异地报道、移动终端曝光、自媒体深度挖掘、影视作品改编或重现、网络直播、境外造谣等。针对舆情的“源头多、传播快、易获取”特征，传媒控制仍可用，但效果式微。基于此，危机公共关系若“捂不住盖子”，则需自行“定调子”。通过“自有发布平台”传播、借助“融媒体特性”，达成预期的舆论引导成效。

2. 舆情的“深度挖掘、追踪报道”特征

突发事件后的舆情具有“深度挖掘、追踪报道”的特征，具体表现为：在媒体报道、自媒体文章或网民评论中，出现对“当事人情况”、涉事主体的历史遗留问题、同期的同类事件、历史的同类事件、关联组织或人物的问题（可能造谣传谣）等的深度挖掘，对事件本身情况、事件原因与责任主体、事件应对与处理、善后处理与受害者意见等的追踪报道，进而形成反复报道、多路径传播、改装夸大的舆情状况。其中有的是有责的真实情况，导致危机公关面临被动局面，有的是“造谣传谣”，使“舆论场”混乱，综合导致危机公关的压力叠加。

3. 舆情“留存效应”及其关联反应

舆情“留存效应”是指，信息化的技术使舆情相关的媒体报道或网民评论一旦在网上发表将会永久留存，通过检索可快速找到相关信息。“留存效应”引起公共危机舆情的“新闻链条”和“搜索效应”，加大舆情应对的压力。一方面，公共突发事件一旦出现首次报道，新闻媒体或关注网民将纷纷转载转发，且同类的新闻报道、网民评论、讨论话题等倾向于调用以前的报道内容信息，从而保障网络中信息的长期流转与留存，并构成以时间和内容为线索的“新闻链条”。另一方面，互联网空间中，对于某一公共突发事件的舆情信息会在短时间内海量出现、沉淀下来并可即时搜索，即使是在该事件的舆论动态平息后，曾经对事件的报道和讨论等舆情信息也不会消失，而是作为备用材料留存在网络数据库中，若需要则可搜索查找到，进而形成“搜索效应”。

4. 舆情易被“同类合并”

在舆情传播的新媒体时代，媒体倾向于大量报道同类事件，总结共同特征，并探究深层原因，这种舆情演变为“同类合并”。舆情的“同类合并”源于报道的“强化效应”。同类案例在一段时间内频繁曝光所产生的“强化效应”，促使舆论关注不再只停留于个案层面，而是被引向背后的深层原因。客观上，媒体注重横向挖掘与之类似的事件，对同类事件在一段时间内的持续密集报道，在引起公众对现实社会问题的关注的同时，有利于揭露和反思典型个案背后的深层社会问题，促使政府加大监管、打击力度。在媒体反复报道同类事件的过程中，公众对相关议题的关注度也不断攀升，强大的舆论压力不仅倒逼公共部门采取相应举措，也教导全社会对相关问题提高警惕和风险意识。

5. 舆情易被“对比差距”

全球化时代，某一公共突发事件易与不同国情、不同地域、不同时间的同类舆情事件形成对比，从而形成对比式报道，此类对比呈现出碎片化、脱离时空的特征，这种舆情演变称为“对比差距”，由此产生的“形象落差危机”后果严重，亟待有效防范。“对比差距”突出表现为三方面：一是跨国情的对比，将“国外最佳经验”和“国内最差表现”形成对比，产生“形象落差危机”。二是跨地域的对比，不同地区之间公共突发事件易被媒体对比，进而给两地的调查处置和舆情应对带来压力，尤其是通过对比进而总结的相似问题易引发整体的“形象落差危机”。三是跨时间的对比，历史事件和当前事件的对比，易引发对“同类问题复发”和“整改不到位”的质疑。

8.2.2.3 舆情定性与风险定级

舆情风险的全面分析和科学定级，主要从定性分析和风险定级两个维度开展。

1. 舆情的定性分析

公共危机的舆情应从舆情源头、舆情传播、舆情受众、舆情环境四要素予以定性。

第一，舆情源头的定性是指对舆情所涉及公共突发事件中的“人”和“事”进行定性分析，其中“人”是指舆情相关群体、“事”是指舆情相关事件。一方面，对舆情涉及的主体进行定性分析，分析主体的特征属性和利益诉求，尤其是主体是否存在合法合理诉求未被满足、是否存在不合理诉求或过高期望、是否涉及境外反动势力、是否为公共安全高危人群等问题予以分析研判。另一方面，对舆情相关事件进行分析，对舆情涉及具体事件进行定性分析，尤其是对该事件是否涉及敏感群体、敏感事件、敏感地区、敏感时段等问题予以分析研判。

第二，舆情传播的定性是指对舆论制造传播者和舆论传播状况的定性分析。一方面，对制造传播舆情的主体予以定性，尤其是对发布、曝光、转发、转载、评论的主体是否涉及造谣传谣，敏感群体，境外势力，公共安全高危人群等问题予以分析。另一方面，对舆情传播情况进行分析，既要对舆情地域空间关联性、舆情地点特殊性、舆情地域连锁反应等空间维度进行定性分析，也要对舆情时间历史关联性、舆情事件敏感性、舆情传播和发展的时间规律和趋势等时间维度进行定性分析。

第三，舆情受众的定性是指对舆情受众的情绪态度、意见倾向、身份情况、实际行动等进行的定性分析。具体包括：一是舆论总倾向和网民态度分析；二是关注该舆论事件的人群分类分级；三是媒体与网民对舆论事件当事人、责任方的态度分析；四是网民对事件本身的反应程度。

第四，舆情环境的定性是指将舆论事件置于应急管理“现场”和“舆论场”的整体社会环境中进行深入考察，利用心理学、社会学、统计学、新闻传播学、公共管理学等学科理论方法，对舆情源头、舆情传播、舆情受众进行深化的定性分析。一是评估网络舆论的风险程度，即舆论事件引发群众的反应程度；二是评估舆论反映的群众的利益诉求，即“保底诉求”和“超额诉求”、“合法诉求”和“不合法诉求”、“合理但超出政策预期的诉求”和“不合理的过高期望诉求”等，列出群众的需求清单；三是分析舆论反映的社会心态，包括正向、中立、负向的社会心态及其具体情绪和心理原因。

2. 舆情的风险定级

舆情的风险定级是指，对舆情可能产生的风险等级进行分析，通常有如下两种方法。

第一，“社会责任-负面影响”定级，根据舆情事件中相关主体的社会责任和舆情所产生的社会负面影响进行风险等级研判。

第二，“后果危害度-社会关注度”定级，根据舆情事件的后果危害程度和社会关注程度对舆情风险进行等级研判。实际操作中，后果危害度和社会关注度，将通过定量化或可操作化的分级指标予以明确（见表 8-4）。

表8-4　舆情“后果危害度-社会关注度”的定级标准

级别	分级标准	
	后果危害度指标	社会关注度指标
特别重大（Ⅰ级）舆情	(1) 属地内发生严重危害国家安全、具有明显政治倾向； (2) 产生对属地公共安全和社会秩序造成严重影响的突发负面舆情； (3) 可能导致大规模群体性事件、政治性煽动事件或其他易被政治势力利用； (4) 需要统一指挥、协调属地有关部门和力量进行紧急处置的舆论事件	(1) 境内主要重点新闻网站大量报道有关负责信息，引发大量网民留言或论坛讨论的事件； (2) 境内主要商业网站大量转载有关负责信息，引发大量网民留言或讨论、评论； (3) 境内有关微博网站大量网民转发评论，出现行动性、煽动性言论； (4) 境内主要知名论坛大量炒作相关负面信息； (5) 境外主流媒体和网站进行相关报道的负面信息
重大（Ⅱ级）舆情	(1) 在较大范围内对属地公共安全和社会秩序造成重大危害和影响； (2) 易由此引发政治性事件或授人以柄的突发负面舆情； (3) 需要统一指挥、协调相关部门和力量进行紧急处置的舆情事件	(1) 境内重点新闻网站报道有关负面信息，引发一定数量的论坛讨论； (2) 境内知名商业网站转载有关负面信息，引发一定数量的网民留言； (3) 境内有关微博网站一定数量的网民转发评论； (4) 境内主要知名论坛进行相关讨论； (5) 境外少数媒体和网站进行相关报道
较大（Ⅲ级）舆情	(1) 在一定范围内对属地公共安全和社会秩序造成一定危害和影响的突发负面舆情； (2) 需要指挥、协调有关力量进行紧急处置的舆论事件	(1) 境内少量新闻网站转载有关负面信息； (2) 引发少量论坛讨论； (3) 境内有关微博网站少量网民转发评论； (4) 境内主要知名论坛有相关讨论但未成为热点
一般（Ⅳ级）舆情	(1) 在小范围内对属地公共安全和社会秩序造成一般的危害和影响的突发负面舆情； (2) 需要协调有关力量进行处置的舆论事件	(1) 境内少量商业网站报道有关负面信息； (2) 境内少量论坛、微博网站有相关讨论但未形成热点

8.2.2.4　舆情风险的趋势预测

舆情可通过采取定量和定性相结合的方法、根据舆情演变规律和原理，进行趋势研判。

1. 舆情趋势的量化预测

舆情趋势的量化预测一般应用舆情发布者状况、舆情传播状况、舆情受众状况的指标（见表8-5）。

表8-5　舆情趋势的量化预测指标

舆情预测版块	舆情趋势的量化预测要素	舆情趋势的量化预测指标
舆情发布者状况	影响力变化	业界地位、社会地位、粉丝数量、关注群体、转载量、关系网等
	活跃度变化	发帖量、回帖数等
	价值观变化	舆情发布的语义信息等

续表

舆情预测版块	舆情趋势的量化预测要素	舆情趋势的量化预测指标
舆情传播状况	主题深挖或衍生	公共安全、民生权益、政策法规、医疗卫生、生态环保、官员问题、伦理道德等
	关注度	参与评论人数、点赞数量等
	信息主题危害度	高、中、低、无
	舆情形式	照片、视频、录音、文字等
舆情传播状况	传播媒体和平台	报纸、杂志、电视、广播、门户网站、网络论坛、博客/个人空间、短信、邮件、微博、微信、移动客户端等
	传播媒体影响力	总流量、日流量、点击率等
	舆情传播度	转载量、报道次数等
舆情受众状况	负面指数	回帖总数、负面回帖总数、中性回帖总数等
	受众影响力	影响力地域范围、舆情回复语义信息等
	参与频度	点击量、评论数、回复量、转载量等
	网民分布状况	IP 地址等

2. 舆情趋势的质性预测

舆情趋势的质性预测，是指对舆情走向和发展趋势的研判，一般从舆情事件或现象的传播扩散、传播焦点转移、各方观点倾向变化、各方介入情况、舆情应对成效及环境因素变化等要素进行预测，为后续舆情风险应对提供较全面的参考（见表 8-6）。

表 8-6 舆情趋势的质性预测指标

舆情趋势的质性预测要素	舆情趋势的质性预测指标
事件或现象的传播扩散的预测	(1) 来自网民爆料的敏感信息，需梳理网民观点、跟进关注情况的同时，研判媒体介入报道的可能性和报道方式等内容； (2) 来自媒体首发报道的信息，需预判有关报道内容在网民中可能引起的反响，评估报道在社交媒体的扩散情况等
传播焦点转移的预测	(1) 传播焦点转移经常出现在舆情事件发展的中后期； (2) 传播焦点的转移，根本原因是舆论关注矛盾焦点的转移； (3) 促成焦点转移的因素，可能是新事实或细节的披露，或媒体、涉事单位的主动引导等
各方观点倾向变化的预测	(1) 舆情多渠道扩散或舆情关注焦点转移，将引发舆论场观点倾向的变化，是舆情走向的直接显性表征； (2) 反转舆情可能导致舆论态度和观点的颠覆性变化等
各方介入情况的预测	应视情况考虑监管部门、新闻媒体、专家学者、竞争对手、合作方、受害方、律师等各方面因素，研判其介入时机、介入方式、介入程度和产生的影响

续表

舆情趋势的质性预测要素	舆情趋势的质性预测指标
舆情应对成效的预测	应从官方响应、信息发布、公信力、动态反应、问责处理、应对技巧六大角度进行梳理，评估舆情风险应对的特点、优点、缺点、经验、教训、态度、策略等内容
环境因素变化的预测	（1）社会思潮、公众心理和社会矛盾基本面等环境因素对舆情的影响； （2）行业特点、政策背景、历史因素、关联话题、媒介传播特点等环境因素对舆情的影响等

3. 舆情风险的升级预测

舆情因其所具备的关注社会动向、向政府施压、动员社会公众等特征，其风险逐渐从虚拟走向现实。一方面，舆情风险可能从“网络集群”发展到“实地集会”，网民在网络中对热点事件和话题的讨论可能随着事态发展而不断变化，不满的观念态度可能发展为现实的抗议示威。另一方面，舆情风险可能从“虚拟无序”演变为“现实违法”，网民在通过网络来汇聚民意、形成舆论施压、造成虚拟无序的同时，可能升级为现实中极端犯罪、恶意报复等违法违规行为。

8.2.3　舆情风险防控的“时势度效治”模型

舆情风险防控要注意“时、势、度、效、治”五个维度，应设置相应的成效评估体系和绩效考核机制，以实现系统、持久的科学应对和建构善治的社会环境（见图 8－3 和表 8－7）。

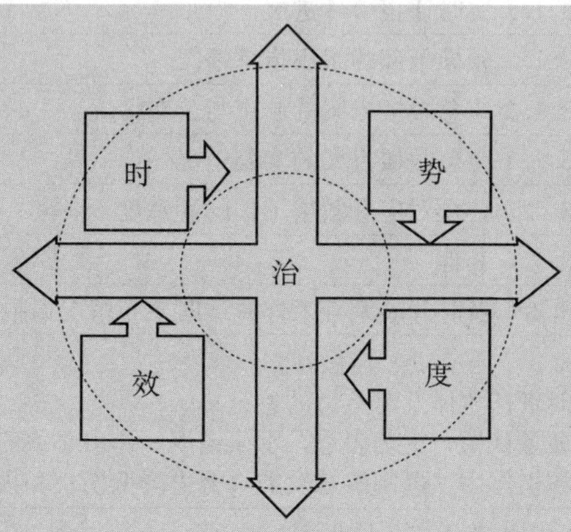

图 8－3　舆情风险防控的“时势度效治”模型

表 8-7 舆情风险防控"时势效度治"评估表

一级指标	二级指标	三级指标
1. 时	1.1 快速	1.1.1 相关部门到达案发现场的速度
		1.1.2 第一时间快速发声
		1.1.3 信息发布的时间需遵守相关法律法规的要求
		1.1.4 其他
	1.2 及时	1.2.1 第一时间主动发现谣言
		1.2.2 对谣言进行研判、定性和寻找处理谣言的法律依据
		1.2.3 迅速组织回应谣言
		1.2.4 较好的辟谣效果
		1.2.5 其他
2. 势	2.1 造势	2.1.1 主动联系各级政府、各有关部门以及中央级权威媒体共同发声
		2.1.2 与各级政府、各有关部门共同策划并实施信息发布工作
		2.1.3 与各级政府、各有关部门共同开展应急处置
		2.1.4 形成较大的社会影响力
		2.1.5 其他
	2.2 借势	2.2.1 借助已有媒体的相关报道，扩大新闻覆盖范围
		2.2.2 借助专业机构和专家等权威第三方的身份，直接发布相关信息或进行专业解释和论证以证明相关信息的真实性
		2.2.3 借助具有一定公信力和权威性的"意见领袖"
		2.2.4 争取"异见领袖"转变成见、帮助获得大众的认同支持
		2.3.5 其他
3. 度	3.1 处置	3.1.1 实时通报事件进展
		3.1.2 领导干部的组织指挥情况
		3.1.3 应急救援方案的制定与公布情况
		3.1.4 应急救援方案的实施情况
		3.1.5 公众对应急救援工作的满意度
		3.1.6 其他
		3.2.1 及时开展调查工作并适时发布情况通报
	3.2 追责	3.2.2 若有责，应做到： 对责任主体及时有力的追究； 诚恳认错，主动表态，承认错误，作出必须的承诺； 积极作为，遏制事态发展，努力降低伤亡和损失
		3.2.3 若无责，应做到： 找出其他责任主体； 快速澄清、及时辟谣； 说明意外情况
		3.2.4 其他

续表

一级指标	二级指标	三级指标
	3.3 整改	3.3.1 制度整改措施的制定情况
		3.3.2 制度整改措施的实施效果
		3.3.3 公众对制度整改初步效果的满意度
		3.3.4 其他
4. 效	4.1 回应	4.1.1“定调子”：回应“政府关切、民众关心、媒体关注”的焦点议题
		4.1.2“挖层次”：深度挖掘事件本身情况、事件原因、事件应对与处理、善后处理与受害者意见
		4.1.3 其他
	4.2 疏导	4.2.1 及时发现公众负面情绪
		4.2.2 快速疏导社会负面情绪
		4.2.3 社会负面情绪的疏导效果
		4.2.4 其他
	4.3 引领	4.3.1 正面事迹的报道宣传情况
		4.3.2 积极引导公众，指导公众配合救援工作
		4.3.3 赔偿或弥补受害者的损失
		4.3.4 塑造政府良好形象
		4.3.5 其他
5. 治	5.1 学习“应知”	5.1.1 观念转变与更新
		5.1.2 知识更新与升级
		5.1.3 其他
	5.2 强化“应会”	5.2.1 转化知识为综合能力
		5.2.2 持续优化升级预案
		5.2.3 提升实战能力
		5.2.4 其他
	5.3 制度“补漏”	5.3.1 既有制度的修订完善
		5.3.2 制度漏洞与空白的填充
		5.3.3 其他

第一，时，即时间节点。应急救援部门要研判时间节点，分析“社会敏感”、同类关联等要素。一方面，规避“恶意炒作”的风险；另一方面，还要避免“被关联”的风险。

第二，势，即趋势预测。应急救援部门要全面评估“连锁反应”效应，预测显性的趋势，并有针对性地做好预防和预案，关口前移，提前防控。

第三，度，即速度尺度。应急救援部门的负面影响应对不仅要快速，更要有部署、讲究尺度，既不能犹豫不决、贻误机会，也不能揠苗助长、适得其反。

第四，效，即效果效益。应急救援部门的负面影响应对和危机公关的处置效果，最终要看综合的社会效益，不仅要得到直接利益相关群体的认可，还要得到间接利益相关群体的接受，更要符合总体国家安全观等大局。

第五，治，即贯穿治理。应急救援部门的负面影响应对和危机公关，应该以治理为中心，学习“应知”，强化“应会”，制度“补漏”，争取形成科学应对和综合统筹的治理体系。

8.3 利益相关分析与社会评价优化

8.3.1 利益相关分析的“三级圈”模型

8.3.1.1 利益相关分析“三级圈”模型的基本构成

利益相关与否构成了制造、助推、炒作、围观舆情的全部受众，也决定了社会心态的多样化特征，根据利益相关可分为直接利益相关群体、间接利益相关群体、旁观群体三类，形成利益相关分析“三级圈”模型（见图 8-4）。

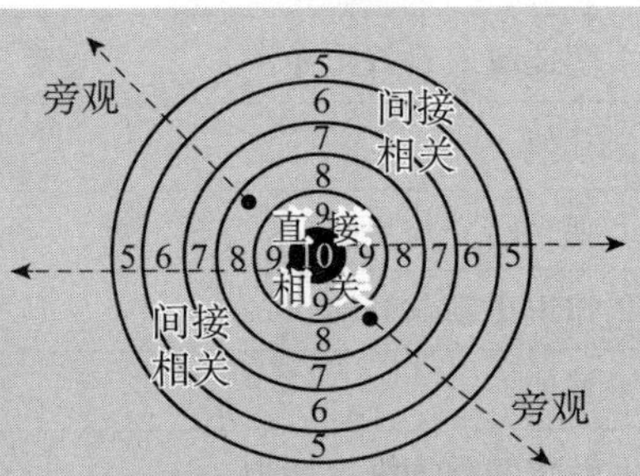

图 8-4 利益相关分析“三级圈”模型

8.3.1.2 基于“三级圈”模型的态度调查分析

公众态度调查分析，是根据所需调查的项目情况，设计社会调查内容，围绕相关风险因素对利益相关者（相关部门、群众）展开调查。社会调研的方式包括：走访、问卷调查、当面听取意见等。开展调研时要向调研对象说明项目背景、方案、可能产生的影响等情况，以便其了解真实情况，表达真实意见。同时注意调研对象的广泛性、针对性和代表性，注重调研的方式和方法，确保收集意见的真实性和全面性。

一般而言，根据利益相关的程度和范围，可设定利益相关“三级圈”开展全面调查、重点调查和选择性调查，以社会稳定风险调查为例（见表 8-8 和 8-9）。

表 8-8　社会公众态度调查分析"三级圈"调查表（以社会稳定风险调查为例）

风险调查对象	调查特征	调查范围	调查区域
一级利益相关群体	全面调查	距待评事项的物理位置 1 000 米以内的区域	敏感项目所毗邻的社区（村庄）
二级利益相关群体	重点调查	距待评事项的物理位置 1 000～2 000 米的区域	敏感项目所在的乡、镇、街道
三级利益相关群体	普通调查	距待评事项的物理位置 2 000～10 000 米的区域	敏感项目所在的区、县

表 8-9　社会公众态度调查分析"三级圈"调查结论表（以社会稳定风险调查为例）

风险调查圈等级	覆盖地区	支持率	中立率	反对率
一级调查圈	一级调查圈的地区 A			
二级调查圈	二级调查圈的地区 B			
	二级调查圈的地区 C			
三级调查圈	三级调查圈的地区 D			
	三级调查圈的地区 E			
	三级调查圈的地区 F			
合计				

8.3.1.3　针对"三级圈"模型的诉求分析与风险研判

应用利益相关分析"三级圈"模型的细化指标，根据利益相关的远近大小，对其利益诉求进行准确甄别和区别对待，对其可能出现的行为方式予以风险研判和有效防范（见表 8-10）。

表 8-10　利益相关分析"三级圈"模型的细化指标一览表

三类相关群体	主要情绪和诉求	主要行为方式	应对原则	具体要求
直接利益相关群体	以"怒"为主；情绪发泄；物质赔偿；精神补偿；责任人查处；制度整改永不再犯等	讲述个人遭遇，表达悲伤、愤怒、不满等情绪；爆料内部情况，指责官方失误或责任；个体极端行为，危害公共安全或社会秩序；现场抗议和闹事；向上级部门、中央部门、信访部门、纪检监察部门等投诉；发动网络请愿、签名、投票；召集现场游行集会等	突出直接利益相关群体	妥善解决直接利益相关群体的合法合理诉求，依据法律法规和政策规定，处置好其物质赔偿和精神补偿的工作，并尽可能"全程无责"、规避工作过程中的失误和风险

续表

三类相关群体	主要情绪和诉求	主要行为方式	应对原则	具体要求
间接利益相关群体	以“忧”为主；免被害，免于被牵连或受影响，希望“下一个受害者不是我或我的下一代”；知情权；制度整改永不再犯等	对于热点舆情的报道和文章进行转载、转发、跟帖、评论；对热点舆情事件中受害者的不幸遭遇表达愤慨、同情、担忧等；对于热点舆情事件中责任方的违法违规、违背公序良俗或失职不作为的行为等表达质疑、愤怒、谴责等；发动或参与网络的捐款、请愿、签名、投票、举报等	重视间接利益相关群体	高度重视间接利益相关群体的合法诉求，免于“下一个受害者是我或我的下一代”的恐慌，积极整改不合理的制度
旁观群体（无利益相关或弱利益相关）	以“疑”为主；知情权；满足围观和看客的好奇心态；免被害，不被牵连或影响，希望“下一个受害者不是我或我的下一代”；制度整改永不再犯等	对热点舆情事件予以关注；对热点舆情的报道和文章进行一定范围的转载转发；“潜水”中，谨慎评论或跟帖，不表达个人情绪或明确态度；利用社交平台或自媒体频道，针对舆情背后的深层次问题，给出整改建议等	慎待无利益相关或弱利益相关的旁观群体	冷静分析无利益相关或弱利益相关的旁观群体，保障其合法权益，接受其合理化建议；警惕其中的“别有用心者”的不法言论，实时监控、识别、预警“别有用心者”的存在，及时在网络空间发布官方信息、辟谣，在现场调查取证、落地查处，掌握网络舆论场主动权、主导权，坚决反对和抵制各种错误思潮，维护网络社会秩序和意识形态安全等

8.3.2 社会需求应对的综合工具

在应用“三级圈”模型开展利益相关分析和需求应对的基础上，还应直面社会需求应对的难点，即调和多维度的社会需求之间的矛盾，对此利用“利、理、规、法”四类工具，有效化解矛盾纠纷、应对社会需求、防范社会风险、维护安全稳定（见图 8-5）。

8.3.2.1 经济工具，以“利”诱人

经济工具，关键是“利”。具体操作中，应承认和尊重合法合理的私利，通过一系列“给利、让利、互利”的措施，让利益相关群体增加收益、减少损失。利益导向的方案在提供物质补偿、补助奖励等“正面激励”的同时，也应适时开展高门槛运营、高额罚款等“负面刺激”。

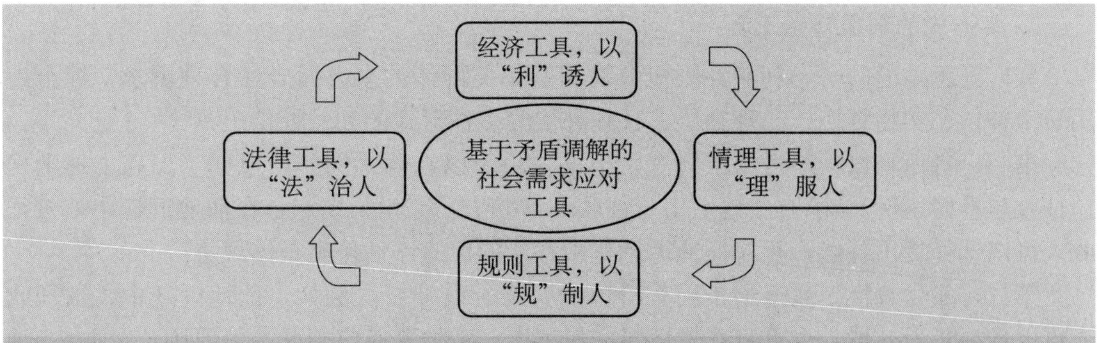

图 8－5　“利、理、规、法”工具示意图

1. 经济工具的基本原则

从利益角度而言，核心是私利和公利的平衡，尤其是某些长期战略规划能否兼顾个人利益和公共利益，有效平衡私利和公利。基于此，经济工具的应用，符合社会综合发展的多元目标，兼顾人民群众福祉、党和国家顶层设计、区域长效发展和历史发展趋势。

第一，顺应广大群众意愿。可能涉及社会稳定风险的战略规划，应旨在满足广大人民群众的福祉需求，顺应群众意愿，有助于满足人民多方面的美好生活需求。

第二，符合国家发展战略。可能涉及社会稳定风险的战略规划，应符合党和国家的顶层设计，有利于保障国家安全、维护国家利益。

第三，适应历史发展趋势。可能涉及社会稳定风险的战略规划，应适应历史发展趋势，结合生产力状况和全球发展特征。

第四，对合法合理私利予以尊重。尊重利益相关群体合法合理的私人利益，这既是依法依规的要求，也是保障民众安全感、获得民众支持度的基础和前提，尤其是涉及征地拆迁、安置补偿等环节，应依法依规开展，监管避免暴力违法的强制拆迁引发个体极端行为和群体性事件等社会稳定问题。

2. 多维度的利益补偿思路

在尊重合法合理私利的基础上，对于因维护公共利益而对私人利益有所损耗和牺牲的，应予以相应的补偿。利益补偿应广开思路，针对利益相关群体的多方面合法合理诉求，从多个维度予以补偿。

第一，直接给利，对等弥补损失。根据相关法律法规的规定或沟通协商的结果，对于个人利益的损失给予对等的弥补。

第二，让利于民，达成利益平衡。企业出让一定的预期经营收益，政府提供更加完善的公共服务，对利益重新协调分配，从而弥补直接利益相关群体对于土地被征收、生活环境可能被改变的心理预期以及项目实施后对道路交通等方面的实质性影响，达成新的利益平衡。

第三，互利互惠，寻求共赢点。在政府部门、商业主体、当地居民等多个利益相关群体之间化解冲突，形成合作，互利互惠，找到共赢点。

3. 多形式的利益补偿工具

在广开思路的同时，利益补偿应针对利益相关群体的多方面合法合理诉求，综合应用货币补偿、实物置换、心理补偿、长效补偿等多种形式的利益补偿工具。

第一，货币补偿。通过给予同等价值的货币予以补偿。例如，根据《国有土地上房屋征收与补偿条例》《国有土地上房屋征收评估办法》等相关规定，在征地拆迁中，被征收人可以选择货币补偿，且对征地拆迁货币补偿的价值评估作出具体规定。

第二，实物置换。通过给予同等价值的实物予以补偿。例如，征地拆迁中，被征收人可以选择货币补偿，也可以选择房屋产权调换。实物置换应遵循等价原则，《国有土地上房屋征收与补偿条例》对此作出具体规定。

第三，心理补偿。改善利益相关群体生产生活环境，完善周边相关地区的基础设施和公共服务等，使其产生"相对被补偿感"。

第四，长效补偿。向利益相关群体提供学习、就业、入股、投资机会，增加利益相关者的收入或预期收入。

8.3.2.2 情理工具，以"理"服人

情理工具，关键是"情"和"理"，"法治社会"讲道理，"熟人社会"有感情。以此为基础，通过社会问题个人化，个人问题内部化和分类分批、先公后私的心理认可战术，达到共治的目标。

1. 多管齐下的说理法

说理战术是指，"法治社会"讲道理，在法治社会中，通过讲道理的方法化解社会稳定风险。

说理战术在实施中应遵循以下原则：(1) 理源于法，"理"来源于相关法律法规、政策规定、制度规范等，以法律的权威性为基础；(2) 理应科学，"理"应符合人类和社会发展客观规律的科学，不应是胡编乱造或封建迷信；(3) 理应有据，"理"须有现实情况作为依据，让人信服。

说理战术的实施主体本身应具有权威性，以保证其可信度，具体而言可分为四种权威：(1) 行政权威，当涉及宏观原则、战略规划、政策方针、行政决策等方面的问题需要说理时，由具备公信力的党政人员开展说理工作。(2) 专业权威，当涉及某些领域或行业的专业知识、原理、方法、术语等方面的问题需要说理时，由具有专业性和说服力的业界专家开展说理工作。(3) 法律权威，当涉及法律方面的问题需要说理时，由法院或检察院系统相关人员、法学专家、资深法律工作者开展说理工作。(4) 社会权威，当涉及利益协调、权责分配、公序良俗等社会问题需要说理时，由乡贤、元老、部落族长、"五老人员"（老党员、老干部、老教师、老知识分子、老政法干警）等具有社会威望或资深地位的人开展说理工作。四种权威在实际操作中可能会重合，即某一说理主体可能兼具上述两种或多种权威。

2. 以情感人的调解法

情感战术是指，"熟人社会"有感情，在人情社会和熟人社会中，通过讲感情的方法

有效调解。情感战术的实施应联动现场和舆论场，通过现场来带动舆论场，通过舆论场来刺激现场，在具体操作中主要有领导人态度、工作人员行为、当事人反馈、助人为乐或见义勇为、慈善公益等形式。

情感战术能够发挥作用，关键在于实施主体能换位思考，发挥同理心和同情心的作用，并要善于表露情感、流露真情。情感战术的可持续性，在于激发个体内在的行动力和维持社会的持续发展力，对此应加强相应的制度建设：（1）持续激发个人内在潜力的制度，善意、良知、公益心等潜在因素需要被不断激发并转化为行动力。（2）维持群体行动力的制度，通过组织中透明化、人性化、可参与、便于沟通等机制促进行动力的可持续发展。（3）维系社会行动力的制度，通过有效宣传并结合上述手段，在全社会中构建情感认同感、情感归属感、舆论美誉度，不断提升社会环境和文化氛围，形成良性循环。

3. 心理疏导的调适法

心理疏导的调适法是指，综合应用心理学、社会学、管理学的知识和方法，通过“社会问题个人化、个人问题内部化”的方法，将可能引发社会稳定风险的群体问题逐一分解为个体问题，进而针对不同个体综合采取相应的说情讲理方案，化解矛盾纠纷。

心理疏导的调适法在应用时可根据需要引入外部专业力量。例如，北京市民政局自 2013 年 7 月起在民政信访中引入律师、心理咨询师、社会工作师、人民调解员的“三师一员”社会力量，通过“坐堂接访”“疑难会诊”“带案下访”等形式参与信访，通过心理学、社会学、管理学的专业知识和手段，有效辅助处理信访问题、化解信访矛盾，提升信访调解成效。

4. 先公后私的榜样法

先公后私的榜样法是指，让党员干部和公职人员率先响应政策，起到为人民群众树立榜样、引导示范的作用，同时提升人民群众的认可度和配合度，从而有效缓解社会矛盾和稳定风险。

先公后私的榜样法的操作要点主要包括：（1）分类分批、先大后小、先难后易。（2）先公后私、先党员干部后普通群众。（3）政府承担风险、领导做好表率。例如，全国多地在拆除违建工作中，广大党员干部、机关工作人员、两代表一委员等当好表率、带好头，把对拆违拆临的拥护和支持落到实处。再如，上海市在推进电信基站的工作组，曾发生过因为居民担心有辐射、不安全而拒绝在小区附近建设电信基站的问题，市委决定率先在市委大楼屋顶架设基站，此举有效消除了民众的疑虑，促进电信基站建设的开展。

8.3.2.3　规则工具，以“规”制人

规则工具，关键是“规”，围绕与公共安全和社会稳定风险相关的“人”和“事”，设置利益分配、沟通谈判，风险自治、有效共管，权责对等、落实责任等方面的相关规则，在此规则基础上开展以利益相关主体为主的风险自治和矛盾自理。

1. 利益分配、沟通谈判的规则

对于难以直接应用公权力依法执法或通过相关部门进行利益补偿的场景，先通过风险沟通和谈判协商，了解多方意愿，交流彼此想法，在此基础上再想办法解决矛盾纠纷、

化解社会稳定问题。

第一，相关信息的公开透明。保障利益相关群体的知情权和监督权，为沟通协商做好背景介绍工作的同时，也有效规避因信息不对称而出现的质询和怀疑。

第二，多方认同的利益调解。综合社会矛盾调解的利益导向方案中的具体要求，在平衡私利和公利、尊重合法合理私利、开展利益补偿等方面，形成较为成熟妥当、能为利益相关群体多方认同的利益调解规则。

第三，群体民意的代表参与。对于某些利益相关群体涉及面广、人数多、规模大的涉稳项目，可设置规则，让利益相关群体推选出代表，参加沟通协商，在确保沟通的有序性和可行性的同时，通过“少数人沟通”来带动“多数人沟通”，用“局部沟通”化解“整体沟通”。

第四，第三方的居中调和。对于涉及专业知识、普通群众认知不足或难以理解的涉稳项目，或者危机应对现场形势复杂、外部众说纷纭的形势时，可邀请亲历者、专家、专业组织，作为权威、中立、可靠的第三方，就事实和专业角度提供建议，进行裁夺。

2. 风险自治、有效共管的规则

在官方引导或依法框架下，由社会主体根据需求、条件、能力等多方面因素，自愿选择承担所有风险和责任，设置规则，组建队伍，开展活动。

第一，直接利益相关群体自治。由直接利益相关群体自发组成的自治队伍，利用熟悉的社会关系网络，具有劝说能力。例如传统村规民约的自治模式，在村落、乡镇、社区、街道等社会基层单位，由村民事先制定出处理公共事务的程序和规则。

第二，行业协会或社会组织参与。由行业协会、校友会、老乡会等重要非正式群体组织，通过熟悉关系和利益捆绑形成自治，策划多种形式活动，强化成员主体意识、集体意识，争取组织成员的共同发展等。

第三，第三方参与或主持。由专业、权威的第三方机构，通过直接或间接参与的形式，具有一定的公信力和较强的说服力。

第四，志愿者示范与监督。在个人自律和社会监督的基础上，引入志愿者，具体形式包括：带头示范、以身作则；组织协调、居中沟通；开展监督、收集信息、及时举报等。

3. 权责对等、落实责任的规则

设定规则过程中，利益相关方应落实风险所有权，明确各自的权利和义务，主动承担维护公共秩序和社会公共安全的责任。

第一，明确风险所有权，规避“责任缺位”。在定规自治的过程中，应明确利益相关方的风险所有权，明确其权利，规避“责任缺位”导致“安全缝隙”问题。

第二，规范权利和约束权力，防止“责任越位”。在定规自治的过程中，应严格规范权利的行使和权力的使用，防止“责任越位”而出现“维权过当”或“滥用职权”的社会稳定问题。

第三，开展有效激励，促进职责和义务履行。在定规自治的过程中，应通过一定的奖励机制或政策，对职责和义务的履行进行有效的激励。

8.3.2.4 法律工具，以“法”治人

从维护公共安全和社会稳定的角度而言，法律工具是指科学执法，以事实为准绳，以法律法规为依据，全面开展科学执法的制度化建设，并有效落实执法全过程记录、执法固证等制度，“执法矫正”与“普法维序”结合，以争取人民群众的最大支持。

1. 依法执法的三类举措

法律的作用主要有两方面：一方面，以“法”为盾牌，尤其是风险沟通和说情讲理中，需以法律法规形成“盾牌效应”，震慑民众的不当诉求和行为，维护司法权威，以此构成规劝的秩序保障；另一方面，以“法”定秩序，制定相应规则需要以现有的法律法规为基础，维护秩序，既要保护群众正当权益，也要维护政府工作人员的合法权益。三类举措具体包括三种形式：一是“严惩＋强制”，对于较为严重的违法违规违纪行为，严格惩治、强制整改。二是“监督＋矫正”，对于一般类型的不合法合理行为，执法监督、予以矫正。三是“普法＋维序”，对于守法的“围观群众”，强化普法宣传教育，并维护好执法秩序。具体实施中，以客观事实为准绳，以法律法规为依据，确保执法的规范化和科学性，并有效落实执法全过程记录、执法固证等制度。

2. 依法执法的“疏堵结合”方案

在发现因社会矛盾纠纷而出现或即将出现违法违规行为时，应采取“疏堵结合”方案及时制止，有效化解社会矛盾纠纷。“疏堵结合”方案在实际操作中的具体要求包括：一是以“疏”为主、劝导调解，尽量保持克制，以维持秩序为要务，依法依规消除对抗居民、化解对抗局面，消除群体事件恶化的趋势。二是以“堵”为辅、依法维序，在依法依规的前提下，必要时采取强制手段或暴力措施，有效遏制事态恶化、阻止连锁反应。三是规范执法、争取理解，按照程序执法，做好宣传解释、舆情风险防控、危机公关、过程留痕、证据记录，避免被误解为“暴力执法”或“不规范执法”。

8.3.3 综合应急管理社会评价优化的“三维九要素”模型

应急管理的社会评价，是社会各界对于特定应急管理、处置、救援行动的民心所向和总体评议，既是应急管理和抢险救援的“考核指标”，也是应急管理必须直面的舆情环境和社会氛围。因此，提升应急管理的社会评价，是贯穿应急管理全流程的要务。

习近平总书记在主持召开中央网络安全和信息化领导小组第一次会议时就指出，网上舆论工作是一项长期任务，要创新改进网上宣传，运用网络传播规律，弘扬主旋律，激发正能量，大力培育和践行社会主义核心价值观，把握好网上舆论引导的时、度、效，使网络空间清朗起来。[①]“时、度、效”不仅是网上舆论引导的要件，还可以在实践中形成三个维度，建构出综合应急管理社会评价优化的“三维九要素”模型（见图

---

① 习近平：创新改进网上宣传 把握网上舆论引导的时度效．(2014-02-28)．http://www.cac.gov.cn/2014-02/28/c_126205895.htm.

8－6和表8－11）。

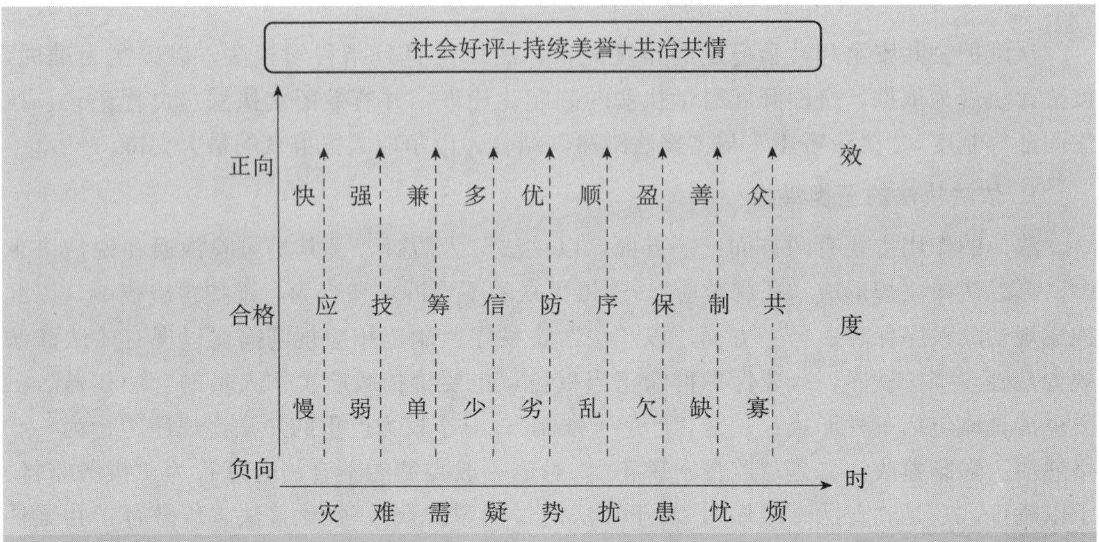

图8－6　综合应急管理社会评价优化的“三维九要素”模型

表8－11　综合应急管理社会评价优化策略一览表

阶段	策略	优化社会评价的机理
爆发处突阶段	应	灾害时快速应急，用速度避免群众的损失和受损感
	技	练就综合技能来破解群众当下难题，打造“好口碑”
	筹	满足涉灾群众多元化的迫切需求，用真心真情换好评
灾中胶着阶段	信	应用新闻发布回应群众疑问，打消无端质疑
	防	预测趋势提前防范安全风险，协作共渡难关
	序	稳妥处置扰乱秩序的问题，持续优化社会氛围
灾后重建阶段	保	处置患难，为涉灾群众排忧解难，增加其获得感
	制	帮助民众消除“下一个受害者”的忧虑，出台根源治理制度，保障其安全感
	共	疏导群众不知晓内情的烦恼情绪，达成共建共治共情来触发其支持应急管理

8.3.3.1　爆发处突阶段：应急管理重在抢险救灾，争取社会各界认可

根据全球应急管理的普遍情况来看，爆发处突阶段面临三重任务：“灾”“难”“需”。因此，应急管理要通过快速的应急来应对灾害，依靠过硬的技能来克服险难，凭借综合的统筹来满足涉灾群众的需求。做到了这些，才能争取到社会各界的认同和认可。

1. 灾害时快速应急，用速度避免群众的损失和受损感

应急管理在灾害爆发的初期，要用快速和有效的应急管理，来捍卫涉灾群众的生命和财产安全，行胜于言，最大限度地避免群众的损失，也降低了涉灾群众的受损感，维护好社会评价。消防救援人员接警后立即出动，并在第一时间启动任务联勤、平时联训、有警联调、现场联战的“初战四联”工作机制，“灭早、灭小、灭了”，有助于有效控制

火势和减少伤亡，从而稳定民心，提升消防形象。

2. 练就综合技能来破解群众当下难题，打造“好口碑”

灾害爆发时，不仅要救命，还要舒缓涉灾群众的险难，通过练就和提高综合技能来破解群众的当下难题，形成“有口皆碑”的好评。以北京市朝阳区金盏乡黎各庄村村民自建房成为“消防标杆”为例，安装联网式火灾独立报警装置，将煤气罐改生物油并增加多层防护，建设 8 处智慧化充电车棚并配备 1 200 个充电插座，建立小型消防站和消防水鹤等。

3. 满足涉灾群众多元化的迫切需求，用真心真情换好评

在应急管理中，涉灾群众除了有保障个体生存的基本需求外，在不同阶段不同主体还有高层次和多元化的安全需求。因此，应急管理在实现“生存”的基础上，换位思考和深入分析，全方位地满足涉灾群众的多元化需求，从而换取群众好评。以 2022 年“9・5”泸定地震为例，地震发生后，应急管理部等部门迅速派工作组前往四川指导抗震救灾工作，对救灾物资进行多主体划分，对救灾工作重心进行分阶段安排：一是个体生存需求，救助物资既有保障日常生活的水、牛奶、方便面和折叠床等，也有充足的老弱病残孕及女性等群体的必需品。二是群体生活需求，切实保障社区生活的需要，落实沐浴方舱、协调垃圾桶、调配医用物资和防疫物资、进行社区消杀等。三是群众心理疏导，针对部分出现灾难心理创伤的涉灾群众进行心理疏导工作。四是社会生产需求，在应急管理逐步向恢复重建的过渡期，工作组进一步保障涉灾群众的社会生产需求，确保涉灾群众后续生活的稳定。

8.3.3.2 灾中胶着阶段：应急管理重在回应关切，获得社会各界理解

以国内外的应急管理规律来看，灾中胶着阶段通常面临三重挑战：“疑”“势”“扰”。因此，应急管理要应用新闻发布来回应民众质疑，研判趋势来防范安全风险，重构秩序来克服扰序。做好了这些工作，才能获得社会各界的理解和赞赏。

1. 应用新闻发布回应群众疑问，打消无端质疑

借力新媒体传播，积极回应群众关切问题，信息充分自能“挤走”谣言，有效消除公众疑虑，提升社会评价。以“9・5”泸定地震为例，地震发生后人民日报、央视新闻等通过官方微信公众号、微信视频号、客户端直播等多种新媒体方式报道，直播地震灾情险情，报道武警消防官兵救援行动，及时发布现场视频，让群众第一时间直观、清楚地了解到救援现场的情况。具体包括：一是“现场直播式”新闻发布，让群众直观感受救援现场的艰辛；二是直击真实现场，关注平凡个体；三是以手机终端、微信平台为媒介，贴近群众，广泛传播。

2. 预测趋势提前防范安全风险，协作共渡难关

全面做好预测预警，提前防范安全风险，切实减少人员伤亡和财产损失，有助于克服涉灾群众的恐慌，形成携手共渡难关的局面。以 2022 年 6 月浙江应对三轮集中强降雨为例，在汛期来临前，浙江在“硬件”和“软实力”上做好了应急保障：在硬件方面，对于防汛重中之重的西险大塘，水位达到警戒线时便立即启动“百米一人”巡塘制度，

以便及时发现险情并将其消灭于萌芽中，西险大塘防汛仓库配备了充足的防汛抢险物资并采用仓储式货架储备模式，通过减少装载时间为防汛抢险赢得先机；在“软实力”方面，浙江省水利厅在“浙里九龙联动治水”系统上线了“浙水安全”应用，构建了水情雨情、流域防洪、山洪联防、水库纳蓄四大应用场景，强化了预报、预警、预演、预案“四预”支撑，贯通了水情、雨情、险情、灾情“四情”防御。在汛期来临时，浙江实时监控水雨情和全省汛情，动态发布调令进行错峰调度。浙江省水利厅本次调度遵循三个链条原则：“降雨—产流—汇流—演进”链条、“总量—洪峰—过程—调度”链条、“流域—干流—支流—断面”链条，着力加强全过程、各环节管控。

3. 稳妥处置扰乱秩序的问题，持续优化社会氛围

根据全球普遍情况来看，灾害爆发和处置的过程中，也是社会秩序出现局部混乱的高发易发期。轻则涉及现场的交通秩序、救灾物资的发放、涉灾群众的安置等；重则涉及治安秩序，甚至触犯《刑法》等违法犯罪行为。因此，应急管理的过程中，必须联防联控，稳妥处置失序行为，维护好线上线下的社会秩序，持续保持和优化社会评价的氛围。以浙江消防针对诈骗风险发出提醒为例，凡出现以消防部门名义向社会单位或个人开展消防安全培训、推销或采购消防产品或其他商业服务的行为，均属于诈骗行为。反诈骗提醒与宣传能够有效提高辖区居民对于诈骗犯罪作案手段的知晓率，提高人民安全意识，减少财物损失。

8.3.3.3 灾后重建阶段：应急管理重在根源治理，扩大社会各界参与

根据全球的共性经验来看，应急管理还要贯穿全程，在灾后重建阶段面临三方面的压力：“患”“忧”“烦”。因此，应急管理还要通过保障措施来化解患难，及时更新制度来破解民众担忧，深化共建共治共情来克服多重烦恼。做到了这些，才能扩大社会各界的参与，通过换位思考来切实提升社会评价。

1. 处置患难，为涉灾群众排忧解难，增加其获得感

在灾后重建阶段，通过深入走访调查群众真实难处，围绕群众切实关心的“生存、生活、生产”问题，急人民之所急，解群众之所难，有助于切实提高公信力和提升社会评价。以“8・8”九寨沟地震为例，虽然此次地震级别为强震，但人员伤亡程度相对较轻，这得益于当地地震局和相关部门对于风险的预测和提前防范，并结合搬迁群众的综合诉求，从免息贷款建新房、帮扶旅游项目两方面妥善落实处置方案。防灾减灾救灾工作不仅保护了人民的生命财产安全，还聚焦当地群众一系列的患难，为涉灾群众排忧解难，自然换来了群众发自内心的好评。

2. 帮助民众克服“下一个受害者”的忧虑，出台根源治理制度，保障其安全感

经历灾害的民众会产生“如何避免成为下一个同类灾害的受害者”的忧虑。因此，灾后的“亡羊补牢”措施极为重要，通过出台根源治理制度，可以在很大程度上保障涉灾民众的安全感。以国务院安委会部署加强电动自行车全链条安全监管为例，为深刻吸取有关事故教训，系统解决电动自行车安全监管中存在的突出问题，2022 年 8 月，国务

院安委会印发《加强电动自行车全链条安全监管重点工作任务及分工方案》，从加强生产源头环节安全质量、强化流通销售环节执法查处、规范末端使用环节安全管理、推进拆解回收环节安全管控四个方面提出了重点工作任务。目前，全国多个省市已在贯彻落实并且结合本地情况实现创新，例如建立电动自行车综合管理服务系统，实现电动自行车数字化、智能化的闭环管理。

3. 疏导群众不知晓内情的烦恼情绪，达成共建共治共情来触发其支持应急管理的自发感

由于群众不知晓应急管理的内在情况，所以群众会主观“放大”或“变异”烦恼情绪。通过多措并举，达成共建共治共情的格局，有助于触发其支持应急管理的自发感，从而发自内心地进行社会好评。以应对电动自行车进电梯问题为例，虽然多地已出台禁止其上楼入户等相关政策，但各种违规现象依然存在。由于部分群众并不知晓消防政策的内在机理，在实施过程中仍存在着多种问题，对此，江苏消防使用“智慧消防系统”，把群众、物业、社区、街道、消防等联合起来，形成“统一战线、多元共治”的工作机制，通过共建共享合力消除安全隐患，形成群众理解体谅、自发自愿投入防灾队伍的有利局面。

本章小结

舆情是“现场”的突发事件在“舆论场”的表现和延伸，由内部的相关主体责任状况和外部的舆论状况组成，反映出突发事件应急管理相关的新闻报道、网民意见、媒体评论及其映射的群众对于相关领域的主体形象和具体工作“满不满意、高不高兴、答不答应”的社会心态。危态舆情引导应深刻把握“两场-三维”的机理，熟练应用“常态清理 & 危态止损”方案。

针对突发事件和危机状态的舆情，在引导的基础上，还应做好舆情风险评估与防控工作，具体分为舆情画像与风险识别、舆情特征与规律分析、舆情定性与风险定级、舆情风险的趋势预测四个环节，环环相扣、相辅相成、动态循环，同时还要设置“时、势、度、效、治”五个维度考量的成效评估体系和绩效考核机制。

立足“舆论场”，以危态舆情引导和风险防控为基础，进一步落实利益相关分析和社会评价优化的工作，综合应用利益相关分析的“三级圈”模型和“利、理、规、法”四类工具，开展利益相关群体的态度调查、诉求分析、风险研判、需求应对。此外，还需掌握综合应急管理社会评价优化的“三维九要素”模型，要在“时、度、效”三个维度上，应用“应、技、筹、信、防、序、保、制、共”策略，因地制宜、综合施策。

关键术语

危态舆情引导　“两场-三维”　风险免疫力　“时势度效治”模型　“三级圈”模型　“三维九要素”模型

复习思考题

1. 简述危态舆情引导的“两场-三维”机理。
2. 简述舆情风险评估与防控的科学流程。
3. 简述舆情风险全生命周期评估内容。
4. 简述舆情风险防控“时势度效治”模型的定义和应用场景。
5. 简述利益相关分析“三级圈”模型的定义和应用场景。
6. 简述社会需求应对“利、理、规、法”四类工具的定义和应用场景。
7. 简述综合应急管理社会评价优化的“三维九要素”模型的定义和应用场景。

阅读材料

我国警方舆情引导与提升社会评价策略研究

当前，在新闻场、舆论场、心理场、社会场多场域共振，多媒介融合，多种因素叠加作用之下，热点事件日益频繁被爆出。作为与民高度连接的政府部门，公安机关容易置身于热点事件中，受到公众高度聚焦。舆情反映社情民意，危态舆情一定程度上呈现出负面导向。如何化“危”为“机”，通过舆情引导，提高人民群众满意度，提升自身公信力，营造和谐警民关系，成为警方的重要课题。

一、警方面临的危态舆情特点

（一）涉及面广，舆情形态复杂

公安机关是国家机关的重要组成部分，是我国人民民主专政政权中具有武装性质的治安行政和刑事司法的专责机关，承载的职权范围广，舆论关注度高。例如，警方在应对新冠疫情公共卫生事件时，既需对相关涉疫谣言及时辟谣，也需要对涉疫具体案（事）件进行处置引导。

（二）类型化聚拢，串联风险多见

从主体上看，未成年人、妇女儿童、涉权部门、涉外等成为诱发“危态”高频点。

从案件分类来看，校园安全、家庭暴力、人口失踪、动物保护、交通安全、枪支管理、民族情感、恶性案件等聚焦度较高。

从涉及法律来看，寻衅滋事罪、故意伤害罪、正当防卫的认定等较为高频。此外，在警情通报方面提及“情感纠纷”“互殴”“精神病鉴定”等关键词时也容易触及民众的敏感神经。图 8-7 为诱发“危态”的高频点。

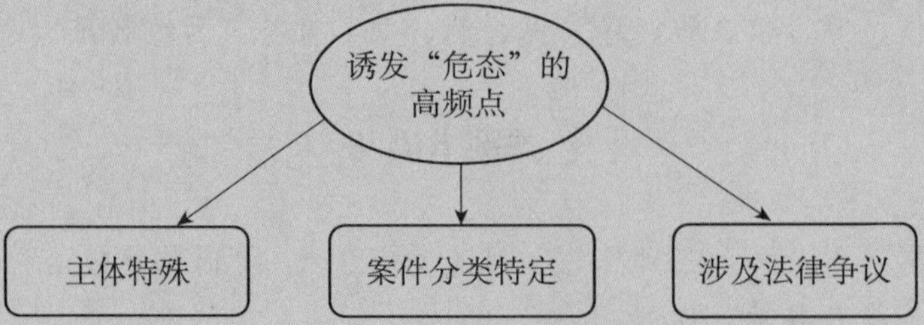

图 8-7 诱发“危态”的高频点

【案例速览】江苏丰县铁链女事件

2022年1月27日，社交网络平台流传“丰县生育八孩女子”的相关视频，视频中女子被铁链拴着脖子引发社会广泛关注。1月28日，江苏徐州丰县通报“生育八孩女子”情况：患有精神疾病，已对其进行救治。1月30日，丰县联合调查组发布关于网民反映“丰县生育八孩女子”情况的调查通报：该女子系流浪被收留，结婚时未核实身份。2月10日，徐州公布“丰县生育八孩女子”调查处理情况，涉罪三人已被采取刑事强制措施。2月17日，江苏省委省政府成立“丰县生育八孩女子”事件调查组。2月23日，江苏省委省政府调查组发布关于“丰县生育八孩女子”事件调查处理情况的通报。另外，公安机关初步查明，该女子系董某更（董某民父亲）于1998年6月经他人介绍花钱买来的。相关犯罪事实仍在深入侦查中。

处置解析：

第一，该案在拐卖妇女儿童的高热社会议题下，加之“女子被铁链拴着脖子”的视频曝光形成视觉冲击，迅速聚热，在网站、微博、微信、抖音等多个媒体平台成为爆火话题。

第二，在事件处置过程中，成立调查组提级处置有益于舆情降温，但每一次通报内容不一、前后矛盾的说法耗损公信力，不利于引导纾解舆情，尤其对于女子身份等关键事实，官方说法从“系流浪被收留”到“经他人介绍花钱买来的”，让网民错愕，难以接受。

第三，次生舆情显现，类似事件勾连，推动负面影响持续。“铁链女”一事被舆论打上标签印记明显，而后发生类似事件，如陕西佳县“铁笼女”事件，尽管证实为自媒体传播有关此事不实照片，仍造成一定负面影响，舆论“危态”思维固化。

（三）内外因作用，传播扩散明显

以形成动因区分，自源型舆情与外曝型舆情共同构成危态舆情。自源性舆情多源于舆论对警方执法及宣传工作的关注，以执法规范化问题、宣传方式不当引发的舆情为代表。外曝型舆情指的是媒体及网民对社会现实问题的曝光，在当下“人人都有麦克风，个个都是自媒体”的传播环境下尤为明显。加之媒介形态多样，短视频广泛盛行，光速传播越来越成为常态，对此类危态舆情的发生进一步推波助澜。表8-12为自源型舆情与外曝型舆情列举。

表8-12 自源型舆情与外曝型舆情列举

舆情类型	典型案例
自源性舆情	山东青岛交警发盘点女司机文案（2022）、山东滨州交警直播查酒驾违规放行（2021）、吉林梅河口警方通报“翻车”（2020）、河南中牟交警被指“拍戏式执法”（2020）
外曝型舆情	河北唐山烧烤店打人事件（2022）、河南杞县19岁女孩实名举报事件（2022）、黑龙江哈尔滨一男子烧伤身亡（2022）、江西南昌玛莎拉蒂女司机醉驾抗拒执法（2021）

【案例速览】河北唐山烧烤店打人事件

2022年6月10日下午，有网民发布“唐山某路烧烤店，男生耍流氓未果，随即动手打人”的视频，视频内容残暴，引全网震惊。

多个政府部门就此发布通报，包括出警的唐山市公安局路北分局机场路派出所、唐山市委政法委、唐山市妇联、唐山市路北区委宣传部和唐山市公安局路北分局。仅关于抓捕过程，路北分局就利用其官方微博在21小时内连续五次发布警情通报。

6月11日22时53分，廊坊公安网络发言人发布通报称，根据省公安厅指定管辖，发生在唐山市路北区某烧烤店的寻衅滋事、暴力殴打他人案件，由廊坊市公安局广阳分局侦查办理。

6月12日，廊坊市公安局广阳分局发布通报，经廊坊市广阳区人民检察院批准，陈继志等9名犯罪嫌疑人已由廊坊市公安局广阳分局执行逮捕。

6月21日，河北省公安厅对关于陈继志等涉嫌寻衅滋事、暴力殴打他人等案件侦办进展情况进行详细通报。根据通报，被打女子王某某、刘某某损伤程度为轻伤（二级），远某、李某损伤程度为轻微伤。同日，据河北省纪委监委网站消息，唐山市公安局路北分局局长马爱军等人接受审查调查。

8月29日，河北省人民检察院发布关于陈继志等涉嫌恶势力组织违法犯罪案件审查起诉情况的通报。同日，据河北省纪委监委网站，在公安机关密切配合下，河北省纪检监察机关严肃查处了陈继志等涉嫌恶势力组织背后的腐败和“保护伞”问题。河北省纪委监委组织协调唐山、廊坊、衡水等地纪委监委对15名相关人员立案审查调查，初步查出了违纪违法及涉嫌滥用职权、徇私枉法、行贿、受贿等职务犯罪问题。纪检监察机关将深挖彻查，依纪依法严肃处理。

9月13日，该案在河北省廊坊市广阳区人民法院第一审判庭公开审理。9月23日，廊坊市广阳区人民法院对案件公开宣判。

处置解析：

第一，该案众多爆点叠加。涉女性案件的敏感性令该案在舆论场激起惊涛骇浪，加之视频传播在先，视觉冲击较强，呈现出发酵速度快、传播范围广、社会影响大的特点，案件的每一步进展都备受舆论瞩目。同时，关于案件的诸多细节也被舆论不断深挖。案件从被爆出到宣判，较长的时间轴也令舆论对此案的关注度不断增加。

第二，警方通报信息与公众关切信息的对应问题牵动舆情走势，这也说明舆情引导需要注意官方话语与舆论关切咬合问题，避免自说自话。在该案中，尽管警方线下处置速度较快、提级处置、多次发布警情通报，但仍未能平息质疑。对受害人救治情况等缺失加剧了舆论猜疑，一定程度上令警方陷入被动局面。

第三，次生舆情灾害滋扰主流价值。后续舆情枝节丛生，如有民众“实名举报”当地的涉黑涉腐等案件，有一些借机诉说曾类似遭遇，也存在谣言、网暴、蹭热点等网络乱象，需要予以警惕。

第四，拉长舆情引导时间线的必要性。涉黑涉恶的案件负面影响直接耗损政府的社会评价，随着该案的讨论层次逐渐升级，后续影响正逐渐显现，事关警方执法能力和执法形象、当地社会治安状况、当地党委政府公信力乃至城市形象，舆情引导工作需要根据舆论动态跟进。

二、基于综合案例的危态舆情进行微观剖析

诱发“危态”高频点并不会以单一形式出现，而是以复合形态在舆论场并行。同时，短视频传播日益成为主流，舆情一旦出现可能“危态”一触即发。

【案例速览】中学生胡某某失踪事件

2022年10月14日傍晚，江西上饶铅山县致远中学高一（5）班15岁学生胡某某离奇从校园出走后失联，引发大量关注。

11月20日，江西省、市、县三级公安机关组成联合工作专班。

2023年1月7日，联合工作专班根据接处警、致远中学相关人员等情况发长文通报调查进展，称未发现胡某某在校内被害、自杀、发生意外的痕迹证据，综合信息指向胡某某系自行离校。1月29日，联合工作专班再发警情通报称，发现一具缢吊尸体系胡某某。

2月2日，江西省、市、县联合工作专班召开新闻发布会，通报调查情况并公布了三段视频，回应公众关切。发布会从尸体发现、现场勘查、尸体检验、对胡某某心理刻画、录音笔检验鉴定等方面进行了详细说明，并就搜寻细节、录音笔内容、鞋带承载重量、胡某某生前最后有无异常表现、网上各类说法等热点问题现场回答了记者提问。

第一，掌握主导权，树立权威信源。公共危机处理的3T原则是：第一，以我为主提供情况。强调政府牢牢掌握信息发布主动权。第二，尽快提供情况。强调危机处理时政府应该尽快不断地发布信息。第三，提供全部情况。强调信息发布全面、真实，而且必须实言相告。在上述三起案件中，运用3T原则以权威信息发布引导舆论作用得以体现。根据3T原则，把握发布主体权威、形式权威、内容权威，全面树立权威信源。表8-13为树立权威信源影响力的方法对比。

表8-13　树立权威信源影响力的方法对比

	中学生胡某某失踪事件	成都四十九中学生坠亡事件	杭州女子失踪案
发布主体权威性	江西省、市、县三级公安机关组成联合工作专班	成华区联合调查组、四川省成都市公安局成华区分局	杭州市公安局
发布形式权威性	警情通报、新闻发布会	警情通报	警情通报、新闻通气会
发布内容权威性	详细说明证据细节、现场回答记者提问	联合新华社等主流媒体公布视频	通报案情、还原案件侦破过程

第二，舆论情绪是警方进行舆情引导的重要参考值。危机具有生理、心理、社会三个层面的社会属性。由此，在舆论引导过程中也需要呈现出层次性，通过对舆论心理的把握，降低负面社会影响。社会心态的“811模型”表明，正常状况下社会心态呈正态分布，需重点关注社会心态中占80%的主流意见，并密切关注两端各占10%的极端言论。从上述事例来看，舆论的主流意见是对真相的渴求，官方多次发布维护了公众相关知情权，舆情自然逐渐消散。而极端言论则是在事件传播发展过程中舆论杂音的混入，从单纯地追求真相到夹杂谣言、有心之人借机煽动舆论，将此恶意引导攻击政府，对此必须予以警惕，对公众疑惑的详细回应是遏制此种声音的关键。

第三，舆情的动态反馈是危机决策的主要依据，直接支持当前事件的危机公关决策部署。[①] 动态反馈机制在一定程度是“民呼我应”的延伸，在3起案例中动态反馈机制也对攻克“危态”起到一定作用。对公众需求的合法合理性分析，公安工作的情报收集、决策制定、执行落地、效果评估、复盘完善等各环节综合进行考量，有助于有效提升公众满意度。图8-8为动态反馈机制运作模式。

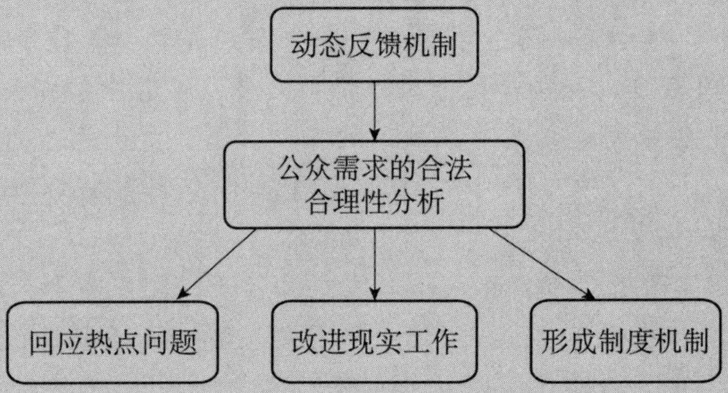

图8-8 动态反馈机制运作模式

① 唐钧．提升六项能力让党政领导干部会应急善应急．安全与健康，2021（12）．

第9章
安全体系健全与安全发展统筹

应急管理的支撑和风险治理的基石是安全文化，公共安全体系建构和高质量安全发展的良好社会环境也依靠安全文化来改善优化，宗旨是安全知行合一，抓手是“最后一公里的安全普及”，关键是倡导“应知应会应落实”。以此为基础，构建科学的公共安全体系，探索有效的安全发展道路，以处理好特定生产力和生产关系场景下的社会系统问题，切实解决影响国家总体安全和群众安全感的痛点难点堵点问题，为经济社会高质量发展提供保障。

重点问题

- 安全风险治理型社会的建设要点
- 公共安全体系的问题与要素剖析
- 公共安全体系的目标与系统建构
- 公共安全体系的权变与持续健全
- 安全和发展的四种组合型态

9.1 培育安全文化

9.1.1 安全文化的界定与发展历史

公共安全文化建设以安全文化的相关理论模型为支撑，结合城市安全发展的实际需要，不断拓展其自身的内涵和外延。

安全文化是指人类为防范或减轻风险，维护生命财产安全，实现经济、社会和生态可持续发展所创造的安全精神价值和物质价值的总和。安全文化的外延可以界定为安全价值理念、安全知识技能和安全习惯行为，其建设载体为包括非正式制度和正式制度在内的制度建设、物质准备。安全文化具有认知和教育、规范与调控、情感与凝聚、导向与认同的功能，可以引导形成理性的安全认识，提高组织和个人的安全素质。

安全文化具有三个特征：一是综合性，贯彻风险防范和应急救援全过程，针对自然灾害、事故灾难、公共卫生事件、社会安全事件等突发事件。二是普遍性，主体包括政府、社会和市场，对象包括政府部门工作人员、企业工作人员、社会组织成员、志愿者、学生、社区群众等，安全文化需要多元主体参与建设，也需要切实地渗透到这些对象中。三是实践性，一方面，安全文化通过文化自觉对当下的实践进行引导规范，另一方面，安全文化本身来自具体实践，是对知识、经验、常识和智慧的总结和升华，因此其也是动态发展的，需要及时总结提炼。

1986 年，国际原子能机构在“切尔诺贝利核电站事故评审会”上首次提出“安全文化”的概念。1988 年在《核电安全的基本原则》中将“安全文化”作为一种基本管理原则。1991 年在“75－INSAG－4”评审报告中首次定义“安全文化”的概念、建立核安全文化建设的思想和策略，并组织编写《安全文化》小册子。1993 年第二届世界安全科学大会将“生活、生产及其环境的安全科学”作为主题，安全文化的范围由核领域进一步扩展。1994 年国际原子能机构出台安全文化评估指南。

我国灾害种类多、分布地域广、发生频率高，数千年的中华文明史同时也是一部安全文化史，在漫长的历史进程中，中华民族形成并积累了“赈济、调粟、养恤、安辑、蠲缓、除害、放贷、节约、仓储、治水”等思想文化。新中国成立后，进一步引进国际理念中的安全文化，1992 年翻译出版《安全文化》小册子，1993 年召开“亚太地区职业安全卫生研讨会暨全国安全科学技术交流会”。1994 年 3 月，国务院核应急办公室与中国核能学会联合召开了安全文化研讨会，同年 6 月，劳动部部长李伯勇在《安全生产报》试刊上发表了题为“把安全生产提高到安全文化高度来认识”的文章。基于此，我国将“安全文化”引入了传统产业，把核安全文化深入到安全生产领域，聚焦安全生产文化，着重于生产经营单位和从业人员的安全文化培育。

9.1.2 基于安全文化的安全风险治理型社会

通过安全文化的建设，内外联动、有机集成，以培育“风险治理型社会”。

第一，在安全文化建设过程中，培养全民“自觉自愿”配合并具备“应知应会”能力。安全文化具有认知和教育、规范与调控、情感与凝聚、导向与认同的功能，通过安全文化建设，充分发挥文化的软实力作用，可以引导形成理性的安全认识，提高组织和个人的安全素质。基于此，消防救援部门应以消防安全和应急救援为切口，联动国家安全发展示范城市创建中“城市安全文化”的相关要求，以提升人民群众的安全价值理念、知识技能、习惯行为，积极建设安全文化，培育全民“自觉自愿”配合日常隐患治理和安全预防工作，培养全民具备应急救援时努力自救互救并配合专业救援的“应知应会”能力。

第二，在安全社区建设过程中，培育形成“党政公助、家庭自助、社区互助、社会共治”模式。安全社区是公共安全治理的“最后一公里”，是影响公众对应急救援的认知水平和评判标准的最直接社会环境单元，也是争取人民群众对政府安全治理与应急救援工作的支持和配合的工作窗口。基于此，消防救援部门应以参与安全社区的建设为抓手：一要发挥“党政公助”的作用，消防救援部门认真履行安全职责、扎实推进基础建设。二要培育“家庭自助”的能力，培养每一个个体及其家庭“自觉自愿”配合并具备“应知应会”能力。三要打造“社区互助”的机制，以社区邻里、农村乡里、企事业单位为单元，形成常态防灾减灾和危态救援逃生的互助模式。四要构建“社会共治”体系，引导推动各类专业化的社会组织和社会力量全方位参与消防安全管理和应急救援等工作。

第三，在国家治理体系现代化的进程中，积极培育风险治理型社会。消防救援体系现代化，是公共安全治理体系现代化，乃至国家治理体系现代化的核心。基于此，站在顶层设计和战略规划的高度，为培育风险治理型社会创造良好的制度和政策环境。例如，日本内阁针对“灾害多、预算少、设施旧”等实际情况，于2016年6月提出“防灾4.0”构想，要建立“新一代”防灾应急管理体制，构建多主体自律的防灾系统，让每个人把防灾减灾作为“自己的事情”、变成自觉的行动，建设成多种社会主体共同参加的“自觉防灾社会”，提高减灾效果。图9-1为“风险治理型社会”建设示意图。

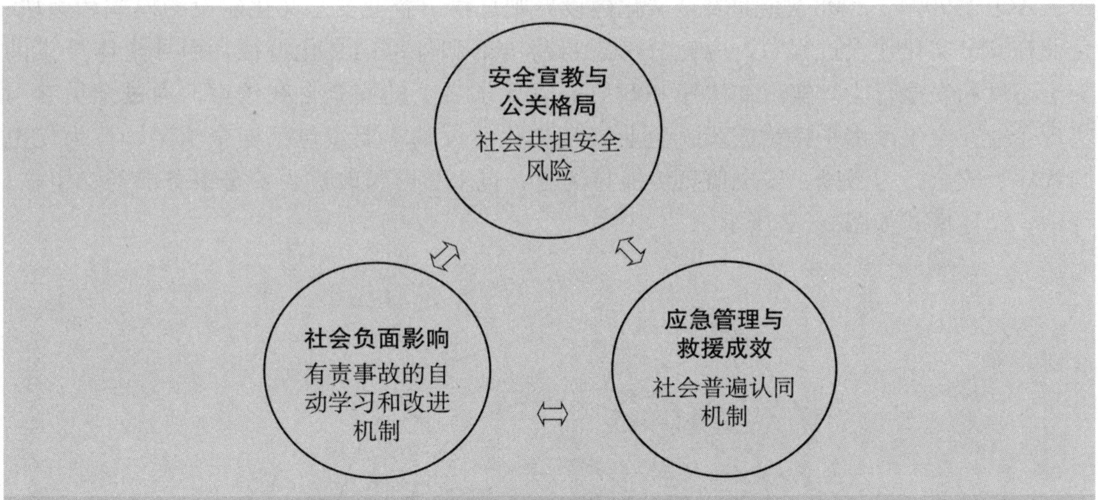

图9-1　“风险治理型社会”建设示意图

9.1.3　企业安全生产的文化建设

9.1.3.1　安全文化建设的起点是安全生产

实践中，安全文化以安全生产为开端，2006年《“十一五”安全文化建设纲要》提出，“安全文化是安全生产在意识形态领域和人们思想观念上的综合反映，包括安全价值观、安全判断标准和安全能力、安全行为方式等。安全文化建设是以提高全民安全素质为目标，组织开展一系列宣传教育活动，旨在牢固树立安全第一的安全理念，遵章守法的管理理念，安全操作的工作理念，提高各类企业及全社会的安全意识，提高群众自我安全保护的技能”。2011 年《安全文化建设“十二五”规划》从安全生产、安全发展、全民安全意识等方面，对安全文化的内涵进行进一步拓展和完善，提出“坚持以人为本、安全发展的理念和‘安全第一、预防为主、综合治理’的方针，以《中共中央关于深化文化体制改革推动社会主义文化大发展大繁荣若干重大问题的决定》为指导，以深入贯彻落实《国务院通知》精神为主线，以促进企业落实安全生产主体责任、提高全民安全意识和防范技能为重点，突出事故预防、提高风险控制能力，推进安全文化理论和建设手段创新，增强安全文化建设工作的实效性和针对性，构建自我约束、持续改进的安全文化建设长效机制，不断提高安全文化建设水平，切实发挥安全文化对安全生产工作的引领和推动作用，促进加强和创新安全生产工作”。

9.1.3.2 企业安全文化建设的模式与要素

企业安全文化（enterprise safety culture）是指由企业组织的员工群体所共享的安全价值观、态度、道德和行为规范组成的统一体。AQ/T 9004-2008《企业安全文化建设导则》和 AQ/T 9005-2008《企业安全文化建设评价准则》，对企业安全文化的建设与评估做出明确要求。

AQ/T 9004-2008《企业安全文化建设导则》给出企业安全文化建设的模式和版块：企业在安全文化建设过程中，应充分考虑自身内部和外部的文化特征，引导全体员工的安全态度和安全行为，实现在法律和政府监管要求之上的安全自我约束，通过全员参与实现企业安全生产水平持续进步。企业安全文化建设基本要素包括安全承诺、行为规范与程序、安全行为激励、安全信息传播与沟通、自主学习与改进、安全事务参与、审核、评估，总体模式如图 9-2 所示。

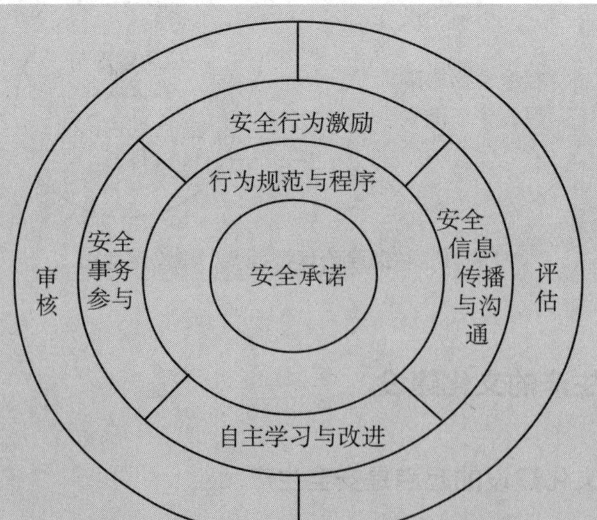

图 9-2 企业安全文化建设的总体模式

9.1.3.3　安全文化建设示范企业的创建

从2010年开始，全国开始开展安全文化建设示范企业创建活动。《安全文化建设“十二五”规划》进一步提出“大力推进安全文化建设示范工程”。2013年，国家安全监管总局宣教中心印发《全国安全文化建设示范企业管理办法》，并制定形成《全国安全文化建设示范企业评价标准》，各省市积极推行并形成安全文化建设示范企业建设与评价的地方标准。2021年，从组织保障、安全理念文化、安全制度文化、安全环境文化、安全行为文化、示范作用与影响力、评估与持续改进等方面开展安全文化建设示范企业创建活动，并由此形成相应的评估标准（见表9-1）。

表9-1　安全文化建设示范企业创建评估指标

一级指标	二级指标
1. 组织保障	1.1 工作机构和成员
	1.2 工作规划和目标
	1.3 全员参与
	1.4 经费投入
	1.5 工作档案
2. 安全理念文化	2.1 安全理念体系
	2.2 安全承诺
	2.3 安全学习培训与理念传播植入
	2.4 安全理念评估与更新
	2.5 安全理念文化成果
3. 安全制度文化	3.1 安全制度体系
	3.2 安全制度推进机制
	3.3 制度体系的评估与完善
	3.4 规章制度流程化
	3.5 安全制度文化成果
4. 安全环境文化	4.1 安全环境文化建设规划
	4.2 安全风险分布图
	4.3 安全防护设施与应急物资储备调用
	4.4 现场安全可视化
	4.5 安全分区与定置
	4.6 安全文化宣传
	4.7 安全信息交流沟通平台
	4.8 安全环境文化成果

续表

一级指标	二级指标
5. 安全行为文化	5.1 安全行为文化建设规划
	5.2 安全教育培训
	5.3 安全文化活动
	5.4 防灾减灾与应急演练
	5.5 安全行为观察
	5.6 团队安全行为习惯
	5.7 安全素养与应急能力
	5.8 积极参与安全事务
	5.9 安全行为文化成果
6. 示范作用与影响力	6.1 品牌模式与特色
	6.2 社会影响力
	6.3 奖励、荣誉与资质
	6.4 安全文化产业化
7. 评估与持续改进	7.1 安全文化建设工作评估
	7.2 文化交流与互鉴
	7.3 认同感和满意度

9.1.4 民众安居乐业的文化建设

安全文化的建设，以人民群众的安居乐业为最终目标，通过解决人民群众生产生活和衣食住行的“最后一公里”安全问题，切实提升和不断增强人民群众的获得感、幸福感、安全感。

9.1.4.1 安全社区的全面创建

1. 国际安全社区的起源与发展

“安全社区”的雏形诞生于20世纪70年代，当时瑞典的三个社区为了防止伤害事故，试验安全社区建设，效果显著，成功在3年内将事故伤害发生率降低27%。这一成果引起世界卫生组织的重视，1989年世界卫生组织在第一届事故与伤害预防大会上正式提出“安全社区”的概念，来自50个国家的500多名代表在会上一致通过《安全社区宣言》。此后，世界卫生组织专门成立了“社区安全促进合作中心”，在全球范围内推广“安全社区”的建设。

世界卫生组织提倡创建的“安全社区”是指，建立了跨部门合作的组织机构和程序，联络社区内相关单位和个人共同参与事故与伤害预防、控制和安全促进工作，持续改进地实现安全目标的社区。安全社区不单以社区安全水平的高低作为衡量标准，更强调社区形成实现资源整合、跨部门合作的组织机构，并逐步建立和完善有效的运行机制和工作模式，有清晰的组织机构、明确的目标职责、切合实际的实施项目以及积极的自我“评估—检查—纠正—完善—改进”机制，持续促进社区居民的安全与健康，全员参与、全员受益，实现社区安全与健康目标。社区安全的建设涉及民众日常起居和生产生活，涵盖交通、工作场所、公共场所等诸多领域。

我国自2002年开始引入国际安全社区的理念和实践，2006年国家安全生产监督管理总局出台AQ/T 9001－2006《安全社区建设基本要求》，2009年印发《关于深入开展安全社区建设工作的指导意见》并成立中国职业安全健康协会，2009年印发《安全社区评定管理办法（试行）》，2010年印发《全国安全社区现场评定指标（暂行）》，在全国范围内开展安全社区的建设和评定工作。直到现在，我国地方省市仍在积极响应国际安全社区的理念并开展相应的创建工作。与此同时，北京市、四川省等部分省市根据国际安全社区的理念，结合本地区的实际情况和建设需要，形成本土化的安全社区建设标准和模式，并持续开展创建安全社区。

2. 我国防震减灾示范社区的建设

减灾示范社区最早出现于2007年民政部出台的《“减灾示范社区”标准》，之后根据《国家综合减灾“十一五”规划》的相关要求，国家减灾委员会制定出台《全国综合减灾示范社区标准》，2011年出台《关于加强城乡社区综合减灾工作的指导意见》；2011年民政部颁布MZ/T 026－2011《全国综合减灾示范社区创建规范》，2012年印发《全国综合减灾示范社区创建管理暂行办法》，2018年对《全国综合减灾示范社区创建管理暂行办法》进行了修订。

全国综合减灾示范社区的创建提出组织管理、灾害风险评估、应急预案、应急演练、宣传教育培训、应急避难场所、应急储备、志愿者队伍建设、资金投入10方面要求（见表9－2）。

表9－2　全国综合减灾示范社区的创建指标

一级指标	二级指标
1. 组织管理（13分）	1.1 社区减灾组织管理机构（4分） 1.2 社区减灾工作制度（4分） 1.3 具体改进措施（2分） 1.4 减灾工作档案（3分）
2. 灾害风险评估（15分）	2.1 灾害风险隐患清单（8分） 2.2 社区灾害脆弱人群清单（4分） 2.3 社区灾害风险地图（3分）
3. 应急预案（10分）	3.1 综合应急预案（6分） 3.2 应急预案修订（4分）
4. 应急演练（10分）	4.1 预案演练内容（5分） 4.2 预案演练质量（5分）

续表

一级指标	二级指标
5. 宣传教育培训（12分）	5.1 组织减灾宣传教育（4分） 5.2 开展防灾减灾活动（4分） 5.3 防灾减灾培训（4分）
6. 应急避难场所（12分）	6.1 建立应急避难所（7分） 6.2 明确应急疏散路径（5分）
7. 应急储备（10分）	7.1 社区应急物资储备（5分） 7.2 应急物资社会储备（1分） 7.3 家庭应急物资储备（2分） 7.4 社区灾害预警系统（2分）
8. 志愿者队伍建设（8分）	8.1 志愿者队伍参与防灾减灾活动（3分） 8.2 社区主要机构参与防灾减灾活动（3分） 8.3 社会组织参与防灾减灾活动（2分）
9. 资金投入（5分）	9.1 工作经费（3分） 9.2 灾害保险（2分）
10. 创建特色（5分）	10.1 有效的工作方法（2分） 10.2 有可供借鉴的做法或经验（2分） 10.3 宣传教育有特色（1分）

3. 美国安全社区建设的系列工程

美国应急管理将社区作为基层单元，在应急管理中通过开展“影响工程”、开展社区版的“可持续减灾计划”、建设“防灾型社区”等措施来提升社区安全水平和应急管理能力。

第一，开展“影响工程”（project impact），自1997年开始至2001年底，美国250个社区成为“影响工程”社区，并建设7个示范性社区，“影响工程”为社区安全明确了建立社区伙伴关系、识别风险源和社区脆弱性、确立社区风险削减行动的先后次序、发展沟通战略四方面目标和任务。

第二，开展社区版的“可持续减灾计划”，推行以社区或村为单位的灾害减缓计划，要求建立包括各利益相关者在内的伙伴关系，识别并减少灾害风险，加强土地利用规划、示警系统设置、建筑物的管理与监督、紧急救助及医疗系统、危机管理指挥系统等五方面的建设，把风险及风险规避决策纳入社区日常决策。

第三，建立“减灾型社区”（disaster prevention community），重点包括：建立社区合作伙伴关系，地方政府、工业、企业、基础设施、交通、住房、志愿者组织等代表建立合作关系，明确各自责任义务；社区内灾害评估鉴定，确认社区内可能致灾的地点，分析灾害隐患，制作相关社区地图；确认风险和制订社区减灾计划，由社区居民参与并协商讨论决定，进而制订社区管理、土地使用与管制、开放空间、运输计划等计划和方案；培养“社区紧急反应队”（community emergency response team，CERT），为社区培养合格的应急队伍。

9.1.4.2　安全家庭的精细建设

安全文化的建设以人民群众安居乐业为目标，以安全生活为支撑，围绕个体的衣食住行和日常起居，创建家庭安全文化。

1. 家庭安全文化的五层次建设

家庭安全文化依赖于家庭成员间的亲情，目的是提高家庭成员的安全意识和素质，进而促进平安家庭、平安企业、平安社会建设。它是家庭安全价值观和安全行为规范的集合，通过家庭组织体系对家庭成员的思想、意识、行为等施加影响。

家庭安全文化由情感、观念、制度、行为、物质五方面组成：(1) 安全情感文化。情感是家庭成员之间或家庭成员对家庭事务的心理体验和心理反应，帮助家庭成员实现思想意识一致、理想信念相投、行为习惯相近。(2) 安全观念文化。其内核是家庭安全价值观，具体表现为安全道德、家俗、伦理以及对安全问题真、善、美的鉴别和认识标准或一些安全精神追求等。(3) 安全制度文化。家庭成员的最基本安全行为规范，包括国家有关安全法律、法规、制度等在家庭中的落实和积淀、正式的家庭安全公约、基本准则和承诺，以及为维护家庭成员正常、安全生活，协调家庭与外部关系而形成的口头安全约定等内容。(4) 安全行为文化。培养家庭成员的安全知识水平、危险应变能力、自救互救能力等，培育家庭成年成员要严于律己，遵守基本安全原则，不偷懒、不敷衍的自律习惯，购买保险、定期体检、安全教育投资等安全与健康投资行为。(5) 安全物质文化。其包括日常生活和住房家居中涉及的物质材料安全水平和状况，如住房的安全位置和安全质量、装修和家具的安全性、家庭专用安全设施设备、外出时家庭成员所配备的安全防护工具等。

根据家庭安全文化的特点，对其进行层次划分：物质文化是“硬件”，情感文化、观念文化是“软件”，行为文化、制度文化是“软硬组合件”，相互影响、相互促进，共同构成家庭安全文化结构系统，如图 9-3 所示。

2. 家庭安全文化的核心是个体安全的“应知应会”

家庭安全文化的核心是个体安全的“应知应会”，在防灾避灾和自救互救等方面应知道的知识常识和应掌握的技能方法，针对日常生活中的常见风险点、安全防范点、应急应对手段、预防准备措施等，加强相应的宣传教育。

第一，“知风险”，了解突发事件的分类分级等基本常识，掌握居家外出等主要风险：(1) 常见居家风险，包括火灾事故、燃气泄漏、入室盗窃、食物药物中毒、意外伤害等。(2) 常见外出风险，包括交通事故、溺水事故、公共场所踩踏、火灾、暴恐、动物或宠物伤害等。(3) 特殊风险，主要包括特殊地点风险（如高层建筑）、特殊时间风险（如极端天气、旱涝季节）、特殊群体风险（如老弱病残群体）。

第二，“会防范”，掌握预先防范常见风险和事故的措施和做法：(1) 居家安全，重点包括防火灾、防燃气事故、防盗抢、防中毒、防烧烫伤等。(2) 外出安全，重点包括防车祸、防步行意外、防溺水、防公共场所意外、防动物咬伤等。(3) 特殊地点安全，例如高层建筑注意防火、高空坠物等。(4) 特殊时间安全，例如遇台风、雷雨等恶劣天

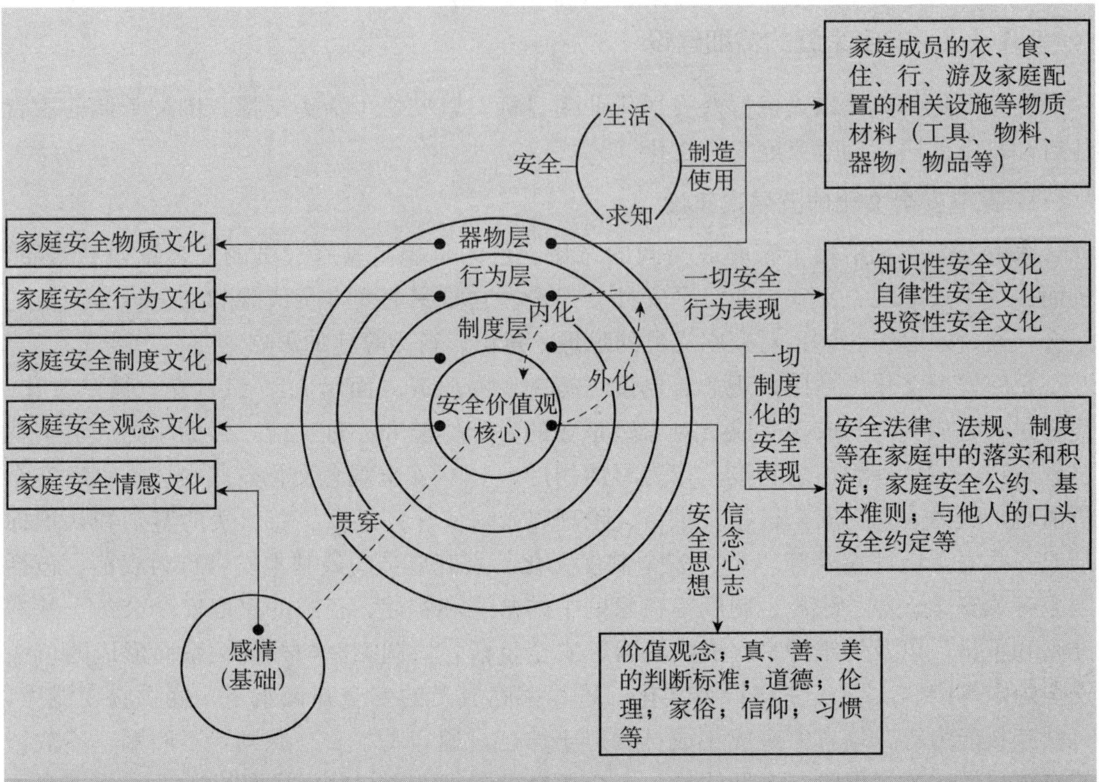

图 9-3 家庭安全文化结构系统

资料来源：王秉．浅谈家庭安全文化建设．现代职业安全，2017（5）．

气时尽量不外出且外出时避开大树、广告牌和临时建筑。（5）特殊群体，主要包括老年人群体和儿童群体的安全风险防范。

第三，“能应对”，掌握紧急状态下报警求救、自救互救的基本技能和方法：（1）拨打紧急电话，包括掌握 110、119、120 等常用号码，拨打时说明要点。（2）火灾处置，掌握初期火灾扑救、疏散逃生、发出警报等要点。（3）燃气泄漏处置、溺水急救、烧烫伤急救、出血急救等科学反应和先期处置。（4）心肺复苏术、海姆立克救生法、AED 使用等基本技巧和正确步骤。

第四，“有准备”，做好家庭应急方案、家庭应急物资等常见常用的灾害准备措施：（1）家庭应急方案，包括制定家庭应急预案和家庭应急疏散图、张贴家庭成员及邻居亲朋电话联络表、参加应急体验和培训等。（2）家庭应急物资，包括燃气报警器、火灾警报器、漏电保护器、灭火器、救生绳、缓降器、防毒面具、手电筒、哨子、收音机、逃生锤、食品和饮用水储备、药品储备等。

9.1.4.3 安全社会的共建共育

以安居乐业为目标的安全文化，通过基层安全创建活动的开展，拓展安全创建、平安创建的广度和深度，积小安全为大安全，以各地各行业安全的共建共育汇聚成安全社会。

在2003年中央综治委“南昌会议”推出平安建设的经验后，平安建设在全国城镇乡村迅速展开，结合实际开展了“平安社区”“平安乡镇”“平安大道”“平安铁道线”“平安校园”“平安家庭”“平安医院”“平安油区”“平安寺庙”等基层平安创建活动。2020年4月21日，平安中国建设协调小组第一次会议在京召开，提出探索平安中国建设的有效路径，研究如何通过开展平安社区、平安乡镇、平安县市、平安行业等多种形式的平安创建活动，积极探索以平安社区为根基、以平安市域为抓手、以平安行业为支撑的平安中国实现路径，积小平安为大平安，不断增强平安中国建设的示范性、引领性。

9.2 完善健全公共安全体系

9.2.1 公共安全体系的界定与价值

公共安全是保护群众生命财产安全、维护社会秩序、保卫国家安全的统称，涵盖自然灾害、事故灾难、公共卫生事件和社会安全事件四类法定突发事件，包括“国家总体安全观”中政治安全、经济安全、文化安全、社会安全、科技安全、信息安全、生态安全、资源安全等全方位的安全。公共安全体系是保护公共安全的一系列制度、保障、活动、机制的集成。构建公共安全体系是践行安全发展理念的重要举措，是实现安全风险防控的迫切需要，是实现城市长治久安的根本保障。

构建公共安全体系，是以习近平同志为核心的党中央着眼于人民安居乐业、社会安定有序、国家长治久安作出的重大战略决策。党的二十大报告提出“提高公共安全治理水平。坚持安全第一、预防为主，建立大安全大应急框架，完善公共安全体系”。2020年12月，习近平总书记在中央政治局第二十六次集体学习时强调“坚持统筹发展和安全，坚持发展和安全并重，实现高质量发展和高水平安全的良性互动”；党的十八大报告提出，强化公共安全体系和企业安全生产基础建设，遏制重特大安全事故；十八届三中全会围绕健全公共安全体系，提出食品药品安全、安全生产、防灾减灾救灾、社会治安防控等方面的改革任务；十八届四中全会提出推进公共安全法治化；党的十九大报告提出“坚持总体国家安全观”；2018年1月，中共中央办公厅、国务院办公厅专门印发了《关于推进城市安全发展的意见》，明确提出要“建立以安全生产为基础的综合性、全方位、系统化的城市安全发展体系”；2015年5月，习近平总书记在中央政治局第二十三次集体学习时强调，“公共安全连着千家万户，确保公共安全事关人民群众生命财产安全，事关改革发展稳定大局。要牢固树立安全发展理念，自觉把维护公共安全放在维护最广大人民根本利益中来认识，扎实做好公共安全工作，努力为人民安居乐业、社会安定有序、国家长治久安编织全方位、立体化的公共安全网”。

新时代的公共安全体系建构和健全，要以“总体国家安全观”为指导，以实现危态安全、常态安全、未态安全为目标，以应对公共安全显性问题和隐性风险为出发点，在要素剖析的基础上系统建构，并根据时空环境的差异，持续健全公共安全体系。

9.2.2 公共安全体系的问题与要素剖析

从国际实践来看，危害生命财产安全的事故或事件映射出公共安全体系面临着危态频突发、常态易脱管、未态屡无感三大共性挑战，在本质上反映出公共安全体系的根源性问题：公共安全体系的使命、工具、结构、功能、属性、路径六要素，在全球普遍存在着深层次的“顽疾”（见表 9-3）。

表 9-3 公共安全体系的全球共性问题一览表

要素	危态频突发	常态易脱管	未态屡无感
使命	致灾因素的识别不全	应灾主体的准备不够	承灾环境的安全不足
工具	救灾手段的效率不高	治灾主体的专业欠缺	御灾方式的风控欠佳
结构	响应结构的短板顽固	共治结构的利益失衡	迭代结构的设计不周
功能	应急处突的失误屡现	安全监管的规范疲软	安全发展的部署混乱
属性	应急属性的配置错乱	管理属性的机制粗放	社会属性的格局混沌
路径	业务路径的结果不佳	制度路径的规则不明	战略路径的导向不妥

9.2.2.1 危态频突发：系统性亟待固化

危态频繁突发事件，本质上是公共安全体系应对危机爆发的六项要素存在欠缺。一是致灾因素的识别不全，仅识别致灾因素本身而未识别相互之间的关联反应机理。二是救灾手段的效率不高，救灾方式的单一化、不匹配多灾种，导致救灾低效甚至无效。三是响应结构的短板顽固，响应处突的结构偏差导致的救灾资源未能正常发挥作用。四是应急处突的失误屡现，处突的方式方法不当，未能处置灾害，反而引发恶劣后果。五是应急属性的配置错乱，应急属性的需求未能满足，错乱搭配了非应急属性的资源。六是业务路径的结果不佳，应急业务未能直接服务于应急属性，业务层面导致结果不良。

9.2.2.2 常态易脱管：稳健性亟待强化

常态脱离监管的公共安全局面，本质上是公共安全体系处置安全风险治理的六项要素未达要求。一是应灾主体的准备不够，应灾的保障准备和物资储备存在数量不够、质量不够、结构不合理等多方面的问题。二是治灾主体的专业欠缺，缺乏专业化的意识、知识、技能、素养等“软实力”和技术、设施、设备等“硬实力”。三是共治结构的利益失衡，在利益分配中，出现未能保障绝大多数的公共利益或未能维护极端少数的弱势群体利益等问题。四是安全监管的规范疲软，部分行业领域安全监管责任仍不明晰、标准仍不健全，易形成“管不了、管不到、管不住”的监管漏洞并演变为事故高发因素。五是管理属性的机制粗放，安全管理的精细水平难以满足工业生产和市场经营的细分程度和细化速度。六是制度路径的规则不明，安全管理多凭个体的直觉感知、知识储备、经验教训甚至本能反应，尚未形成统一化、操作化、专业化的制度规范。

9.2.2.3　未态屡无感：前瞻性亟待优化

未态感知不到风险且未做安全发展战略，本质上是公共安全体系部署安全发展的六项要素尚未到位。一是承灾环境的安全不足，传统风险和非传统风险相互交织，突发事件呈现出多样性、多领域、高频率发生态势。二是御灾方式的风控欠佳，因风险意识不足而导致“重发展、轻安全”的误区，因前瞻性不够而易出现“重应急、轻预防”的错误。三是迭代结构的设计不周，缺乏系统性思维，易犯“头疼医头、脚痛医脚”的问题，只顾眼下成效而缺乏长效考量。四是安全发展的部署混乱，安全规划滞后于经济发展规划，导致源头治理等机制并未施行。五是社会属性的格局混沌，社会安全“交叉点”“结合部”等问题导致部分安全隐患久拖未治。六是战略路径的导向不妥，战略规划存在重处突轻风控、重技术轻管理、重形式轻本质等共性问题。

9.2.3　公共安全体系的目标与系统建构

为了应对上述问题，公共安全体系的建构要吸取全球的经验教训，以实现危态安全、常态安全、未态安全为目标，以公共安全体系六要素的组合为重点，搭建基础型构架（使命-工具）、支撑型构架（结构-功能）、拓展型构架（属性-路径），形成要素完备、设计科学的公共安全体系（见表 9-4）。

表 9-4　公共安全体系的目标与系统建构一览表

	危态安全	常态安全	未态安全
基础型构架 （使命-工具）	致灾因素的科学处置 救灾手段的全面部署	应灾主体的负责履职 治灾主体的专业集成	承灾环境的优化改造 御灾方式的协同风控
支撑型构架 （结构-功能）	建构“就绪-响应”结构 强化应急处突功能	建构“共治-抗逆”结构 固化安全监管功能	建构“迭代-换境”结构 优化安全发展功能
拓展型构架 （属性-路径）	厘清应急属性 完善业务路径	优化管理属性 实现制度再造路径	强化社会属性 实现战略路径

9.2.3.1　“基础型构架”：使命与工具夯实“地基”

公共安全体系的建构，要形成“基础型构架”；通过公共安全的使命和工具，来夯实体系的“地基”。

第一，公共安全体系承担着致灾因素的科学处置的使命，通过救灾手段的全面部署，达成危态安全。一是致灾因素的科学评定体系，以分类分级为基础工具，根据具体情形选择精细化的定量定性方法，并形成“识别—分析—定级”的递进流程和动态更新。二是致灾因素的风险准则设置，单一场景中的风险准则以技术标准考量为主，复杂环境中的风险准则，则需要对决策主体的目标、价值观、偏好，对风险的容忍度、承受力以及风险环境因素等进行综合评估。三是致灾因素的现场快速处置，部署快速高效的救灾方案，需要设置人员死伤最小化、连锁反应最短化、声誉影响最轻化等多元靶向，调适应急过程中的组织结构、部门分工、执行程序以及规范化的标准操作。

第二，公共安全体系承载着应灾主体的负责履职的使命，通过治灾主体的专业集成，实现常态安全。一是全员安全责任化的精细化制度设计，明确党政领导、部门监管、属地管理、企业主体、岗位行为责任，精细到应急管理与风险治理的“最后一米”。二是安全责任的无缝衔接，处理好“统”与“分”、“防”与“救”、“上”与“下”、“破”与“立”四组关系，促进安全责任全链条、无缝化落实。三是治灾主体的专业集成，加强企事业单位、村（社区）等基层单位对能力范围内公共安全隐患的自查自治和风控应急能力的自建自强，加大市场主体、专家团队、志愿力量、社会机构的作用发挥，加快应急产业的发展及加深应急产业对社会风险的对冲作用。

第三，公共安全体系肩负着承灾环境的优化改造的使命，通过御灾方式的协同风控，争取未态安全。一是微观环境的改造优化，围绕关乎每一个个体生命财产安全、关联生产生活的微观环境，切实加强相关安全管理与服务工作。二是宏观环境的改造优化，从战略规划到部署实施，均应牢固树立安全红线、以安全发展为基本准则，构建确保人民群众安康幸福、共享改革发展和社会文明进步成果的良好环境。

9.2.3.2 “支撑型构架”：结构与功能搭建“支柱”

公共安全体系的建构，要形成“支撑型构架”；借助公共安全的结构和功能，来搭建公共安全体系的“支柱”。

第一，公共安全体系要建构“就绪-响应”结构，强化应急处突功能，支撑危态安全。公共安全体系发轫于应急，具备危态安全的功能，在突发状态和紧急情况下，实施应急处置、科学救援及相应的管理工作。一方面，通过各方面的应急准备和能力建设，达到可抵御灾害和应对危机的就绪状态；另一方面，通过快速响应、专业处置、救援成链、逆转复原等版块建构，实施科学高效的应急响应。“就绪-响应”结构优化，要通过公共安全体系的行政结构（管理维度）和业务结构（专业维度）的优化，以危机管理 4R 模型为理论支撑，实现两方面的目标：既要针对单一突发事件或简单突发场景，通过标准化、快速化的操作，达成快速救援死伤、处置现场、恢复秩序等低层次和短时期的危态安全功能；也要针对多灾种、复合型的“灾害链式反应”，通过“灾害断链＋救援成链”达到人员低损，并实现保障体系稳健性、维护业务连续性等高层次和中长期的危态安全功能。

第二，公共安全体系要建构“共治-抗逆”结构，固化安全监管功能，支撑常态安全。公共安全体系具备常态安全的功能，所有涉及公共安全的行业领域和责任主体均应依法依规开展系统性的安全工作，并在安全管理中形成多方互动与融合的局面，这要求构建“共治-抗逆”的结构部署。一方面，安全职能所涉部门主管主责，政府、社会、群众等多元主体在各负其责的基础上安全共治、风险共担；另一方面，具备事发抗灾应灾与事后恢复逆转的抗逆水平，以及合格的安全韧性和风险承受能力。“共治-抗逆”的结构优化，应以安全监管为抓手，针对公共危机实施前置化的风险治理，具体包括：建构“可能性-后果”人财损失风险风控模型，建立分类防控和分级应急系统，专项整改易导致群死群伤的高危风险；构建“社会责任-负面影响”负面舆论风控模型，加强社会稳定风险评估机制等社会综合风险防范；本质安全建设从“外挂式安全”向“内嵌式安全”转变，在法律规范约束和专业指导的外部作用基础上，加强内部的人员、制度、设施、环境等安全建设管理，将安全工作嵌入生产生活的每个环节步骤，将安全意识融入日常的意识和行为。

第三，公共安全体系要建构“迭代-换境”结构，优化安全发展功能，支撑未态安全。公共安全体系具备未来安全的功能，面向未来状态中可能影响公共安全的风险因素，都应预先部署和实施相应的安全措施，这要求构建“迭代-换境”的结构部署。一方面，通过生产力和生产关系的迭代发展和转型升级，形成保障公共安全的内生机制；另一方面，针对公共危机开展战略规划和社会综合治理，实现环境安全。“迭代-换境”的结构优化，在总体国家安全观等顶层架构的引导下，立足现在、着眼未来，形成经济社会发展和公共安全的协同进步，具体而言，既需要科技支撑下的点状突破，在安全生产等领域加快企业转型升级，淘汰落后产能，鼓励和支持企业采用新技术、新工艺、新装备实施技术改造，研发“数字工厂”等智能化安全系统，也需要制度完善下的线性发展，以城市安全发展为抓手，加强规划、设计、建设、运行等各个环节的安全管理，促进建立以安全生产为基础的综合性、全方位、系统化的安全发展体系，达成全体负责、安全自觉、主动防御的安全共治格局，还需要国家安全的顶层战略设计，针对保障国家安全、综合防灾减灾、安全生产改革、防范化解重大风险等关键议题，部署安全战略、实施安全治理、开展安全整改，消弭综合社会危机，形成“总体安全”。

9.2.3.3　“拓展型构架”：属性与路径辅助“延展”

公共安全体系的建构，要形成“拓展型构架”，联动公共安全的属性和路径，来辅助公共安全体系的“拓展”。

第一，公共安全体系要厘清应急属性，通过完善业务进步路径，拓展危态安全。公共安全体系要厘清应急属性，重点针对单一突发事件或简单突发场景中触发后立即响应的应急流程，以专业和快速为导向，健全和优化“触发-反应”机制，其中共性规律包括：一是优化应急准备，准备越充分，响应越快速。二是提升应急专业性，专业程度越高，响应越有成效。三是高抗脆弱性，通过补短板、堵漏洞，响应越好。基于业务进步的路径，拓展危态安全的国内外经验有三：一是形成标准化、规范化的专业应急操作。二是强化全覆盖、小而密的基层应急准备。三是科技化、智能化的应急救援装备，强化高新科技在危态时的风险感知、现场检测、应急决策等综合应用。

第二，公共安全体系要优化管理属性，通过实现制度再造路径，拓展常态安全。公共安全体系要优化管理属性，重点在于针对涉及公共安全的社会综合因素，构建系统性、全流程的安全管理和风险控制系统，其中共性规律包括：一是做足标准化，标准化水准越高，抗逆成效越好。二是加强联合联动，联动与集成的程度越好，抗逆效果越好。三是推进共担共治，全员共同承担责任的状态越好，抗逆的效果越好。基于制度再造的路径，拓展常态安全的国内外经验有三：一是理念优化，针对突发状态的快速恢复和有效逆转需求，引入业务连续性管理（business continuity management，BCM），开展“业务持续计划”（business continuity plan，BCP），以提升可逆性。二是以机制建设为基础，打通部门壁垒，实现联动和集成。三是以信息化建设为渠道，促进应急联动。

第三，公共安全体系要强化社会属性，通过实现战略牵引路径，拓展未态安全。公共安全体系要强化社会属性，重点在于针对公共领域的安全致灾因素、应灾主体、承灾环境，优化规范化的安全管理，部署长效化的安全战略，其中共性规律包括：一是无人化程度越高，人身伤害越低，生命健康风险越小。二是应急产业等风险对冲越好，安全性越高。三是在人机迭代的过程中，必须评估预测并前置防控可能出现的社会综合风险。基于战略牵引的路径，拓展未态安全的国内外经验有三：一是推动机械化换人、自动化减人、智能化无人的安全生产整体升级换代，根源上减少可能引发人员死伤的安全生产风险。二是以人为本，平衡经济发展与社会风险、技术发展与社会伦理的关系，既要发展更要安全，兼顾效率和公平。三是固化社会安全，争取"稳定红利"，发挥制度和政策的优势，在涉及人民群众切身利益时通过社会稳定风险评估和管理，避免社会秩序遭受破坏、公共利益受到损坏，形成安全发展的利好局面。

9.2.4 公共安全体系的权变与持续健全

基于六要素的目标和系统建构，本质是公共安全体系静态的系统建构。在此基础上，公共安全体系的健全还需直面转型期风险社会的严峻挑战，以六要素为要件，以机制创新为"抓手"，以危态安全、常态安全、未态安全为靶向，实施区分阶段、有所侧重、动态和持续的健全（见表 9-5）。

表 9-5 公共安全体系的权变与持续健全一览表

	危态安全的健全	常态安全的健全	未态安全的健全
"补短板式"健全	高危应对机制	预防预警机制	应急学习机制
"优系统式"健全	联防联控机制	主体尽责机制	绩效导向机制
"重发展式"健全	风险整改机制	智慧风控机制	社会自觉机制

9.2.4.1 危态安全的健全：公共安全体系的当务之急

公共安全体系的当务之急是健全危态安全，综合应对当下的公共安全"痛点"，推动应急管理体系和能力现代化。

第一，危态安全的"补短板式"健全：应用"使命-工具"架构，融合高危应对机制。针对可能诱发公共安全事件的高危风险，切实加强风险评估体系、风险应对准则、应急救援措施等建设，以专业化、精细化、规范化为趋势，切实履行使命、持续优化工具。一是全面、真实、准确的高危研判。在特定时间和环境中，结合"人地物事环"等要素分析，综合应用风险发生概率、后果危害度、利益相关主体容忍度、应灾主体承受力、社会负面影响、社会敏感度等高危风险研判的既定标准，动态研判全面、真实、准确的高危风险。二是"局限理性"的危机决策。因环境复杂、时间紧急、信息不对称等客观因素的制约，危机决策应采取"局限理性"方式，遵循"多害相比取其轻"的原则，最大化利用现有情报信息和多方决策支持，抓住重点、当机立断、制定可用方案并在执行时调整优化。三是“靶向式”的应急救援。在突发事件的分类分级基础上，不断总结经验教训，提高“靶向式”的应急救援建设。

第二，危态安全的“优系统式”健全：应用“结构-功能”架构，结合联防联控机制。面对突发事件的扩散升级、次生灾害、蔓延传导、连锁反应等特征，切实加强跨部门、跨层级、跨地域的联防联控机制建设，不断优化联动结构、完善响应功能。一是跨层级联动与风控，以属地管理为基础，按需联动上级和中央，让基层单位和属地政府能迅速反应、及时处理，同时不排斥上级政府及其有关部门对其响应工作的指导，也不免除其他部门或其他区域的协同义务。二是跨部门联动与风控，由某一主责部门为主导，关联部门各司其职、配合应急，及时阻止突发事件等级的上升、影响区域范围的扩大、受灾行业领域的增多，最大限度把各种灾害和事故损失降到最低。三是跨区域联动与风控，形成制度化、标准化的联动模式，建立长效合作、信息互通、资源共享、平台共建的组织形式和工作机制，形成互联互通、协同处置的格局。

第三，危态安全的“重发展式”健全：应用“属性-路径”架构，联合风险整改机制。在突发事件应急结束后，应以技术整治和制度整改相结合的标本兼治为主线，从每一次突发事件事故原因调查中总结常态安全管理的经验教训，实施从修补技术瑕疵、修订法律规范、完善体制机制等多维度改进与发展，确保同类问题不再重犯。一是修补技术瑕疵，着眼于物（机械、物质或环境）的不安全状态和人的不安全行为等直接事故原因，切实加强人、机、料、法、环等 4M1E 全要素的技术与管理的细节问题。二是修订法律规范，法律和规范是确保常态安全的有序性和有效性的关键，而违法违规是导致安全责任事故的重要原因之一，对此应切实加快加强相关法律法规和规范标准的制定修订、优化整合、统筹协调、宣贯实施。三是完善体制机制，以“三定方案”为核心，为专业应急提供组织机构、人员队伍、相关保障等常态化基础支撑，横向上整合应急管理各类救援的资源和力量，纵向上理顺中央和地方各级党委和政府的安全责任，并联动外部的市场机制和社会力量。

9.2.4.2　常态安全的健全：公共安全体系的应然之治

公共安全体系的应然之治是健全常态安全，有效应对当下的公共安全高危风险，完善防范化解重大风险的科学机制。

第一，常态安全的“补短板式”健全：应用“使命-工具”架构，创立预防预警机制。常态安全下公共安全体系的“短板”集中出现于事前综合防灾减灾领域，其核心是风险的预防预警。应用“使命-工具”架构，创立预防预警机制，其有效抓手包括：一是基于科学风险评估的精细管理工具，包括风险清单、风险数据库、风险分布图等，展现灾害风险的现状规模、影响后果、分布形势、发展态势，明确防灾减灾的责任部门、管理依据、工作重点、实施规模，从而指导预防工作的科学开展。二是防范化解风险的隐患整治机制，以安全风险分级管控和隐患排查治理双重预防机制为例，通过工作制度规范、技术工程支撑、智能化管控、第三方专业服务的综合措施，促进企业安全风险自辨自控、隐患自查自治，把风险控制在隐患形成之前、把隐患消灭在事故前面，提升安全生产整体预控能力，夯实遏制重特大事故的坚强基础。三是风险监测基础上的危机预警制度，根据多维度的监测或报警信息及其研判，在突发事件即将发生或升级扩大时对相关方发布警报或提醒，以提醒其开展提前或实时的应急响应、危机处置、安全防护、救援逃生等应对措施；随着危机规律的深入掌握和高新技术的全面应用，危机预警越提前，准确度越高、有用性也越强。

第二，常态安全的“优系统式”健全：应用“结构-功能”架构，创建主体尽责机制。常态安全下公共安全体系的“系统”集中体现为多元主体责任格局，即公共安全风险所有权归属。应用“结构-功能”架构，创建主体尽责机制，其关键要素包括：一是厘清责任边界，责任边界不清而导致的风险所有权部分缺位、部分越位，是部分责任事故发生的重要原因，通过责任清单、责任网格等形式，将“条”“块”之间、关联部门之间、上下级之间的责任归属进一步厘清，是主体尽责的前提。二是强化责任落实，通过制度化、机制化的工作抓手，例如“一把手”通过述责述廉、履职述职、定期约谈、事故警示、社会评价、专项巡查、考核评价等手段，创新电视访谈、知识测试、公开承诺等方式，推动安全责任落实落细，促进责任落实无空档、监督管理无盲区。三是严肃责任追究，严格落实安全生产“一票否决”制度，建立企业生产经营全过程安全责任追溯制度，尽职照单免责、失职照单问责，并将责任追究与社会信用机制、职业行业禁止制度相挂钩。

第三，常态安全的“重发展式”健全：应用“属性-路径”架构，创新智慧风控机制。常态安全下公共安全体系的发展集中发力于智能化、智慧化的风险控制，以传统人防物防技防、制度防范、规则制约为基础，创新引入高新技术支撑下的系统化智慧风险控制体系。应用“属性-路径”架构，创新智慧风控机制，其核心版块包括：一方面，以策略为核心的制度完善，加强公共安全理论与政策的多领域、多维度研究，力图全面排查风险、找准最大风险、有效化解风险。根据风险规律，设计风险防范、预警、阻止、降级、对冲等风险应对策略，有针对性地做好各项应急准备，牢牢把握主动权。另一方面，以技术为核心的应急平台建设，加强基础理论研究和关键技术研发，着力揭示重大自然灾害及灾害链的孕育、发生、演变、时空分布等规律和致灾机理，推进“互联网+”、大数据、人工智能、物联网、云计算、地理信息、移动通信等新理念新技术新方法的在应急处置中的应用，提高灾害模拟仿真、分析预测、信息获取、应急通信与保障能力。

9.2.4.3 未态安全的健全：公共安全体系的嬗变之道

公共安全体系的嬗变之道是健全未态安全，妥善应对当前预估的安全难点，在社会治理和改革攻坚中完善长效安全机制。

第一，未态安全的“补短板式”健全：应用“使命-工具”架构，强化应急学习机制。在城市化快速发展、经济社会快速转型的风险社会中，公共危机、突发事件和安全风险均处于动态变化之中，突出工具应用，以加强应急学习机制、构建知识管理系统。核心工具包括：一是党政领导干部的风险研判工具，强化风险意识和危机认知，定期研判灾害发展趋势、评估安全风险，深入研究和动态把握公共危机和安全风险的特征，透过复杂现象把握本质、抓住要害、找准根源，及时、全面、科学掌握公共安全的高危风险。二是政府部门和公职人员的综合风险应对工具，根据不同的社会环境和风险特质，有针对性地选择合适的风险应对策略，以实现对风险因素的系统评估和科学管控，积极消除或控制存量风险，有效预防或减少增量风险。三是全社会应对“未知风险”的工具和技能，面对各类新生风险和风险新情况、不稳定问题和不可测因素，开发应用高新科技手段和技术工具，全面加强季节性、地域性、周期性、前瞻性的未知风险规律分析与研判，实现精准预测、智能预警、超前预防。

第二，未态安全的“优系统式”健全：应用“结构-功能”架构，优化绩效导向机制。未态安全的“优系统”，应通过目标导向或绩效考核的“指挥棒效应”，应用“结构-功能”架构，突出功能设计，优化绩效导向机制、构建科学考核机制。核心功能包括：一是认可认同风险防范的绩效管理设计，对事前防灾减灾有功和风险防范有效的个体或单位及其经验做法实施鼓励政策、支持制度、奖励措施、宣传表彰。二是设置“容错”机制以发挥全员积极性的功能，以习近平总书记提出的“三个区分开来”[①] 为导向，激励改革、鼓励作为。三是突出风控，调整绩效重点，常态加强对事前防灾减灾和常态风险治理的绩效考核力度，危态加强对风险防范控制不力的事后查处惩治力度。

第三，未态安全的“重发展式”健全：应用“属性-路径”架构，孵化社会自觉机制。未态安全根本性发展路径在于社会多元主体的自觉自愿和共建共治，在明确各自风险所有权的基础上，应用“属性-路径”架构，突出路径选择，以孵化社会自觉机制、形成风险共担格局。关键路径包括：一是群众的自发路径，调动基层人民群众承担应急管理和防灾减灾的社会责任的积极性、发挥人力资源优势，通过建立健全“基层互动减灾救灾模式”、防灾数据库、应急方案模板、灾害回馈机制等，把基层一线作为公共安全的主战场，重心下移、力量下沉、保障下倾。二是市场机制的路径，发展安全和应急产业，引导生产经营单位在市场机制的激励下自觉发挥风险共担的作用，发动市场主体为防范和应对突发事件提供物质保障、技术支撑和专业服务。三是社会融合治理的路径，以志愿者个体或社会组织单位为主的社会力量，具有强灵活性、亲和力、机动性、专业性等优势，政府应在统一指挥、综合协调、科学引导的基础上，通过政策保障、资金支持、完善服务、激励表彰等方式，鼓励和支持社会力量因地制宜、因时制宜、量力而行、就近就便参与防灾减灾、紧急救援、过渡安置、恢复重建等各阶段工作，构建全社会优势互补、信息互通、责任共担的公共安全融合共治格局。

9.3　培养统筹发展与安全的战略能力

9.3.1　安全发展的实践操作与科学评估

9.3.1.1　安全发展的政策背景

在中央层面，“安全发展”理念的提出和发展历经多次重要变化。2006年，第十届

---

① 使“三个区分开来”“实”起来.（2023-09-22）. 人民网.

全国人民代表大会第四次会议批准的《国民经济和社会发展第十一个五年规划纲要》提出，“坚持节约发展、清洁发展、安全发展，实现可持续发展”，“安全发展”首次出现在党的重要文件里，是科学发展观的内涵之一。2007 年，党的十七大报告进一步强调，“坚持安全发展，强化安全生产管理和监督，有效遏制重特大安全事故”。2011 年，《关于坚持科学发展安全发展促进安全生产形势持续稳定好转的意见》提出，要“大力实施安全发展战略”。2014 年，《安全生产法》将“安全发展”写进法律，总则第三条要求“安全生产工作应当以人为本，坚持安全发展”。2016 年，《关于推进安全生产领域改革发展的意见》提出，“坚持安全发展，坚守发展决不能以牺牲安全为代价这条不可逾越的红线”。2017 年，党的十九大报告提出，“树立安全发展理念，弘扬生命至上、安全第一的思想”。2018 年印发的《关于推进城市安全发展的意见》强调，“牢固树立安全发展理念，弘扬生命至上、安全第一的思想，强化安全红线意识，推进安全生产领域改革发展，切实把安全发展作为城市现代文明的重要标志”。2020 年，《关于制定国民经济和社会发展第十四个五年规划和二〇三五年远景目标的建议》强调，“把安全发展贯穿国家发展各领域和全过程”。2022 年，党的二十大报告强调“在关系安全发展的领域加快补齐短板”。总之，党的十八大以来，以习近平同志为核心的党中央，对于安全生产工作作出一系列重要指示和战略部署，从指导思想、战略布局、体制机制、政策法规、治理体系等诸多方面，不断丰富安全发展理论体系，引领安全发展向纵深挺进，为安全生产形势持续稳定好转提供了强大的思想武器、精神动力和基础保障，呈现出强劲和持久的后续推动力。

9.3.1.2 安全发展的内涵与价值

安全发展是指，国民经济和区域经济各个行业和领域，各类生产经营单位的发展，以及整个社会的进步与发展，都必须以安全为前提和保障，自觉遵循党和国家安全生产方针政策和法律法规，把发展建立在安全保障能力不断增强、安全生产状况持续改善、劳动者生命安全和身体健康得到切实保障的基础上，促进安全生产与经济建设、社会进步、产业调整优化、企业经济效益与市场竞争能力同步提高。

安全发展的本质是把安全作为发展的基础、前提和保障，把经济社会的发展建立在安全保障能力不断提升、劳动者健康权益不断得到保障的基础之上，从而使人民群众平安幸福地享有经济社会发展的成果，更加体面地劳动，活得更富有尊严。

从“安全生产”到“安全发展”，从“安全发展理念”到“安全发展战略”，充分体现了党中央以人为本、保障民生的执政理念，体现了党和政府对科学发展观认识的不断深化和对经济社会发展客观规律的科学总结，体现了安全与经济社会发展一体化运行的现实要求。安全发展是进行社会主义现代化建设以及全面建设社会主义小康社会与和谐社会的起点、基点和落脚点，是我国经济社会发展模式的理性选择，是指导国家总体布局及发展战略科学构建的重要理念。

9.3.1.3　安全发展的基本内容

从涉及的行业领域来看，安全发展涉及经济社会全面运行和人民群众生产生活的方方面面，安全生产、经济社会安全运行、人民群众安居乐业构成安全发展的基本内容。（1）安全生产，在生产经营活动中，为避免发生造成人员伤害和财产损失的事故而采取相应的事故预防和控制措施，切实保护劳动者的生命安全和身体健康，保证生产经营活动得以顺利进行，保障生态环境和社会环境免遭破坏。（2）经济社会安全运行，其中既包括资源安全、金融安全、产业安全等经济安全和持续发展，也包括有效协调社会关系、规范社会行为、解决社会问题、化解社会矛盾、促进社会公平、应对社会风险、保持社会稳定的社会运行安全。（3）人民群众安居乐业，获得感、幸福感、安全感得到保障，日益增长的美好生活需要逐步得到满足。

从关联的具体工作来看，安全发展涉及公共安全、应急管理、风险防控、防灾减灾的一系列工作，具体而言，其内涵由四大领域组成：（1）加强城市安全源头治理，包括科学制定规划、完善安全法规和标准、加强基础设施安全管理、加快重点产业安全改造升级。（2）健全城市安全防控机制，包括强化安全风险管控、深化隐患排查治理、提升应急管理和救援能力。（3）提升城市安全监管效能，包括落实安全生产责任、完善安全监管体制、增强监管执法能力、严格规范监管执法。（4）强化城市安全保障能力，包括健全社会化服务体系、强化安全科技创新和应用、提升市民安全素质和技能。

9.3.1.4　安全发展示范城市的创建

实践中，安全发展通过开展安全发展示范城市的创建等一系列工作予以实施。通过开展安全发展示范城市创建工作，落实完善城市运行管理及相关方面的安全生产责任制，加强公共安全和城市运行管理，健全公共安全体系，有利于补短板、强基础，打造共建共治共享的城市安全社会治理格局，促进建立以安全生产为基础的综合性、全方位、系统化的城市安全发展体系。

自 2013 年起，国务院安委办开始启动安全发展示范城市创建工作，组织研究起草国家安全发展示范城市建设的基本规范、考评办法等文件。2016 年 12 月，中共中央、国务院《关于推进安全生产领域改革发展的意见》提出，要强化城市运行安全保障，要求推进安全发展示范城市建设。2018 年 1 月，《关于推进城市安全发展的意见》明确提出，到 2020 年，城市安全发展取得明显进展，建成一批与全面建成小康社会目标相适应的安全发展示范城市。2019 年国务院安委会将推进城市安全发展列入年度重点工作，同年 11 月印发了《国家安全发展示范城市评价与管理办法》《国家安全发展示范城市评价细则（2019 版）》《国家安全发展示范城市评分标准（2019 版）》，提出了示范创建工作的总体要求、指标设置的基本原则、评价程序、管理措施等，进一步规范安全发展示范城市创建过程中的评价与管理工作。2020 年，国务院安委办、应急管理部多次召开安全发展示范城市创建工作视频推进会议，对创建工作进行动员部署和指导，明确安全发展示范城市的创建要在科技、管理、文化三个维度上切实做好“1+3+1”的重点工作，即建设1个安全监测预警平台，实现信息化实时感知、智能化快速预警、自动化及时处置；构建3个全过程管理环节，做到合理规划布局、主动风险管理、高效应急处置；打造1个安全文化体系，做到安全理念牢固、安全氛围浓厚、安全行为自觉。

9.3.1.5 安全发展的评估指标体系

根据国家安全发展示范城市评价与管理的相关政策文件，安全发展的评估指标体系由城市安全源头治理、城市安全风险防控、城市安全监督管理、城市安全保障能力、城市安全应急救援和城市安全状况六方面构成（见表9-6）。

表9-6 安全发展的评估指标体系

一级指标	二级指标	三级指标
城市安全源头治理（18分）	1. 城市安全规划（5分）	（1）城市总体规划及防灾减灾等专项规划（2分）
		（2）建设项目安全评估论证（2分）
		（3）城市各类设施安全管理办法（1分）
	2. 城市基础及安全设施建设（9分）	（4）市政安全设施（2分）
		（5）消防站（2分）
		（6）道路交通安全设施（2分）
		（7）城市防洪排涝安全设施（2分）
		（8）地下综合管廊（1分）
	3. 城市产业安全改造（4分）	（9）城市禁止类产业目录（1分）
		（10）高危行业搬迁改造（3分）
城市安全风险防控（32分）	4. 城市工业企业（7分）	（11）危险化学品企业运行安全风险（3分）
		（12）尾矿库、渣土受纳场运行安全风险（2分）
		（13）建设施工作业安全风险（2分）
	5. 人员密集区域（9分）	（14）人员密集场所安全风险（3分）
		（15）大型群众性活动安全风险（2分）
		（16）高层建筑、“九小”场所安全风险（4分）
	6. 公共设施（10分）	（17）城市生命线安全风险（3分）
		（18）城市交通安全风险（4分）
		（19）桥梁隧道、老旧房屋建筑安全风险（3分）
	7. 自然灾害（6分）	（20）气象、洪涝灾害（3分）
		（21）地震、地质灾害（3分）

续表

一级指标	二级指标	三级指标
城市安全监督管理（16分）	8. 城市安全责任体系（4分）	（22）城市各级党委和政府的城市安全领导责任（2分）
		（23）各级各部门城市安全监管责任（2分）
	9. 城市安全风险评估与管控（5分）	（24）城市安全风险辨识评估（3分）
		（25）城市安全风险管控（2分）
	10. 城市安全监管执法（7分）	（26）城市安全监管执法规范化、标准化、信息化（3分）
		（27）城市安全公众参与机制（1分）
		（28）典型事故教训吸取（3分）
城市安全保障能力（16分）	11. 城市安全科技创新应用（4分）	（29）安全科技成果、技术和产品的推广使用（2分）
		（30）淘汰落后生产工艺、技术和装备（2分）
	12. 社会化服务体系（3分）	（31）城市安全专业技术服务（1分）
		（32）城市安全领域失信惩戒（1分）
		（33）城市社区安全网格化（1分）
	13. 城市安全文化（9分）	（34）城市安全文化创建活动（3分）
		（35）城市安全文化教育体验基地或场馆（1分）
		（36）城市安全知识宣传教育（2分）
		（37）市民安全意识和满意度（3分）
城市安全应急救援（14分）	14. 城市应急救援体系（6分）	（38）城市应急管理综合应用平台（2分）
		（39）应急信息报告制度和多部门协同响应（1分）
		（40）应急预案体系（1分）
		（41）城市应急物资储备调用（1分）
		（42）城市应急避难场所（1分）
	15. 城市应急救援队伍（8分）	（43）城市综合性消防救援队伍（4分）
		（44）城市专业化应急救援队伍（2分）
		（45）社会救援力量（1分）
		（46）企业应急救援（1分）
城市安全状况（4分）	16. 城市安全事故指标（4分）	（47）亿元国内生产总值生产安全事故死亡率；道路交通事故万车死亡率；火灾十万人口死亡率；平均每百万人口因灾死亡率（4分）

9.3.2　安全发展的创建与统筹

安全发展不仅是我国现阶段治国理政的重大现实问题，也是全球各国政府追求的共同目标。安全发展的外在表现是安全地开展生产和生活，其内在机理却是特定生产力和生产关系场景下的社会系统问题，尤其是在工业生产阶段，安全发展的实质是安全与人、生产等要素在法律法规和社会环境中的复杂交互关系。因此，统筹安全和发展，既要精细分层和科学风控，还要动态整合和系统治理。[①]

9.3.2.1 安全发展的组合型态与困境根源

安全和发展可细分为四种组合型态：安全发展型态、发展但不安全型态、安全但不发展型态、不发展且不安全型态（见图 9-4）。

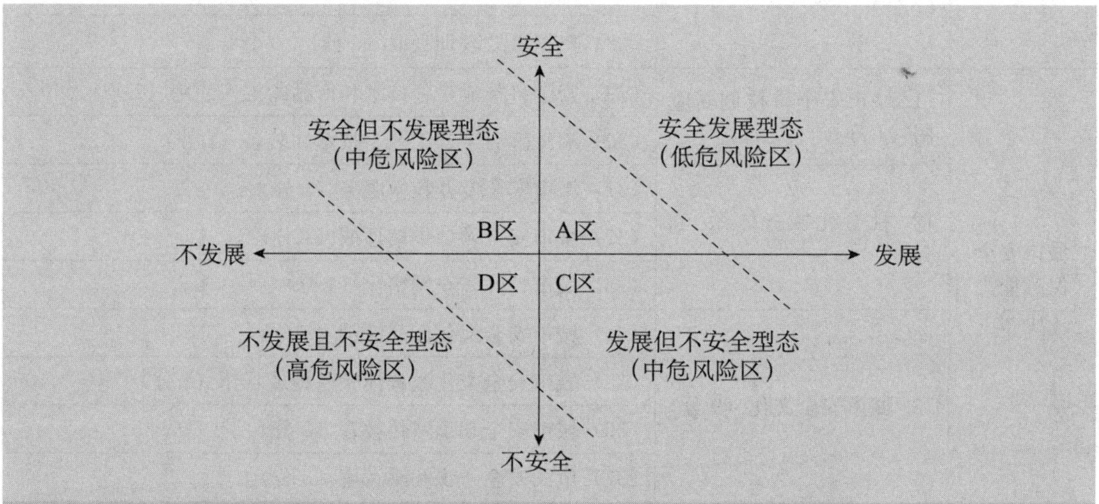

图 9-4 安全和发展的四种组合型态和“三级风险”示意图

如图 9-4 所示，D 区和 C 区都归属于“不安全”区域。D 区（不发展且不安全型态）是各国重点整顿的靶向区域，属于无法容忍且通常纳入“负面清单”或“黑名单”等严格管制的区域；C 区（发展但不安全型态）则通常会根据对发展的贡献程度而细分特定情况，开展精细化和个性化的整改。A 区和 B 区都归属为安全区域。B 区的安全但不发展型态也是经济改革领域的“老大难”问题；A 区的安全发展型态虽是理想的状态，但也易在改革进程中发生安全风险的因素变动或等级变化。

国际经验表明，全球在统筹发展和安全与创建安全发展型城市方面，困境主要表现于三类误区：第一类，安全发展“教条式创建”的误区，未结合实际量身定做。第二类，安全发展“片面化创建”的误区，未涉及关联要素和系统部署。第三类，安全发展“表象型创建”的误区，未解决深层次的复杂矛盾。更进一步深入开展根源剖析，全球安全发展创建困境的根源和关联关系，呈现出复杂的交互状态（见表 9-7）。

① 唐钧．论安全发展的创建和统筹．中国行政管理，2022（1）．

表9-7 全球安全发展创建困境的根源和关联关系一览表

		安全问题 （人财损失和负面影响）	发展问题 （国民经济和社会发展）	安全发展问题 （客观发展情况和群众感受评价）
静态	底层	高危安全风险失控	安全事故阻碍发展	事故损失成本高，事故的社会负面影响恶劣
	中层	中低危安全风险监管不到位	安全风险干扰发展	安全风险客观存在，“邻避效应”时有发生
	高层	全局的安全风险防控机制欠缺	发展的风险难以预估	发展存在安全风险，经济发展尚无法支撑城市安全
动态	危态	安全体系不能匹配安全风险的真实状况	针对风险新变化，应对不灵活	未保持低风险状态，局部群众的安全感较低
	常态	安全体系的建构不适应本地实际情况	针对变动中的风险，安全保障不足	未做到“可持续”的安全状态，发展成果面临被事故“清零”的风险
	未态	安全体系未能综合兼顾本地实际情况和群众需求等综合情况，整体上发展和安全的结构存在失衡的风险	针对新风险，安全风控水准未能匹配安全风险的等级	未达到“稳健”的安全状态，发展的机会成本过高，安全风险评估难以通过

因此，从问题导向出发，推进安全发展亟待从底层、中层、高层三个层面，分层施策，进行有针对性的改革和创新。

9.3.2.2 底层守安：严格整顿、达成“两种安全”状态

“底层守安”是指，由于安全发展程度由“安全底线”的实际情况而定，高危安全风险势必导致安全和发展的双重损害。因此，必须通过开展严格整顿，实现控于低危或本质安全的两种安全状态。

第一种是“本质安全”状态：要素和流程均处于不易或者不会发生危害的状态。第二种是“控于低危”状态：要素和流程在特定环境中将整体状况控于低危状态，通过监管等综合方式实现事故数和死亡人数的“双降”。

从国际国内的实践来看，底层守安的主要机理是“监管式安全发展”：集中针对不安全区域，开展清理整顿，在保持低危状态的基础上力争本质安全。按照国际经验，通常采用“人、机、料、法、环”要素建立健全“五要素监管体系”，对于底层严格整顿和守牢安全具有立竿见影的效果，也能够基本实现控于低危的安全状态。在现实运行过程中，必须在整顿的同时，通过发展来提供安全的持续保障。

9.3.2.3 中层谋安：全局创新、实现多路径全面发展

“中层谋安”是指遵循人和生产的风险规则，针对不同风险等级和发展阶段的特定情

况，通过权变式改革，灵活地开展安全发展的创新，既进行了有效的安全治理，也通过发展为实现安全状态提供了扎实的保障（见图 9－5）。

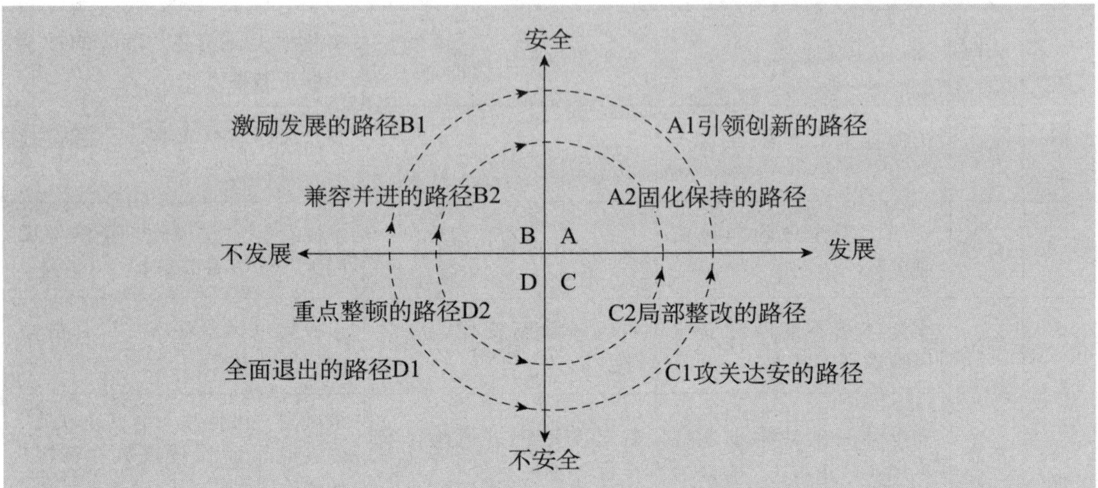

图 9－5　安全发展“中层谋安”的曲线路径图

安全发展的中层谋安，关键是在安全的基础上，通过安全发展创建的多种路径，开创性地争取实现安全和发展的互促共进。

图 9－5 中的八条“中层谋安”的曲线路径，本质上都可归属为“促发展 ＋ 降风险”的安全发展机理。一方面，“中层谋安”通过全局创新，积极拓展多路径进行全面发展，有力地支撑了“底层守安”和“五要素监管体系”所需要的基础。另一方面，“中层谋安”的多元化路径在现实中的抉择和搭配、评估和评价、追踪和调整等治理和改革实践，都要以人民群众的“满不满意、高不高兴、答不答应”作为最终的标准。

因此，在高层统筹发展和安全，必须要强调人的安全需求达成度、人的发展需求满足度等指标的权重占比，并根据本地区群众对于美好生活的向往，结合图 9－5 所示的发展路径和“曲线式”改革进程，做好统筹兼顾和顶层设计。

9. 3. 2. 4　高层筑安：稳健结构、开创“双感”最大化格局

“高层筑安”是指，由于统筹发展和安全的“人、生产、安全”三要素可以在“底层、中层、高层”三个层次上集聚成型。因此，安全发展必须建立健全稳健的系统结构，综合实现统筹发展和安全的各方收益最大化。从高层筑安的系统视角看，其本质是力争架构“人-生产-安全”的最大化格局（见图 9－6）。

图 9－6 所示的安全发展“结构稳健”横截面，实际上可作为评估和测量安全发展要素结构的雷达图；从“高层筑安”的视角看，安全发展具有要素交织叠加的系统架构。因此，在实践中，要力争“结构稳健”最大化格局的安全发展，努力实现从“安全 ＋ 发展”到“人 × 发展 ×安全”的实质性进步（见表 9－8）。

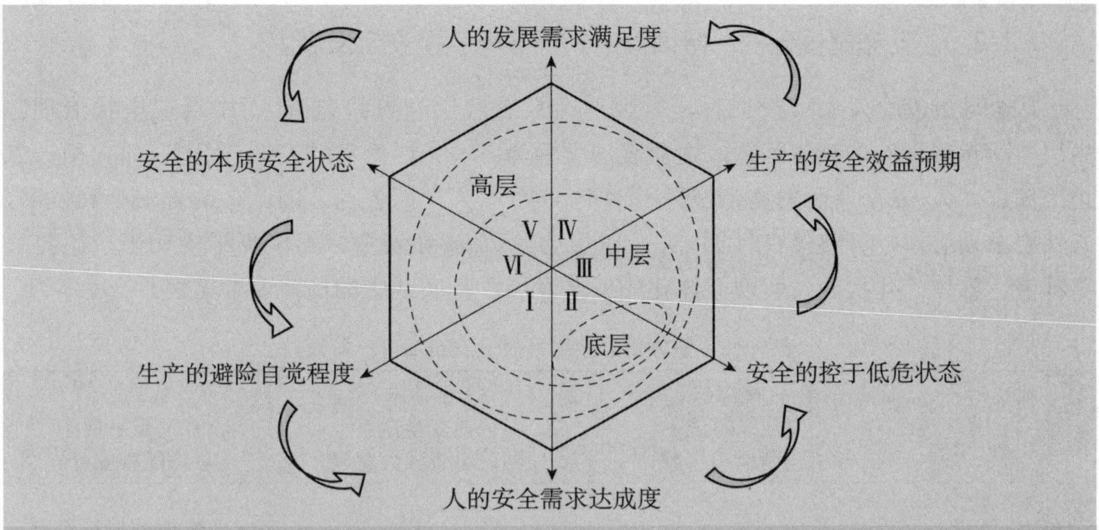

图 9-6　安全发展“结构稳健”的横截面和动态循环图

表 9-8　“高层筑安”的“人-生产-安全”三要素细化分析表

	高危风险区 不安全且不发展 （D区）	中危风险区		低危风险区 安全发展（A区）
		发展但不安全 （C区）	安全但不发展 （B区）	
人的需求 （人的发展需求满足度 & 人的安全需求达成度）	安全感极差，获得感无依附的基础	安全感差，直接削弱甚至抵消了获得感	获得感差，安全感被抵消，甚至引发新生的社会风险和不安全感	安全感和获得感都好，群众期待保持“双感”
生产的市场规律 （生产的安全效益预期 & 生产的避险自觉程度）	安全事故的代价高昂，将被迫清退高风险生产因素	安全状况差，将影响发展和综合效益；必须从发展中投入成本来实现安全	虽暂时安全，但是欠发展可能会引发社会风险；必须创新发展	安全的成本可以通过发展抵消，形成持续安全和持续发展，相互促进
安全的状态 （安全的本质安全状态 & 安全的控于低危状态）	安全成为主要矛盾，必须终止不安全且不发展的恶性循环模式	以保持发展为导向的安全整顿，切实降低安全风险和控于低危状态	以刺激和创新发展为导向的安全防控，提前评估和防控新发展带来的新风险	保持安全的控于低危状态，在此基础上，争取持续扩大本质安全的占比，全面实现“两种安全状态”

综合图 9-6 和表 9-8，通过剖析安全发展的横截面，从“高层筑安”的角度，总结如下：（1）“底层守安”在本质上是“安全状态导向的安全发展模式”：严控安全状态为要务，统筹生产和需求。（2）“中层谋安”在本质上是“生产创新导向的安全发展模式”：全局多元拓展发展为重心，统筹安全和需求。（3）“高层筑安”在本质上是“人民需求满足导向的安全发展模式”：以人民群众的需求为中心，统筹生产和安全。

9.3.2.5 动态整体创安：持续善治、统筹高质量安全发展

从全球的安全发展实践来看，客观上存在着底层“点状监管”、中层“块状治理”、高层“面状规划”的割裂问题。主要表现类型为：一是因偏重“安全-生产”而失衡；二是因偏重“人-安全”而失衡；三是因偏重“生产-人”而失衡。因此，统筹安全和发展，必然要求动态设计、整体良性循环。因此，统筹发展和安全，不仅要结构均衡，还要战略部署，整体优化提升，实现立体化的安全发展。其实践中的构建要素见表 9-9。

表 9-9 整体动态共建高质量安全发展一览表

	御危态 （应急系统＋ 高危风控机制）	治常态 （公共安全体系＋ 国民经济社会发展）	优未态 （高质量发展＋ 总体国家安全）
底层 （以安全为底线，通过整顿保护生产和人）	应急处突规避连锁反应；亡人率降低并得到控制	高危安全隐患的全面消除；安全保障的全面达标	安全法律的持续健全；安全投入可获得良好预期
中层 （以生产为支撑，通过治理促进安全和人的发展）	生产中提前内嵌安全机制，有效监管；根源上消除安全风险对生产的阻力	生产全程达到安全履责程度；生产的产业链“补链”“强链”实现安全作业	高质量发展的考核体系建立健全；六稳六保等综合实现
高层 （以人为中心，统筹生产和安全）	人的死伤最小化通过政策得以落实；人性化监管	谋求生产和安全持续升级；人的收益在安全基础上全面提高	人的需求满足最大化；本质安全的最大化

统筹“三层三态”的发展和安全，本质上是在创建高质量安全发展：围绕“人、生产、安全”，不仅能静态科学分层、突出分工和重点，还能动态互促互补，推动“底层、中层、高层”的良性循环，综合实现御危态、治常态、优未态，并持续善治。

9.3.3 “科技＋管理＋文化”的安全发展路径

科技、管理、文化，是安全发展中的三个重要支柱，相辅相成、相互促进，对此，在培养统筹安全和发展的战略能力上，要正确处理好三者的关系，以发挥合力。

9.3.3.1 “科技＋管理＋文化”的行业安全发展模式

在行业领域的安全发展过程中，要做到“科技、管理、文化”三位一体建设。以电力行业为例，随着能源转型与结构调整以及电力体制改革的逐步深入，电力系统日趋复杂，电力安全生产形势日益严峻。正确处理好“科技、管理、文化”三者的关系，对于电力行业适应新常态、聚焦新情况、研究新对策、解决新问题至关重要。①

---

① 童光毅：安全是技术、是管理更是文化．(2017-06-07)．https://news.bjx.com.cn/html/20170607/829692.shtml.

1. 技术保障安全

全面贯彻党的二十大精神，以习近平新时代中国特色社会主义思想为指导，牢固树立安全发展理念，弘扬生命至上、安全第一的思想，聚焦风险隐患源头治理。科技是第一生产力，是安全生产的基础。电力是资金和科技密集型产业，做好安全生产工作必须掌握和依靠先进科技，认真研判和应对多变形势，不断解放生产力、发展生产力。

第一，安全需要用科技解决新问题。电网已经进入特高压交直流混联时期，运行方式复杂、控制难度加大，特高压直流单双极闭锁、多回直流换相失败、跨区通道严重故障等安全事故事件时有发生。实现大电网安全稳定运行，需要从科技层面落实电网实时运行调整、风险主动防御和故障智能处置等有效措施，维护电网安全稳定运行。

第二，安全需要用科技促进新发展。当前，风电、太阳能、生物质能等新能源领域快速发展，大容量、集中接入电网，引起传统电力系统的基本特征与控制方式发生变化，保障新能源及电网和谐发展，成为当前智慧电网建设的重要课题，需要从科技上解决风电等新能源低电压穿越、电网调峰调度困难等问题，保障电力系统安全。

第三，安全需要用科技统领新工作。近年来，国家电网运用人工智能推广机器人巡检，国电大渡河运用物联网、云计算等科技自主研发了智能安全帽、智能钥匙、智能巡回系统，水利水电部门已利用无人机、大数据等现代科技手段来监控和分析水情。电力安全生产需要瞄准行业标杆，不断提升自身科技创新和成果转化能力，努力实现“机械化换人、自动化减人”的目标。

2. 管理提升安全

管理是通过内部调整以适应外部变化，是安全生产的保障。对电力行业而言，管理就是将复杂的生产简单化、表格化，简单的环节精细化、标准化。

第一，安全常态化、长效化靠管理来实现。电力行业触电、高坠等安全隐患和危险点普遍存在，消除隐患、管控风险是防范电力安全生产事故的有效手段。《关于推进安全生产领域改革发展的意见》中明确提出了风险管控和隐患排查治理双重预防机制，做好电力安全生产工作就是要把风险管控挺在隐患前面，把隐患排查治理挺在事故前面，将安全事故扼杀于摇篮、消弭于无形。

第二，安全科学化、现代化靠管理来促进。电力安全生产管理须顺应潮流、与时俱进，实现监管重点向事前主动、源头治理转变，实现监管手段向法律和经济并重转变，推动监管方式向依靠科技进步和管理创新转变，以先进的管理理念打造一流的现代化电力企业。

第三，安全标准化、精细化靠管理来达成。标准化建设、精细化管理是落实电力企业安全生产主体责任的有效途径，是强化安全生产基础工作的长效制度，是有效防范事故发生的重要手段。实现安全生产的标准化、精细化，需要以岗位达标、专业达标和企业达标为重要载体，在生产实践中逐步建立起一套科学、规范、操作性强的制度约束体系，确保履职到位、责任到人。

3. 文化促进安全

安全文化是全体职工对安全生产工作形成的一种共识，是安全生产的灵魂。随着企业管理水平不断提升，安全文化建设将成为突破制约安全生产瓶颈的“利器”。

第一，重视安全，就是“以人为本”。培养“以人为本，生命至上”的安全理念不仅是贯彻落实党中央、国务院领导关于安全生产工作的指示批示精神，也是实现企业安全稳定和长治久安的客观需要，更是依法治企的必然选择。

第二，关注安全，就是“关爱生命”。尊重生命、热爱生命、珍惜生命、保护生命既是对社会和企业负责，更是对职工和家属负责，只有持之以恒地维护职工生命和健康权益，使安全真正成为企业文化，并将安全文化最终转化为职工的行动自觉，才能实现“软实力”的增强与“硬水平”的同步提升。

第三，抓好安全，就是“营造和谐”。营造“人人为我，我为人人”的安全文化氛围，要从安全文化建设入手，通过入眼、入耳、入脑、入心的活动，丰富安全知识、强化安全意识、规范安全行为，实现“要我安全”向“我要安全、我会安全、我能安全”转变，不断赋予安全基础建设的新内涵。

9.3.3.2 “科技＋管理＋文化”的区域安全发展范式

在省市地方的区域安全发展中，需要正确处理和有效应用科技、管理、文化三者的关系，构建科学的“科技＋管理＋文化”区域安全发展范式。以“科技、管理、文化”助力安全发展示范城市创建的苏州模式为例①，自 2021 年开始，江苏省苏州市全面推进创建安全发展示范城市，明确工作目标，制定科技、管理、文化三方面建设重点任务，积极推动苏州全域争创省级安全发展示范城市。

第一，“科技驱动”引领“智慧共享”。苏州市各地深化与科技企业合作，通过大数据等手段推进城市安全管理现代化，让城市管理变得更“聪明”、更“智能”、更“安全”。以城市应急管理综合平台为载体，通过加快打通数据孤岛，加强部门信息共享，实现监管平台集成统一，推进城市安全风险评估和重大危险源实时动态监控，切实提升城市安全管理工作质效和总体水平。

第二，“风险管控”建设“可防可控”。苏州市应急管理等行业监管部门严格把控企业安全准入标准，及时淘汰不符合安全生产要求的企业，严格落实建设项目安全要求，尤其是坚持危险化学品仓库、爆炸物库房与周围防护目标保持安全距离。同时，多层次分领域推动工业企业安全生产风险报告和自然灾害风险普查，做好城市风险辨识评估，并通过大力推广安责险、健全应急资源调配机制等手段，激活更多社会力量合力共筑城市安全风险防控墙。

第三，“文化创造”推动“有里有面”。苏州市各地从宣传入手、从教育着力、从实践养成，在安全理念、制度、环境、行为等方面构建城市安全文化体系。通过建立苏州市应急管理培训中心、校企联合加强职业技能培训、推进安全知识进校园、建设苏州安全文化体验展示馆等手段，提升经营者、一线从业人员、青少年、城市居民安全文化意识，营造安全文化氛围。昆山市先期联合常熟理工学院培养的第一批应急管理专业毕业

---

① 苏州市：“科技、管理、文化”助力全域争创省级安全发展示范城市．(2021-03-14)．https：//mp. weixin. qq. com/s/8g0x-u_UPN7zeZvol2aB2w.

生顺利毕业，为地方政府、企业应急管理输送急需人才，为做大做强苏州安全文化特色品牌奠定基础。

本章小结

安全文化是优化应急管理和强化风险治理的长效之策，是理念与行为的统一体。通过安全文化的建设，内外联动、有机集成，以培育“风险治理型社会”，既包括企业安全生产的文化建设，也包括民众安居乐业的文化建设。

公共安全是保护群众生命财产安全、维护社会秩序、保卫国家安全的统称，公共安全体系是保护公共安全的一系列制度、保障、活动、机制等的集成。全球的公共安全体系普遍面临着危态频突发、常态易脱管、未态屡无感的共性挑战，问题导向的系统性、稳健性、前瞻性剖析，可提炼出使命、工具、结构、功能、属性、路径六要素。为实现危态安全、常态安全、未态安全的三重目标，必须紧扣上述六要素，开展静态的基础型、支撑型、拓展型的静态建构，遵循权变导向，分阶段、分层次、有侧重地实施补短板式、优系统式、重发展式的动态健全。

安全发展，坚持统筹发展和安全，坚持发展和安全并重，以不断满足人民群众对美好生活的需要为中心，在培育安全文化和健全公共安全体系的基础上，既要精细分层和科学风控，还要动态整合和系统治理，通过底层整顿守安、中层治理谋安、高层战略筑安、动态整体创安等一系列工作，遵循“科技＋管理＋文化”的安全发展路径，实现高质量发展和高水平安全的良性互动。

关键术语

安全文化　　公共安全体系　　危态安全　　常态安全　　未态安全　　安全发展
安全发展示范城市

复习思考题

1. 简述安全文化的界定和发展历史。
2. 简述安全风险治理型社会的建设要点。
3. 简述企业安全生产文化建设的要点和应用场景。
4. 简述民众安居乐业文化建设的要点和应用场景。
5. 简述公共安全体系的问题和要素剖析。
6. 简述公共安全体系的目标和系统建构。
7. 简述公共安全体系的权变和持续健全。
8. 简述我国安全发展的基本内容。
9. 简述安全和发展的四种组合型态。
10. 简述安全发展创建和统筹的四种策略。
11. 简述“科技＋管理＋文化”安全发展路径的要点和应用场景。

阅读材料

江苏省江阴市公共安全体系的规划与建设

江苏省江阴市作为全国改革发展先行区，以集成化的思维、协同化的理念，积极开展“十四五”公共安全规划的先行先试，规划在2019—2025年建设全域覆盖、科学高效的公共安全体系，全面破解过去安全应急的部门化碎片化管理、突击式运动式防范的困境，实现由疲于应付转向主动出击、由零打碎敲转向系统治理，为“十四五”公共安全规划探索新思路和新方法。①

一、构建“三位一体”公共安全战略，形成“四梁八柱十地基”体系架构

江阴市先行先试的“十四五”公共安全体系，构建“三位一体”战略、形成“四梁八柱十地基”体系。“三位”是指总体安全、系统安全、长效安全。全覆盖、全方位的总体安全，搭建了战略层面的“四梁”；全要素、全流程的系统安全，构建实操层面的“八柱”；全驱动、全保障的长效安全，奠定基础层面的“地基”。三者相辅相成、互为支撑，构成全域全民、防救集成的公共安全体系“一体”。图9－7为江苏省江阴市公共安全体系总体框架。

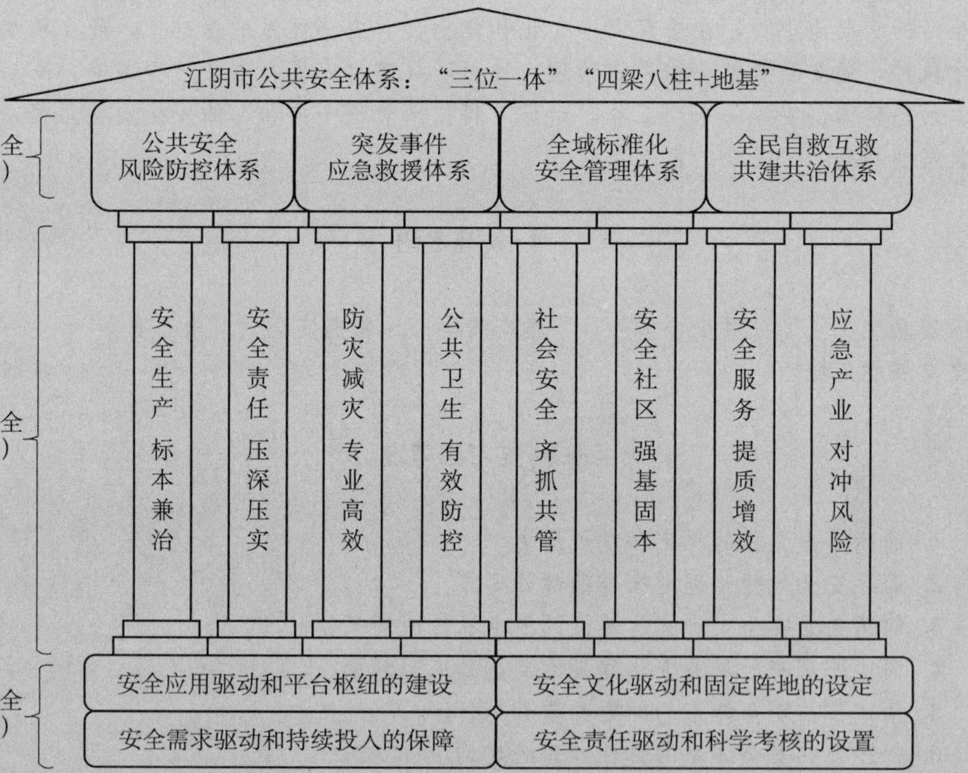

图9－7 江苏省江阴市公共安全体系总体框架

① 唐钧，龚琬岚．“十四五”公共安全规划的先行先试：以江阴市公共安全体系规划纲要编制为例．中国减灾，2020（5）.

二、强化公共安全风险防控机制，防范化解重大安全风险

鉴于公共安全风险的数量增多和复杂耦合，按照党的十九大报告提出的“健全各方面风险防控机制”的要求，建议“十四五”规划建立以“防”为核心的公共安全风险防控机制，对公共安全风险开展分类分级评估、超前预测预判、实时监测预警、及时处早处小、智能前置处置，以压降风险到最小化。

公共安全风险防控机制的重点是安全风险前置防控：一是规划先行，将公共安全纳入城市经济与社会发展各领域规划的前置因素和红线内容，并建立新业态、新材料、新工艺、新产能的安全风险评估管控机制。二是形成常态机制，健全公共安全风险辨识评估和前置处置相关制度，建设全域安全风险数据库，编制安全风险整体评估报告，绘制安全风险空间分布图，定期开展重点行业领域和关键部位场所的安全风险全面排查整治，逐步建设各行业领域的风险分级管控和隐患排查治理的双重预防体系。三是加强规律研究，加强重点时段风险预判预测，超前采取风险预警预防措施。四是强化区域安全风险管理，位置相邻、行业相近、业态相似的园区、地区和行业应建立完善重大安全风险联防联控机制。

江阴市立足本地实际，规划到2025年前全面开展危险化学品、金属冶炼、建筑施工、船舶修造（拆除）、道路运输、特种设备、燃气等重点行业领域及医院、学校、商业综合体等人员密集场所的安全风险排查评估和前置处置，推行重点行业领域“风险分级管控＋隐患排查治理＋第三方评估预警”的三重预防体系，有效前置防控重大安全风险。

三、健全突发事件应急救援体系，加强应急救援队伍建设

鉴于公共安全事故的突发性和破坏性，按照相关文件的要求，建议“十四五”规划健全以“救”为核心的突发事件应急救援体系，对标国际危机管理4R理论，逐步实现应急救援力量充足、技能充分、装备先进、处置科学、管理制度高效、联动体系完备，力争救援死伤最少化。

突发事件应急救援体系的重点是应急救援专业高效：一是优化统一指挥的机制平台，既要建设以顶层应急指挥中心为中枢的应急指挥平台系统，形成贯通条线、覆盖全域的事故灾害应急指挥网络，发挥各级应急指挥中心应急值守、信息处理、应急会商、辅助决策、指挥调度、舆情监测等作用，也要加强事故灾害现场救援指挥，推行现场应急指挥官制度，建立扁平化运转的组织指挥体系，强化应急救援组织、指挥、统度、方案、实施的多重统一。二是构建科学有效的应急预案体系，按照“全面覆盖、配套衔接、操作顺畅、定期更新、高效联动”的要求，逐步健全覆盖全区域、全灾种、全行业、全层级、全过程的应急预案，强化各类各级应急预案间衔接融通和数字化应用，加强重要目标物、重大危险源、重大活动保障等现场处置方案演练。三是夯实应急救援队伍建设，按照“一专多能、一队多用、指挥有力、反应灵敏、快速高效”的要求，培育以综合队伍为骨干、专业队伍为依托、专家队伍为指导、企事业单位专兼职队伍为基础、社会市场救援队伍为辅助、志愿者队伍为补充的立体化综合应急救援队伍，加强救援队伍战斗力“补短板、强弱项”建设，并按照就近调配、快速行动、有序救援的原则，

建设区域应急救援中心。四是强化技术支撑、资源保障、专业指导，切实提升应急物资、装备、运输、通信、避难场所的综合保障能力，发挥专家决策咨询作用，并提升灾后恢复社会秩序、防范次生灾害、应对社会舆论的能力，切实提高应急救援的科学化、专业化、智能化、精细化水平。

江阴市坚持用现代科技、先进装备为公共安全赋能，财政投入6 390万元购置多台国内和世界领先的应急救援装备，用先进科技打造更贴心、更放心的公共安全救援能力体系，并规划搭建消防救援信息化作战平台，推动综合性消防救援队伍理念、职能、能力、装备、方式、机制等整体转化升级，加快实现应急救援体系和能力现代化。

四、完善公共安全法律法规，提高安全管理规范化水平

鉴于公共安全风险的规律性特征和“一案三制”标准化要求，按照相关文件的要求，建议“十四五”规划健全公共安全法律法规，在应急管理部加快构建“1+4”（应急管理法+安全生产法、自然灾害防治法、消防法、应急救援组织法）法律体系骨干框架的指导基础上，系统梳理和健全优化相关法律法规，提升全域公共安全标准化规范化管理水平，争取事故最小化。

公共安全法律法规的重点是通过法制建设促进安全规范的系统完备：一是厘清各条线的公共安全职责，根据职责分工承担各自责任并优化“三定方案”，衔接好“防”“救”的责任链条，确保责任链条无缝对接，形成整体合力。二是严格安全准入，制定完善并严格执行地方安全准入制度、高危行业安全准入条件、重点领域安全准入负面清单、安全生产禁止和限制产业目录等相关制度，严把项目立项、规划、设计、审批、建设的安全关口。三是加强安全生产监管执法，健全事中事后的安全监管制度，完善相关执法制度和程序规定，加强安全监管执法保障体系建设。四是完善公共安全相关标准，针对高危行业领域和重点场所部位加快既有规范制度的制定、修订、整合，针对安全盲区或空白区补充覆盖属地政府和行业部门的监管办法，针对基层加强村（社区）等安全单元创建和应急管理能力“六有”标准化建设。

江阴市规划形成各地各部门各单位的公共安全职责清单，制定完善全域公共安全相关规范和办法，健全覆盖全域全民的“一案三制”，到2025年全域100%建设实施风险分级管控和隐患排查治理体系的双重预防机制、100%建成标准化安全村（社区）和安全企业。

五、优化公共安全文化体系，促进全民自救互救和共建共治

鉴于公共安全风险的公共性、人为性、社会性等特征，按照党的十九届四中全会“共建共治共享的社会治理制度”等要求，建议“十四五”规划健全公共安全文化体系，促进安全理念植入人心、融入血液、嵌入认知、落于行动，逐步形成“政府公助、家庭自助、社区互助、社会辅助”的共建共治共享模式，筑牢公共安全的人民防线。

公共安全文化体系的重点是提升全民自救互救能力、培育共建共治氛围：一是完善公民基础安全教育体系，以安全宣传教育“七进”工程、主题宣传教育活动为抓手，全媒体、全方位、全平台开展覆盖全民的公共安全宣传教育，优先开展学生群体、社区老弱病残等弱势群体、外来流动人口群体等“敏感人群”安全宣传教育。二是培育合格

"第一响应人"，全面拓展窗口行业、高危领域、重点单位从业人员队伍的国家职业资格"应急救援员"等培训。三是积极开展专项安全教育，开展党政领导干部安全专项教育培训；督促企业依法严格落实员工安全教育培训制度，依法依规落实企业主要负责人、安全生产管理人员、特种作业人员的安全教育培训和持证上岗。四是打造文化品牌和宣传阵地，加强公共安全的示范宣传和先进评选，促进形成支持并得益公共安全的共识氛围和群众基础。

江阴市自2017年起启动全民自救互救工程，由市委市政府领导带头示范，目前已在25家单位进行项目试点建设，配备除颤仪、担架、急救包等专业设备，组织培训近700人获得"应急救援员"资格；规划到2025年将实现自救互救知识培训全覆盖"部门、属地、村（网格）、社区、企业、学校、家庭"，车间操作工、网格巡查员、司机、导游、保安、教师、物业管理员等"关键人员"80%获得"应急救援员"等资格，全民1/3以上掌握科学的心肺复苏术技能。

六、促进发展安全与应急产业，增强公共安全风险对冲

公共安全风险的交织叠加对风险控制的科学化、专业化、智能化、精细化要求逐步提高，突发事件处置现场的情况复杂对应急处置的适应性、可靠性、安全性要求更加苛刻，对此建议"十四五"规划加快发展安全与应急产业，发挥其专业能力水平和风险对冲作用，为安全生产、防灾减灾、应急救援等安全保障活动提供专用技术、产品和服务，提升全民安全保障能力、全域本质安全水平和全社会抵御风险能力。

安全与应急产业的重点是促进产业的技术创新和集聚发展：一是创新驱动，优化供给，加快关键和亟需的新技术新产品研发，提高安全产品供给质量，加快推动商业模式创新，深化产融合作，积极培育安全服务新业态。二是突出重点，集聚发展，基于监测预警、预防防护、处置救援、应急服务四大产业链，聚焦公共安全风险高危、事故频发的重点行业领域，优先发展可有效防范事故和降低损失、具有重大推广应用价值的技术与产品，鼓励发展区域性的应急产业集聚区、创新中心、成果转化中心、应急产业链，促进产业发展规模化、专业化、集约化。三是需求牵引，示范带动，建立健全产业发展的相关标准，推广先进可靠的安全产品和服务，实施重点行业领域的安全产品试点示范应用工程，引导社会资本投入。四是规范引导，有序推进，优化技术创新、产品标准、投融资服务、产业链协作、政策保障、行业自律等产业支撑体系，营造有利于安全与应急产业健康发展的市场环境。

江阴市规划发展与工业经济体量相对等的应急产业，对标先进、立足本土，高端集成、联动融合，贯彻产学研用一体化的发展理念，推动全市应急产业的专业化、市场化、规模化发展，为防范化解安全风险、科学快速处置突发事件提供物质保障、技术支撑和专业服务，形成综合支撑格局并发挥社会引领能力。

参考文献

唐钧．应急管理与风险治理．北京：应急管理出版社，2021.

唐钧．公共危机管理．北京：中国人民大学出版社，2019.

唐钧．新媒体时代的应急管理与危机公关．北京：中国人民大学出版社，2018.

唐钧．风险评估与危机预警报告 2015—2016. 北京：社会科学文献出版社，2016.

唐钧．社会稳定风险评估与管理．北京：北京大学出版社，2015.

唐钧．政府风险管理．北京：中国人民大学出版社，2015.

唐钧．形象危机应对蓝皮书 形象危机应对研究报告 2013—2014. 北京：社会科学文献出版社，2014.

张成福，唐钧．政府危机管理能力评估：知识框架与指标体系研究．北京：中国人民大学出版社，2009.

张成福，唐钧，谢一帆．公共危机管理：理论与实务．北京：中国人民大学出版社，2009.

唐钧．紧急救助．北京：中国人民大学出版社，2009.

龚琬岚．学校安全．北京：应急管理出版社，2021.

龚琬岚．社区安全．北京：应急管理出版社，2021.

高小平，刘一弘．中国应急管理制度创新．北京：中国人民大学出版社，2020.

唐钧，田雯．应急救援的安全风险综合防控策略．中国应急管理，2023（3）.

唐钧．健全大安全大应急体系，形成共治共享新发展格局．中国消防，2022（11）.

唐钧．论安全发展的创建和统筹．中国行政管理，2022（1）.

唐钧．承担大应急使命 提升大应急能力．中国应急管理，2022（1）.

唐钧．探索统筹发展和安全的“新北样板”：江苏省常州国家高新区（新北区）安全发展系列工作调查．中国应急管理，2021（12）.

唐钧．提升六项能力 让党政领导干部会应急善应急．安全与健康，2021（12）.

唐钧．健全公共安全体系 争创高质量安全发展：常州国家高新区（新北区）启动公共安全体系规划．中国安全生产，2021（10）．

唐钧，安东元会，王勇．大型体育赛事风险控制：促精细化、增集成度、提承受力．中国减灾，2021（15）．

唐钧．正规化建设将全面推进国家综合性消防救援的高质量发展．中国消防，2021（5）．

唐钧．领导干部应急处突能力的提升路径．中国党政干部论坛，2021（5）．

唐钧．论公共安全体系的建构和健全．教学与研究，2021（1）．

欧阳桃花，郑舒文，程杨．构建重大突发公共卫生事件治理体系：基于中国情景的案例研究．管理世界，2020（8）．

姜长云，姜惠宸．新冠肺炎疫情防控对国家应急管理体系和能力的检视．管理世界，2020（8）．

唐钧．应急管理学科的使命是国泰民安与政通人和．（2020－09－25）．人民论坛网．

唐钧．加强应急管理学科建设 推进国家治理体系和治理能力现代化．（2020－09－11）．人民论坛网．

唐钧．应急管理的属性适配和体系优化．中国行政管理，2020（6）．

唐钧，龚琬岚．“十四五”公共安全规划的先行先试：以江阴市公共安全体系规划纲要编制为例．中国减灾，2020（5）．

唐钧，龚琬岚．综合应急救援负面舆情治理的八大原则．社会科学文摘，2020（3）．

唐钧，龚琬岚．公共安全的体系健全和十四五规划创新：以江阴市公共安全体系总体规划纲要（2019—2025年）为例．中国机构改革与管理，2020（2）．

唐钧．重大疫情的社会综合风险预警．城市与减灾，2020（2）．

唐钧．人工智能的社会风险应对研究．教学与研究，2019（4）．

唐钧．人工智能的风险善治研究．中国行政管理，2019（4）．

唐钧．社会公共安全的治理研究．中国人民大学学报，2018，32（1）．

唐钧．社会公共安全风险防控机制：困境剖析和集成建议．中国行政管理，2018（1）．

唐钧．社会公共安全风险防控的困境与对策．教学与研究，2017（10）．

张海波，童星．中国应急管理结构变化及其理论概化．中国社会科学，2015（3）．

张成福．风险社会中的政府风险管理：评《政府风险管理——风险社会中的应急管理升级与社会治理转型》．中国行政管理，2015（4）．

唐钧．论政府风险管理：基于国内外政府风险管理实践的评述．中国行政管理，2015（4）．

薛澜，刘冰．应急管理体系新挑战及其顶层设计．国家行政学院学报，2013（1）．

吕孝礼，张海波，钟开斌．公共管理视角下的中国危机管理研究：现状、趋势和未来方向．公共管理学报，2012（3）．

刘霞，严晓．我国应急管理“一案三制”建设：挑战与重构．政治学研究，2011（1）．

闪淳昌，周玲，方曼．美国应急管理机制建设的发展过程及对我国的启示．中国行政管理，2010 (8).

唐钧．社会维稳的风险治理研究．教学与研究，2010 (5).

唐钧．政府形象风险及其治理．中国行政管理，2010 (5).

童星，张海波．基于中国问题的灾害管理分析框架．中国社会科学，2010 (1).

钟开斌．“一案三制”：中国应急管理体系建设的基本框架．南京社会科学，2009 (11).

唐钧．风险沟通的管理视角．中国人民大学学报，2009 (5).

张成福，谢一帆．风险社会及其有效治理的战略．中国人民大学学报，2009 (5).

钟开斌．回顾与前瞻：中国应急管理体系建设．政治学研究，2009 (1).

高小平．中国特色应急管理体系建设的成就和发展．中国行政管理，2008 (11).

薛澜，钟开斌．突发公共事件分类、分级与分期：应急体制的管理基础．中国行政管理，2005 (2).

张成福．公共危机管理：全面整合的模式与中国的战略选择．中国行政管理，2003 (7).

唐钧．公共危机管理：国际动态与建设经验．新视野，2003 (6).

薛澜，张强，钟开斌．危机管理：转型期中国面临的挑战．中国软科学，2003 (4).

人大版公共管理类教材

公共管理类专业教材——学科基础课教材

书名	作者
现代管理学原理（第三版）（“十一五”国家级规划教材）	娄成武　魏淑艳
一般管理学原理（第四版）	张康之　周　军
管理学基础（第三版）	方振邦
政治学原理（第三版）	景跃进　张小劲
现代政治学原理（第四版）	石永义　刘玉萼　张　瑋
公共管理学（第二版）	陈振明
公共管理学——一种不同于传统行政学的研究途径（第二版）	陈振明
公共管理学（第三版）（数字教材版）（“十二五”国家级规划教材）	蔡立辉　王乐夫
公共管理学（精编版）	王乐夫　蔡立辉
公共管理学（第二版）	张康之　郑家昊
公共管理概论（第二版）	朱立言　谢　明
公共政策导论（第六版）（数字教材版）	谢　明
公共政策概论（第二版）	谢　明
公共政策学——政策分析的理论、方法和技术（“十一五”国家级规划教材）	陈振明
公共政策学（第二版）	杨宏山
政策科学——公共政策分析导论（第二版）	陈振明
公共经济学（第三版）（“十二五”国家级规划教材）	高培勇
公共经济学教程	秦立建
政府经济学（第四版）（“十一五”国家级规划教材）	郭小聪
政府经济学（第四版）	潘明星　韩丽华

公共管理类专业教材——方法课教材

书名	作者
公共管理研究方法	何兰萍　张俊艳
行政学研究方法与应用案例	萧鸣政　等
管理定量分析：方法与技术（第三版）	刘兰剑

公共管理类专业教材——行政管理、公共事业管理专业教材

书名	作者
行政法学导论	姜晓萍
公共部门人力资源管理（第四版）	孙柏瑛　祁凡骅
公共部门人力资源开发与管理（第五版）（“十二五”国家级规划教材）	孙柏瑛　祁凡骅
公共部门人力资源管理（第三版）	滕玉成　于　萍
公共部门人力资源管理概论（第二版）	方振邦
公共部门人力资源管理案例	周均旭
行政管理学（第五版）（数字教材版）	郭小聪
公共行政学（第五版）	彭和平
公共行政学（第二版）	张康之　张乾友
行政学导论（第三版）	齐明山

书名	作者
行政管理学导引与案例	陈季修
管理心理学（第三版）	范逢春
公共组织行为学（第三版）（“十一五”国家级规划教材）	孙　萍　张　平
公共组织学（第四版）	李传军
行政组织学（第二版）	张　昕　李　泉
公共组织理论	陆明远　冯　楠
公共事业管理概论（第三版）	朱仁显
公共组织财务管理（第三版）（“十一五”国家级规划教材）	王为民
国家公务员制度（第五版）（数字教材版）（“十二五”国家级规划教材）	舒　放　贾自欣
国家公务员制度概论（第二版）	刘碧强　郗永勤
公务员制度概论	李如海
公务员制度	温志强　王彦平　郝雅立
当代国家公务员制度：理论与实践	胡春艳
行政领导学（第三版）	朱立言　李国梁
领导学（第五版）	邱霈恩
领导学	孙　健
现代市政学（第五版）（数字教材版）	王佃利
市政管理学（第五版）（“十一五”国家级规划教材）	杨宏山
社区管理（第四版）	汪大海　魏　娜　郇建立
社区管理原理与案例	魏　娜
电子政务教程（第三版）（“十一五”国家级规划教材）	赵国俊
电子政府与电子政务（第二版）（“十一五”国家级规划教材）	张锐昕
行政伦理学教程（第四版）（“十二五”国家级规划教材）	张康之　李传军
公共危机管理概论（第二版）	王宏伟
公共危机管理	唐　钧
当代中国政府与政治（第二版）	景跃进　陈明明　肖　滨
当代中国政府与行政（第三版）	魏　娜　吴爱明
地方政府学概论（第二版）	方　雷
地方政府管理（第二版）	陈瑞莲　张紧跟
管理秘书实务（第三版）	赵锁龙
行政秘书学	唐　钧
公文写作与处理	赵国俊
机关管理的原理与方法（第三版）	赵国俊　陈幽泓
公共部门绩效管理（第二版）	方振邦
政府绩效管理（第二版）	方振邦　葛蕾蕾
政府绩效评估	蔡立辉
政府公共关系（第二版）（“十一五”国家级规划教材）	廖为建　张　宁
西方行政学理论概要（第二版）（“十一五”国家级规划教材）	丁　煌
公共行政学史（第二版）	何艳玲
西方公共管理名著导读	汪大海
文化管理学（第三版）（“十二五”国家级规划教材）	孙　萍
文化创意产业导论	魏鹏举
卫生事业管理（第二版）（“十一五”国家级规划教材）	李　鲁
现代公用事业管理	崔运武

公共管理类专业教材——劳动与社会保障专业教材

书名	作者
社会保障概论（第七版）	孙光德　董克用
社会保障学	戴卫东
劳动经济学（“十一五”国家级规划教材）	董克用　刘　昕
劳动法与社会保障法	黎建飞
社会保险学（第四版）	孙树菡　朱丽敏
社会保障基金管理	李春根
社会保障国际比较	仇雨临

公共管理类专业教材——土地资源管理专业教材

书名	作者
土地经济学（第八版）（“十一五”国家级规划教材）	毕宝德
土地法学（中国人民大学“十三五”规划教材）	严金明
土地资源学	张正峰　赵文武
土地资源管理学（第二版）	张正峰
国土空间规划学	张占录　张正峰
不动产估价（第二版）（“十一五”国家级规划教材）	叶剑平　曲卫东
土地信息系统	曲卫东　韩　琼
地籍管理（第五版）（“十一五”国家级规划教材）	谭　峻　林增杰

公共管理类专业教材——城市管理专业教材

书名	作者
城市管理学（第四版）	杨宏山
城市管理学：公共视角	陆　军　等
城市管理法	王丛虎
城市总体规划原理	郐艳丽　田　莉

公共管理类教材——应急管理专业教材

书名	作者
应急管理导论：原理与案例	李燕凌　朱正威 张海波　章文光
应急管理概论	王宏伟
应急管理理论与实践	唐　钧
突发事件风险管理	张小明
应急管理新论	王宏伟
新媒体时代的应急管理与危机公关	唐　钧
公共安全风险治理	唐　钧

公共管理硕士（MPA）教材——核心课教材

书名	作者
全国公共管理硕士（MPA）核心课程教学指导纲要	全国公共管理专业学位 研究生教育指导委员会
社会主义建设理论与实践（第三版）	李景治　蒲国良

书名	作者
公共管理英语（修订版）	顾建光
学术规范和论文写作	胡宏伟
公共管理学（第三版）（全国优秀教材二等奖）	张成福　党秀云
公共管理学原理（修订版）	陈振明
公共管理导论	竺乾威　朱春奎　李瑞昌
公共政策分析	陈振明
公共政策分析导论	陈振明
公共政策分析概论（修订版）	谢　明
公共部门经济学（第三版）	高培勇　崔　军
公共经济学	唐任伍
行政法学（修订版）	皮纯协　张成福
行政法学概论（第三版）	胡锦光
非营利组织管理概论（修订版）	王　名
非营利组织管理	王　名　王　超
公共管理伦理学（修订版）	张康之
社会研究方法	陈振明
电子政务理论与方法（第五版）	金江军
公文写作概论	高永贵

公共管理硕士（MPA）教材——专业方向必修课、选修课教材

书名	作者
公务员制度教程（第六版）	舒　放　王克良
比较政府与政治（修订版）	卓　越
当代中国政府与政治（第三版）	吴爱明　朱国斌　林　震
公共部门人力资源管理及案例教程（第三版）	陈天祥
公共部门绩效评估（修订版）	卓　越
公共部门危机管理（第三版）	张小明
应急管理通论（第二版）	李雪峰
公共部门战略管理（修订版）	陈振明
MPA 学位论文写作指南	汪大海

图书在版编目（CIP）数据

应急管理理论与实践/唐钧编著．--北京：中国人民大学出版社，2025.1．--(新编21世纪公共管理系列教材)．--ISBN 978-7-300-33415-8

Ⅰ．D035

中国国家版本馆CIP数据核字第2024HX6431号

新编21世纪公共管理系列教材

应急管理理论与实践

唐 钧 编著

Yingji Guanli Lilun yu Shijian

出版发行	中国人民大学出版社		
社　　址	北京中关村大街31号	**邮政编码**	100080
电　　话	010－62511242（总编室）		010－62511770（质管部）
	010－82501766（邮购部）		010－62514148（门市部）
	010－62515195（发行公司）		010－62515275（盗版举报）
网　　址	http://www.crup.com.cn		
经　　销	新华书店		
印　　刷	大厂回族自治县彩虹印刷有限公司		
开　　本	787 mm×1092 mm　1/16	**版　　次**	2025年1月第1版
印　　张	21.5 插页1	**印　　次**	2025年1月第1次印刷
字　　数	482 000	**定　　价**	58.00元

中国人民大学出版社　管理分社

教师教学服务说明

中国人民大学出版社管理分社以出版工商管理和公共管理类精品图书为宗旨。为更好地服务一线教师，我们着力建设了一批数字化、立体化的网络教学资源。教师可以通过以下方式获得免费下载教学资源的权限：

★ 在中国人民大学出版社网站 www.crup.com.cn 进行注册，注册后进入“会员中心”，在左侧点击“我的教师认证”，填写相关信息，提交后等待审核。我们将在一个工作日内为您开通相关资源的下载权限。

★ 如您急需教学资源或需要其他帮助，请加入教师 QQ 群或在工作时间与我们联络。

中国人民大学出版社　管理分社

教师 QQ 群： 648333426(工商管理)　114970332(财会)　648117133(公共管理)
教师群仅限教师加入，入群请备注（学校+姓名）

联系电话： 010-62515735，62515987，62515782，82501048，62514760

电子邮箱： glcbfs@crup.com.cn

通讯地址： 北京市海淀区中关村大街甲 59 号文化大厦 1501 室（100872）

管理书社　　人大社财会　　公共管理与政治学悦读坊